SINERGIAS ENTRE LA PSICOLOGÍA Y EL COACHING

CIENCIA Y ARTE AL SERVICIO DEL DESARROLLO HUMANO

MULTIVERSIDAD IMPROVING NETWORK
COORDINADORA: ELENA PÉREZ-MOREIRAS LÓPEZ

**KOLIMA
BOOKS**

Categoría: Crecimiento personal
**Colección: Autoayuda, coaching, mindfulness,
neurociencias y psicología**

Título original: *Sinergias entre la Psicología y el Coaching.
Ciencia y arte al servicio del desarrollo humano*

Primera edición: Diciembre 2020
© 2020 Editorial Kolima, Madrid
www.editorialkolima.com

Autora: Elena Pérez-Moreiras López
Dirección editorial: Marta Prieto Asirón
Diseño de cubierta: Sergio Santos Palmero
Maquetación: Carolina Hernández Alarcón y Lucía Alfonsín Otero

ISBN: 978-84-18263-57-6
Depósito legal: M-30077-2020

No se permite la reproducción total o parcial de esta obra, ni su incorporación a un sistema informático, ni su transmisión en cualquier forma o por cualquier medio, sea este electrónico, mecánico, por fotocopia, por grabación u otros métodos, el alquiler o cualquier otra forma de cesión de la obra sin la autorización previa y por escrito de los titulares de propiedad intelectual.

Cualquier forma de reproducción, distribución, comunicación pública o transformación de esta obra solo puede ser realizada con la autorización de sus titulares, salvo excepción prevista por la ley. Diríjase a CEDRO (Centro Español de Derechos Reprográficos) si necesita fotocopiar o escanear algún fragmento de esta obra (www.conlicencia.com; 91 702 19 70 / 93 272 04 45).

Sinergia es la acción de dos o más causas cuyo efecto es superior a la suma de los efectos individuales.

«Sinergias entre la Psicología y el Coaching» es un canto a la colaboración, al hermanamiento de dos formas del saber, que puestas en acción conjunta han tenido, tienen, y tendrán, sin duda, un efecto muy superior a la suma de sus efectos individuales.

ÍNDICE

PRÓLOGO

Para mí es un tremendo orgullo y un placer escribir el prólogo de este que, más que un libro, considero un manual imprescindible para cualquier *coach* que quiera hacer un Coaching de calidad, fundamentado en las bases psicológicas que sin duda alguna tiene esta disciplina.

Doy las gracias a Elena Pérez-Moreiras por concederme este privilegio. Además, diré que me encanta ver cómo los sueños se hacen realidad, porque, como ella dice en la introducción de este libro, hace ya nueve años que tuvo esta visión, esta idea (soy testigo de ello), y hoy por fin se ve cumplida y materializada, como otras muchas.

La principal virtud, y también el principal reto de este libro, está en haber coordinado a casi cincuenta y nueve autores y colaboradores, cada uno de ellos muy relevante en el tema sobre el cual escribe. Gracias, Elena, por ayudar a dar a luz a este compendio de Psicología y Coaching tan necesario en este momento en el que existe un gran debate sobre dónde están las barreras entre ambas disciplinas.

El título en sí es muy clarificador acerca de lo que pretende esta obra. Se habla de «sinergias entre la Psicología y el Coaching», entendiendo por sinergia «la acción de dos o más causas que generan un efecto superior al que se conseguiría con la suma de los efectos individuales», y sin duda alguna esto es lo que ocurre en este libro. El Coaching, como proceso psicológico que complementa en gran medida algunos de los presupuestos más fundamentales y nucleares de la Psicología (especialmente los que tienen que ver con la

Psicología Positiva en general y el despliegue del talento y la consecución de objetivos, entre otros).

El subtítulo de esta obra es «Ciencia y arte al servicio del desarrollo humano». Destacaría el balance entre lo riguroso y científico de los métodos y presupuestos del Coaching y el «arte» necesario para el entendimiento del mismo, y sobre todo en su aplicación. En ambos casos, ciencia y arte estarían al servicio del desarrollo humano, que es lo que pretende el Coaching en último término: liberar todo el talento posible, diseñando y definiendo objetivos, y acompañando el cumplimiento de los mismos, ya sea a individuos, parejas, equipos u organizaciones.

Basta mirar el índice de este libro para identificar tres características que me gustaría resaltar. En primer lugar, el rigor. Rigor metodológico y científico en cuanto a datos, contenidos y fuentes. En segundo lugar, la diversidad. Diversidad de escuelas, autores, corrientes y opiniones. Y, por último, quizás como consecuencia de los dos anteriores, una gran integralidad, haciendo de este libro un compendio donde se reúnen y defienden diferentes escuelas, autores, metodologías y orientaciones. En este sentido me atrevería a afirmar que esta es una obra imprescindible para cualquier *coach* que quiera basarse en los fundamentos más profundos y rigurosos que la Psicología ofrece al Coaching.

Aunque sería muy lógico leer este libro desde el inicio al fin, se puede ir directamente a cualquiera de sus capítulos que sea de nuestro interés, ya que todos ellos gozan de identidad individual. No obstante, como ya he destacado antes, se trata de una obra tan completa que merece la pena que dediquemos el tiempo necesario a su lectura, ya que nos va a descubrir temas tan importantes como:

- Las principales corrientes (poniendo énfasis en las que vienen del mundo hispano)
- Aportaciones conceptuales que provienen de la Psicología como ciencia
- Interesantes aportaciones de *coaches* de referencia (no solo hispanoparlantes, sino también del mundo anglosajón)
- El Coaching Energético, campo en el que trabaja Elena Pérez-Moreiras y sobre el que está realizando un doctorado, que espero vea la luz en breve
- La importancia de la supervisión en el Coaching
- Las diferencias entre Coaching y psicoterapia

Un menú realmente variado que convierte a este libro en un «imprescindible» para un ejercicio riguroso y fundamentado del Coaching.

Aunque no sabemos cómo se le llamará dentro de algunos años a la época que nos está tocando vivir, con la pandemia que tenemos desde marzo o abril de este año, sí podemos decir que esta es una obra «post-Covid». Por esto mismo, su pertinencia es mayor aún ahora, cuando la desesperanza y el miedo campan a sus anchas en todas las sociedades. Tanto la Psicología como el Coaching nos dan claves y muchas herramientas para poder acompañar a las personas y equipos que lo necesiten que, me temo, van a ser muchas.

Gracias a todos los autores y colaboradores por su implicación, y especialmente a Elena Pérez-Moreiras por haberlo coordinado y soñado.

Querido lector, querida lectora, espero que lo disfrutes tanto como lo he hecho yo.

Ovidio Peñalver Martínez
Las Rozas (Madrid), 4 de noviembre de 2020

INTRODUCCIÓN

Siempre me he sentido un tanto «en la estratosfera»; quizás por ello el avión en el que estoy volando hoy de Madrid a Ginebra sea el mejor lugar para escribir estas líneas.

Estar en las nubes me gusta. De hecho, hace nueve años un gran amigo me dijo en una ocasión muy especial que al mirarme había visto un águila que volaba libre en el cielo. Esta información fue muy reveladora para mí. Durante toda mi vida con frecuencia he soñado que soy un águila y que vuelo libre dejándome mecer por el viento. Resultado de ese profundo sentimiento de libertad es este libro que ahora tienes en tus manos.

En junio de 2011, en la comida veraniega de responsables de equipos de trabajo del grupo de Psicología y Coaching del Colegio de Psicólogos de Madrid, les comenté que tenía un sueño: hacer un libro en el que reflejáramos las enormes conexiones que existen entre la Psicología del desarrollo humano y el Coaching, y les invité a que fuera un sueño compartido.

Han tenido que pasar nueve años para que ese sueño colectivo se hiciera realidad.

Fe y perseverancia son dos buenos ingredientes para alcanzar el éxito. Creo que ambas son cualidades que describen a los autores de esta obra que tienes entre tus manos. El éxito para nosotros era lograr ofrecerte este libro para que tú, vengas de la Psicología, del Coaching o de ninguno de estos dos ámbitos, puedas profundizar en todo aquello que los une.

Lo que nos ha hecho dedicar nuestra energía a la realización de esta obra es querer mostrar de manera sencilla las grandes conexiones que existen entre la Psicología y el Coaching, así como reflejar las distintas miradas que de estas conexiones tienen profesionales y organizaciones relacionados con las mismas.

Como verás, todavía queda camino por hacer para conseguir que algunos profesionales de una y otra área se tengan como fuentes de enriquecimiento e inspiración mutuas.

Para nosotros, ambas áreas del saber tienen una misma razón de ser: contribuir al crecimiento del ser humano y a la construcción de un mundo mejor; y estamos convencidos de que desde la colaboración llegaremos más lejos en la consecución de estos apasionantes objetivos.

Mi propósito de vida es contribuir a la creación de un mundo mejor –desde mi pequeñez–, poniendo mi alma al servicio de los demás y de mí misma. Ese propósito incluye:

1. Crear espacios de colaboración, respeto, aceptación y escucha profundos.
2. Colaborar para elevar la dimensión energética del ser humano a la categoría de inteligencia.
3. Contribuir a construir una comunidad espiritual e informal, la *Multiversidad Improving Network*[1], donde se reúnen profesionales de todas las disciplinas, tendencias, estamentos y culturas. Un espacio abierto, cooperativo, integrativo y global cuya misión es co-crear el mundo que nos merecemos y YA ES.
4. Ser fiel a mí misma y a mi propósito para poder dar lo mejor de mí en forma de servicio a los demás.

Este libro pretende ser un pedazo de ese espacio abierto, cooperativo, integrativo y global que hace unos años Vikki Brock me mostró como requisito fundamental para que en 2025 el Coaching pudiera ser la palanca de transformación social que todo *coach* desea.

____

1 Ver más sobre la Multiversidad Improving Network en la página 485.

Hoy, en marzo de 2019, este libro quiere aportar su grano de arena para que *coaches* y psicólogos se abran a lo que pueden aprender unos de otros, compartan su pasión por el desarrollo del ser humano y consigan ser ejemplo de escucha, diálogo y cooperación en un mundo en el que todos los esfuerzos por hacer crecer al ser humano merecen la pena ser llevados a cabo.

Además pretende ser una invitación para que todo psicólogo y *coach* que no conozca en profundidad a la otra parte se acerque con mente de principiante a lo que de la otra rama pueda aprender. Con esta actitud, el crecimiento y el progreso están garantizados.

Esperamos que disfrutes tanto con la lectura del libro *Sinergias entre la Psicología y el* Coaching como nosotros lo hemos hecho escribiéndolo.

Desde aquí todo mi agradecimiento a las cincuenta y nueve personas[2] que durante todos estos años han participado aportando su energía e impulso para la materialización de este proyecto. Sin vosotros, sin todos y cada uno de vosotros, hubiera sido imposible. ¡GRACIAS!

Elena Pérez-Moreiras
14 de marzo de 2019, en algún lugar de la atmósfera
volando de Madrid a Ginebra

---

2   Personas que han contribuido a que hoy puedas tener en tus manos esta obra: Luis Picazo, Julio César Díaz, Ovidio Peñalver, Luis Barbero Hernández, Elena Gutiérrez Sánchez, Carlos Moya, Genoveva Vera, Isabel Aranda, Alfonso Medina, Vikki Brock, Cristina Izquierdo, Inmaculada Jaén, Miriam Ortíz de Zárate, Paloma Barreda, Myriam Álvarez, Alfonso Alonso, Juan José Álvarez, Alicia Torres, Aroa Ruiz, Dafne Cataluña, Carmen Cruz Fábrega, Elena Ivonne Daprá, Techu Arranz Basagoiti, Maite Sánchez Mora, Cris Bolívar Daniel Taroppio, Miguel Ángel Velázquez, Teri-E Belf, John Collings, Leatra Harper, Marlis González, Eduardo Maza Atienza, Marisa de Pablo Velasco, Amira Bueno Herdoíza, Ana Vázquez de Parga, Mariló Moreno, Santiago García Estebaranz, Lalu Gómez, Mª Luisa Ramírez Ortega, Carmen Quesada Carcelén, Alejandro Amengual, Pinar Sacristán, Mercedes Valladares, Concepción Báez Testal, Juan Manuel Neira, David Cabello González, María Manzano, Damian Goldvarg, Norma Perel, Julio Olalla, Rosa Mª Barriuso, Cris Moltó, María Teresa Alonso, Germán Antelo, Jesús Rodríguez, Carlos Fernández, Julio Marco, Luis Miró, Juan Carlos de la Osa. De todos ellos se hablará en este libro. Al final de este libro se incluye además una reseña profesional de todos ellos.

1. EL PAPEL DE LA PSICOLOGÍA Y EL ENFOQUE EXISTENCIALISTA EN EL COACHING

EL COACHING COMO PROCESO PSICOLÓGICO. UNA DEFINICIÓN DEL COACHING DESDE LA PSICOLOGÍA

Elena Pérez-Moreiras

¿QUÉ ES EL COACHING?

ICF, *International Coach Federation*, define el Coaching como «una asociación con los clientes en un proceso creativo y estimulante que les sirva de inspiración para maximizar su potencial personal y profesional».

Para AECOP, la Asociación Española de Coaching Ejecutivo y Organizativo, es «un proceso de acompañamiento individual o de equipo, mediante el cual se pretende que una persona o grupo de personas consigan objetivos definidos por estos. A través de una relación profesional continuada, la persona que recibe un proceso de Coaching profundiza en su conocimiento, amplía su conciencia sobre ciertos aspectos profesionales-organizativos y es capaz de tomar mejores decisiones, fortaleciendo las competencias profesionales que para ella sean pertinentes con respecto a su desempeño profesional».

Según los involucrados en esta relación, hay distintos tipos de Coaching. Si la relación se establece entre:

- Dos personas, (*coach* y cliente), hablaremos de *Coaching individual*
- Una persona y un equipo, (*coach* y equipo), hablaremos de *Coaching de equipos*
- Una persona y un grupo, (*coach* y grupo), hablaremos de *Coaching grupal*
- Un *coach* y varias personas y el vínculo que las une, hablaremos de *Coaching de vínculo*

La primera característica esencial de un proceso de Coaching, a diferencia de otros (consultoría, asesoramiento, terapia, etc.), es que la relación que se establece es de carácter horizontal, lo que quiere decir que ninguna de las partes ocupa una posición de superioridad ante el otro en cuanto a estatus, conocimiento o ningún otro factor.

El papel del *coach* es el de «estimulador e inspirador» de quien es objeto de su trabajo (persona, sistema o relación).

El papel del cliente es el de «impulsor activo de su propio aprendizaje». Es él mismo el que cuestiona, diseña alternativas, analiza, elige, emprende acciones, prueba su efectividad, consolida o no y pone en práctica lo aprendido mediante cambios que le afectan interna y externamente. Estos cambios se reflejan siempre conductualmente.

En ocasiones estos cambios pueden ser muy sutiles y para ser observados se requiere una atención concentrada. Incluso desde fuera, para un observador externo, pueden no ser percibidos; aún así, el interesado, el cliente, expresa formalmente cómo siente y observa estos cambios en sí mismo y verbaliza cómo se van producido a lo largo del proceso y las consecuencias que para él tienen.

El *coach* acompaña a su cliente en su camino hacia las metas que este propone, un camino de exploración, descubrimiento, ampliación de consciencia, conocimiento, toma de decisiones y actuación. Un camino de aprendizaje en el que su principal recurso es él mismo.

El Coaching concibe al cliente como un ser experto en sí mismo y con total capacidad para lograr lo que desea (principio de completud)[3].

BASE Y FUNDAMENTOS DEL COACHING

¿Cuáles son los fundamentos del Coaching? ¿En qué se apoya para existir y ser eficaz? Relación, reflexión, decisión, análisis, conducta, sintonía, escucha, mirada sincera, libertad, confidencialidad, seguridad, conexión, emociones, impulso, acción, pregunta, movimiento, confianza, empoderamiento, acompañamiento, aceptación incondicional, silencio, sostén, liviandad, objetivo, deseo, compás, descubrir, vivencia, libertad, permiso para errar, experimentación, juego, energía, cuerpo, gesto, honestidad, humildad, sencillez, aprendiz, luz, brillo, expansión, crecimiento, proyección... son términos que emergen en la respuesta.

De los conceptos anteriores, tan relacionados con el proceso de Coaching, lo básico, sin lo cual todo lo demás no puede aparecer, es la relación.

---

3   La ICF lo expresa así: «La *Internacional Coach Federation* (ICF) se adhiere a los principios de una forma de Coaching que respeta al cliente como el experto en su vida y trabajo y cree en cada cliente como un ser creativo, con iniciativa y completo». ICF Global: https://www.icf-es.com/mwsicf/

Ya muchos autores reconocen la naturaleza de la relación como el elemento determinante del éxito del Coaching. Ahora bien, aquello totalmente necesario y sin lo cual la relación no existe es la *conducta*: «manera con que los hombres y las mujeres se comportan en su vida y acciones», conforme a la RAE.

Sin la conducta el *coach* no llega al cliente; sin la conducta el cliente no llega al *coach*. Sin la conducta, no existe la relación, no existe el proceso de Coaching, no hay posibilidad de inspiración, sintonía, conexión, impulso, aceptación, etc.

Afirmamos pues que el elemento básico y en el que se apoya todo proceso de Coaching es la conducta de dos personas. La de cada una de ellas impacta recíprocamente en el otro y provoca un baile entre ambos, al son de una sintonía que se retroalimenta a sí misma en una relación circular, ascendente y recurrente.

Una conducta, la del *coach*, que una vez que se pone en juego mediante la realización de preguntas, la invitación a acciones o el planteamiento de determinados estímulos, provoca en el cliente una respuesta, que, antes de ser conducta, ha sido pensamiento, sentimiento-emoción, para salir al exterior en forma de corporalidad y lenguaje verbal.

Es decir, el *coach,* con su acción comportamental, provoca en el cliente determinados pensamientos y sentimientos que a su vez se convierten en respuestas comportamentales por parte de este. Y, ante las respuestas del cliente, el *coach* reacciona de la misma manera.

LA PSICOLOGÍA

La RAE define el término Psicología como[4]:

1. *Parte de la filosofía que trata del alma, sus facultades y operaciones*
2. *Todo aquello que atañe al espíritu*
3. *Ciencia que estudia los procesos mentales en personas y en animales*
4. *Manera de sentir de una persona o de un pueblo*
5. *Síntesis de los caracteres espirituales y morales de un pueblo o de una nación*
6. *Todo aquello que se refiere a la conducta de los animales*

Para esta ocasión proponemos fundir y actualizar todas estas definiciones en una sola: La Psicología es la disciplina que trata del alma, sus facultades y sus operaciones, así como de todo aquello que atañe al espíritu. Proviene de la Filosofía. A finales del siglo XIX se constituye como ciencia que estudia los procesos mentales y sus bases biológicas en personas y animales (individual y colectivamente), lo que

---

4   Otras definiciones: «Ciencia que estudia la actividad psíquica y el comportamiento de los organismos», y añade: «Etimológicamente 'ciencia del alma' ('*psyché*' = alma, y 'logos' = explicación, ciencia). Se atribuye al Philipp Melanchton, en el siglo XVI, el primer uso de este título, posteriormente difundido con éxito por el filósofo germano-polaco Christian Wolff (1679-1754) con su distinción entre una 'Psicología racional' puramente deductiva y racional, y una 'Psicología empírica' basada en la experiencia y la observación. Sin embargo, las primeras explicaciones del psiquismo y la conducta humana las encontramos en la filosofía griega, siendo esta disciplina la que se ha ocupado secularmente de la mente humana hasta la aparición de la Psicología científica con Wundt, a finales del siglo XIX, y su progresiva emancipación de la filosofía. El enfoque característico de la filosofía es eminentemente reflexivo y descriptivo, sin un apoyo experimental ni matemático, a diferencia del enfoque científico que utilizará el método hipotético-deductivo e incluso la investigación experimental; en las teorías más ambiciosas desde el punto de vista de la pretensión científica, encontramos también el afán por expresar matemáticamente las leyes que gobiernan la mente y la conducta». Fuente: Psicoactiva.com

incluye sus formas de sentir, pensar, expresarse, sus características espirituales y morales, y todo aquello que se refiere a la conducta (Pérez-Moreiras, 2020).

En la filosofía griega y medieval se entenderá que el objeto de la Psicología es el alma, y a partir de la Edad Moderna la mente y la conciencia. Por su parte, la Psicología científica renuncia, naturalmente, a la investigación del alma, conformándose con la «comprensión de la mente, la conducta o los procesos biológicos que subyacen a ambos, tratando de descubrir su estructura, mecanismos y actividad, y la aplicación de dichos conocimientos a los distintos ámbitos en los que el ser humano se desenvuelve». Recientemente el Instituto para la Investigación del Talento y del Nuevo Liderazgo, RH ASESORES IMPROVING, integrante de la MULTIVERSIDAD IMPROVING NETWORK, ha comenzado un movimiento de integración de todo el saber que se ha desarrollado hasta la actualidad relacionado con la conducta y el desarrollo del talento a lo largo de toda la historia de la Psicología (antes y después de constituirse como ciencia), materializado en el constructo de Inteligencia Energética y la tesis doctoral de la que soy autora y que se expondrá públicamente en los próximos meses.

Cuando hablamos aquí de Psicología, no nos estamos refiriendo a la Psicología clínica[5], sino a la Psicología general

---

5   La *Psicología clínica* es una parte de la Psicología especializada en el estudio y la actuación sobre problemas relacionados con la conducta o cualquiera de los procesos inmersos en ella que provocan dolor o desajustes incapacitantes para aquel que los vive. Esta disciplina es objeto de formación especializada y está adscrita a la normativa vigente relativa a las profesiones sanitarias y reservada para los psicólogos clínicos y psicólogos generales sanitarios según sea el ámbito territorial y publico-privado de actuación profesional. En la página web del Colegio Oficial de la Psicología de Madrid encontramos: «*La Psicología Clínica y de la salud es la disciplina o el campo de especialización de la Psicología que aplica los principios, las técnicas y los conocimientos científicos desarrollados por esta para evaluar, diagnosticar, explicar, tratar, modificar y prevenir las anomalías o los trastornos mentales o cualquier otro comportamiento relevante para los procesos de*

y aplicada, aquella que estudia los procesos y conductas humanas sanas que se manifiestan en contextos habituales de la vida diaria y que no conllevan dolencia o enfermedad. Incluimos todo el vasto cuerpo de conocimiento relacionado con la Psicología del Desarrollo Humano, el Aprendizaje, la Psicología Evolutiva, la Psicología Positiva, la Psicología Diferencial, etc., que tiene como objeto de estudio el comportamiento humano sano y su capacidad para crecer y desarrollarse.

PROCESOS PSICOLÓGICOS Y COACHING

Según José Luis Martorell y José Luis Prieto[6], el objeto de estudio genuino de la Psicología general son los procesos psicológicos, que suelen clasificarse en estos tres grupos:

- Procesos conductuales, principalmente los procesos de aprendizaje.
- Procesos cognitivos, tanto inferiores (percepción y memoria) como superiores (pensamiento y lenguaje).
- Procesos de motivación y emoción.

Y, sobre los aprendizajes básicos añaden: «*implican la realización duradera de conductas nuevas, adquiridas mediante la práctica, o la inhibición de conductas ya aprendidas o instintivas*».

Ricardo Tamayo, doctor por la Universidad Humboldt de Berlín, dice que «*la existencia de un proceso propiamente psicológico normalmente se postula tras preguntarse el*

---

la salud y enfermedad, en los distintos y variados contextos en que estos puedan tener lugar». Ver más en la página 69.

6   En *Introducción a la Psicología. Resumen del manual 'Fundamentos de Psicología'* de la Editorial del Centro de Estudios Ramón Areces.

por qué y el cómo acerca de una conducta, un pensamiento o una emoción. Por ejemplo, ahora estoy pensando en mi abuela que murió hace muchos años. ¿Qué proceso psicológico hace posible que tenga este pensamiento? Probablemente la memoria. Y, ¿cómo funciona la memoria? Por asociaciones. Y ¿qué es una asociación? Es una red de significados que he construido a lo largo de mi vida. Por lo tanto, los procesos psicológicos constituyen hipótesis detalladas que proveen predicciones contrastables y conocimientos acerca del comportamiento. La Psicología como ciencia asume que todos los seres humanos compartimos los mismos procesos psicológicos (cómo la memoria), aunque los realizamos de una manera diferente de acuerdo con nuestra historia individual de experiencias con el mundo.

»El conjunto de todos los procesos psicológicos suele clasificarse en procesos psicológicos básicos y procesos psicológicos superiores.

»Los procesos básicos son teóricamente tan simples que no pueden dividirse en subcomponentes, mientras que los procesos psicológicos superiores normalmente están compuestos por una combinación más o menos compleja de varios procesos psicológicos básicos.

»Un ejemplo de un proceso psicológico básico puede ser la atención. Se supone que podemos enfocar nuestra atención en algún estímulo del ambiente, lo cual nos permite que realicemos operaciones psicológicas más complejas. Un ejemplo de un proceso psicológico superior puede ser la abstracción. Se supone que yo puedo entender o crear un concepto complejo como el de libertad al aplicar procesos psicológicos más simples como la memoria, la atención, la percepción y la emoción.

En conclusión, si alguien nos pregunta en qué consiste la Psicología, una buena alternativa de respuesta sería: es el estudio y la explicación de los procesos que posibilitan la conducta, los pensamientos y las emociones. Estos procesos se basan en la biología y en el contexto social, pero no se reducen a ellos. Algunos ejemplos clásicos de procesos psicológicos serían el aprendizaje, la memoria, la abstracción, etc.».

El Coaching es sin duda un proceso psicológico por el que pasan el *coach* y el cliente, basado en la conducta y que tiene un efecto también comportamental en ambos. En este contexto, completamos la definición de Coaching de la ICF, diciendo:

«El Coaching es una metodología de desarrollo de personas que opera a través de la conducta, en la que un profesional, llamado *coach*, colabora con su cliente (persona o sistema) en un proceso creativo y estimulante que le sirve a este último de inspiración para maximizar su potencial personal-profesional y alcanzar sus metas». Este proceso creativo se concreta en un conjunto de fases sucesivas que conllevan, por ambas partes (*coach* y cliente), el tránsito por:

1. Procesos cognitivos inferiores (percepción y memoria) y superiores (pensamiento y lenguaje).
2. Procesos de motivación y emoción.
3. Procesos conductuales que demuestran o ponen en evidencia el aprendizaje mediante la puesta en práctica de conductas diferentes a las realizadas con anterioridad por parte el cliente y que provocan cambios en él mismo y en su entorno, que le permiten alcanzar sus metas».

El Coaching es pues, un proceso psicológico de desarrollo de personas y profesionales que permite acompañarlos en su caminar hacia la consecución de sus metas.

CONEXIONES ENTRE LA PSICOLOGÍA Y EL COACHING

Las conexiones que encontramos entre ambas disciplinas son múltiples. Entre las más destacadas enumeramos las siguientes:

1. No hay Coaching sin conducta (humana), y la conducta es el foco de estudio de la Psicología.

2. Tanto el *coach* como el cliente influyen el uno en el otro mediante la puesta en práctica de unas cadenas de estímulos-respuestas recíprocas de naturaleza dinámica, circular y recurrente.

3. Toda dinámica de Coaching es posible gracias a la puesta en funcionamiento de unos procesos que son de naturaleza psicológica: atención, percepción, memoria, abstracción, asociación, pensamiento analítico y sintético, lenguaje, identificación, vivencia y elaboración de sentimientos y emociones, motivación, reacción comportamental, etc.

4. Estos procesos afectan al individuo de manera integral, holística e indivisible.

5. La Psicología es la ciencia que estudia la conducta humana y en ella se incluye todo lo relativo a la capacidad y los procesos por los que pasa el ser humano para manifestarse, crecer y desarrollarse.

6. Respecto a esta última tiene especial influencia su capacidad para aumentar su nivel de consciencia. La Psicología es la ciencia que estudia de manera profunda los aspectos conscientes, preconscientes e inconscientes del comportamiento humano.

7. Solo desde el ejercicio de este autoconocimiento, desde la puesta en práctica de la auto-regulación, partiendo

de un profundo sentido de la auto-aceptación-estima-cuidado, se logrará el auto-desarrollo-proyección, objetivo esencial en un proceso de Coaching para el cliente y base fundamental para el mantenimiento y el incremento futuro del nivel de competencia de cualquier *coach*. Estos campos son objeto esencial de estudio de la Psicología básica, de la Psicología del desarrollo humano y de la Psicología evolutiva.

La Psicología pues ofrece y puede ofrecer grandes aportaciones al Coaching, y el Coaching posee una fundamentación psicológica clara y esencial. La colaboración entre ambas disciplinas, la creación de espacios de enriquecimiento, diálogo y aprendizaje mutuos abrirá sin duda grandes ventanas al desarrollo y el progreso humanos.

ALGUNOS AUTORES Y APORTACIONES CONCEPTUALES DE LA PSICOLOGÍA QUE ENCONTRAMOS EN LA BASE DE LOS PROCESOS DE COACHING

A continuación, presentamos una tabla en la que aparecen algunos autores y sus aportaciones conceptuales, que no pretende ser única, ni completa. De hecho, tan solo es una muestra del vasto legado que la Psicología aporta al mundo del Coaching. Muchos son los autores y fenómenos que falta por incluir y animamos a los lectores a ampliar este listado para beneficio de ambas disciplinas.

- **ALLAIRE, BARBARA** — Curva de Hostilidad

- **ARANDA, ISABEL** — Modelo de Emociones Capacitantes en Coaching

- **ARGYRIS, CHRYLS** — Escalera de Inferencias/Aprendizaje de Doble Bucle/Columna Izquierda

- **ASPINWALL, LISA G.** — Auto-regulación y papel de las emociones y expectativas en este proceso

- **BANDURA, ALBERT** — Aprendizaje Social, Modelado/Auto-eficacia/ Autocontrol: Auto-observación, Auto-evaluación y Auto-refuerzo

- **BAR ON, REUVEN** — Inteligencia General=Inteligencia Emocional+Inteligencia Cognitiva

- **BATESON, GREGORY** — Enfoque sistémico de la comunicación humana: *Feedback*

- **BECK, AARON** — Reestructuración Cognitiva

- **BLANDER, RICHARD** — PNL

- **BLAY FONTCUBERTA, ANTONIO** — Psicología de la Auto-realización

- **BLOCH, SUSANA** — Sistema Alba Emoting, que permite la inducción y modelación emocional

- **BOYATZIS, RICHARD** — Competencias directivas/desarrollo de competencias

- **BREITHAUPT, FRITZ** — Empatía, culturas de la empatía

- **BRIZENDINE, LOUANE** — Configuración cerebral femenina y masculina

- **BUZAN, TONY** — Mapas mentales

- **CACIOPPO, JOHN** — Contagio emocional. La emoción viaja de fuera a dentro

- **CAVANAGH, MICHAEL J.** — «Ocupación de espacios» en la relación *coach*-cliente y el resto según la Psicología Sistémica

- CHESNEY, EDWIN A.   Teoría de la Fijación de Objetivos

- COLL, CESAR   Principios constructivistas (6) del aprendizaje

- COVEY, STEVEN   Círculo de Influencia

- CSIKZENTMIHALYI, MIHALYI   Estados de fluidez

- D'ZURILLA, THOMAS   Terapia de la Solución de Problemas

- DAVIDSON, RICHARD   Neuroplasticidad

- DAVIS, FLORA   Lenguaje no verbal

- DE BONO, EDUARD   Creatividad

- DIAMOND, LISA M   Contagio de emociones: unidad de regulación psicobiológica mutua

- EKMAN, PAUL   Emociones

- ELLIS, RICHARD   Auto-aceptación

- ELLIS, ALBERT   Terapia racional emotiva

- ELSTER, JOHN   Contagio emocional. Alquimias de la mente

- ERIC, BERNE   Análisis transaccional. Psicología de las relaciones humanas

- ERICKSON, MILTON   Hipnosis

- FESTINGER, LEON   Disonancia cognitiva

- FREUD, SIGMOND   Yo, ello, súper-yo

- FRIEDMAN, HOWARD   Contagio emocional

- GARDNER, HOWARD   Inteligencias múltiples

- GENDLIN, EUGENE   *Focusing*

- GERMER, CHRISTOPHER   *Mindfulness*

- GOLEMAN, DANIEL   Inteligencia emocional

- GOLFRIED, JOSEPH   Generación de alternativas. Terapias cognitivas

- GRAVES, CLARE W.   Estadios evolutivos del ser humano, Psicología Transpersonal

- GRINDER, JOHN   PNL

- HARVEY A, CARR   Auto-estima y concepto de verificabilidad

- HARFIELD, ELAINE   Contagio emocional. La emoción viaja de fuera/adentro

- HELLINGER, BERT   Leyes del amor

- INGHAM, HARRY   La Ventana de Johari

- KABAT-ZINN, JON   *Mindfulness, Body Scan*

- KELLY, GORGE   Teoría de los Constructos Personales y Constructivismos Alternativo

- KOFFKA, KURT   El Movimiento Aparente; Teoría del Fenómeno Phi; Ley de la Prägnanz (Pregnancia)

- KÖHLER, WOLFGANG   El Movimiento Aparente; Teoría del Fenómeno Phi; Ley de la Prägnanz (Pregnancia)

- KOLB, DAVID   Ciclo de Aprendizaje a través de la Experiencia

- LATHAM, GARY P.   Teoría de la Fijación de Objetivos. La motivación de la meta y sus implicaciones en la eficiencia y aprendizaje en las organizaciones

- LEVY, NORBERTO — La sabiduría de las emociones, utilidad de las emociones «negativas»

- LEWIN, KURT — Teoría del Campo. El cambio: fuerzas de apoyo y resistencia negativa y que generan fuerzas repulsivas

- LINEHAN, MARSHA M. — Toma de consciencia de nuestras emociones: *mindfulness*

- LOCKE, EDWIN A. — Teoría de la Fijación de Objetivos. Explica las acciones humanas en situaciones de trabajo específicas

- LOWEN, ALEXANDER — Bionergética pone el acento en la estructura corporal y en la identificación de la mente y del cuerpo

- LUFT, JOSEPH — La Ventana de Johari

- LURIA, ALEXANDER — Mapas mentales

- MARTIN, SELLINGMAN — Psicología Positiva

- MASLOW, ABRAHAM — Auto-estima, auto-confianza

- MAYER, JOHN — Inteligencia emocional

- MCCLELLAND, DAVID — Competencias

- MCGREGOR, DOUGLAS — Concepción del individuo desde la teoría y para aumentar su motivación hacia la consecución de metas

- MCNEILL, ROBERT — Curva de Hostilidad

- MCWRITHER, JOHN — La mente como todo sistémico y holístico

- MEHRABIAN, ALBERT — Comunicación No Verbal

- MEICHENBAUM, DONALD — Resolución de problemas

- **NARDONE, GIORGIO** — *Problem solving* estratégico. Resolución de problemas
- **PALCOS, MARIA ADELA** — Corporalidad: Sistema Río Abierto, terapia del cuerpo y el espíritu
- **PARSONS, LAWRENCE** — Corporalidad: funcionamiento cerebral cuando bailamos y cantamos
- **PASCUAL-LEONE, ALVARO** — Neuro-plasticidad: influencia pensamiento y estructuración cerebral
- **PEARLS, FRITZ** — Terapia Gestalt
- **PIAGET, JEAN** — Evolución y aprendizaje
- **PROCHASKA, JAMES** — Ciclo de cambio de comportamiento
- **RAPSON, RICHARD L.** — Contagio emocional. La emoción viaja de fuera a dentro
- **ROGERS, CARL** — Psicología Humanista
- **ROSENTHAL, ROBERT** — Efecto Pigmalión
- **ROSSI, VICENZO** — Corporalidad
- **SALOVEY, PETER** — Inteligencia emocional
- **SATIR, VIRGINIA** — Autoestima a partir de la estima «externa»: amor como el elemento curativo
- **SKIFFINTONG, SUZANE** — El Coaching es aprendizaje
- **SPERRY, ROGER** — Hemisferios cerebrales
- **TAROPPIO, DANIEL** — Interacciones primordiales
- **THORNDIKE, EDUARD** — Generación de alternativas. Terapias cognitivas
- **TORO ARANDA, RONALDO** — Biodanza (Psicodanza), investigaciones sobre la expresión del inconsciente

- VIGOTSKY, LEV — Auto-instrucciones, diálogos internos

- WALZAWICH, PAUL — Teoría de la Comunicación Humana

- WERTHEIMER, MAX — El Movimiento Aparente; Teoría del Fenómeno Phi; Ley de la Prägnanz (Pregnancia)

- WILLIAM, JAMES — Auto-estima y concepto de verificabilidad

- ZEUS, PERRY — El Coaching es aprendizaje

CONCLUSIONES

Las conexiones entre la Psicología y el Coaching son evidentes. Estas conexiones tienen que ver con:

1. La propia naturaleza del proceso.
2. Su finalidad.
3. Las condiciones que se deben propiciar para que el Coaching pueda ejecutarse con éxito.
4. Los efectos que esa actuación tiene en quien la solicita: el cliente.
5. Los efectos que ese proceso tiene en quien acompaña: el *coach* y su forma de ampliar su nivel de competencia profesional.
6. Los fenómenos que se producen en el proceso y que explican su efectividad.
7. Los elementos involucrados en el mismo.

Todo ello nos lleva a enunciar, desde la mirada de la Psicología e inspirados en la propuesta por la ICF, una nueva y más completa definición de lo que es el Coaching desde la Psicología:

«El Coaching es una metodología de desarrollo de personas que opera a través de la conducta, en la que un profesional, llamado *coach*, colabora con su cliente (persona o sistema) en un proceso creativo y estimulante que le sirve a este último de inspiración para maximizar su potencial personal-profesional y alcanzar sus metas. Este proceso creativo se concreta en un conjunto de fases sucesivas que conllevan, por ambas partes (*coach* y cliente), el tránsito por:

- Procesos cognitivos inferiores (percepción y memoria) y superiores (pensamiento y lenguaje).
- Procesos de motivación, emoción y trascendencia.
- Procesos conductuales que demuestran o ponen en evidencia el aprendizaje mediante la puesta en práctica de conductas diferentes a las realizadas con anterioridad por parte el cliente y que provocan cambios en él mismo y en su entorno, y que le permiten alcanzar sus metas.

Estos procesos conllevan la actuación indisociable de los órganos rectores del comportamiento humano (sistema nervioso central y periférico), el tránsito por diferentes estados de consciencia por parte del *coach* y cliente (inconsciente, pre-consciente, consciente y estados ampliados de consciencia), la puesta en práctica de todos los estilos de representación-aprehendizaje de ambas personas (auditivo, visual, kinestésico y mixto) y la puesta en funcionamiento de todas sus inteligencias».

Inmaculada Jaén

INTRODUCCIÓN

Muchos autores hablan de la filosofía como la «madre» de todas las ciencias modernas, no solo de las que nos competen en este libro.

Hace muchos años, la sola mención a la filosofía como núcleo generador de la Psicología parecía provocar ampollas en algunos ilustres profesores. Durante esos años había en la comunidad académica de psicólogos una especie de obsesión casi infantil por ser reconocidos como disciplina científica a toda costa y el simple «roce filosófico» suponía un descrédito inadmisible.

Es posible, como en nuestra vida privada, que tengamos que «negar a nuestra madre» cuando queremos volar por nuestra cuenta y ser aceptados, para volver más adelante a reconocer, no sin cierto sonrojo, todo lo que esa madre nos aportó.

El objeto de este capítulo no es hacer un repaso exhaustivo de todo lo que la filosofía ha aportado a la Psicología y al Coaching, sino escoger aquellas corrientes filosóficas conceptualmente más relevantes para el caso que nos ocupa.

Por eso cuando hablamos de una disciplina tan reciente y novedosa como el Coaching, parece que remontarnos en el tiempo hasta el pensamiento de filósofos como Nietzsche, Kierkegaard, Husserl, Heidegger, Sartre, Merleau-Ponty o Martin Buber solo nos dará un breve punto de conexión con los paradigmas, tendencias y prácticas que se utilizan e investigan a día de hoy dentro de esta disciplina que, sin duda, bebe y ha bebido desde su creación y en su desarrollo de otras.

Sin embargo, son tantos los puntos de conexión, son tantas las ideas comunes y que resultan cruciales para el ejercicio del Coaching hoy en día, que es difícil condensar en unas cuantas todos los nexos que unen al existencialismo como disciplina filosófica con la psicoterapia existencialista y el método fenomenológico o fenomenología.

Haremos un recorrido por los principales fundamentos de la filosofía existencialista, destacando de algunos de sus autores aquellas aportaciones que luego han sido claves para conceptualizar la teoría y la práctica del Coaching, y más adelante tratar la psicoterapia existencial y el método fenomenológico, que necesitan un capítulo aparte por su calado, importancia e influencia.

FUNDAMENTOS DE LA FILOSOFÍA EXISTENCIALISTA

El término existencialismo fue acuñado por un periodista francés que entrevistó a Jean-Paul Sartre (1905-1980) en 1941. A este le gustó el rótulo y le hizo ganar en popularidad, aunque ya algunos filósofos anteriores durante la Primera Guerra Mundial hablaban de la filosofía del *Existenz*.

Sin embargo es difícil aunar en una misma corriente de pensamiento a esos filósofos, ya que ellos hacían gala de su propia individualidad huyendo de las etiquetas, como fue el caso de Martin Buber, que siempre enfatizó la unicidad de su particular punto de vista. Aún así, podemos hablar de tres rasgos comunes a todos ellos:

- La originalidad de la existencia individual. El «yo» se caracteriza por «decidirse» y «elegirse a sí mismo».
- La existencia como libertad. Cuando un filósofo existencialista habla de que la «existencia precede a la esencia» quiere decir que la libertad es lo que hace «ser» al ser humano.
- La fenomenología como método, interpretando al ser humano como fenómeno que «aparece o se manifiesta» ante la existencia.

En definitiva, en esta corriente filosófica se pone el énfasis en la existencia individual concreta, la subjetividad, la libertad individual y los conflictos de elección.

Abundando en la particularidad de cada uno de los diferentes autores nos gustaría poner de relieve algunas de sus ideas más sobresalientes, aquellas que sin duda el lector podrá poner en valor en constructos, conceptos, prácticas y planteamientos que constituyen la piedra angular de corrientes y escuelas de Coaching de todo el mundo.

Revisemos en detalle alguna de sus más destacadas contribuciones:

Soren Kierkegaard (1813-1855)

El pensamiento de Soren Kierkegaard es un intento de ofrecer un marco filosófico para abordar preguntas como «¿quién soy?» «¿para qué vivo?» o «¿qué debería hacer?». Es una forma de filosofía que se centra en la subjetividad humana.

La libertad de elección define la vida, por lo que esta consiste fundamentalmente en elegir; así desarrollamos nuestra existencia. Nuestras elecciones hablan sobre quiénes somos y qué historias hemos dejado a nuestras espaldas.

Elegir es tan inevitable según este autor que hasta no hacer nada es una opción que escogemos ante una encrucijada de posibles acciones a realizar.

Es la esencia misma del *coachee*, cliente, como gusta llamársele actualmente en algunas escuelas, cuando escribe: «*Tengo que encontrar una verdad que sea verdadera para mí... la idea por la que pueda vivir o morir*», o lo que es lo mismo, nuestro objetivo vital. Para Kierkegaard, el ser humano no es estático, sino un ser en movimiento, en proceso, en continuo desarrollo de sí mismo.

Según Kierkegaard, las condiciones en las que elegimos dependen únicamente de nosotros; toda la responsabilidad es nuestra. Es como si el mundo exterior no existiese, ni los fenómenos sociales no tuviesen el más mínimo impacto en nuestras vidas, al igual que nuestra historia y cultura.

Friedrich Nietzsche (1844-1900)

Filósofo, poeta, músico y filólogo considerado uno de los autores más influyentes del siglo XIX. Su trabajo afectó profundamente a generaciones posteriores de teólogos, antropólogos, filósofos, sociólogos, psicólogos, politólogos, historiadores, poetas, novelistas y dramaturgos. Su influencia fue particularmente notoria en los filósofos existencialistas.

Su filosofía tiene un claro ascendente en algunas corrientes psicológicas y del Coaching. Destaquemos algunas:

1. El individuo es quien decide qué situaciones deben ser consideradas como situaciones morales, lo cual se asemeja bastante al actual sistema de creencias y valores personales con el que trabajan algunos *coaches*.

2. Las más frecuentes contradicciones de sus escritos se explican desde la idea de que Nietzsche utiliza múltiples puntos de vista para retar al lector a considerar varias facetas de un tema, ya que no existe una verdad universal; son solo interpretaciones de una realidad fundamentalmente in-interpretable.

3. El punto de partida de su moral cambia radicalmente: frente al «Tú debes» de Kant, Nietzsche aboga por el «Yo quiero».

4. Al margen del juicio humano, la vida no actúa dentro de la dicotomía bien-mal; simplemente se deja llevar por su propio poder, por el deseo de construirse. El estadio superior del hombre es la aceptación de la vida tal como venga.

Si bien hay quienes sostienen que la característica definitoria de Nietzsche no es tanto la temática que trataba sino el estilo y la sutileza con que lo hacía, fue un autor que introdujo como ningún otro una cosmovisión que reorganizó el pensamiento del siglo XX.

Edmund Husserl (1859-1938)

Filósofo moravo fundador de la fenomenología trascendental, y a través de ella, del movimiento fenomenológico, uno de los movimientos filosóficos más influyentes del siglo XX y aún lleno de vitalidad en el siglo XXI.

Quizá uno de sus conceptos más sobresalientes fue el de empatía: modo en el que experimento al otro, cómo constituyo a alguien como otro yo, que es, por otro lado, su propio «centro» de vivencias, afecciones y actos.

El punto de partida de las consideraciones «husserlianas» al respecto es una triple constatación:

- La experiencia del otro es siempre una experiencia del otro en su apariencia corpórea.
- Yo experimento mis propias vivencias de un modo único, inmediato, originario.
- Yo no experimento así las vivencias de los otros.

Martin Buber (1878-1965)

Filósofo y escritor judío austriaco-israelí conocido por su filosofía de diálogo y por sus obras de carácter existencialista. Sionista cultural, anarquista filosófico, existencialista y partidario de «una tierra para dos pueblos» que busca el diálogo entre judíos y árabes en Palestina.

El pensamiento de Buber contribuye a la construcción de un nuevo humanismo. Él vio necesario resaltar los valores fundamentales de la vida humana: la solidaridad, el respeto por el otro, la tolerancia, la no discriminación y el amor por el prójimo.

Otra de las piedras angulares de su obra es el tratamiento que hace del diálogo. Para Buber hay muchas formas de comunicación. La más inmediata es el lenguaje, verdadero prodigio de la persona, que podemos calificar de milagro. Solo con una treintena de signos transmitimos al otro lo más profundo y valioso que tenemos y existe dentro de nosotros (ideas, valores, pensamientos, proyectos, sentimientos). Con nuestras palabras nos enriquecemos mutuamente, «nos entregamos» el otro y yo. Pero si queremos que nuestro diálogo sea fructífero y enriquecedor debemos dejar espacio al silencio para reflexionar, estudiar y orar. De aquí emanará un lenguaje veraz, y la verdad hecha palabra generará confianza y empatía entre los interlocutores.

El diálogo requiere también el respeto al otro y a su palabra; si el diálogo es auténtico personifica, y así la comunicación «entre personas» será más que dialéctica e intercambio de ideas: será enriquecimiento y creación de nuestro propio ser.

Martin Heidegger (1889-1976)

Rafael Echeverría, en su libro *Ontología del lenguaje*, hace continuas referencias a la filosofía de Martin Heidegger y a su concepto de «acción transparente», que explica de esta manera: «*Nos desplazamos en sintonía con el mundo alrededor, sin detenernos a pensar en él, fluimos en él*». Heidegger contribuyó al pensamiento existencialista al poner el énfasis tanto en el ser y la ontología como en el lenguaje. Este interés fue el que recogieron más adelante autores como Fernando Flores y el mismo Echeverría dentro del Coaching Ontológico[7].

Para Heidegger descubrimos el mundo a través de la existencia en sí misma; la cognición, la reflexión y otros procesos similares son tan solo un reflejo de la existencia y tienen un carácter secundario.

Destaca asimismo la relevancia del lenguaje como herramienta fundamental para entender el mundo.

La teoría existencialista de Martin Heidegger es considerada uno de los principales exponentes de este movimiento filosófico, asociado sobre todo a autores de finales del siglo XIX y principios del XX. A su vez, el existencialismo ha sido un movimiento que ha influido mucho a la corriente de la Psicología Humanista , cuyos principales representantes fueron Abraham Maslow y Carl Rogers.

---

7   Ver más sobre Coaching Ontológico en página 131.

Jean-Paul Sartre (1905-1980)

Filósofo, escritor, novelista, dramaturgo, activista político, biógrafo y crítico literario francés, es el exponente máximo del existencialismo y del marxismo humanista. El corazón de su filosofía era la preciosa noción de libertad y su sentido concomitante de la responsabilidad personal. Rechazó el Premio Nobel de Literatura en 1964.

Pocos años antes de su muerte, en una entrevista insistió en que nunca había dejado de creer que «*al final uno siempre es responsable de lo que haya sido de él*», algo parecido a su lema «*el hombre se hace a sí mismo*».

Para Sartre, los seres humanos no somos el resultado de un diseño inteligente (ideado por un dios); nuestra esencia, aquello que nos definirá, es lo que construimos nosotros mismos mediante nuestros actos.

La responsabilidad, ese concepto que distinguimos de la culpa, que nos hace dueños de nuestros actos pues asumimos sus consecuencias, ya fue entendido así por Jean-Paul Sartre, para quien cada uno es el único responsable de sus decisiones. La libertad de elección conlleva compromiso y responsabilidad.

Para los existencialistas en general, los individuos son libres de escoger su propio camino; tienen que aceptar el riesgo y la responsabilidad de seguir su compromiso dondequiera que les lleve.

Merleau-Ponty (1908-1961)

Filósofo fenomenólogo francés, fuertemente influido por Edmund Husserl.

Es frecuentemente clasificado como existencialista debido a su cercanía con Jean-Paul Sartre y Simone de Beauvoir, así como por su concepción «heideggeriana» del ser, aunque posteriormente, debido a su litigio con Sartre, Merleau-Ponty negó pertenencia o acuerdo con dicha filosofía.

Merleau-Ponty habla de la primacía de la percepción, ya que esta es activa y constitutiva, y una primacía de la experiencia, donde toda conciencia es conciencia perceptiva. El cuerpo propio es una condición permanente de la existencia; constituye la apertura perceptiva, como la «creación» de ese mundo.

PSICOTERAPIA EXISTENCIAL

En la actualidad, la psicoterapia existencial podría entenderse más como una herramienta de desarrollo personal que como una práctica terapéutica propiamente dicha, ya que uno de sus principales axiomas es considerar los problemas de las personas más como asuntos que emergen ante las dificultades encontradas por el hecho de vivir que como indicadores de salud o enfermedad. Estas dificultades, lejos de suponer dolencias que hay que tratar, son oportunidades para desarrollar nuestros recursos, potencialidades personales y alcanzar una existencia más significativa y responsable.

Es por lo tanto un enfoque que, en vez de promover una «correcta» o «adecuada» forma de vivir, proporciona un marco para reflexionar y hacernos preguntas que aumenten nuestra perspectiva.

Para todo ello es indispensable tomar conciencia de las posibilidades de cada uno, ampliar la perspectiva de nosotros mismos y del mundo que nos rodea, y contemplar a la persona en evolución y desarrollo, en movimiento y proceso constantes.

La relación se da entre el «terapeuta» y el cliente a través de lo que se denomina «diálogo existencial», o un debate en el que predomina la conversación para buscar y clarificar las creencias acerca del mundo de manera que se llegue a un mejor entendimiento de los conflictos internos y los objetivos de la existencia que se dan en el día a día.

No hay una desigualdad entre cliente y terapeuta; este no asume la dirección al decirle al cliente lo que debe hacer. No se le considera como «el gran conocedor de la verdad» sino como la persona que sabe dialogar y facilitar la reflexión acerca de nuevas posibilidades.

En esta relación el cliente puede repasar sus experiencias con el terapeuta, quien cuestionará, retará y explorará, pero que no tiene respuestas que puedan sostener al otro sino solo propiciar el diálogo que facilite su reflexión.

El cliente está dispuesto a tomar la responsabilidad de su propia vida en este proceso, digamos «terapéutico», donde se mejora el conocimiento de uno mismo.

Es esencial enfocarse hacia la libertad de elección dando forma a la propia vida, abriendo y explorando otras posibilidades de ser, reflexionando acerca de nuestra particular manera de estar en el mundo, ya que la realidad es inter-relacional y anterior a la formación de la identidad como un «yo» independiente.

Un «yo», o una visión de uno mismo que es siempre cambiante y está en continuo proceso de construcción, interpersonal y contextual. Esta construcción se promueve teniendo en cuenta el mundo que nos rodea, observándolo e interaccionando con él y con los otros.

La psicoterapia existencialista trata el sufrimiento como una oportunidad. Tiene además una función sanadora, ya que promueve una búsqueda profunda y una reflexión formal.

Frente a otro tipo de procesos terapéuticos, este no se enfoca en el «por qué», en las causas, sino que se detiene en el nivel descriptivo hacia el «qué» y el «cómo», algo propio del método fenomenológico, según el cual *«los hombres perspicaces juzgan que el fiarse de lo que se ve y se toca es una limitación: no todo lo que hay que ver está a la vista, no todo lo real es tangible. Sin embargo, la apariencia debiéramos considerarla todos como testimonio irrecusable de un ser presente: lo que se ve es algo que está ahí. Pero nos parece que lo visible ya no es lo evidente; que el ser puede ser engañoso; que la apariencia no es la realidad».*

A través de este método, lo que la psicoterapia existencial impulsa es:

- Nuestra particular experiencia de ser-en-el-mundo-con-otros.
- Examinar, confrontar y revalorar los límites auto-impuestos y los asignados al mundo.
- Una manera dialógica de ser del cliente, actitudes, valores, creencias y juicios, explícita o implícitamente, para conocer o cambiar su manera de ser.
- El ser es una experiencia manifestada en emociones y respuestas afectivas que son significativas.

Para la visión existencial, la experiencia siempre es intencional. En palabras de Ernesto Spinelli, cada vez que noto, descubro, me doy cuenta de algo y hablo de mi experiencia, realizo un acto de interpretación, selección y reflexión. En este sentido, cualquier referencia a una experiencia pura es desde este punto de vista una falacia.

Para la fenomenología, los opuestos son el principal criterio de contraste y una característica indispensable para la conciencia; de esta manera solo conocemos la tristeza por la alegría, o el frío por el calor, etc.

Principales escuelas contemporáneas de psicoterapia existencial

• LUDWIG BINSWANGER, MEDRAD BOSS	Análisis existencial
• VIKTOR FRANKL	Logoterapia y análisis existencial
• EUGENE MINKOWSKI, KART JASPERS, RONALD D. LAING, DAVID COOPER, THOMAS SZASZ	Psiquiatría existencial
• EMMY VAN DEURZEN, ERNESTO SPINELLI Y HANS COHN	Escuela inglesa de Psicoterapia existencial
• JAMES BUGENTAL, ROLLO MAY, IRVIN YALOM, ETC.	Escuela norteamericana de Psicoterapia existencial
• BUBER, MARTIN	Terapia dialogal
• LAENGLE, ALFRED	Análisis existencial personal
	Escuela latinoamericana de Psicoterapia existencial

Viktor Frankl[8]

Nos gustaría subrayar algunas de las ideas y aportaciones de la Logoterapia de Viktor Frankl, por su influencia en el Coaching y en las prácticas de desarrollo personal. Ahí van algunas de ellas:

- El carácter indivisible de la persona.
- La diferenciación entre causa e intención.
- La psicoterapia orientada a fines y objetivos.
- La búsqueda del «sentido de la vida» y su importancia en la psicoterapia.
- La relevancia del diálogo y la relación terapéutica.

CONCLUSIONES

Las aportaciones más significativas del enfoque existencial al Coaching son:

- Considerar la relación «terapéutica» desde un prisma distinto al de salud/enfermedad. Al ser problemas que emergen por el hecho de vivir y que pueden darse en cualquier persona, pasamos de una perspectiva psicopatológica a una de desarrollo personal.

---

8   Neurólogo, psiquiatra y filósofo austriaco fundador de la logoterapia y el análisis existencial. Sobrevivió desde 1942 hasta 1945 a varios campos de concentración nazis, incluidos Auschwitz y Dachau. A partir de esa experiencia, escribió el bestseller *El hombre en busca de sentido*.

- La relación entre el facilitador y el cliente no será directiva. No se le dice al cliente lo que debe hacer, pensar, decir... No tiene respuestas, sino más bien preguntas.
- La relación es entre iguales; se promueve la capacidad para fomentar el diálogo y la reflexión.
- Una de las herramientas fundamentales es el diálogo.
- La existencia como libertad de elección, lo cual implica responsabilidad para asumir el propio destino y aceptar los riesgos.
- El «yo» integrado en el mundo, «fluimos» en él.
- La búsqueda del objetivo vital.
- La visión de la persona en proceso de construcción, cambiante.
- La subjetividad del sistema de creencias, juicios y valores.
- Cada uno de nosotros interpreta lo percibido, la realidad... su realidad.
- Enfocar el diálogo, al «qué», al «cómo», al aspecto descriptivo, más que al causal del «por qué».
- La relación facilitador-cliente orientada a fines y objetivos.
- El carácter indivisible de la persona.
- La reflexión, el conocimiento de uno mismo, como parte indispensable para conseguir aquello que el cliente quiera.
- Exploración de nuevas posibilidades del «ser», de la persona, nuevas capacitaciones.
- No existe una manera «adecuada» de vivir.

LA PSICOLOGÍA COMO DISCIPLINA RAÍZ DEL COACHING

Cristina Izquierdo Crespo, texto de Vikki Brock[9]

INTRODUCCIÓN

En este capítulo mostraremos cómo la Psicología es una de las raíces fundamentales del Coaching y cómo muchas de las teorías psicológicas han ayudado al crecimiento del Coaching como metodología de desarrollo de personas. También abordaremos herramientas y fundamentos que la Psicología ha aportado a la práctica del Coaching.

La doctora Brock hace una fabulosa exposición de los distintos autores y profesionales destacados en el surgimiento de los diferentes hitos de la Psicología que han supuesto grandes avances en el estudio del comportamiento humano, así como en la forma en que la Psicología ha ido sembrando teorías y desarrollos que han contribuido significativamente al nacimiento y expansión del Coaching.

Gracias al metódico y al exhaustivo análisis realizado en esta obra, hoy podemos contar con una magnífica síntesis del camino realizado por la Psicología durante los dos últimos siglos, los avances y descubrimientos aportados por sus

---

9   Este capítulo es un resumen del capítulo 3 del libro *Sources Book of Coaching History* (2011) de la doctora Vikki Brock, MCC de ICF, realizado con consentimiento de la autora.

Sources Book of Coaching History es el estudio más profundo que existe sobre los orígenes del Coaching, resultado de cinco años de investigación sobre la materia y objeto de la tesis doctoral de la doctora Brock. Ha sido traducido al castellano por iniciativa de Elena Pérez-Moreiras López con el título: *Guía de la historia del Coaching* (2017) con el objetivo de que todos los amantes del desarrollo humano, la Psicología y el Coaching puedan tener acceso a tan excelente conocimiento.

profesionales al estudio del comportamiento humano y las conexiones que presenta con el Coaching.

A lo largo de este capítulo expondremos las ideas principales siguiendo la misma estructura que la autora aplica en la obra original.

En primer lugar abordaremos las distintas corrientes y escuelas surgidas a lo largo del tiempo desde el inicio de la Psicología, manteniendo su orden cronológico con el fin de ver qué elementos históricos y científicos hicieron posible el avance de nuevas ideas.

Posteriormente desarrollaremos las distintas subdisciplinas de la Psicología basadas en la aplicación que de esta ciencia se hizo. En cada una de ellas veremos sus teorías, los autores más relevantes y los fundamentos que hoy día comparte con el Coaching.

HISTORIA DE LA PSICOLOGÍA

«La Psicología sigue siendo uno de los hijos más robustos de la filosofía; al igual que ella, se refiere a un conjunto de teorías y de prácticas» (Brock, 2011).

Es conveniente saber que si bien sus raíces están en los filósofos de la antigua Grecia, la Psicología científica se asocia al año 1879, cuando Wilhelm Wundt abrió el primer laboratorio en Alemania, año que consideramos el inicio de la Psicología científica.

Según la *American Psychological Association* (APA), a finales del siglo XIX la Psicología trataba el estudio de la mente y de la consciencia a través de la introspección y de la descripción de la experiencia. A finales del siglo XX, el enfoque se amplió a la ciencia y práctica relacionadas con el comportamiento humano, así como a los procesos mentales

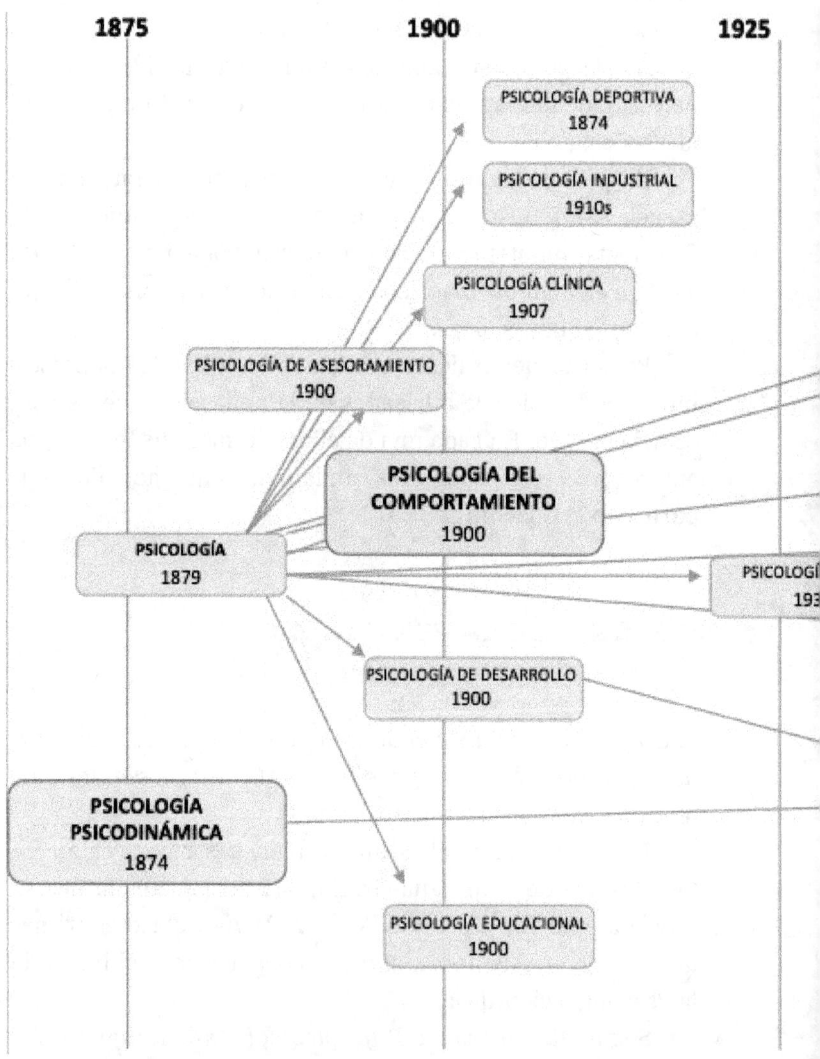

Fuente: Adaptado de Vikki Brock (2008).

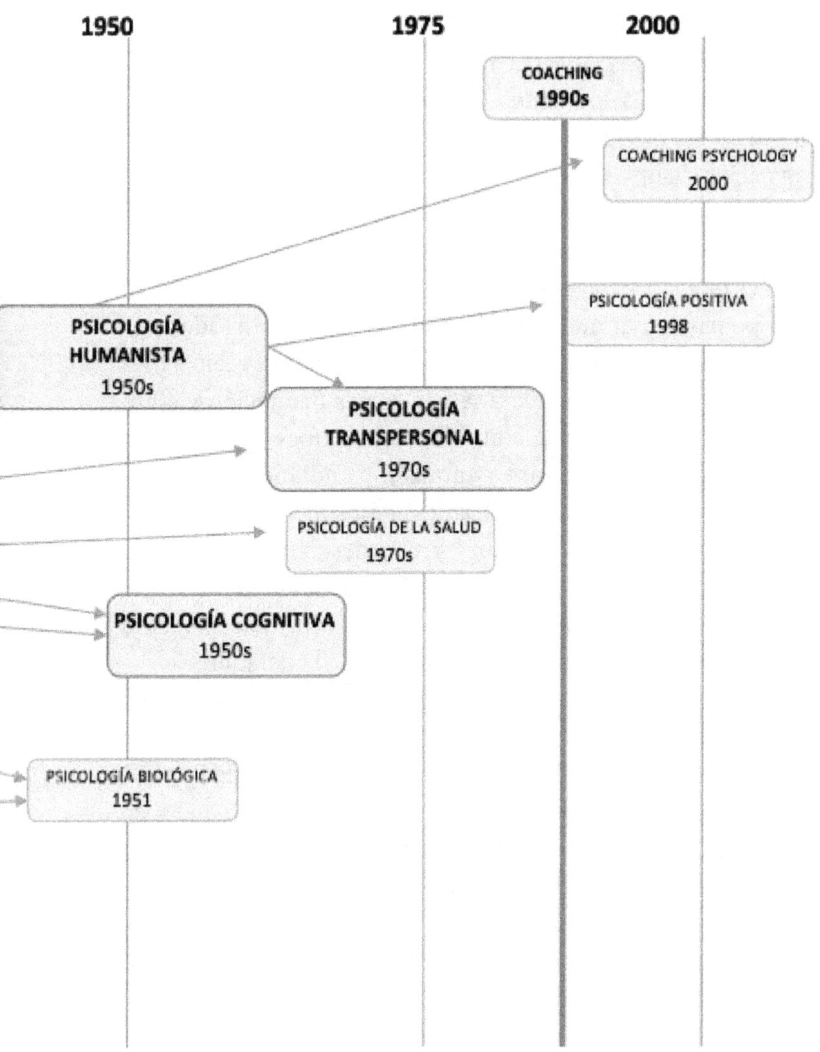

1950
1975
2000
COACHING
1990s
COACHING PSYCHOLOGY
2000
PSICOLOGÍA POSITIVA
1998
PSICOLOGÍA HUMANISTA
1950s
PSICOLOGÍA TRANSPERSONAL
1970s
PSICOLOGÍA DE LA SALUD
1970s
PSICOLOGÍA COGNITIVA
1950s
PSICOLOGÍA BIOLÓGICA
1951

que subyacen por debajo de la salud física y mental. En las últimas dos décadas del siglo XX se entiende que la Psicología no es solo una ciencia, sino también una práctica.

En el gráfico podemos ver fácilmente la evolución temporal de las distintas escuelas y cómo unas han facilitado la aparición de otras.

En 1999 se define la Psicología como el estudio del comportamiento y del fenómeno mental subyacente. Peo la realidad es que la Psicología se define cada vez más en relación al campo particular que estudia en lugar de como un todo.

La Psicología de 1879 combinaba la introspección filosófica con los métodos de análisis, experimentación y comparación. Tanto Wundt como William James (padre de la Psicología estadounidense y también estudiante de Medicina) son descendientes de la tradición filosófica.

En este período, Sigmund Freud desarrolló un modelo de psicoterapia llamado *Psicoanálisis* a partir del modelo médico, basado en las patologías y que se centraba en la cura de enfermedades mentales y trastornos de la persona.

En las décadas siguientes, los conductistas se convirtieron en la segunda fuerza más importante. Liderados por Pávlov en Europa y Skinner en USA redirigieron los estudios de Psicología hacia comportamientos humanos abiertos y la manera en que estos estaban condicionados por estímulos externos.

Posteriormente los psicólogos cognitivos añadieron otra dimensión al enfoque conductual al centrarse en patrones de pensamiento consciente a través de los cuales los seres humanos podían aprender a discernir y modificar sus propios pensamientos, sentimientos y enfoques de vida.

Poco después, los psicólogos humanistas, enfocados en la persona como un todo (en lugar de limitarte a la mente), incluyeron estudios de toma de consciencia personal y potencial humano. Esta corriente fue la más tolerante con otros puntos de vista.

La Psicología Transpersonal completa a la humanista, siendo ambas presentadas por Abraham Maslow, convirtiéndose así en la cuarta fuerza más importante dentro de la disciplina, centrada en un reconocimiento más amplio de la voluntad y la intencionalidad, así como de la espiritualidad del ser humano.

En las décadas de los 60-70, el Movimiento de Potencial Humano (HPM) y el Coaching coercitivo (LGAT-programas diseñados para aumentar la consciencia de uno mismo y producir resultados positivos en la vida de las personas) popularizaron muchos principios psicológicos y no psicológicos, convirtiéndose en parte de la cultura popular occidental, especialmente en EEUU.

Carl Rogers, Abraham Maslow y Fritz Perls estuvieron implicados en proporcionar los principios psicológicos al gran número de personas que visitaban su centro de terapia Esalen; de este modo las personas empezaron a usar más mayoritariamente estos principios para mejorar sus vidas.

La Psicología Humanista, el movimiento del potencial humano y el movimiento de desarrollo humano influyeron así en el clima socioeconómico y en las preguntas que la gente se hacía sobre la realización de su propio potencial.

Hoy en día casi todas las subdisciplinas psicológicas se dividen en los enfoques psicoanalíticos, cognitivo-conductual, humanístico y transpersonal.

La Psicodinámica y la Psicología Cognitiva de principios y mediados de 1900 eclipsaron rápidamente el enfoque estructural inicial de la Psicología.

Adler influyó en ello en los años 20 del pasado siglo. Más tarde lo hicieron Maslow, Ellis, Jung, Rogers y Erickson (década de los 50), Argyris y Perls en los 60, Bandler en los 70, Dilts en los 80 y Goleman, Wilber, Seligman y Csikszentmihalyi en los 90.

Cada uno de los cuatro enfoques principales de la Psicología ha sido de gran influencia en el Coaching, y en la actualidad siguen usándose por los *coaches,* aunque con diferentes combinaciones en función de la historia personal y la educación de cada uno. La Psicología estructural y funcional siguen influyendo en la investigación sobre la consciencia humana, la Psicología dinámica sigue aportando técnicas para usar con los clientes, la escuela cognitivo-conductual influye en aspectos relacionados con el aprendizaje de adultos, y la Psicología Transpersonal sigue insistiendo para que la voluntad y la intencionalidad se incluyan, al igual que la espiritualidad, en todos los procesos relacionados con el desarrollo humano.

Cada enfoque tiene su marco de trabajo con sus teorías, supuestos, modelos y protocolos. Usan la evaluación para potenciar la propia conciencia, ayudar al desarrollo de habilidades y favorecer las medidas correctivas. Todos contienen modelos terapéuticos, habilidades y técnicas específicas, aunque habitualmente se describan en lenguaje diferente.

FUNDAMENTOS DE LAS CORRIENTES PSICOLÓGICAS Y APORTACIONES AL COACHING

Psicología estructural y funcional

Su fundador, el médico Wilhelm Wundt, tituló el primer diario académico de Psicología *Philosophical Studies.* Wundt creía que la Psicología revelaría el funcionamiento de la mente de modo similar a como la fisiología reveló el funcionamiento del cuerpo, es decir, a través de la investigación científica.

Para ello creó el primer laboratorio psicológico, convirtiéndose en el primer psicólogo experimental. Se preocupó de las sensaciones, de la naturaleza de la consciencia, de las emociones y de las percepciones. Creía que la auto-observación o introspección era una herramienta psicológica esencial.

William James consideraba la Psicología como un mecanismo funcional para los que buscaban entender la conexión y las diferencias entre el cerebro y la mente. Tras estudiar Psicología tuvo una trayectoria entre la filosofía y la Psicología, destacando su trabajo *The Principles of Psychology* (1890), donde hizo un gran esfuerzo por distinguir las funciones de la mente y las del cerebro, así como otras formas en las que la experiencia se adentra en la consciencia. Hoy en día no se le puede leer fuera de su contexto histórico. Su trabajo constituyó la base del estallido de la investigación psicológica.

Tanto los psicólogos estructurales como los funcionales creyeron que la introspección juega un papel importante en la exploración de la consciencia, por lo que los podemos considerar como los primeros defensores de las técnicas de autoayuda.

Sus teorías son válidas especialmente para conocer más en profundidad los efectos de los estímulos externos sobre la mente, en especial cuando la mente está abrumada, así como las técnicas que se enfocan en las percepciones, en la auto-observación y en los estados conscientes de pensar, sentir y saber.

Una década después, Sigmund Freud presentó la práctica de su psicoterapia, denominada Psicoanálisis. Su trabajo se centró en arrojar luz sobre la mente inconsciente como medio de entender las acciones y los comportamientos conscientes.

Investigó la conexión entre la sexualidad humana y el desarrollo psicológico, defendiendo la interpretación de los sueños y el uso de la hipnosis como medio para descubrir la consciencia humana.

También aceptó experimentar con productos farmacéuticos como la cocaína para avanzar en sus investigaciones.

La división del inconsciente en «Ello», «Superyo» y «Yo» cambió la dirección de su investigación y dominó el estudio psicológico durante décadas.

Freud creía que las neurosis –enfermedades de la mente– se podían tratar más o menos de igual modo que los médicos trataban una enfermedad fisiológica, lo que suponía la existencia de una condición patológica que necesitaba curación, en lugar de servir como medio para desbloquear un potencial incompleto.

Su colega Adler, junto con Jung (quien rompió con Freud), fueron los primeros en proponer una visión equilibrada y holística del individuo, creando las bases para el surgimiento de la Psicología Humanista .

Adler buscó crear un significado y un propósito para la vida de cada persona, procuró encontrar pruebas de lo que estaba bien en las personas en vez de lo que estaba mal, y creyó que las personas eran capaces de solucionar por sí mismas sus problemas. Sus estudios se centraban en la naturaleza del ser humano, usando principios similares a los de Erickson (volveremos a Adler en la página 175).

Jung se centraba en el despertar espiritual de la segunda mitad de la vida, así como el valor de los sueños en la identificación de arquetipos y en la sincronización y el inconsciente colectivo. Animaba a las personas con las que trabajaba a hacer un análisis de sus vidas con el fin de entender mejor su futuro en el contexto de su pasado.

Alfred Adler aportó un enlace entre el Psicoanálisis y el resto de corrientes. Sus esfuerzos por mejorar la crianza de los hijos añadieron un objetivo de orientación a los técnicos conductuales, y su trabajo sobre cómo la gente construye su realidad actuando «como si» sus creencias fueran ciertas fue confirmado por los descubrimientos de la Psicología Cognitiva.

Como mentor de Abraham Maslow y promotor de la igualdad entre terapeuta y cliente, su idea de que el impulso espiritual es innato preparó a los demás para la Psicología Transpersonal.

Erickson, el padre de la Hipnoterapia, basó su enfoque en preguntar en lugar de decir, demostrando que las personas eran parte del sistema y que cuando el sistema cambiaba las personas cambiaban también.

Contribuciones de la Psicología Psicodinámica al Coaching son la consciencia del instinto y el reconocimiento de las necesidades no satisfechas, así como el esfuerzo de los coaches por crear un significado, un propósito en la vida de sus clientes y ayudarles así a obtener una toma de consciencia más profunda de sí mismos.

Según Hudson (1990), también señaló la aportación del énfasis de Freud en el pensamiento simbólico, la Psicología individual de Adler, el despertar emocional en la segunda mitad de la vida de Jung y la atención al mito personal de Gould.

Psicología conductual

Los enfoques conductuales y cognitivos fueron un intento de reconectar de nuevo el estudio de la Psicología con las ciencias naturales.

Los psicólogos conductuales, Iván Pávlov, John B. Watson y B. F. Skinner, así como los psicólogos cognitivos Ulric Nasser y Noam Chomsky fueron los principales arquitectos de esta corriente.

Pávlov, contemporáneo de Wundt, James y Freud, no sintiéndose atraído por las teorías de estos se dedicó al estudio de los estímulos identificables que condicionan las respuestas humanas.

Su experimento más conocido fue hacer sonar una campana antes de dar comida a unos perros, en el que un timbre provocaba por sí mismo el funcionamiento de las glándulas salivares de los canes. Sin embargo, el acto de comer o mostrar la comida no era lo que causaba la salivación, sino que lo hacía la respuesta condicionada a un estímulo secundario.

En otro de sus estudios vio que una sobrecarga de estímulo daba como resultado el «cierre» del sujeto, tanto físico como mental –inhibición transmarginal o TMI–, aunque comprobó que esto no ocurre igual en todos los sujetos, puesto que, además del estímulo, el reflejo condicionado depende también del «temperamento» natural del sujeto.

Carl Jung continuó sus estudios centrándose en la diferencia esencial entre las personalidades introvertidas y extrovertidas, siendo los primeros más sensibles a dichas sobrecargas.

Watson también intentó restablecer la conexión entre la Psicología y las ciencias naturales. No le preocupaban la metafísica ni la mente inconsciente, sino que creía que había una base subjetiva para el comportamiento que podría entenderse y dirigirse para el bien común e individual.

Skinner continuó en la misma línea estudiando además las consecuencias de ciertas conductas y la forma en que dichas consecuencias afectaban o «reforzaban» ciertos comportamientos. Esto le llevó a centrarse en controlar el entorno, y especialmente en el estudio de los niños.

Sin descartar el papel de la genética en el desarrollo, se posicionó claramente a favor del poder de la crianza frente a las características naturales.

Sostiene que somos el resultado de las condiciones en las que vivimos y buscamos modificar dichas condiciones para reproducir las más deseables.

El conductismo fue la rama dominante desde principios del siglo XX hasta los años 50. Sus aportaciones al Coaching incluyen modelos y técnicas diseñados para controlar las conductas abiertas y la investigación sobre las diferentes maneras en que dichas conductas pueden ser condicionadas por estímulos externos (Brock, 2008:33).

También la teoría de que la oportunidad del cambio ocurre habitualmente como resultado de un evento emocionalmente significativo en la vida personal o profesional del cliente y la respuesta al mismo abre la puerta a un cambio en la conducta.

Según Skiffington y Zeus (2003:43), los objetivos que buscan los *coaches* conductistas y que hoy siguen las escuelas de Coaching son:

- Vivir una vida auténtica
- Encontrar un propósito y un significado nuevo
- Fomentar el autoconocimiento
- Aumentar la responsabilidad de uno mismo
- Mejorar la autoestima
- Fomentar el auto-control de las emociones
- Desarrollar el sentido de control
- Aumentar la capacidad de sentir alegría y placer
- Vivir más en el presente
- Analizar los logros y objetivos en la vida
- Desarrollar objetivos realistas y con significado

Psicología Cognitiva

La Psicología Conductista asocia el comportamiento humano con áreas más subjetivas que la psicodinámica; explicó el efecto que tienen las consecuencias sobre la probabilidad de que ciertas conductas se puedan repetir pero ignoró el poder personal y la capacidad innata de la persona para controlar su propia experiencia.

Por el contrario, la Psicología Cognitiva sostuvo que la persona no reaccionaba simplemente a un estímulo externo, sino que cambiaba constantemente su enfoque a medida que contaba con más conocimiento y experiencia. Por primera vez las herramientas de la Psicología se ponían en manos de las personas en lugar de en manos del psicólogo.

Noam Chomsky (que luego veremos con más detalle en la página 283) extrapoló este enfoque al estudiar la lingüística, argumentando que la adquisición del lenguaje era una habilidad natural, y aunque ciertamente la aptitud y la aprobación de los que rodeaban a la persona afectaba a esta habilidad, su aparición igualmente ocurriría.

No descartó la presencia del estímulo de los conductistas; tan solo expresó la primacía del proceso de aprendizaje.

Según Hilgard (1977:7), los estudios de auto-percepción e imaginación creativa de fin de los años 40 y principios de los 50 del pasado siglo marcaron el desarrollo de la Psicología Cognitiva.

Según West y Mila (2001:201), en la década de los 60 Aaron Beck y Albert Ellis fueron quienes introdujeron una dimensión cognitiva en el enfoque conductual, con atención a los procesos del pensamiento disfuncional y las creencias irracionales.

Según Peltier (2001), el concepto básico de la terapia cognitiva es que las personas pueden aprender a ser más conscientes y cambiar sus propios pensamientos, obteniendo potentes beneficios emocionales y de conducta.

El Coaching toma de Ellis la relación entre el pensamiento consciente, las emociones y la felicidad, de Beck la creencia de que los hábitos de pensamiento de las personas profundamente deprimidas se podrían modificar, y de Homme la convicción de que las ideas conscientes se pueden observar, manipular y gestionar.

Las tres áreas de interés para los *coaches* que deseen usar métodos cognitivos son:

- Estilo general de pensamiento
- Patrones específicos de pensamiento
- Pensamientos específicos

Según Jeffrey Auerbach, las técnicas cognitivas ayudan a los clientes de Coaching a observar sus supuestos, sus conclusiones erróneas, sus modelos mentales, sus esquemas improductivos, así como las charlas desadaptadas sobre uno mismo. También les permite aprender a poner en práctica distintos puntos de vista de las situaciones.

Psicología Humanista

Según Moss (1999:12), la Psicología de los años 50 estuvo dominada por lo que Maslow llamó la primera fuerza –el Psicoanálisis–, y la segunda fuerza –el Conductismo–. La Psicología Humanista surgió para abordar los déficits esenciales en el entendimiento de los seres humanos. Se centra en las personas como un todo, no en conductas específicas, ni en objetivos concretos; trata a cada persona como un agente consciente que primero experimenta y luego decide, y que estudia valores, significados y experiencias.

Los fundadores y sus teorías son:

- La hipótesis del crecimiento de Maslow
- El enfoque centrado en el cliente de Rogers
- La teoría de la personalidad de Allport
- Las orientaciones existencialistas y fenomenológicas de May y Bugental

Maslow, alumno de Adler, es el padre de la Psicología Humanista y Transpersonal. Sus teorías explicaron las motivaciones de los seres humanos a través del uso de una jerarquía de necesidades, incluyendo el concepto de auto-actualización o auto-realización.

Estudió el comportamiento basado en su «jerarquía de necesidades», que van de lo fisiológico a lo psicológico, dependiendo estas últimas necesidades del cumplimiento de las primeras.

Las necesidades fisiológicas son los requisitos más simples y elementales para la vida: el aire, agua y alimento, siguiendo la necesidad fundamental de la seguridad, tanto en el sentido físico y psíquico como en el social.

Maslow, junto con Carl Rogers, Leo Tzu y el budismo Zen, asumieron que todas las personas tienen una tendencia actualizante que fomenta el crecimiento, la dirección y la productividad.

También creía que las personas se comprometen en relaciones interpersonales de atención y responsabilidad como principio universal (Chang and Page, 1991:2). Según Whitmore, el trabajo de Maslow fue esencial para lo que vino después y aportó el crisol para que Tim Gallwey pudiera hacer lo que hizo en el mundo del Coaching.

Rogers creía que cada persona tenía la capacidad de separarse de su respectivo entorno a fin de descubrir el verdadero yo y vivir en consonancia con ese descubrimiento. La moral de las personas era esencialmente instintiva, por lo que una persona auto-actualizada no tenía necesidad de adherirse a las reglas y principios, ya que podía confiar en sus nociones en continuo desarrollo sobre lo que estaba bien o mal en cualquier momento. La persona auto-actualizada es parte de su entorno al tiempo que, sobre todo, siempre es fiel a sí misma.

Perls desarrolló la terapia de la Gestalt con dos enfoques distintos: uno para terapeutas y otro para las personas que deseaban mejorar sus vidas.

Su técnica de la silla vacía es un emblema de su enfoque que incluye la posibilidad de relacionarse con distintas partes de uno mismo, prestando especial atención a las expresiones somáticas o corporales de esa relación.

Aunque en cierto sentido se trata de una reversión de la Psicología dinámica, donde los profesionales capacitados tratan la enfermedad mental del paciente, la terapia gestáltica sirvió para que las personas fueran responsables de su éxito personal. Reflejando muchos principios básicos de la escuela cognitiva, se consideró que el proceso era más importante que el resultado inmediato y que los intereses de la persona o del paciente presumiblemente dirigían el diálogo entre él y su terapeuta. Por ello, el proceso era necesariamente una función del presente en lugar de serlo del pasado, lo que fue una ruptura con Freud y su principio psíquico de la memoria de experiencias pasadas.

La terapia Gestalt mantiene que las personas pueden llegar a entenderse a sí mismas solamente en relación con las personas que las rodean, de las que el terapeuta es una más entre muchos, y en relación con el entorno en que esas personas viven y trabajan.

Ellis rompió con la tradición freudiana en los años 60 para crear su propia psicoterapia basada en las relaciones entre el pensamiento consciente, las emociones y la felicidad. Su terapia emotiva racional se basa en la convicción de que podemos cambiar nuestro pensamiento a través de la forma en que nos hablamos a nosotros mismos, lo que llevó a lo que los *coaches* llaman «reformulación» y «*re-languaging*» (parafraseo).

Bandler y Grinder, provenientes del campo de la lingüística, crearon la PNL, que inicialmente modeló e imitó el lenguaje intuitivo de Erickson, Satir y Perls. La premisa básica era que el lenguaje está enlazado con nuestra neurología y refleja la estructura interna de nuestro cuerpo, por lo que la forma en la que estructuramos el lenguaje y las relaciones son una indicación de la forma en la que estructuramos la realidad. La PNL aportó al Coaching la visualización, la repetición, la modelización y el valor de hacer las preguntas correctas.

Dilts, entrenador de PNL que estudió con Bandler y Grinder, introdujo el poder del pensamiento sistemático como marco para hacer buenas preguntas. En 2003 Dilts escribió *From Coach to Awakener*, donde define el Coaching como el proceso de ayudar a las personas y a los equipos para que rindan al máximo en sus capacidades. Implica extraer las fortalezas de las personas, ayudarlas a superar las barreras y limitaciones personales a fin de conseguir su máxima capacidad, facilitándoles que funcionen de la forma más efectiva como miembros de un equipo. Así, el Coaching requiere enfatizar tanto las tareas como las relaciones.

Dilts ve el Coaching más orientado a la consecución de resultados que al análisis de los problemas. Cree que los *coaches* deben hacer énfasis en el cambio a la vez que se concentran en definir y alcanzar objetivos específicos.

Identifica dos tipos de Coaching: el Coaching de ejecutivos y el Coaching personal, dentro de los cuales distingue el Coaching con C mayúscula, y el coaching con c minúscula, más centrado en el nivel conductual que en el fomento de la toma de consciencia profunda de los recursos, habilidades y del desarrollo de la competencia consciente.

Define las competencias y habilidades del Coaching con C mayúscula como cuidado, guía, acompañamiento-Coaching, enseñanza, tutoría o *mentoring*, patrocinio y despertar.

La Psicología Humanista no solamente estableció el trabajo como elemento fundamental en la esencia del Coaching, sino que también escribió sus líneas más notables en cuanto a los roles del *coach* y del cliente, así como la naturaleza de la relación entre ellos.

CONCLUSIONES

Stober (2006:18) identifica los conceptos clave que el Coaching ha adoptado de la Psicología Humanista:

- Visión de la persona y de su potencial de auto-realización orientado hacia el crecimiento.
- Relación entre el profesional y el cliente construida sobre los principios de colaboración y discusión directa de los temas en cuestión.
- Empatía y consideración positiva incondicional por parte del profesional, lo que lleva a la autenticidad, la sinceridad y el acuerdo mutuo.
- Visión holística de las personas, considerando el equilibrio entre la experiencia de la persona y su carácter único.
- La disponibilidad de elección y la responsabilidad resultante.

De todos los psicólogos humanistas, Maslow y Rogers destacan las competencias más importantes de la ICF: la necesidad de establecer confianza e intimidad con el cliente y el desarrollo de la presencia del cliente.

Laura Whitworth, una de las autoras de dichas competencias, y colaboradora del modelo de Coaching Coactivo, señala la influencia de la Psicología Humanista Transpersonal en la toma de consciencia, la elección, centrarse en el presente, confiar en el proceso, el entendimiento y el fomento del bienestar de los demás (comentario de L. Whitworth, 2006).

La Psicología Humanista no solo incluye enfoques de la investigación positiva tradicional, sino también enfoques alternativos basados en la filosofía europea, como la fenomenología y el énfasis espiritual de la Psicología Transpersonal (Bohart Greening, 2001:82).

Psicología Transpersonal[10]

El término, usado por primera vez por William James a principios del siglo XX y convertido en escuela del pensamiento por Abraham Maslow, es una extensión del nivel superior de la jerarquía de las necesidades de Maslow, llamada experiencia cumbre.

Combina ciertos tipos de elementos de la Psicología Humanista con los antiguos principios de la filosofía oriental, naciendo con el deseo de encontrar un lugar para la espiritualidad en el contexto de la Psicología.

Los psicólogos transpersonales intentaron separar la consciencia de la mente de las personas y reconectarla con el universo. Dicen que solo después de que las necesidades básicas de la existencia humana se hayan satisfecho, la persona

---

10   Ver más información en las páginas 113, 128 y 199.

puede alcanzar la realización personal, y una vez alcanzado ese nivel, el paso final en el desarrollo personal es la transcendencia a una consciencia espiritual.

Aporta al Coaching una apreciación del potencial espiritual y de las cualidades transcendentales y transpersonales de la existencia que los *coaches* pueden usar para ayudar a sus clientes en el proceso de auto-descubrimiento.

Según Sir John Whitmore, la Psicología Transpersonal aportó ideas sobre la voluntad y la intencionalidad. Si piensas que el aumento de conciencia lleva a una mejora del rendimiento, imagínate el nivel de mejora cuando hay un objetivo o una dirección concreta a seguir. Las ideas claves del *Coaching Transpersonal* se basan en el descubrimiento del poder de quién es uno realmente.

SUBDISCIPLINAS DE LA PSICOLOGÍA Y APORTACIONES AL COACHING

Una vez explicados cada uno de los enfoques de la Psicología desarrollados durante estos dos siglos, la doctora Brock hace un análisis de algunas de las subdisciplinas de la Psicología, dividiéndolas entre las que han proporcionado técnicas prácticas y las que han aportado teorías o conocimiento al Coaching.

Subdisciplinas de la Psicología aplicada:
1. La Psicología Clínica
2. El asesoramiento psicológico (*Counseling*)
3. La consultoría desde la Psicología
4. La Psicología Organizacional
5. La Psicología Deportiva

Subdisciplinas de la Psicología teórica y de investigación:
6. Psicología del Desarrollo
7. Psicología Educativa
8. Psicología de la Salud
9. Psicología Biológica o Biopsicología
10. Psicología Positiva

1. La Psicología Clínica

La historia de la Psicología Clínica está ligada a las dos guerras mundiales del siglo XX. En la Primera Guerra Mundial la Psicología Clínica se centró en la evaluación psicológica, midiendo capacidades verbales y no verbales en un intento de hacer encajar a los soldados con las tareas militares que podrían desempeñar mejor.

Después de la Segunda Guerra Mundial, cuando el número de heridos excedía la capacidad de la infraestructura médica, se pidió a los psicólogos que ofrecieran servicios terapéuticos; esto hizo que los psicólogos clínicos trataran cada vez más incidencias de lo que se llamó «trastorno de estrés postraumático», convirtiéndose la psicoterapia en una parte importante del repertorio de la Psicología Clínica.

A finales de los años 60 la brecha entre la investigación y el ejercicio de la profesión era tan grande que los programas educativos diferenciaban a ambos.

De todas las subdisciplinas, la Psicología Clínica es la que más ha influido en el Coaching.

El Coaching adaptó la orientación a soluciones (enfoque de terapia breve) basado en las premisas de que tanto el cliente como los que le rodean son capaces de afrontar sus problemas, que las personas tienden a tomar las mejores decisiones para sí mismas, que las conversaciones pueden generar realidad y que a través del diálogo razonado, el *coach* y el cliente pueden identificar conjuntamente los problemas y construir soluciones.

El trabajo de la psicoterapeuta Virginia Satir, derivado de su enfoque de terapia familiar y su modelo psicológico, define cómo el cambio tiene impacto en las organizaciones.

Las técnicas provenientes de la psicodinámica incluyen la escucha activa y la empatía, la consciencia de uno mismo, la reestructuración cognitiva y el optimismo aprendido, el uso del refuerzo, el lenguaje hipnótico, la gestión de la resistencia, la destriangulación, la reformulación o incluso la intención paradójica (comentario de Peltier, 2001: XIX-XXI)

Las terapias específicas relacionadas con el Coaching incluyen terapias centradas en las emociones, terapia de la realidad, terapia emotiva-racional y terapia de elección. La terapia centrada en las emociones utiliza el Coaching emocional y se basa en la premisa de que no se puede salir de un lugar hasta que no se haya llegado a él. La terapia de la realidad de Glasser se basa en la aceptación de que el paciente es una persona responsable, cuya conducta, sin embargo, es un problema. La terapia emotiva-racional de Ellis y la terapia de la realidad de Glasser hacen énfasis en la responsabilidad de los clientes sobre su conducta. La teoría de la elección de Glasser está basada en la premisa de que las acciones de la persona están siempre bajo su control (Howatt, 2001).

2. El asesoramiento psicológico (*Counseling*)

En la década de los 70 y 80 del siglo pasado, el Coaching se concebía como asesoramiento para la mejora en el puesto de trabajo, siendo visto como un conjunto de técnicas que los directivos usaban para mejorar el rendimiento. Este asesoramiento influyó en la práctica del Coaching de evaluación 360º y en el Coaching de seguimiento de colaboradores.

Según Peltier (2001: XIX), el asesoramiento psicológico en general se reserva para empleados conflictivos con problemas psicológicos, siendo un abordaje personalizado y estando orientado a las personas con problemas. El Coaching posee una implicación mucho más positiva en el mundo empresarial.

3. La consultoría desde la Psicología

Según la *Society of Consulting Psychology* (SCP), división 13 de la *American Psychological Association* (APA), la consultoría psicológica incluye la evaluación de personas, el asesoramiento a individuos y grupos, el desarrollo organizacional, la formación, la selección de personal, la evaluación del desempeño, el apoyo técnico de expertos, la investigación sobre herramientas de evaluación profesional, el Coaching *ejecutivo* y la gestión del cambio (SCP,2006:1).

El *Consulting Psychology Journal: Practice and Research* publicó tres números especiales centrados en destacar el Coaching ejecutivo como una competencia emergente en la práctica de la consultoría psicológica[11].

4. La Psicología Organizacional

También llamada Psicología Industrial/Organizacional, Psicología Laboral, Psicología Ocupacional o Psicología de RRHH, trata sobre la aplicación de las teorías psicológicas,

---

11   En la primavera de 1996 se centraron en los enfoques, los roles, la definición y en el Coaching ejecutivo actual. En el otoño de 2001, se enfocaron en el Coaching de equipos, el rol del *coach* interno, el Coaching versus la terapia y los modelos específicos para el Coaching. En el invierno de 2005 se presentó el estudio de casos de Coaching ejecutivo.

los métodos de investigación y las estrategias de intervención en asuntos laborales: motivación, liderazgo, selección de personal, formación y desarrollo, desarrollo corporativo, cambios guiados, conducta organizacional y asuntos relacionados con el equilibrio entre el trabajo y la familia, así como conciliación.

Según Glasser (1958), el cambio de la Psicología industrial de orientación clínica hacia la consultoría de desarrollo directivo fue una de las causas que llevó al surgimiento del Coaching, porque muchos de los problemas de desempeño en una empresa a la larga tenían sus orígenes en las actitudes y acciones de sus directivos.

Bernard y Bradt proponen un modelo de cuatro categorías de Coaching ejecutivo para su aplicación por parte de los clínicos, consultores y psicólogos organizacionales en el entorno empresarial: Coaching facilitador, Coaching consultivo, Coaching de recuperación –a realizar tras una enfermedad o terapia– y el Coaching de desarrollo.

Peltier observa que el uso de tests y evaluaciones usados en Coaching ejecutivo es tomado de la Psicología organizacional, como la evaluación 360º, la entrevista, la observación directa de la conducta y la evaluación objetiva.

Los modelos específicos organizacionales son el modelo de terapia multimodal de Lazarus, el enfoque integral y holístico del Coaching ejecutivo (Richard,1999), la ciencia de la acción de Argyris centrada en la acción comprensiva y productiva, y la investigación de acción de Lewin, cuyo objetivo es hacer que la acción sea más efectiva (Witherspoon and White,1996).

5. La Psicología Deportiva

Es el estudio de los factores de conducta que influyen en –y están influenciados por– la participación y el rendimiento en el deporte, el ejercicio y la actividad física.

Según Meryl Moritz (2006), los laboratorios de Psicología Deportiva comenzaron en los años 20 en Alemania, Rusia y USA, y estudiaban el uso de la imaginación, la visualización, la confianza, las motivaciones intrínsecas y extrínsecas, el foco de atención y las afirmaciones en el deporte.

En los años 70, la Psicología Deportiva en Esalen se centró en el «juego interior» de los deportes, derivado de los trabajos de Gallwey, Murphy, Schutz y Millman (Esalen, 2005).

Whitmore señaló que la mejor forma de desarrollar y mantener un estado mental ideal de rendimiento es crear consciencia y responsabilidad durante la práctica diaria y durante el proceso de adquisición de habilidades. Esto requiere un cambio en el método de Coaching, un cambio que supone pasar de la instrucción al Coaching real.

La Psicología Deportiva ha generado muchas investigaciones sobre Coaching ejecutivo y empresarial, como las investigaciones sobre el establecimiento de metas, la concentración, la capacidad para mantenerse en Flujo (*Flow*), la motivación y el compromiso (Skiffington y Zeus, 2003:14).

6. Psicología del Desarrollo

Estudia desde la perspectiva científica los cambios en la conducta relacionados con la edad a lo largo de la vida y contiene muchos elementos de la Psicología educativa.

Según Laske está basada en investigaciones realizadas sobre el desarrollo de adultos, y especialmente en los trabajos de Piaget, Kegan, Basseches, Jacques y Laske.

Las variables de la conducta del Coaching explican lo que una persona hace, mientras que las del desarrollo describen lo que la persona es o su estado actual de existencia.

Según Hudson, las teorías de Erickson son el punto de inicio, y posteriormente, la teoría de las etapas, creada por Kohlberg, sugiere que cada paso en el desarrollo proviene del paso anterior y lo reemplaza.

Otros modelos, según Hudson, son:

- La visión del desarrollo social de Neugarten, que es la base para el campo del desarrollo humano
- El modelo de Kegan basado en la relación de independencia e inclusión, centrándose en lo que ocurre en la mente de la persona durante dichas transiciones
- El modelo de transición de la vida de Levinson que se concentra en la crisis de la mediana edad
- Los patrones de desarrollo de las mujeres de Gilligan, que desafían las actuales teorías basadas en el modelo masculino

Otto Laske describe el paradigma del Coaching derivado de la visión del desarrollo de la Psicología Constructivista, la supervisión de la terapia familiar y las teorías de la cognición organizacional. El paradigma es un Coaching transformativo y de desarrollo, y por lo tanto difiere de los enfoques cognitivo-conductuales y del psicodinámico.

Skiffington y Zeus (2003:70) desarrollan una tabla que enlaza las etapas de desarrollo con las teorías del Coaching y los asuntos específicos de la edad.

7. Psicología Educativa

Se centra en las diferentes maneras en que los humanos aprenden en entornos educativos, la efectividad de las intervenciones educativas, la Psicología de la enseñanza y la Psicología Social de los colegios como organizadores.

La Psicología Educativa está estrechamente alineada con la Psicología del Desarrollo.

Figuras clave son Bandura (1925-), James (1842-1910), Maslow (1908-1970), Rogers (1902-1987), Skinner (1904-1990), Thorndike (1874-1949), y los psicólogos de desarrollo Piaget (1896-1980) y Vygotski (1896-1934).

Los principios de la Teoría de Aprendizaje Cognitivo social de Bandura (Malone, 2002) y de la terapia orientada a la persona de Rogers (Ivie, 1998) se pueden usar de forma efectiva en el Coaching.

Costa y Garmston (1994) desarrollan el Coaching cognitivo a primeros de los 90 para mejorar la efectividad de los profesores, el cual se fundamenta en una relación sin prejuicios, basada en la confianza, que facilita el aprendizaje mutuo y fomenta el crecimiento.

8. Psicología de la Salud

Se ocupa de la conducta de la persona en un contexto social, focalizándose en la relación entre la conducta psicológica (pensamientos, sentimientos y acciones) y la salud física. Se centra en el entendimiento de los factores psicológicos que se relacionan con el estrés, el desarrollo de mecanismos efectivos de supervivencia que promueven la salud, el bienestar y la evitación de enfermedades.

Dos de las teorías más importantes son el modelo transteórico del cambio de Prochaska y DiClemente (1983), que busca identificar las etapas y los procesos de cambio, y las entrevistas motivacionales de Miller y Rollnick (1991), enfoque no autoritario para ayudar a las personas a liberar sus propias motivaciones y recursos, siendo una técnica muy poderosa para sobreponerse a la ambivalencia y ayudar a los clientes a desbloquearse.

Según Palmer, Tubbs y Whybrow (2003), el Coaching de salud es educar sobre la salud y fomentarla en un contexto de Coaching a fin de mejorar el bienestar de las personas y facilitar el logro de sus metas relacionadas con la salud.

9. Psicología Biológica o Biopsicología

Surge tras el avance en la ciencia de la medicina y la bioquímica. Identifica una relación muy estrecha entre el cuerpo, la mente y el comportamiento humano.

David Rock (2006a:4) presentó el fundamento teórico del Coaching basado en la función del cerebro. Cree que todo el Coaching se puede explicar a partir de la neurociencia:

- Todos los eventos que ocurren en el Coaching están unidos a las actividades que se producen en el interior de la cabeza de alguien.
- Un enfoque de Coaching basado en el cerebro resulta atractivo si se piensa en los demás participantes de una disciplina fundacional, siendo una de ellas la Psicología.

Las investigaciones científicas se centran en las siguientes cuatro áreas en busca de una explicación central de cómo el Coaching tiene impacto en el cerebro: atención, reflexión, percepción (*insight*) y acción, todas ellas denominadas en conjunto ARIA.

El enfoque basado en el cerebro también ayuda a explicar muchas otras áreas de estudio, incluyendo la teoría del cambio, la teoría del aprendizaje de adultos, la Psicología Positiva y el estudio de la creatividad.

Richard Strozzi-Heckler (2005:116), doctor en Psicología y cinturón negro en aikido, utiliza la somática con los aspectos emocionales, físicos, lingüísticos y ontológicos de las personas. Somático significa el cuerpo vivo en su totalidad, siendo un discurso que reconoce los diferentes aspectos únicos que conforman el carácter y la resistencia de una persona.

10. Psicología Positiva

Reconocida como especialidad en 1998 y término usado por primera vez con Maslow en los 50, aunque es Seligman el creador de este campo. Se centra en el optimismo y la felicidad e intenta abordar el «bienestar» en lugar de la enfermedad.

Seligman y Csikszentmihalyi (2000:10) dicen que el objetivo de la Psicología Positiva es ser un catalizador que cambia el foco de la Psicología desde una perspectiva basada en la preocupación y la reparación de las peores cosas de la vida a la construcción de las cualidades positivas.

Es la ciencia de la experiencia subjetiva positiva, rasgos personales positivos e instituciones positivas que se comprometen con mejorar la calidad de vida y evitar las patologías que surgen cuando la vida es infructuosa y no tiene sentido.

Carol Kaffman (2006:220) dice que el núcleo de la Psicología Positiva –igual que en Coaching– recae en la elección del profesional para desviar la atención de la patología y del dolor, dirigiéndolo sutilmente hacia la fuerza, la visión y los sueños. Hay una base de datos sólida que prueba que el aumento de la alegría y de las emociones positivas que habitualmente vemos en el Coaching no es un fenómeno sin fundamento.

Según Kauffman, desde 1966 Csikszentmihalyi ha estudiado la capacidad de participar activamente en la vida, viendo que la experiencia de Fluir ocurre cuando se es capaz de sumergirse por completo en lo que se está haciendo y el tiempo vuela.

La Psicología Positiva requiere el entendimiento de la Inteligencia Emocional (IE), incluyendo el trabajo de Daniel Goleman, quien popularizó la IE del trabajo de Howard Gardner a finales de los 90 pisándole los talones a los estudios hechos por Peter Salovey y Jack Mayer en la Universidad de Columbia. El modelo está centrado en cuatro elementos: auto-consciencia auto-gestión conciencia social y gestión de las relaciones.

Goleman hizo posible que los directivos hablasen sobre aspectos emocionales y viesen su impacto en el rendimiento.

MOVIMIENTOS DE PSICOLOGÍA HUMANISTA

A partir de la Psicología Humanista y del Movimiento de Potencial Humano que se extendió en los años 60 surgieron algunos movimientos. En estas líneas solo destacaremos los que provienen del mundo de la Psicología:

1. Movimiento de la Motivación

El término «Comerciantes de Éxito» (*The Success Merchants*, 1982) se refiere a los autores que influyeron en el movimiento centrado en el éxito y la motivación iniciado a finales de los años 30 tras la Depresión, continuando hasta los 60, y que provienen mayoritariamente del mundo de las ventas y el *management*.

El representante psicólogo de este movimiento es Wayne Dyer, protegido de Maslow e influenciado por su concepto de auto-realización así como por las enseñanzas de Muktananda[12], que dijo: «*No somos seres independientes de lo que nos creó; estamos a punto de reconectarnos a la fuente… y cuando caemos en la angustia o carecemos de dirección es porque hemos perdido conexión con la fuente*» (John Austin, 2006, comentario personal). La fuente a la que se refiere no es otra que la que los creadores ofrecieron al Coaching.

2. Movimiento humanista

Hacia los años 50, el movimiento humanista, asociado con el enfoque de Rogers y de Maslow sobre el yo y el crecimiento personal, reclamó la atención que existió en la filosofía y en las teorías de la iluminación (Skiffington y Zeus, 2003:35). Rogers y Maslow no descartaron completamente el pensamiento psicoanalista, pero sí creyeron que el enfoque analítico de la vida era patológico debido a que se prestaba especial atención a las enfermedades de las personas en lugar de ver su potencial.

Según Skiffingon y Zeus (2003:35), los defensores de la tercera gran fuerza −en contra del Psicoanálisis y del conductismo− creían que las personas eran libros creativos con una gran capacidad de crecimiento y auto-realización.

Al igual que Kierkegaard, Nietzsche y Sartre, los humanistas creían que ciertas necesidades humanas, tales como la búsqueda del significado de la autenticidad y de la transcendencia, son universales y parte de la condición humana.

---

12   La reseña de Muktananda, incluida por Cristina Izquierdo, no aparece en texto original de la Dra. Brock.

El enfoque existencial de la vida sirve de sustento a muchas teorías del humanismo y del Coaching; por ejemplo, Sartre habla de la responsabilidad de la persona, refiriéndose a que todos somos los autores de nuestras propias vidas.

La terapia existencial expone que los determinantes básicos del comportamiento humano no residen en el pasado sino en el presente y en el tipo de decisiones que tomamos para construir nuestro futuro. La importancia de la elección, de la comprensión de lo que podemos cambiar y lo que no, y la asunción de responsabilidad sobre nuestras decisiones, tienen un rol central en todos los resultados de un Coaching exitoso.

El movimiento humanista también estuvo influenciado por las enseñanzas budistas zen. En los años 50, Occidente vio un gran interés por la filosofía y la religión orientales.

El Coaching conductual también incorporó algunos de sus conceptos como el estar en el presente, ser consciente, trascender el yo, mantener el desapego al resultado y disfrutar del proceso tanto como del resultado.

3. Grupos de Encuentro (T Groups)

Estuvieron muy asociados con la popularización de la Psicología Humanista . Según Weigel (2002:186), Rogers acuñó el término encuentro en los años 50, siendo el más firme defensor del mismo. Se les dio varios nombres: grupos de entrenamiento de sensibilidad, grupos T, grupos de conciencia humana, grupos de relaciones humanas, grupos de enriquecimiento humano, grupos maratón, grupos de crecimiento personal y grupos de conciencia sensorial. Exploraron nuevos modelos de comunicación interpersonal, así como la intensificación dada a la experiencia psicológica.

Fueron precedidos por la psicoterapia de grupo de las ceremonias de sanación tribales, por el hipnotismo grupal de Mesmer y por la formación de sensibilización o grupos T (resultado de las investigaciones de Lewin y el National Training Laboratory), e incluyen dinámicas de grupo de la psicoterapia y la filosofía, asumiendo que los adultos normales pueden aprender estos principios en grupos T y llevar su aprendizaje a sus vidas diarias siendo así más efectivos en sus roles personales y profesionales (Weigel, 2002:186).

En los años 60 también surgieron los grupos de maratón (*marathon*) que según Weigel fueron la aportación más importante de su fundador, Fred Stoller, y en los que se combinaba e integraba un grupo de psicoterapia, de formación de sensibilización y de encuentro formado a largo plazo. Se extendieron rápidamente, pasando de ser una terapia a una experiencia de crecimiento personal.

4. Movimiento del Potencial Humano (MPH)

Los primeros profesionales en este movimiento fueron Rogers, Perls y Maslow basándose en su formación en psicoterapia tradicional para crear modelos y procesos. Este fue un período de revolución cultural con sede en el Instituto Esalen en California y una reacción al movimiento elitista, estéril y patológico del Psicoanálisis (Weigel, 2002:188). Fundado en 1962 por Michael Murphy y Richard Price como un centro educativo para la exploración de las capacidades humanas aún sin desarrollar, pronto se hizo conocido por su combinación de filosofías orientales y occidentales, sus talleres experimentales, la afluencia constante de filósofos, psicólogos, artistas y pensadores religiosos líderes, así como por sus impresionantes jardines bendecidos con aguas termales naturales (Esalen, 2005:1).

Fritz Perls, junto con su mujer Laura, fundaron la terapia Gestalt en los años 50 y 60, que tuvo gran influencia en el movimiento. La Gestalt enfatizó el «estar aquí y ahora» y el tomar responsabilidad sobre nuestras decisiones. En los años 60-70 las personas empezaron a prestar más atención a su interior, iniciando una búsqueda del sentido y la verdad usando técnicas como el Análisis Transaccional (TA), la terapia primal y el EST (*Erhard Seminars Training*). La PNL también surgió en esta etapa. Hicieron énfasis en la importancia de la voluntad de las personas y en la búsqueda del bienestar, de la salud y la seguridad psíquica de la persona (Skiffington y Zeus, 2003:36).

Skiffington y Zeus (2003:37) descubren que desde los años 70 la Psicología tradicional contemporánea empezó a usar los procesos cognitivos, realizándose recientemente esfuerzos por reconstruir la teoría de Maslow en un marco cognitivo-sistémico.

5. Large Group Awareness Training (LGAT)

A medida que los grupos de encuentro disminuían en USA a finales de los años 60, los LGAT empezaron a aparecer, con una combinación interesante de filosofía, Psicología, sociología, espiritualidad y esperanza. Se contextualizaron principios universales y se crearon programas para ayudar a la gente a moverse hacia las nociones occidentales. Habitualmente se centraban en «temas filosóficos» relacionados con la responsabilidad personal, la integridad y el compromiso, y se definían a sí mismos como experiencias de crecimiento diseñadas para los que ya tenían éxito, salud y se sentían realizados (Skiffington y Zeus, 2003:99).

2. EL PROCESO DE COACHING. TRES CORRIENTES PRINCIPALES

A continuación se analizan tres de las principales corrientes en el mundo del Coaching, sus características, habilidades que fomentan el modelo y aspectos psicológicos:

1. La corriente co-activa
2. La corriente europea
3. La corriente ontológica

LA CORRIENTE CO-ACTIVA

Myriam Álvarez y Paloma Barreda

INTRODUCCIÓN

Los creadores e impulsores de esta metodología fueron Karen y Henry Kimsey-House en el año 1992. Desarrollaron junto a Laura Whitworth este modelo, en el que el eje principal es la comunicación, mediante la cual se establece, a través de herramientas prácticas y experienciales, un especial equilibrio entre la autoconciencia, la relación y la acción, para que las personas puedan lograr sus objetivos y sentirse realizadas.

En el mismo año de la creación del modelo Co-activo fundaron la institución formativa *The Coaches Training Institute* (CTI), que actualmente imparte cursos en veinticuatro países y cuenta con más de 35.000 *coaches* entrenados en esta tendencia.

La denominación «co-activo» viene marcada por la relación de igualdad entre el *coach* y el cliente, que colaboran activamente para conseguir el objetivo común que los une de satisfacer las necesidades del cliente.

Lo que distingue la relación y las conversaciones de Coaching Co-activo frente a otros modelos es que no se centran en resolver problemas, aunque estos se resuelvan. El Coaching se orienta al descubrimiento, a la toma de conciencia y a la libre elección. Es una manera de que las personas se adueñen de quienes son, de que aumenten su autoestima al descubrir su capacidad para encontrar sus propias respuestas y que se relacionan con un *coach* que las anima, apoya y respalda en su camino a medida que van realizando elecciones conscientes e importantes.

Dentro del proceso de Coaching, de las conversaciones y de las herramientas empleadas, han de estar presentes determinadas cualidades por parte del *coach* y del cliente como el respeto, la apertura, la compasión, la empatía y un compromiso con decir la verdad. También se parte de la presunción de que las personas tenemos fuerza y capacidad, y no solo debilidad, desamparo y dependencia. Se da por hecho que en la persona existe un deseo profundo de dar lo mejor de sí misma y alcanzar su pleno potencial.

En este sentido, cualquier tema y cualquier situación que esté viviendo presenta posibilidades para que ejerza sus opciones vitales desde la toma de conciencia. Desde la perspectiva del Coaching Co-activo, el Coaching es una manera de ser y estar en relación con los demás teniendo en cuenta que existen opciones y que, desde los valores e integridad de la persona, se puede elegir.

En el estilo de comunicación coactiva queda patente la manera en la que el *coach* escucha, no solo las palabras sino también lo que hay detrás de ellas, e incluso los espacios entre las mismas. El *coach* es una persona sensible al lenguaje analógico de su cliente: matices de la voz, inflexiones, entonaciones, cadencias, intensidad, etc. Tras él se hacen patentes las emociones, la energía y la historia, más allá de la historia, que el cliente cuenta habitualmente, escuchando lo mejor que hay dentro de él y así facilitando la toma de conciencia y el aprendizaje. La escucha será el vehículo para que el *coach* dance en el momento y sea la ocasión de decir la verdad, de declarar lo que pasa, de realizar un reconocimiento o lanzar un reto impulsando al cliente a avanzar en la consecución de sus objetivos.

CARACTERÍSTICAS FUNDAMENTALES DE LA CORRIENTE

Un *coach co-activo* mantiene presentes a lo largo de su relación de Coaching estos cuatro pilares básicos del modelo:
1. Las personas por naturaleza son creativas, completas y están llenas de recursos
2. Danzar en este momento
3. Centrarse en la totalidad de la persona
4. Suscitar la transformación

1. Las personas por naturaleza son creativas, completas y llenas de recursos

Como personas ya nacemos completas y dotadas de todos los recursos que a lo largo de nuestra vida vamos a necesitar. El cliente está capacitado para encontrar sus respuestas y sabe lo que quiere, aún en momentos difíciles de su vida en los que se ve bloqueado o falto de salidas.

Cuando el *coach* se posiciona desde este pilar, defendiendo con fuerza la creatividad y los recursos que por naturaleza son inherentes a la otra persona, se convierte en su adalid, no en un protector, abierto a múltiples posibilidades y posicionándose en descubrir con asombro al *coachee* en vez de dictarle qué hacer.

Aunque hay circunstancias adversas y abrumadoras en las vidas de las personas y voces interiores derrotistas, el *coach coactivo* puede recordarle al cliente quién es en lo profundo de sí mismo, cuáles son sus valores y facilitarle la conexión con su propia luz interior creativa y llena de recursos.

2. Danzar en este momento

El papel del *coach* es escuchar a un nivel profundo usando la intuición para estar constantemente cambiando y eligiendo las preguntas o silencios a realizar en función de los contenidos y las emociones que van subyaciendo en cada respuesta. A esta habilidad del *coach,* mezcla de flexibilidad para cambiar de rumbo y agilidad para adaptarse rápidamente a la lógica o la contradicción de su interlocutor, es a lo que se le llama «danzar en el momento».

Durante un proceso de Coaching, o durante la conversación, es natural prestar atención a lo evidente: palabras, contenido, punto de vista, ideas, etc. pero también hay aspectos que suceden que no se manifiestan tanto y que es esencial percibir: matices, entonaciones, estados de ánimo... Para poder estar en este ejercicio multinivel con lo que surge en este momento y luego en otro, y optar por intervenir de una manera o de otra, el *coach* ha de acceder a un verdadero «estado de presencia» con lo que sucede y así reaccionar ante el estímulo que surge más que seguir un plan maestro.

Danzar significa también responder desde una esencia co-activa: «co» de colaborativa y «activa» de facilitar que la danza continúe; de este modo *coach* y *coachee* entran en un espacio de conexión, de sintonía, de confianza extraordinaria al servicio del aprendizaje y el descubrimiento del *coachee*.

En este pilar, los fundamentos esenciales son:
- Lo más creativo es trabajar con lo que surge a cada momento, en lugar de hacerlo a partir de un plan rígido y previamente establecido
- Las relaciones son un toma y daca fluido
- Todo lo que sucede constituye una oportunidad para el aprendizaje y el movimiento

3. Centrarse en la totalidad de la persona

Todos los aspectos de nuestra vida están relacionados, son como vasos comunicantes. Cualquier decisión propia o ajena tiene influencia en varios ámbitos. Imaginemos por ejemplo que una persona pierde su puesto de trabajo fruto de una reestructuración; esto no solo afecta a su faceta profesional, sino que traerá consecuencias en su entorno familiar, su situación económica, y por supuesto en su estado psicológico y físico, ya que puede tener implicaciones de falta confianza en uno mismo y baja autoestima.

La fortaleza del modelo co-activo es el dejar al *coach* trabajar con flexibilidad cualquier aspecto que sea importante, así como todos aquellos que estén relacionados al mismo tiempo. De esta manera se incluye una mirada ampliada que permitirá al *coachee* sintonizar con cada dimensión y armonizarlas de manera ecológica en sus aspectos internos y relacionales.

La capacidad del *coach* de abrirse y llevar la conversación a cualquier aspecto de la vida del cliente aporta creatividad y riqueza para el *coachee,* brindándole asimismo la facultad de ampliar su mirada en pos de lograr el equilibrio en su vida, trayendo conciencia de la relación que existe entre todas las cosas.

Este pilar se sustenta sobre dos creencias importantes:

- Las personas conforman un sistema único y complejo en el que cada una de sus partes tiene un impacto sobre las demás
- Es importante incluir todos los aspectos del ser humano: mente, cuerpo, espíritu/trascendencia y emoción

4. Suscitar la transformación

En este pilar existen dos premisas fundamentales:

- Transformar y evolucionar son procesos inherentes a la vida
- Es importante que las personas nos exhortemos a la transformación las unas a las otras

Una de las características del Coaching Co-activo es el enfoque en alcanzar las metas que sugiere el cliente; por ello es el propio interesado el que marca el tema en las diferentes sesiones de Coaching y el *coach* el que mantiene el rumbo y la orientación para conseguir llegar al resultado deseado.

La mirada de este modelo va más allá que centrarse en los temas específicos que el cliente trae a la sesión de Coaching. Se trata de vincular su agenda con algo más amplio, más pleno y con conexiones más profundas, donde el tema traído al proceso se considera una expresión de algo más valioso para el *coachee*: una vida más plenamente vivida en cualquier ámbito que el cliente considere importante. Cuando se activa esa conexión entre el objetivo/circunstancia de hoy y el potencial de la vida, el efecto resulta transformador. Para eso el *coach* ha de sostener una amplia mirada de quién puede llegar a ser el *coachee*.

Suscitar la transformación por parte del *coach* facilita el que el *coachee* consiga o recupere su fuerza interior, que logre adquirir una capacidad renovada y los recursos necesarios para crecer y evolucionar. De manera natural el cliente irá aprendiendo a transferir recursos y capacidades de unas áreas a otras, con lo que se amplifica la idea de completud y plenitud de la persona a través de compromisos y acciones con los que lograr los resultados deseados.

EL MODELO DE COACHING CO-ACTIVO

En cuanto a los principios del modelo, rodeando el corazón del modelo aparece un círculo protector: la alianza, una relación entre iguales que sirve de marco de actuación. Esta alianza estará diseñada por *coach* y *coachee* en términos de responsabilidad y compromiso mutuos, donde cada uno aportará diferentes habilidades y cualidades. En ella se consensúan reglas tales como las preferencias del cliente, acuerdos de confidencialidad, logística del proceso, objetivos, metodología de intervención, etc.

Al co-diseñar la alianza, el cliente aprende que puede tener el control de la relación y que es responsable de los cambios que decida hacer en su vida.

En el centro del modelo, están los tres principios: 1. plenitud, 2. equilibrio y 3. proceso. La formación de los *coaches co-activos* incluye trabajar en profundidad los principios anteriores para conducir a los clientes hacia una vida satisfactoria. Pueden ser utilizados de manera independiente o combinándolos entre sí usando las distintas herramientas y los ejercicios prácticos aconsejados, siempre de manera muy flexible y a criterio del *coach* según se construya esa danza en el momento.

1. Plenitud

El principio de plenitud identifica los valores, el propósito de vida y la paz interior o armonía que existe en la vida del cliente. Se centra en el ser, no en el «tener». Es la consecución de cosas no tangibles, las que realmente hacen sentirse bien. En esta etapa se trabaja la visualización a futuro, el sentido de transcendencia y de armonía, consecuencia de la coherencia de estar alineados con los valores y vivir de acuerdo a ellos. La plenitud no es solo sentirse bien; es sentirse vivo, ya que podemos estar en paz interior incluso en momento difíciles o complicados, manteniendo la sensación de congruencia y armonía interna.

Alcanzar un objetivo puede resultar muy satisfactorio, pero cuando se conecta con los valores se alcanza un nivel más profundo de «encontrar un sentido», de estar viviendo una vida llena de experiencias útiles alfombradas por un propósito, por el sentido de ser realmente quien eres en tu pleno potencial.

2. Equilibrio

El principio de equilibrio está referido a una vida llena de acción, donde a pesar de las adversidades y las diferentes prioridades el cliente pueda encontrar sinergias que le faciliten vivir con mayor sintonía entre sus relaciones y sus acciones. Uno de los objetivos del Coaching de equilibrio es ayudar al cliente a cambiar sus perspectivas negativas o limitantes y poder ampliar su visión con nuevas perspectivas que antes era incapaz de apreciar. Este replanteamiento o re-enfoque de la situación hace necesario que esta fase culmine en un plan de acción que facilite ese cambio.

En este modelo, la idea de equilibrio es fluida. Se trata de recuperar la sensación de equilibrio interno cada vez que sientas que lo has perdido, cada vez que sientas que no diriges tu vida, cada vez que te sientas preso de lo que te rodea; se trata de aprender a generar opciones y decidir en este momento qué hacer sabiendo que en otro momento puedes generar otras opciones y tomar otras decisiones. Para ello el *coach* facilitará que el cliente conecte con su capacidad creativa, con su capacidad de elegir de modo consciente y que actúe en consecuencia, todo ello sostenido por el valor de la libertad. De esa manera el *coachee* aprende que no es víctima de las circunstancias y que puede decir sí o no asumiendo los riesgos y beneficios de la decisión tomada.

3. Proceso

La principal enseñanza de este principio es que los clientes experimenten que, aunque no tengan el control sobre todas las circunstancias de sus vidas, sí tienen la capacidad de elegir cómo asumirlas. El poder decidir cómo se quieren afrontar las dificultades produce un sentimiento de control que aumenta la satisfacción y refuerza la confianza. También permite que el cliente «normalice» y aprenda a estar con emociones difíciles y conecte de una manera más profunda y amplia con todos los aspectos de su vida. El *coach* está ahí para apoyar y animar, para acompañar y ayudar a explorar esas zonas de su cliente, que a veces son oscuras, hasta encontrar la salida.

Los autores de este modelo explican este principio con una bella metáfora: «*El trabajo del 'coach' en el Coaching de proceso es estar con su cliente dondequiera que se halle en el río de su vida: ya sea la línea de corriente, que se mueve a toda velocidad, zonas de calma con corrientes estables, o las cenagosas aguas muertas. El trabajo del 'coach' consiste en observar, señalar lo que pasa y ayudar a su cliente a transitar por este proceso de modo que pueda llegar a la otra orilla o para hacerle compañía alrededor de las rocas o para escoltarlo a través de las aguas más oscuras o celebrar su habilidad y sus éxitos cuando navegue por aguas difíciles*».

HABILIDADES DEL COACHING CO-ACTIVO

Las habilidades-marco que el *coach* debe promover en su labor son:

1. La escucha
2. La intuición
3. La curiosidad
4. Impulsar a la acción y profundizar en el conocimiento
5. La auto-gestión

Son cinco contextos que ofrecen un enfoque completo de Coaching y se activan al mismo tiempo; son como «cinco focos que estuvieran siempre brillando» para alumbrar al cliente. Cada contexto es a su vez un punto de contacto entre *coach* y *coachee*. Si no están presentes todos, no se puede hablar de Coaching Co-activo.

1. La escucha

Por supuesto esta habilidad la encontramos en todas las tendencias de Coaching. En este modelo se hace especial referencia a la capacidad de desarrollar la escucha en varios niveles para poder oír la visión del cliente, sus valores, sus miedos, sus «saboteadores», sus dudas ante decisiones, o su proceso interno, y determinar qué principio (plenitud, equilibrio o proceso) conviene elegir y las herramientas más adecuadas.

Podemos señalar que la escucha co-activa comprende dos aspectos: la consciencia y el impacto. La consciencia consiste en darnos cuenta de la información que percibimos por los oídos, a través de los demás sentidos y de la intuición. Saber que percibimos más allá de las palabras: gestos, postura corporal, onomatopeyas, silencios, sensaciones, sentimientos, entorno y contexto de lo que sucede, etc. El impacto se refiere a lo que el *coach* hace con su capacidad de escucha: mantener su presencia, articular lo que pasa, hacer una pregunta potente, establecer un silencio profundo, lanzar un reto, aplicar una técnica, seguir un principio.... Cada opción hará que el Coaching tome una dirección u otra, tenga un impacto y unas consecuencias distintas en el cliente dependiendo de la cantidad de consciencia que el *coach* sea capaz de mantener.

En este sentido, la escucha es la puerta por la que acceder a los demás contextos, a las herramientas y habilidades del *coach*.

En lo que se refiere a los múltiples niveles de escucha co-activa, se establecen tres:

- *Escucha interna. «El foco está en mí»*. La atención se centra en lo que significan las palabras y en el entorno contextual. Es útil para recabar información. Sin embargo, no conviene que el *coach* esté en este nivel, ya que significa estar en el propio diálogo interno: juicio, opciones que va a elegir, pensamientos, sentimientos. Es estar en el yo-yo y yo. El Coaching realizado desde este nivel de escucha supondrá que el *coach* lleve su agenda en vez de la del cliente; emitirá consejos, se centrará en el problema y en las soluciones que mejor se adecuen en lugar de centrarse en la conexión y la relación con el *coachee*. Es un nivel de escucha donde ha de estar el cliente: en sí mismo, en sus procesos internos, en tratar de entender (se), en sentir, pensar, encontrar respuestas, mirarse por dentro, etc.

- *Escucha enfocada. «El foco está en el otro»*. Se produce cuando el *coach* esta desapegado de sus pensamientos y opiniones y es consciente de la conversación del cliente, de sus posturas, de sus emociones, de lo que no dice, de cómo se expresa, de sus valores, etc., y además es consciente del impacto que la escucha y las acciones derivadas de la misma producen en él. Es como si el *coach* escuchara dos veces: una al escuchar la conversación del *coachee* y otra al escuchar la reacción a su intervención. Para este modelo, el nivel 2 es el nivel de la empatía, de la colaboración y la clarificación, es como si hubiera «una conexión por cable». Este nivel de escucha es perfectamente posible para trabajar en Coaching individual, en Coaching de parejas y de equipos.

- *Escucha global. «El foco está en el todo, en la conexión».* Se trata de ampliar la percepción e incluir todo lo que ocurre alrededor del Coaching, en la relación, en el *coachee* y en el *coach*: imágenes, palabras, sabores, la acción, la inacción, objetos, temperatura, el peso o la ligereza del aire, olores, sensaciones táctiles, emocionales, etc., como si fueran señales que pueden alumbrar la dirección del proceso. Cada cosa que ocurre en la relación de Coaching se puede incluir y utilizar como una señal para traer consciencia al *coachee*. Desde este nivel de escucha se tiene acceso a la intuición, que será utilizada como una fuente adicional de información. Para ello el *coach* ha de entrenarse en mantener una actitud de apertura, una mirada desenfocada sobre las cosas, desarrollar una sensibilidad para poder recibir los estímulos más sutiles y aprender a confiar en todos sus sentidos.

Las habilidades que el contexto de la escucha requiere del *coach* son:
  - Articular lo que le pasa al cliente: decirle lo que sucede, lo que escucha en el momento o lo que está haciendo
  - Parafrasear: repetir palabras clave que emite el cliente para establecer conexión con él
  - Clarificar: situar las cosas en su contexto
  - Metavisión: llevar al cliente a un punto de vista más amplio del contexto actual
  - Metáforas: dibujar una imagen verbal
  - Reconocimiento: apreciar el yo magnífico del cliente por lo que es y lo que hace y decírselo directo al corazón

2. La intuición

Requiere práctica y desarrollo. No es «una corazonada»; es una conexión profunda a nivel inconsciente difícil de expresar en palabras. Por este motivo, el *coach* y el cliente utilizan imágenes y metáforas para comunicar lo que hay detrás de las palabras y lo que estas les hacen sentir. Esta habilidad tiene un gran impacto cuando se sabe utilizar bien.

Cuando se expresa una intuición, normalmente lo hacemos con palabras. Es en esta interpretación donde la intuición puede no ser correcta. Lo importante es que el *coach* pueda brindar ese presentimiento al cliente sin apegarse a su propia interpretación. Cuando se brinda de esta manera, el impacto en el cliente es de utilidad, ya que le facilita tomar conciencia de algo, profundizar en el aprendizaje o incluso impulsarlo a la acción.

La intuición puede presentarse de diferentes maneras y de forma inesperada en la conversación de Coaching, a veces como un presentimiento, otras como una imagen, como una sensación corporal, un cambio de emoción y un cambio de energía... Los *coaches co-activos* están entrenados para distinguir de qué forma son capaces de conectar con su intuición y poder tener acceso a ella para darle confianza y expresión con el fin de ser útil y servir al cliente.

Las habilidades que el contexto de la intuición requiere del *coach* son:

- Interrumpir: cortar la conversación. No malgastar el tiempo
- Soltar la intuición: nombrar en alto el conocimiento interno
- Metáforas: normalmente ayuda a «soltar la intuición» el establecer una analogía entre palabras u ofrecer una imagen al cliente

3. La curiosidad

Está basada en el principio «el cliente es un ser completo que tiene las respuestas», donde la función del *coach* no es saber de un tema, sino preguntar con curiosidad e interés para suscitar la exploración y el descubrimiento en el cliente, de manera libre, creando ese espacio seguro y valiente donde él pueda ampliar sus límites para conocerse mejor y encontrar recursos que hasta ahora no había puesto en juego.

Hacer preguntas en busca de datos dará lugar al análisis, hacer preguntas desde la curiosidad facilita el que emerja una información profunda, auténtica sobre los sentimientos y las motivaciones del *coachee*. Es un contexto muy útil para construir la relación de manera alentadora donde el *coach* se permite sorprenderse con la grandeza de la persona que tiene delante, con los cambios de energía, con los cambios de ritmo, de emoción... todo ello para facilitar en su cliente la capacidad de explorar y descubrir respuestas por sí mismo.

Las habilidades que el contexto de la curiosidad requiere del *coach* son:

- Preguntas poderosas: son abiertas y breves. Facilitan la introspección, la comprensión, la creatividad y la orientación a soluciones
- Preguntas de reflexión: preguntas poderosas que no pueden responderse en unos segundos. Son útiles para cerrar una sesión y además llevan el proceso más allá, integrándolo en la propia vida del cliente

4. Profundizar en el aprendizaje e impulsar a la acción

El *coach*, con compromiso y responsabilidad, impulsa a la transformación y el cambio a partir del aprendizaje y la acción. El modelo co-activo trata de llevar al cliente hacia adelante y hacerle profundizar en el conocimiento, ayudarle a aprender a generar nuevas habilidades y capacidades a partir de las fortalezas ya existentes para que pueda lograr con éxito el cambio deseado.

Para poder llevar a cabo los comportamientos que implican este contexto, el *coach* ha de demostrar al 100% su autenticidad, conexión, vivacidad y valentía.

- *Autenticidad*: cuando el *coach* se manifiesta plenamente, desde ahí traslada al cliente valores encarnados y un ejemplo de honestidad e integridad por permitirse ser quien es desde lo más profundo, incluso con el toque de su estilo personal. Esto facilita que la relación entre *coach* y *coachee* sea de mucha confianza y que si el cliente necesita apoyarse en el *coach* este sea sólido y estable.

- *Conexión*: se trata de que el *coach* establezca la relación con el *coachee* de tal modo que pueda medirla, sintonizarla, hacer seguimiento y ajustarla. Es muy importante que la conexión en la relación sea fuerte, sobre todo cuando el *coach* ha de arriesgarse para impulsar a su cliente a la acción, o para darle *feedback* o plantearle un desafío.

- *Vivacidad*: se refiere al clima «emocional» que se crea en la relación de Coaching: entusiasmo, suavidad, tristeza, seriedad, calma, rabia, caos, incomodidad, alegría, intensidad, tranquilidad... Tiene que ver con lo cambiante de la relación, con que la relación esté viva, que no sea mortecina, aburrida, indiferente...

• *Valentía*: Se basa en la capacidad para asumir riesgos que ha de mostrar el *coach* para hablar con su cliente con claridad, de manera audaz y recordarle su objetivo, sus valores y quién es en todo su esplendor (magnificencia), sobre todo cuando este se viene abajo. En este sentido el *coach* ha de ser un espejo para su cliente y reflejar cuan comprometido está con su éxito.

Las habilidades que este contexto requiere del *coach* son:
  • Establecer objetivos: facilitar una dirección específica, realista, medible, resonante y un plan de acción con fechas de seguimiento
  • Tormenta de ideas: colaboración creativa entre *coach* y cliente que ayuda a generar múltiples opciones sin limitar el proceso
  • Tomar el mando: el *coach* elige el principio, las herramientas, gestiona el tiempo y la estructura de la sesión para mover al cliente
  • Hacer una petición: ayuda a marcar el rumbo o a reconducir el tema o incluso la relación. El lenguaje ha de ser claro y específico, y suele cerrarse con un compromiso
  • Desafiar y lanzar un reto: sacar al cliente de su zona de confort
  • Celebrar el éxito y el fracaso: no ocultar los fallos y saber estar con el éxito para aprender de cada experiencia

- Invocar al cliente: conectar al cliente con una vida más grande y plena. Exhortarle para que dé lo mejor de sí mismo
- Devolver la responsabilidad (compromiso): facilitar que el cliente progrese de acuerdo con lo previsto cuando se planifica una acción
- Poner estructuras: medio para ayudar al cliente a poner foco y disciplina en la consecución de algo

5. Auto-gestión

Es la capacidad del *coach* para apartar su ego personal de «quedar bien» y «tener razón», dejando al margen sus opiniones y juicios personales para enfocarse simplemente en las necesidades del cliente y saber gestionar las propias emociones y pensamientos que le resten capacidad de escucha y enfoque. Esta habilidad le convierte en un referente de confianza y fomenta el sentimiento de igualdad en la relación de Coaching.

Si bien los *coaches* como seres humanos a veces se distraen con el contenido del Coaching, entran en demasiados detalles técnicos, siguen su propia agenda enjuiciando al cliente o dando consejos, o se sienten ineficaces o atrapados en una reacción emocional, el trabajo del *coach* será tomar consciencia, reponerse y reconectar con el cliente, por ejemplo escuchando más los niveles 2 y 3, nombrando lo que sucede, conectando con la relación y reorientando el progreso del Coaching.

La auto-gestión del *coach* también tiene que ver con sus auto-juicios de exigencia y agobio excesivo; la clave es auto-observarse, hacer un análisis constructivo y prestar atención a lo que le hizo reaccionar.

En muchas ocasiones también hay temas de la relación de Coaching con los que al *coach* le cuesta estar. La auto-gestión del *coach* consiste en reconocer que son temas incómodos y aún así lanzarse a explorarlos en beneficio del cliente. Se trata de que el *coach* pueda hacer Coaching fuera de su zona de confort.

Una buena práctica que recomienda este modelo para facilitar la auto-gestión es que el *coach* aprenda a estar muy presente y prepararse física, emocional, mental y espiritualmente, despejando pensamientos y centrándose en la relación con su cliente antes de la sesión de Coaching.

Las habilidades que el contexto de la auto-gestión requiere del *coach* son:

- Reponerse (recuperarse): observar, nombrar lo que sucede y reconectar con el cliente.
- Encarnar los valores: ser ejemplo con autenticidad y valentía.
- Pedir permiso: respetar los límites del cliente y hacerle saber que él tiene el poder en la relación.
- Sintetizar: decir lo importante de modo breve.
- Respaldar: creer en el cliente y defenderlo de sus saboteadores y cuando no crea en sí mismo. Renovar su entusiasmo.
- Desahogarse (despejar): ventilar preocupaciones mentales (durante tres minutos) para que cliente y *coach* puedan estar presentes y abrirse a lo profundo e importante de la sesión.
- Re-encuadrar cambiar una experiencia de punto de vista.
- Hacer distinciones: separar creencias o ideas que pueden parecer iguales en la mente del cliente. A veces mezclar hechos en una creencia debilita o limita. Diferenciar conceptos trae mucha claridad y una nueva manera de ver las cosas.

HERRAMIENTAS DEL COACHING CO-ACTIVO

En el libro de *Coaching Co-activo* de Laura Whitworth, Phillip Sandahl, Karen y Henry Kimsey-House encontraremos todo tipo de documentos y cuestionarios para apoyar al *coach* en la organización de los datos internos de sus clientes, así como ejercicios prácticos y evaluaciones de seguimiento para facilitar y medir el avance conseguido de sesión en sesión.

Aparte de material de Coaching, como listados de preguntas potentes y de reflexión para poder utilizar en diferentes entornos, podemos hallar las siguientes herramientas:

Fase inicial de Relación de Coaching

- Formularios de preparación para la primera sesión de descubrimiento y creación de la alianza
- Guión de entrevista inicial al cliente. Facilita el conocimiento previo de valores, creencias y metas deseadas; también sirve en gran medida para orientar las bases de una buena relación personal y de confianza
- Rueda de la vida
- Plan de acción con objetivos, compromisos y seguimiento

Para Coaching ejecutivo se pueden utilizar varias fichas con diferentes perfiles de clientes, así como un formulario de evaluación de hábitos y compromisos, lista de comprobación para la planificación estratégica, hoja de acciones y seguimiento, recomendaciones de herramientas de diagnóstico, etc. También se encuentran diversas ruedas de la vida aplicadas al mundo laboral como:

- Rueda del rendimiento en el puesto de trabajo
- Rueda de gestión y liderazgo
- Rueda de prioridades y competencias de gestión

Principio de Plenitud

- Visualización del «yo futuro» y del propósito de vida. El objetivo es que el cliente pueda soñar y visualizar sus metas a futuro, saltar todas las barreras existentes en su momento actual y darse cuenta de que es posible comenzar un nuevo camino trayendo desde el futuro la ilusión y la confianza de haber visto y sentido la emoción de haberlo conseguido.
- Ejercicios prácticos de clarificación de valores e intensidad con la que se están viviendo en el día a día, que ayudan a conocer si tenemos valores suprimidos o excedidos
- Ejercicio práctico sobre el «saboteador», la voz interior que de alguna manera nos protege de los riesgos y a la vez nos limita llenándonos de temores. Este ejercicio ayuda a crear un personaje con el objetivo de poder sacarlo de nosotros mismos para negociar posteriormente y pactar con él en la sesión de Coaching.
- Capitán y su tripulación: facilita la conexión con el ser del cliente y recursos desde los cuales acceder a su mejor versión.

Principio de Equilibrio

- Los ejercicios prácticos para trabajar en el principio de equilibrio tienen un alto componente de generación de opciones, elección y toma de decisiones; están basados en la reflexión de que al decir sí a unas cosas automáticamente estamos renunciado o rechazando otras
- Compromiso: decir sí y no
- Pasar a la acción

Principio de Proceso

- Centrarse en el cuerpo (*Focusing*)
- Patrón de energía: estar con, experimentar y aprender de las emociones (energía en movimiento)
- Geografía corporal

ASPECTOS PSICOLÓGICOS DE LA CORRIENTE CO-ACTIVA

En la Psicología Humanista, hallamos puntos comunes en la terapia breve de Carl Rogers que tienen gran relación con los fundamentos del modelo co-activo al mantener también como base la percepción positiva sobre las personas afirmando que tienen recursos por sí mismas.

Mihaly Csikszentmihalyi y Jon Haidt (1999) están muy presentes con sus conceptos de Psicología Positiva, las actitudes, valores y fortalezas que influyen en lograr una vida saludable, llena de energía y vivida con intensidad.

El concepto de «saboteador», que maneja con gran éxito, por su simplicidad y al mismo tiempo conexión con el inconsciente, el modelo co-activo, nos lleva a plantearnos la gran similitud de esa voz interna con las creencias irracionales de Richard Ellis, psicólogo del siglo pasado que profundizó en los conceptos de cómo nos hablamos a nosotros mismos y su reflejo en la conducta externa.

Las investigaciones realizadas por Richard Boyatzis, experto en inteligencia emocional, muestran que cuando nos sentimos evaluados por otros, los niveles de cortisol (indicador del estrés) se mantienen elevados, y cuando el cerebro está influenciado por sustancias químicas asociadas al estrés es menos creativo y menos capaz de pensar soluciones a largo plazo (Arnsten, 2008). De ahí proviene la importancia de la relación de igualdad con el *coach*, que hace que el cliente no se sienta juzgado, creando un espacio de libertad para ser «uno mismo», donde la creatividad fluye y se facilita el encontrar los recursos internos adecuados.

También tenemos constancia de las teorías de Rosenthal y Jacobson relativas al «efecto Pigmalión», que demuestran que las expectativas positivas determinan la experiencia. Es decir, si el *coach* ve al cliente como un ser completo, este se sentirá con capacidad y confianza para buscar sus propias soluciones, y logrará una mayor satisfacción personal y autoestima al lograrlo por sí mismo. El trabajo del *coach* es mostrar curiosidad e interés por explorar a fondo todas las posibilidades existentes que va descubriendo el cliente.

La capacidad de confiar en la intuición y en los presentimientos se respeta cada vez más dada la cantidad de estudios neurológicos crecientes que ponen de manifiesto la relación que existe entre nuestras respuestas emocionales y la capacidad de dar sentido a los datos y tomar buenas decisiones (Damasio, 1999). La capacidad de escuchar en los niveles 2 y 3 contribuye a lo que Goleman denomina «conciencia social y empatía», que es fundamental para conectar con los sentimientos de otras personas, compartir valores y guiarse por las prioridades.

Respecto a la habilidad de escucha, pueden existir fundamentos con la «teoría U» de Otto Scharmer, en la que se establecen cuatro niveles. Aunque en la escuela co-activa se establecen tres, la disposición y manera de ejercitar dicha habilidad, que va desde estar en uno mismo hasta adquirir un estado de presencia y abrirse a una escucha ampliada y global, es similar a las propuestas del mencionado autor.

Hay similitudes y fundamentos en las teorías de inteligencia emocional de Goleman dentro del principio de proceso del Coaching Co-activo, pues en dicho modelo se incluye la experiencia emocional como manera de facilitar la toma de consciencia en el aquí y ahora de cada cliente para pasar a una acción, reflexión o no acción, facilitando al *coachee* la posibilidad de estar presente con lo que le sucede y a resignificarlo.

Aunque en el modelo co-activo no se mencionan específicamente, cabe nombrar a Dilts y Gilligan y los fundamentos de la Programación Neuro Lingüística respecto a la intención positiva, el valor de los valores. Cuando se trabaja dentro del principio de proceso, se trata de llegar a encontrar ese valor oculto, ese motor positivo que está detrás o debajo de un proceso emocional, y cuando el *coachee* toma conciencia de ello se convierte en un punto de inflexión de su proceso, en el que existe un gran aprendizaje y que lo impulsará a la reflexión y la acción.

Respecto a crear la relación y la alianza diseñada entre *coach* y *coachee*, según figura en uno de los anexos del libro escrito por Arthur Sirk, la relación cocreada constituye un contenedor, un «entorno de sostén», sobre el que escribieron Winnicot (1965), Kegan (1982) y Daloz (1999), que crea un clima de confianza desde el cual es posible hablar de relaciones de aprendizaje y en el que los individuos son capaces de estirarse más allá de sus actuales capacidades.

Luis Barbero Hernández

INTRODUCCIÓN

La corriente europea se asocia fundamentalmente con sir John Whitmore, por cuanto que es él quien lleva al Reino Unido las enseñanzas del «*juego interior*» que aprende en Estados Unidos de la mano de Timothy Gallwey y que son el punto de partida de esta corriente. La corriente europea, por tanto, tiene su origen en los Estados Unidos y rápidamente se traslada y extiende por Europa de la mano de John Whitmore, quien desarrolla una completa metodología de Coaching con un sello marcadamente humanista y transpersonal.

Otro autor es Graham Alexander, quien se instruyó y aplicó igualmente las técnicas del «juego interior» y a quien se le atribuye la autoría de una de las herramientas por excelencia de esta corriente, el método GROW, al que se dedicarán unas líneas más adelante.

Timothy Gallwey nació en San Francisco en 1938 y en su trayectoria profesional se ha dedicado a la educación en la Universidad de Harvard. Reconocido deportista, experto y profesor de tenis, fue capitán del equipo de tenis de Harvard. Su preocupación por renovar y mejorar la enseñanza del tenis le llevó a crear la metodología del «Juego Interior» (*The Inner Game*), que aplicó con éxito en el entrenamiento de ese deporte. En los años 70 publica *El juego interior del tenis*, donde refleja esta metodología. Posteriormente la amplía a otros ámbitos y publica *El juego interior de la música, El juego interior del golf, El esquí interior* y *El juego interior del trabajo*.

Sir John Whitmore nació en Londres en 1937. Fue piloto de carreras y empresario de éxito antes de interesarse y estudiar diversos temas en relación a la Psicología y el desarrollo humano. Buscando precisamente conocer «el juego interior», fue a Estados Unidos a principios de los años 70, donde, además de tomar contacto con Timothy Gallwey y su metodología, participó en diversas actividades del Instituto Esalen. En ese tiempo Timothy Gallwey era profesor de tenis de Werner Erhard, que organiza los famosos seminarios y actividades EST, y a los que también asistió John Whitmore, quien de hecho fue quien llevó a Werner Erhard al Reino Unido en 1974.

En estos seminarios y actividades participaron también otras tantas personalidades del desarrollo humano, así como un buen número de pioneros del Coaching. En realidad las distintas corrientes del Coaching tienen un punto de encuentro en Estados Unidos en esos años 70, a través de los seminarios de Werner Erhard y en torno al Movimiento del Potencial Humano.

Además de aprender y utilizar «el juego interior», John Whitmore se asoció con Timothy Gallwey para llevar esta metodología al Reino Unido en el año 1978. Con esa base, comienza a hacer Coaching. Al principio lo aplica exclusivamente al ámbito deportivo, pero pronto, en 1982, comienza a aplicarlo también al mundo de los negocios a petición de sus propios clientes. En ese tiempo funda la empresa Performance Consultants a través de la cual canaliza las diversas actividades que lleva a cabo en relación al Coaching.

Fruto de su experiencia, en 1992 publica el libro *Coaching, el método para mejorar el rendimiento de las personas*, que pronto se convirtió en un *bestseller* y en referencia para la enseñanza del Coaching en todo el mundo. La obra ha sido traducida a varios idiomas y la publicación española ha sido ya reeditada en cuatro ocasiones. La última edición refleja algunas novedades del modelo hasta la fecha, así como evoluciones en el pensamiento de John Whitmore sobre las bases del Coaching, especialmente en lo que se refiere a la Psicología Transpersonal y la inteligencia espiritual.

John Whitmore es considerado el representante y máximo exponente de la corriente europea de Coaching, pero, más allá de esto, es indudable el enorme papel que ha jugado en el Coaching en general. Es reconocido como uno de los padres del Coaching moderno y su obra se ha convertido en una referencia indiscutible para la práctica del Coaching en todo el mundo.

EL JUEGO INTERIOR

Según Timothy Gallwey, cuando jugamos un partido de tenis estamos jugando dos juegos al mismo tiempo: el juego interior y el exterior. En tanto el juego exterior se juega con una raqueta y una pelota, el juego interior se juega dentro de cada uno, batallando con los miedos, las inseguridades y el propio diálogo interno. Al final, el miedo a perder el punto puede resultar paralizante e inhibe el talento natural. En suma, el juego interior suele entrar en conflicto y puede poner obstáculos al juego exterior, y en muchas ocasiones hace que los miedos se conviertan en un impedimento real para jugar de manera plena, satisfactoria y eficaz.

Timothy Gallwey ilustra esto con su concepto de los dos «yoes». Tenemos un yo, al que llama «yo número 1», que juzga, ordena, desconfía, recrimina, y en muchas ocasiones bloquea. El otro yo, al que llama «yo número 2», es el yo que actúa. El «yo número 1» con sus juicios y sus prejuicios inhibe la creatividad, provoca miedos y bloquea la actuación del «yo número 2». Es la causa del estrés, la crispación, de muchos de los errores y por consiguiente del estancamiento de los aprendizajes.

La armonía entre estos «yoes» es la clave para un buen desempeño y para el aprendizaje. Y para lograrla, Timothy Gallwey propone acallar al «yo número 1» permitiendo que el «yo número 2» actúe sin estar sometido a su vigilancia y fiscalización. Silenciar al «yo número 1» evita la aparición de juicios y miedos, y permite actuar y ganar en confianza al «yo número 2».

Esta armonía se consigue si la mente está en calma y concentrada, cuando se fluye, se pone foco sin esfuerzo en lo que se está haciendo y se está «presente».

Timothy Gallwey propone diversas técnicas que ayudan a estar centrados en la tarea. Sugiere observar y prestar atención concentrada, sin juzgar, a lo que está pasando (tanto en el exterior como dentro de uno), a los objetos, a las distancias, a los movimientos, a la posición, etc. Pide por ejemplo a los jugadores de tenis que observen las vueltas que da la pelota cuando llega hacia ellos o que se centren en sus costuras.

En suma, se trata de «entretener» al «yo número 1» encargándole observar algo de forma que esto le mantenga ocupado y le impida realizar su actividad fiscalizadora hasta que el «yo número 2» aumente su confianza. Se trata también de observar con atención a fin de ganar conciencia, claridad y foco. De alguna forma es una propuesta a tomar conciencia del aquí y ahora en lugar de estar enviándose mensajes negativos, limitantes o de censura.

Según «el juego interior», estas técnicas permitirán elevar la conciencia, superar limitaciones, liberar de una manera natural el talento y el potencial de cada uno, y todo ello facilitará el desarrollo y el aprendizaje.

COACHING, EL MÉTODO PARA MEJORAR EL RENDIMIENTO DE LAS PERSONAS

Seguidamente se presentan algunas de las aportaciones de la obra de John Whitmore en tres de sus aspectos más relevantes: el propio concepto de Coaching, la naturaleza del Coaching y el papel del *coach* en un proceso de Coaching.

1. Concepto de Coaching

Según John Whitmore «Coaching *es ayudar a alguien a pensar por sí mismo, a encontrar sus respuestas, a descubrir dentro de sí su potencial, su camino al éxito, ya sea en los negocios, en las relaciones personales, en el arte, el deporte o el trabajo*».

Ilustra muy bien la idea de John Whitmore sobre el Coaching la metáfora de la bellota y el roble que utiliza con frecuencia: «*somos como una bellota que contiene en su interior todo el potencial para convertirse en un majestuoso roble*».

Efectivamente, para John Whitmore el Coaching requiere ante todo creer en el potencial humano del cliente y tener el convencimiento de que cada persona tiene un potencial interior que le permitirá desarrollarse y crecer, así como cambiar y mejorar su destino.

A este respecto, el Coaching requiere ver a la persona en términos de su potencial futuro y no bajo la mirada, muchas veces limitante, de su desempeño pasado. La creencia de que la capacidad de la persona es más que la medida de su desempeño pasado es un elemento fundamental en la obra de John Whitmore, para quien el potencial no es solo la medida de un desempeño actual o pasado. Hay otras capacidades y talentos que están ahí y que a través del Coaching pueden desarrollarse.

Las expectativas y creencias sobre las posibilidades del cliente, tanto del *coach* como de él mismo, resultan vitales en un proceso de Coaching. Unas expectativas limitadas (propias, de los jefes o del *coach*) seguramente harán que la persona se encasille en los límites de las mismas. Por el contrario, unas expectativas ampliadas harán que la persona se vea impulsada y reforzada a salir de su zona de confort y crecer. Es uno de los puntos clave en los postulados de John Whitmore: la importancia de que la persona pueda llegar a reconocer y creer en su potencial, y por supuesto que el *coach* no tenga creencias limitantes al respecto, lo cual dificultaría notablemente su función como *coach*.

Desde esta perspectiva, el Coaching es un proceso encaminado a «*liberar el potencial de una persona para que pueda llevar su rendimiento al máximo*», utilizando las propias palabras de John Whitmore. Consiste en crear las condiciones necesarias para el crecimiento y para que el cliente consiga sus metas. No se trata de enseñar, sino de hacer posible que la persona aprenda, que encuentre en sí misma su camino y sus recursos, y de ayudarla a reducir o eliminar, como ya nos enseñaba en parte «el juego interior», los obstáculos internos para el rendimiento y para el cumplimiento de sus objetivos.

El Coaching para este autor supone algo más que otra herramienta de desarrollo. Tal y como él lo entiende, comporta significativas implicaciones ideológicas y tiene importantes conexiones e interdependencias con áreas como la Psicología, la filosofía y las ciencias sociales, e incluso con la ética y la política.

En sus propias palabras, el Coaching no debe ser la aplicación de una mera técnica, sino que es además «*una manera de tratar a la gente, una forma de pensar y un modo de ser*». El Coaching es una combinación de principios, técnicas y filosofía, y se asienta en unos valores y una especial concepción y respeto al ser humano:

- Todo está en la persona y las soluciones se encuentran mirando en su interior
- Todas las personas necesitan responsabilidad y poder optar libremente, en lugar de que se les prescriba lo que deben hacer

Sin esta filosofía, el Coaching podrá ser útil pero a buen seguro no conseguirá desarrollar todo su potencial ni todo su efecto transformador.

El talante marcadamente progresista del autor tiene también reflejo en cómo entiende el mundo de la empresa, sus gerentes y la propia sociedad. Según él, el estilo «ordeno y mando» deber ser cambiado por un estilo que parta de la confianza, el respeto y la consideración a las personas, a las que se les debe reconocer su libertad y responsabilidad. Dar la posibilidad de decidir es la clave del estilo gerencial que propugna. Ello es aún más importante en el mundo cambiante en el que vivimos, en el que *«la aceptación plena de la responsabilidad personal llega a ser una necesidad física y psicológica para la supervivencia»*.

Estos aspectos subyacen en el modelo de Coaching humanista y no directivo de esta corriente, como es generalmente reconocido.

John Whitmore destaca también en su obra algunas implicaciones psicológicas del Coaching, a las que más adelante se hará referencia. Cabe adelantar a este respecto que según él, el Coaching debe trascender la llamada «tercera fuerza», basada en la Psicología Humanista , para adentrarse en «la cuarta fuerza», con base en la Psicología Transpersonal. A este respecto, subraya la necesidad de que los *coaches* adquieran habilidades y utilicen herramientas basadas en la

Psicología Transpersonal y la inteligencia espiritual para poder lograr resultados más transformadores y profundos.

En la obra de John Whitmore se encuentran referencias y ejemplos relativos a los ámbitos deportivos y empresariales. A este último ámbito le dedica una notable atención y sugiere una serie de áreas donde poder utilizar el Coaching en la empresa: motivación, delegación, solución de problemas, relaciones interpersonales, cohesión de equipo, evaluación, rendimiento, planificación, desarrollo o trabajo en equipo.

Adicionalmente, se refiere frecuentemente al Coaching como un recurso que pueden utilizar los mejores gerentes y como un estilo necesario para los líderes de un mundo en permanente cambio. De hecho, dedica un capítulo al gerente como *coach* y varios al liderazgo, subrayando que si los equipos directivos utilizaran una dirección basada en el Coaching y tuvieran el estilo, los valores, las cualidades y competencias adecuadas para ello, lograrían mejores resultados y un mejor desarrollo de sus colaboradores.

Aunque se le asocie más inicialmente con el deporte y posteriormente con el mundo empresarial, el Coaching que postula esta corriente es susceptible de aplicarse en cualquier otro ámbito, y de hecho John Whitmore también se refiere a aplicaciones del Coaching a aspectos estrictamente personales. Además, en la última edición de su obra menciona algunos ámbitos en los que se utilizará o aumentará la utilización del Coaching en el futuro. Estos son la enseñanza, la sanidad, el Coaching para el cambio y el Coaching para el crecimiento personal.

En el otro extremo, el Coaching no se puede aplicar sustituyendo a otras metodologías o disciplinas de las que debe claramente diferenciarse, como son la formación, la consultoría o el *Mentoring*. Respecto a esta última, es interesante leer en la última edición de su libro que no se pueden equiparar los términos *Mentoring* y Coaching, por cuanto que «*el efecto del 'Coaching' no depende de que una persona experta y de mayor edad transmita sus conocimientos. Para ser 'coach' hay que ser experto en 'Coaching', no en el área de trabajo».*

2. Naturaleza del Coaching

Inicia John Whitmore el capítulo sobre la naturaleza del *Coaching* diciendo que «*la esencia del buen Coaching reside en fomentar la conciencia y la responsabilidad*». Efectivamente el objetivo fundamental de un *coach* debe ser potenciar la conciencia y la responsabilidad de su *coachee* como elementos clave para conseguir sus objetivos, conciencia y responsabilidad que le van a permitir elaborar y apropiarse del plan de acción necesario para avanzar hacia sus metas.

Otro aspecto de enorme importancia en un proceso de Coaching es la confianza de la persona en sí misma para poder afrontar con suficientes garantías sus desafíos y alcanzar con éxito sus metas. Elevar la confianza y la autoestima debe ser un objetivo básico, y el *coach* deberá ayudar al *coachee* a inventariar y tomar conciencia de sus éxitos y ver en qué medida estos son consecuencia de su propio esfuerzo, es decir, que están bajo la esfera de su responsabilidad.

Como se puede apreciar, conciencia y responsabilidad, además de resultar cruciales, son aspectos permanentemente presentes en un proceso de Coaching, y de ahí que John Whitmore los considere sus elementos básicos y esenciales.

* *Conciencia.* Conciencia es adquirir conocimiento a través de los sentidos mediante la reflexión, la «observación» y la interpretación. Puede haber distintos niveles de conciencia y con la práctica se puede adquirir un mayor nivel. Obviamente, cuanto más elevado sea el nivel de conciencia, más, mejor y con mayor amplitud y profundidad se podrá abordar cualquier desafío.

La conciencia es básica para comprender en profundidad quién es cada uno, cuáles son las metas, cuáles los recursos y dónde encontrarlos, si bien normalmente el nivel de conciencia que se tiene, tanto de uno mismo como de lo que pasa alrededor, no suele ser muy alto, y de ahí que los logros no sean extraordinarios.

Y es que la conciencia genera habilidad. Como dice John Whitmore «*la conciencia nos capacita y solo puedo controlar aquello de lo que soy consciente; aquello de lo que no soy consciente me controla a mí*».

La conciencia es producto de la atención, la concentración y la claridad, y el Coaching debe orientarse a elevar la conciencia de la persona, tanto de lo que pasa a su alrededor como la conciencia de uno mismo.

La conciencia depende de uno mismo. No incrementará el nivel de la conciencia el que se diga a una persona cómo son las cosas, sino que a base de preguntas el *coach* debe facilitar el camino para el descubrimiento. Precisamente las mejores preguntas y técnicas utilizadas por el *coach* serán las que hagan posible que la persona pueda acceder a un nivel más profundo de conciencia.

- *Responsabildad.* Una de las acepciones contempladas en el diccionario de la lengua define responsabilidad como la «*capacidad existente en todo sujeto activo de derecho para reconocer y aceptar las consecuencias de un hecho realizado libremente*». Tiene que ver con que la persona asuma íntegramente sus decisiones y consecuencias, y se apropie del timón de su vida.

  La responsabilidad requiere libertad y capacidad de elección, si bien es verdad que, como dice John Whitmore, para sentirse plenamente responsable es imprescindible poder escoger. Si no hay opciones no hay posible elección y por tanto no hay responsabilidad.

En el Coaching, la responsabilidad resulta absolutamente indispensable y va muy de la mano de la conciencia. Ambas se realimentan y llevan al compromiso, a la implicación, a un mejor rendimiento y a mejores resultados.

Si el *coach* aconseja, sugiere o dice lo que hay que hacer será más difícil para la persona sentirse enteramente responsable, pues cuando se aconseja se intercambia el consejo que da uno por la responsabilidad que cede el otro. Por ello en el Coaching no se dan consejos ni se dice qué hacer, y de ahí el énfasis, en esta y en otras corrientes, en que el Coaching no sea directivo ni impositivo y que esté absolutamente centrado en el cliente.

3. El papel del coach

Los resultados extraordinarios del Coaching hay que buscarlos en la relación de apoyo entre el *coach* y la otra persona, así como en los medios y el estilo de comunicación utilizados. Ahora bien, el *coach* no es un maestro, ni un consultor o un instructor. Según él, «*la persona toma conciencia de los hechos no a través del coach sino de sí misma*». Por tanto, el *coach* no debe basar su intervención en sus propios puntos de vista u opiniones. «*Su papel es el de una caja de resonancia, un espejo o un catalizador imparcial de la conciencia*».

En su obra, John Whitmore hace referencia a una serie de cualidades del *coach* compartidas por un sinnúmero de autores. Así, cita paciencia, imparcialidad, espíritu de apoyo, interés, escucha y capacidad perceptiva, intuición, consciencia y autoconciencia, atención y memoria.

El autor ve más peligros que ventajas en que el *coach* tenga experiencia o conocimiento técnico sobre el área sobre la que hace Coaching. Ser un buen *coach* puede resultar difícil en ocasiones para un experto puesto que el conocimiento puede llevarle a «contaminar» la relación de Coaching con sus juicios y puntos de vista. De hecho, los *coaches* menos capaces suelen abusar de la experiencia y limitar así la responsabilidad de sus clientes.

En esta línea, John Whitmore describe una situación que ilustra cómo se puede hacer un Coaching de calidad sin ser conocedor de la materia objeto de Coaching. Se refiere a un curso de tenis para el que no se contaba con suficientes *coaches* de tenis. Recurrieron a *coaches* de esquí sin conocimientos de tenis, a los que se vistió con el correspondiente uniforme de tenis. Pues bien, sus resultados no difirieron de los de sus compañeros tenistas, e incluso en algunos casos los superaron. Al no conocer el tenis los *coaches* de esquí no podían juzgar ni valorar los errores «técnicos», lo que potenciaba el auto-diagnóstico de los participantes, que iban así más a la raíz de los problemas que a la mera valoración técnica del error.

Lo que sí debe tener un *coach* es una total predisposición para ver a las personas más como pueden llegar a ser que como son. Deben ser los «fans número uno» de su cliente. Asimismo, deben hacer posible la toma de conciencia del cliente para que este pueda trazar el mejor camino hacia sus metas, definir los recursos necesarios para ello y llevar a cabo las acciones oportunas. Y, recordando «el juego interior», el *coach* debe poder ayudar al cliente a eliminar los obstáculos internos de la persona de forma que su capacidad y talento naturales puedan aflorar y fluir.

HABILIDADES Y HERRAMIENTAS QUE FOMENTA ESTA CORRIENTE

El Coaching es ante todo un proceso conversacional basado fundamentalmente en la formulación de preguntas y en la comunicación entre *coach* y *coachee*. John Whitmore dedica un capítulo entero a las preguntas, varios a cómo secuenciarlas (método GROW), y otro al *feedback* y a la evaluación.

1. Preguntas efectivas

La esencia del Coaching está en que la propia persona tome conciencia de las cosas y que sea ella la que decida qué hacer, lo cual es un lugar común para todos los modelos de Coaching. Si el *coach* le dice a la persona qué hacer, en muchos casos posiblemente no se consiga el efecto deseado, y en todo caso no se aprovechará el Coaching en toda su medida.

La potencia del Coaching no hay que buscarla por tanto en lo que el *coach* pueda decir, sino en las preguntas que permitan al *coachee* elevar su nivel de conciencia y encontrar las pistas que le aproximen a sus objetivos. En suma, el recurso fundamental del Coaching, la técnica (o el arte) por excelencia, es la formulación de preguntas. No cualquier tipo de preguntas, sino preguntas poderosas y eficaces que sean adecuadas en cada momento. Se suele decir que las preguntas adecuadas en Coaching deben ser abiertas, cortas y formuladas en un lenguaje claro y directo. Deben ser también limpias, sin respuestas implícitas o presunciones por parte del *coach*. Hay una indicación adicional que posiblemente resulte la más importante: la mejor pregunta no viene del *coach*, sino que arranca de la respuesta que el cliente acaba de dar. De hecho, las respuestas que vaya dando el cliente son las que deben indicarle al *coach* qué preguntas hacer a continuación.

El objeto de las preguntas no será que el *coach* obtenga información sino fundamentalmente que resulten evocadoras para el *coachee* y le permitan encontrar sus propias respuestas. Serán preguntas orientadas a aumentar el foco del cliente, elevar su conciencia, ampliar sus perspectivas y llevarle a asumir su responsabilidad.

Al hablar de las preguntas no hay que olvidar que estas forman parte de un proceso conversacional en el que resulta también de gran importancia la escucha que presta el *coach*. Para que se produzca una comunicación fluida y un proceso de Coaching eficaz, el *coach* deberá escuchar activamente, prestando atención a lo que dice el cliente y a lo que no dice, a las palabras y el tono de voz, así como al lenguaje del cuerpo.

A este respecto, el grueso de la formación que imparten esta y otras corrientes tiene como objetivo facilitar a los *coaches* técnicas para formular preguntas eficaces y poderosas así como entrenamiento para lograr un nivel de escucha más completo y profundo en sus sesiones de Coaching.

2. Método GROW

El método GROW es la herramienta por excelencia de la corriente europea de Coaching. Su autoría suele atribuirse a Graham Alexander, en tanto que John Whitmore es quien la difunde y populariza. El método ocupa un lugar preferente en su obra y es tema frecuente de sus conferencias y seminarios.

GROW hace referencia a la secuencia en la que se realizan las preguntas en una sesión o proceso de Coaching. Es el acrónimo de las cuatro fases del esquema de Coaching que el método propone y que seguidamente se describen:

- *Goal* (meta)
- *Reality* (realidad)
- *Options* (opciones)
- *What, when, will* (plan de acción y voluntad de llevarlo a cabo)

- *Goal.* En esta fase se trata de explorar el objetivo del cliente, entender cuál es su meta y qué quiere verdaderamente lograr.

  John Whitmore diferencia entre metas de sesión y de proceso. Y entre las metas de proceso distingue entre metas finales y metas de desempeño, o metas intermedias, que facilitarán la consecución de la meta final. La meta final resulta inspiradora, en tanto que las metas de desempeño indican lo que hay que ir haciendo en concreto para acercarse a la meta final.

  Es importante subrayar que la meta se aborda antes de abordar un análisis de la realidad. El motivo es impedir que la realidad, los desempeños mediocres y posibles fracasos anteriores puedan suponer una limitación para el establecimiento de una meta ambiciosa.

  El trabajo a través de preguntas debe llevar a que el *coachee* defina y concrete adecuadamente su meta, para lo que sugiere utilizar diversas técnicas en el establecimiento de objetivos, como los métodos SMART, PURE o CLEAR, acrónimos formados con las iniciales de los requisitos que deben cumplir los objetivos.
    - SMART: *Specific* (específicos), *Measurable* (medibles), *Achivable* (alcanzables), *Realistic* (realistas) y *Time phased* (planificados)
    - PURE: *Positively stated* (positivos), *Understood* (comprendidos), *Relevant* (significativos), *Ethical* (éticos)

- CLEAR: *Challenging* (desafiantes), *Legal* (legales), *Environnement* (respetuosos con el entorno), *Appropiate* (apropiados), *Recorded* (registrados/relevantes)

La mayor parte de las escuelas que utilizan este método hacen especial hincapié en esta fase, por cuanto clarificar la meta de forma precisa, con indicadores o referencias y evidencias objetivas de su cumplimiento, es en muchas ocasiones lo más difícil y al mismo tiempo lo que de verdad impulsa al *coachee* a iniciar su proceso de transformación. Además, explorar la meta de una manera profunda lleva a veces a que el cliente descubra que la meta inicialmente descrita no es la que quiere y pueda definir aquella a la que realmente aspira.

- *Reality.* Tras establecer la meta, el método propone explorar qué está pasando en el momento presente, cuál es la situación de la que se parte y la realidad actual. En ocasiones este análisis puede llevar a re-enfocar la meta o a darle más precisión... o incluso a modificarla si la situación real así lo requiere.

  Al analizar la realidad, es preciso hacerlo con la mayor objetividad posible, de forma descriptiva y no valorativa. A través de las preguntas, el *coach* hará que el *coachee* explore hechos y datos, y todas las circunstancias que rodean al tema trabajado, que profundice en el conocimiento de la situación y que tome conciencia de los sentimientos y emociones asociados a la misma. Un análisis de la realidad a un nivel profundo suele tener un efecto inspirador muy importante, antes incluso de haber entrado a trabajar las opciones.

- *Options*. Una vez analizada en profundizad la situación de partida es el momento de que el *coachee* explore qué puede hacer. En esta fase lo importante no es limitarse a una línea de actuación concreta, sino más bien fomentar que el *coachee* pueda encontrar de la manera más creativa posible el mayor número de opciones.

  Se sugiere utilizar diversas técnicas que permitan la creación del *coachee*, sin censurar en principio las opciones que surjan. El *coach* aquí deberá crear un ambiente en el que el *coachee* se sienta seguro y pueda encontrar el mayor número de alternativas posibles. Solo consiguiendo que surjan un buen número de ellas se podrá elegir la opción buena, que marcará la siguiente fase.

- *What, When, Will*. Se trata finalmente de establecer el plan de acción: qué se va a hacer, cuándo y con qué medios. También de explorar el nivel de convencimiento y compromiso que tiene el *coachee* con el plan y con que dicho plan le acercará verdaderamente a su meta. Asimismo el *coachee* analizará qué y a quién necesitará para su plan y cómo conseguir los medios y apoyos necesarios.

  En esta fase, nuevamente a través de preguntas, el *coach* ayudará al *coachee* a establecer su plan con la mayor concreción posible y con indicadores de seguimiento. Estos indicadores surgirán del propio *coachee* y serán coordenadas que le guiarán e impulsarán a la acción y le ayudarán a tomar conciencia de sus avances.

  El *coach* preguntará también por la pertinencia de las actuaciones planificadas en función de la meta prevista. Se explorará la visibilidad del plan. Si el grado de viabilidad no es alto, se deberá revisar y analizar qué hace falta para incrementarlo.

Se revisará también el plan en el caso de que la persona no esté plenamente convencida de los pasos a dar. A veces en el plan hay dificultades que no han aflorado y obstáculos que el *coachee* intuye pero de los que no es enteramente consciente. Trabajar esto antes de iniciar el plan de acción hará que el *coachee* tome conciencia de posibles obstáculos para prevenirlos o que elabore un plan más adecuado a sus circunstancias.

3. Feedback

En cualquier proceso de desarrollo, y también en el Coaching, dar y recibir *feedback* es uno de los aspectos más importantes y que más inciden en los resultados conseguidos. En estos campos, el *feedback* hace referencia a la evaluación y a la «información de retorno» acerca de los resultados de una acción, comparados con un objetivo, referencia o situación deseada, sean estos explícitos o no.

El *feedback* resulta imprescindible para aprender y mejorar, permite tomar medidas correctoras de cara a los objetivos y supone también una oportunidad para reforzar los éxitos, con un importante impacto en la autoestima y la autoconfianza.

John Whitmore diferencia cinco niveles posibles de *feedback*, ordenados de menor a mayor utilidad:

1. *Crítica personal.* Suele ser descalificadora y mina la autoestima de quien la recibe, por cuanto su utilidad es prácticamente nula.

2. *Juicios de valor sobre lo realizado por la persona.* Si son negativos minan también la autoestima y en todo caso no permiten que la persona se haga responsable del tema.

3. *Información descriptiva.* Se ofrece algo de información sobre lo realizado por cuanto ello puede ayudar a corregir algo a la persona, pero no se facilita toda la información necesaria ni en la profundidad suficiente, y tampoco se da responsabilidad a la persona sobre ello.

4. *Pregunta a la persona sobre lo que ella piensa.* En este caso se le da la responsabilidad, si bien la persona puede responder desde una óptica excesivamente superficial.

5. Coaching *para dar feedback.* Se pregunta sobre el fondo. Se explora cuál era el objetivo sobre lo que se da *feedback*, en qué medida se ha cubierto, a qué otros aspectos hay que prestar atención, etc. De esta forma la persona puede tener una perspectiva más profunda y detallada sobre lo alcanzado.

Obviamente, este último nivel es el que debe ser utilizado por un *coach*. Es el nivel que mejor permite tomar conciencia y asumir la responsabilidad. En su utilización sugiere aplicar las técnicas de Coaching: hacer preguntas de calidad y no juzgar los resultados ni decirle a la persona lo que debe hacer.

4. Feedforward

Desde esta perspectiva, John Whitmore da un paso más a fin de aumentar el efecto y los beneficios del *feedback* proponiendo la utilización del *feedforward*. Se trata de una herramienta creada por Marshall Goldsmith y que es utilizada por algunas de las escuelas asociadas a esta corriente de Coaching, dentro y fuera de nuestro país.

El método se inspira en la «prealimentación», consistente en procedimientos seguidos en el diseño de ciertos sistemas para que reaccionen a cambios en su entorno. Estos procedimientos prevén *a priori* respuestas o reacciones específicas en función y como consecuencia de determinados eventos o alteraciones que se estima pueden ocurrir.

En lo que se refiere al Coaching, el método parte de la premisa de que el *feedback* se centra en el pasado y que puede mejorar su eficiencia proyectándose y anticipando el porvenir. De alguna forma, el *feedforward* parte de un *feedback* adecuado al que se le confiere una perspectiva de futuro. Mientras el *feedback* da información de cómo está yendo algo, el *feedforward* permite a la persona abrirse, explorar opciones y perspectivas, y encontrar posibilidades de mejora.

El método consiste sencillamente en explorar varias pistas que permitan cambios positivos en una conducta o situación determinadas en el futuro. Se utiliza tanto de forma individual como en grupo (donde las pistas de mejora pueden ser sugerencias de los compañeros).

La orientación hacia el futuro del *feedforward* tiene algunas ventajas claras: impulsa la proactividad, fomenta la acción, evita caer en la crítica y permite un enfoque basado en las soluciones y no en los problemas.

ASPECTOS PSICOLÓGICOS DE LA CORRIENTE EUROPEA

La corriente europea de Coaching, tanto en sus inicios con «el Juego Interior» como en la evolución posterior de la obra de John Whitmore, refleja los importantes fundamentos psicológicos de la corriente y ejemplifican algunos modelos y teorías del campo de la Psicología.

Por ejemplo, en el juego interior, el funcionamiento del «yo número 1» se asemeja a los estudios de Donald Meichenbaum en relación al diálogo interno y las auto-instrucciones, y los recursos para gestionarlo recuerdan también algunas de las técnicas utilizadas por la Psicología cognitiva. Asimismo, la descripción de los momentos de concentración en la tarea, sin interferencias y perdiendo casi la conciencia del tiempo, recuerda los estados de «*Flow*» investigados y descritos por el psicólogo Mihaly Csikszentmihalyi.

Por otra parte, John Whitmore reconoce de forma totalmente explícita la profundidad psicológica del Coaching y advierte expresamente de la necesidad de tener una base psicológica para comprender los principios en los que se fundamenta. Además, resulta evidente y reconocida la influencia de la Psicología en el autor, que en su obra dedica atención expresa a áreas como el aprendizaje, la Psicología Positiva, la motivación, el liderazgo o la inteligencia emocional. De hecho, en la última edición de su libro dedica varios capítulos a estos temas, con una referencia extensa a los estudios y obras de Abraham Maslow y Daniel Goleman. Asimismo, otros muchos de sus puntos de vista están relacionados o se basan, implícita o explícitamente, en estudios y modelos psicológicos, como el efecto Pygmalion, investigado por Rosenthal, al referirse al impacto de las expectativas sobre el rendimiento.

A lo largo de los años John Whitmore ha ido mostrando un creciente interés por la fundamentación psicológica del Coaching, así como una cierta evolución en sus posiciones a este respecto. Efectivamente, en su obra ocupan cada vez más un lugar preferente las referencias al Coaching Transpersonal (basado en la Psicología Transpersonal y la inteligencia espiritual), que según él es una forma de Coaching más completa e integradora que la basada en la Psicología Humanista . A este respecto, John Withmore considera que en el Coaching Deportivo es suficiente la Psicología conductual, que en el Coaching empresarial se precisa la Psicología cognitiva, que otro Coaching de más profundidad recurre a la Psicología Humanista y que, por último, hay un Coaching más profundo basado en la Psicología Transpersonal.

Más allá de esta última categorización, lo que parece fuera de toda duda es la importancia que esta corriente da a los aspectos psicológicos en un proceso de Coaching. Reflexionar sobre ellos, estudiarlos y comprenderlos redundará a buen seguro en un Coaching de mejor calidad, más eficaz y de mayor utilidad para los clientes. La formación o los conocimientos en Psicología deberían ser por tanto un requisito imprescindible para el ejercicio de un Coaching como el que preconiza John Withmore, y por extensión la corriente europea de Coaching.

Miriam Ortiz de Zárate

INTRODUCCIÓN

La corriente ontológica o corriente latinoamericana, como también se la llama, tiene como representantes principales a Fernando Flores, Rafael Echeverría y Julio Olalla, todos ellos chilenos y residentes en EEUU, donde trabajaron a lo largo de la década de los 80.

Fernando Flores (Talca, 1943) ocupó varios cargos ministeriales durante el gobierno de Salvador Allende. En esos años comenzó a madurar algunas ideas que posteriormente serían la génesis de su tesis doctoral, relacionada con la computación y el diseño de *software*. Tras el golpe de Estado de 1973, fue prisionero político durante tres años, durante los cuales sus reflexiones derivaron hacia la teoría lingüística y la comunicación.

Tras su liberación en 1976 se instaló con su familia en Palo Alto, California, y trabajó como investigador en el departamento de Ciencias de la Computación de la Universidad de Stanford mientras continuaba sus estudios sobre Filosofía del Lenguaje en Berkley, donde presentó su tesis doctoral bajo el título: *Comunicación y gestión en la empresa del futuro*.

En sus trabajos, influidos de manera significativa por Humberto Maturana, Francisco Varela, John Austin y John Searle, entre otros, Flores planteaba la importancia de las conversaciones en las relaciones humanas, uno de los ejes centrales del Coaching Ontológico, que se desarrollaría más tarde a lo largo de la década de los 80.

Según Vikki Brock (2012), a mediados de los 70, Werner Erhard, creador de los famosos *Seminars Training* (Est), contrató a Flores y a otros filósofos y pensadores como Dreyfuss, Zimmerman, Searle y muchos más con el fin de ampliar los contenidos de sus programas y profundizar en las raíces de la filosofía del lenguaje. Estos encuentros generaron un fructífero espacio en el que todos ellos pudieron compartir y enriquecerse mutuamente.

En su estudio, Brock clasifica a los pioneros del Coaching en tres grupos:

- Los creadores, la mayoría de los cuales nunca se dedicó al Coaching, sino que contribuyó aportando las principales teorías y modelos utilizados por los *coaches* modernos.
- Los transmisores, que recogieron y sintetizaron las aportaciones de los creadores y convirtiéndose en la primera generación de *coaches*.
- Las generaciones posteriores, que incluye a los *coaches* que tuvieron algún contacto con los creadores o los transmisores y llegaron a la profesión una vez que esta se hubo establecido.

Flores perteneció al grupo de los creadores, junto a autores como Maslow, Jung, Rogers, Erickson, Drucker, Argyris, Perls, Grinder, Covey, Wilber, Senge y muchos otros, incluido el propio Erhard.

Julio Olalla y Rafael Echeverría forman parte del grupo de los transmisores. Ambos habían sido discípulos de Flores y alumnos de los programas Est de Erhard. Más tarde se convirtieron en sus colaboradores y trabajaron con él en el desarrollo del Coaching Ontológico.

Según Echeverría (1993), el término Coaching Ontológico fue creado por Fernando Flores y desarrollado a través de seminarios y procesos individuales durante la década de los

80. En esos años, Julio Olalla y Rafael Echeverría trabajaron con él y aprendieron la metodología, al tiempo que la desarrollaron con sus propias aportaciones.

En 1991, Fernando Flores decidió dejar el mundo del Coaching para centrarse en sus empresas, más relacionadas con el área de la computación, mientras que Olalla y Echeverría siguieron adelante con la fundación de Newfield Group, contribuyendo así a la expansión del Coaching Ontológico tanto en EEUU como en Latinoamérica. En 1994, Echeverría publicó su famosa obra *Ontología del lenguaje*, el texto más importante de esta corriente, donde podemos encontrar sus líneas de trabajo principales.

Olalla y Echeverría disolvieron su empresa en 1997 para continuar por separado. Echeverría creó Newfield Consulting y Olalla Newfield Network. Ambas empresas continúan en activo en la actualidad y desarrollan programas de Coaching Ontológico tanto en EEUU como en Latinoamérica y en Europa.

La corriente ontológica ha seguido creciendo con el nacimiento de nuevas escuelas en Latinoamérica (Argentina, Chile, México, Brasil, Perú, Colombia, Ecuador, Uruguay, etc.) y España, siendo hoy en día la corriente principal en muchos de estos países. También tiene una presencia relevante en EEUU, Europa, Canadá, Australia, Sudáfrica y el Sudeste asiático.

CARACTERÍSTICAS FUNDAMENTALES DE LA CORRIENTE ONTOLÓGICA EN COACHING

El Coaching Ontológico pone el foco en una particular interpretación del ser humano, centrada en dos vectores: su dimensión lingüística y su subjetividad.

La dimensión lingüística del ser humano, procedente de filósofos como Heidegger y Nietzsche, hace hincapié en dos ideas fundamentales:

1. Somos seres lingüísticos, habitamos en el lenguaje. A través del lenguaje dotamos a nuestra existencia de sentido. El lenguaje es la clave para comprender los fenómenos humanos; lo utilizamos para explicar aquello que observamos y experimentamos y al mismo tiempo, nos dice Heidegger, vivimos presos en él. «*El lenguaje forma nuestras vidas y hechiza nuestro pensamiento*» (Albert Einstein)

2. El lenguaje es generativo, no solo tiene una función descriptiva. A través del lenguaje formamos el ser que somos, modelamos nuestra identidad y construimos nuestro mundo. El lenguaje es acción en sí mismo; la vida y sus infinitas posibilidades se van desplegando en función de nuestras conversaciones. El lenguaje genera realidad.

La integración de estas dos ideas nos permite romper con el paradigma tradicional que nos asigna a cada uno de nosotros una determinada forma de ser, más o menos fija e inmutable. Si aceptamos los dos postulados anteriores, entonces podemos comprender que los seres humanos tenemos la capacidad de crearnos a nosotros mismos en el lenguaje y a través del lenguaje, y por tanto tendremos que aceptar que el ser no es algo fijo e inmutable, sino el resultado de todo un conjunto de constructos lingüísticos con el que nos hemos identificado en mayor o menor medida.

El vector de la subjetividad del ser humano nos recuerda que no tenemos acceso a la realidad y que vivimos en mundos interpretativos (Echeverría, 1994). Nuestros sentidos interpretan la realidad, pero no tienen acceso directo a ella; por lo tanto no pueden proporcionarnos una representación fiel de cómo son las cosas. La realidad, nos dice Echeverría, está mediatizada por el observador. Esto implica que debemos abandonar la idea de perseguir la verdad, ya que no existe una verdad única, sino tantas verdades como observadores. En consecuencia, la verdad no es más que la vana pretensión de que las cosas son como nosotros decimos.

La combinación de estas dos ideas, el ser y la verdad, nos adentra en un paradigma nuevo en el que opera el Coaching Ontológico.

El observador

Una consecuencia del vector de la subjetividad es la idea del observador, otro de los puntos centrales del Coaching Ontológico. Si aceptamos que la verdad no puede entenderse separada del observador que la describe, entonces la figura del observador debe pasar a primer plano. ¿Quién es el observador?, ¿cómo interpreta lo que le sucede?, ¿qué emociones experimenta y cuáles le son más ajenas? ¿qué conversaciones tiene habitualmente y cuáles le resultan más difíciles? Cada uno de nosotros somos un tipo de observador particular, cada uno de nosotros interpretamos lo que está ocurriendo de una manera determinada.

Nuestra capacidad de acción también está afectada por el observador que somos. Todos tenemos la experiencia de haber tropezado varias veces con la misma piedra, repitiendo acciones que no nos dan el resultado que deseamos. Sin embargo, cuando somos capaces de modificar nuestra perspectiva podemos encontrar alternativas de acción que antes no veíamos o podemos descubrir que aquello que nos parecía problemático ya no nos lo parece.

Estas ideas no nos resultan del todo extrañas. La mayoría de nosotros somos conscientes de que observamos el mundo a nuestro alrededor y también a nosotros mismos. Sin embargo, todos tenemos algún punto ciego en nuestra capacidad de observar. El Coaching Ontológico centra su mirada en el observador y trabaja a lo largo de la conversación para ayudar a la persona a tomar conciencia de qué tipo de observador está siendo en su vida, especialmente en lo relativo a esos puntos ciegos. Cuando se produce un cambio en el observador (una mirada nueva, un descubrimiento, un *insight*) surgen nuevas comprensiones, nuevas interpretaciones, perspectivas que antes no habían sido tenidas en cuenta, posibilidades de acción que antes no se habían contemplado.

El trabajo con el observador no busca la verdad, sino generar la perspectiva más eficaz, aquella que le permite acercarse a sus objetivos, obtener más coherencia y, en suma, más felicidad.

Aprendizaje transformacional

Ya hemos visto que la comprensión tradicional del ser humano supone que todos tenemos determinadas propiedades «fijas» y que «somos» de una u otra manera, así que actuamos en función de esa esencia que no podemos cambiar. El Coaching Ontológico, sin embargo, postula que no solo actuamos de acuerdo a como somos, también somos de acuerdo a cómo actuamos (Echeverría, 1994). Las acciones no son solo una manifestación de nuestro ser, sino también la forma en que nuestro ser se crea. Es un proceso dinámico de transformación permanente. A través de nuestras acciones nos creamos a nosotros mismos. Dicho de otra manera, somos activos participantes en la creación de nuestra forma de ser.

El Coaching Ontológico es un proceso de aprendizaje transformacional en el que el crecimiento ocurre en el ámbito del ser, mediante el cuestionamiento de cualquier forma de percibir e interpretar que esté suponiendo un obstáculo para el crecimiento natural de la persona y la interrupción de patrones de conducta y comportamiento habituales para comenzar a operar con más protagonismo, responsabilidad, creatividad y proactividad.

A menudo nos encontraremos con que la persona considera esos rasgos personales como parte ineludible de su forma de ser, algo imposible de cambiar. Este será el obstáculo principal: el juicio que tenemos de que no podemos cambiar los rasgos de nuestra forma de ser. Otras veces el obstáculo será el miedo a realizar ese cambio, el temor a soltar algo que nos ha acompañado durante mucho tiempo aunque ahora ya no nos sirva. En ambos casos, el obstáculo principal somos nosotros mismos y nuestros juicios de que «no se puede» o «no conviene» realizar el cambio. El aprendizaje transformacional disuelve estas barreras que para muchos parecen imposibles de salvar y abre un espacio de posibilidades enorme y sorprendente.

HABILIDADES Y HERRAMIENTAS QUE FOMENTA LA CORRIENTE ONTOLÓGICA DE COACHING

Rafael Echeverría (2005) define el Coaching Ontológico como «*un proceso de aprendizaje a través del cual transformamos el tipo de observador que somos, con la ayuda de una persona que sirve de 'coach'. Al modificar el tipo de observador que somos, transformamos también la forma en que actuamos. La modificación conjunta de nuestra forma de observar y de actuar nos permite decir que este es un proceso que compromete y transforma nuestra forma de ser. El 'Coaching Ontológico' es un proceso conversacional*».

En otras palabras, el Coaching Ontológico pone el foco en el observador, generando un espacio de reflexión para que la persona tome más conciencia de sí misma y, a partir del auto-descubrimiento pueda pasar a la acción. En este contexto utiliza diferentes habilidades y herramientas que veremos a continuación.

La escucha

Como ocurre con cualquiera de las otras corrientes, una de las habilidades más importantes del *coach ontológico* es el desarrollo de la escucha.

Para Echeverría, la escucha es una de las competencias humanas más importantes. A través de la escucha construimos nuestras relaciones, interpretamos el mundo que nos rodea y, sobre todo, incorporamos nuevos aprendizajes. Cualquier problema de relación, nos dice, tiene que ver con un problema de escucha. Y, al contrario, no hay mejor indicador a la hora de valorar la calidad de una relación.

Los problemas de escucha suelen ser recíprocos: cuando alguien no se siente escuchado seguramente tampoco sabe escuchar a los demás. Y, al contrario, cuando mejoramos la calidad de nuestra escucha conseguimos el mismo efecto en los demás. Por eso, cuando queremos mejorar nuestra comunicación, el mejor camino es empezar por mejorar nuestra escucha.

De las diferentes reflexiones que Echeverría desarrolla en su trabajo, hay dos aspectos de la escucha especialmente interesantes que nos gustaría destacar:

1. La apertura a la comprensión del otro. Escuchar implica abrirse al otro con plena aceptación. Supone dejar a un lado los juicios, dando total legitimidad al observador que tenemos ante nosotros.

2. La apertura a la transformación personal. La escucha abre la posibilidad de que la conversación nos transforme. Escuchar es permitir que el poder transformador del otro nos alcance. Esto implica una cierta exposición para la que no siempre estamos preparados. La escucha implica generosidad y vulnerabilidad.

Si escuchar en última instancia implica abrirse a esta posibilidad de transformación, entonces aceptaremos que la escucha es el elemento básico del proceso de aprendizaje. Esto la convierte en una competencia fundamental, tanto para el *coach* como para su cliente. El trabajo con la escucha es siempre una parte importante del proceso y su impacto es muy importante en los resultados.

Actos lingüísticos básicos

Partiendo de la taxonomía de John Searle, Flores primero y Echeverría posteriormente hacen una elaboración de los actos del habla que, más allá de la lingüística, abren la puerta a numerosas distinciones que, a modo de herramientas, utilizan los *coaches ontológicos* en sus sesiones.

En estas páginas apenas podemos hacer un esbozo de la taxonomía, y por ello proponemos acudir a otros textos (ver bibliografía) para mayor información.

Las *afirmaciones* son los actos lingüísticos que utilizamos para realizar descripciones que, si bien no son la realidad –ya hemos visto que hay tantas realidades como observadores–, son compartidas por una comunidad y responden a lo que habitualmente entendemos por «hechos observables». «Juan es el más alto de la oficina», «Ayer llovió en Madrid» o «Este libro me costó 20€» son ejemplos de afirmaciones. Pueden ser verdaderas o falsas, pero siguen siendo afirmaciones. La importancia de las afirmaciones en nuestra vida cotidiana cobra pleno sentido cuando aprendemos a distinguirlas de los juicios, como veremos un poco más adelante.

Las *declaraciones* son muy diferentes de las afirmaciones. Cuando hacemos una declaración no hacemos una descripción del mundo sino que generamos un mundo nuevo para nosotros (recordemos la dimensión generativa del lenguaje). La palabra genera una realidad diferente. Por ejemplo, una declaración de guerra o la declaración de un juez cuando emite un veredicto. También hay declaraciones cotidianas que realizamos constantemente. Por ejemplo: «Hoy saldré de trabajar más tarde», «No me gusta esta persona», «Mañana iremos al cine». Las declaraciones no son verdaderas o falsas como las afirmaciones, pero sí podemos decir que son válidas o inválidas, según el poder de la persona que las hace.

El Coaching Ontológico trabaja con algunas declaraciones fundamentales en la vida, como la declaración de no, la declaración de sí, la declaración de gratitud, la declaración de perdón, y muchas otras. Todas ellas son imprescindibles para el desarrollo de nuestras habilidades interpersonales, y a la vez todas ellas presentan alguna dificultad con la que podemos toparnos en las sesiones de Coaching.

Las *peticiones* y las *ofertas* son actos del habla que utilizamos para coordinar acciones con otros. A través de las peticiones solicitamos ayuda a alguien para cubrir una necesidad. A través de las ofertas nos postulamos para ofrecer nuestra ayuda a alguien y así satisfacer su necesidad.

Hay personas que tienen muchas dificultades para hacer peticiones. Otras son incapaces de ofrecerse. Distinciones como pedir versus exigir, pedir versus manipular, pedir versus esperar... nos ofrecen espacios de reflexión y aprendizaje que utilizaremos en los procesos de Coaching.

El trabajo con los actos del habla ofrece numerosas herramientas para el desarrollo de lo que Rafael Echeverría llama «habilidades conversacionales» o «competencias conversacionales». Supone incorporar nuevas distinciones que son fundamentales para las personas, como la distinción entre afirmaciones y juicios, el trabajo con los diferentes tipos de declaraciones, el dominio de las peticiones y las ofertas, las promesas y los reclamos, etc.

El desarrollo de todas estas distinciones abre un gran abanico de posibilidades de intervención en nuestras relaciones interpersonales a la hora de comunicarnos de manera eficaz, en la capacidad para generar impacto, en la gestión de conflictos, en el desarrollo del liderazgo, en la educación, en la coordinación de acciones con otros, etcétera.

Los juicios

El trabajo con los juicios es otro de los elementos centrales del Coaching Ontológico. Al decir que somos observadores que interpretamos la realidad, el foco de la intervención del Coaching Ontológico se sitúa en las interpretaciones, en los juicios del observador.

Desde el punto de vista de los actos del habla, los juicios son un tipo particular de declaración que, por su importancia en el ámbito del Coaching, se estudian de manera muy especial.

Cuando decimos «Juan es de Burgos» o «Juan es alto», parece que estemos diciendo básicamente lo mismo, incluso utilizando una forma gramatical idéntica. Sin embargo, son estructuras profundamente diferentes. La primera frase es una afirmación, la segunda es un juicio, una interpretación, un punto de vista personal y subjetivo.

En nuestro lenguaje habitual utilizamos ambas estructuras sin distinguirlas, expresamos nuestros juicios como si fueran verdades objetivas. Aquello que yo veo es lo mismo que deben ver todos. Esto afecta completa y constantemente a nuestra vida cotidiana y está presente en nuestras relaciones personales, en el trabajo, en la forma en que nos relacionamos con el mundo que nos rodea, etc.

Un juicio, hemos dicho, es un tipo particular de declaración, y como tal puede ser válido o inválido. También podremos decir que está más o menos fundado en la medida en que esté basado en experiencias que proceden del pasado y que lo avalan, pero nunca podremos decir que sea verdadero o falso como hacemos con las afirmaciones, ya que se trata, como hemos dicho, de observaciones subjetivas.

Igual que con las declaraciones, los juicios son como un veredicto: cuando los emitimos, creamos una nueva realidad que en un primer momento solo existe en el lenguaje. Cuando juzgamos y decimos «Este niño es muy torpe», estamos abriendo nuevas posibilidades de realidad que afectarán seguramente al futuro de ese niño. Como dice Echeverría (1994): «*Si no tuviéramos lenguaje, la realidad creada por los juicios no existiría. Los juicios son otro ejemplo importante de la capacidad generativa del lenguaje. No describen algo que existiera ya antes de ser formulados. No apuntan hacia cualidades, propiedades, atributos, etcétera, de algún sujeto u objeto determinado. La realidad que generan reside totalmente en la interpretación que proveen*».

La mayoría de nosotros emitimos juicios espontáneos que no nos pertenecen. Son automatismos sociales que adquirimos sin pararnos a cuestionarlos. Aprender a enjuiciar nuestros juicios es uno de los aprendizajes más importantes que podemos realizar en un proceso de Coaching.

Epicteto (siglo I) nos recuerda que los juicios son la raíz del sufrimiento humano, ya que el sufrimiento no surge de lo que nos ocurre sino de la interpretación que hacemos de lo que nos ocurre: «*No es lo que ha sucedido lo que molesta a un hombre, sino su juicio sobre lo sucedido. Cuando alguien te irrita, ten por seguro que es tu propia opinión la que te ha irritado*».

Los juicios, dice Echeverría (1994), representan el núcleo fundamental de la existencia humana y comprometen la vida misma, nos ayudan a reducir la incertidumbre y a dar sentido a la existencia. Y al mismo tiempo, tenemos la capacidad de revisarlos y cuestionarlos, y con este trabajo hacernos más libres, más coherentes, más alineados con nuestro propósito de vida.

El Coaching Ontológico analiza la estructura de los juicios, identifica aquellos que pueden influir tanto positiva como negativamente en el crecimiento y en los objetivos del cliente y trabaja con muchas distinciones que surgen de su estudio. Una de las aplicaciones más conocidas es la fundamentación de los juicios (Echeverría, 1994). Para considerar fundado un juicio, deben darse cinco condiciones que el *coach* puede indagar a través de las preguntas:

1. *Para qué*. Siempre emitimos un juicio por o para algo. De manera más o menos consciente, todo juicio tiene una intencionalidad. Desde el punto de vista del Coaching es importante saber para qué se emite un juicio y ser capaces de visualizar la acción que se va a proyectar hacia el futuro al hacerlo, ya que, según el juicio que formulemos, algunas acciones serán posibles y otras no. Para revisar esta condición, podemos hacer preguntas como: ¿Para qué te sirve este juicio?, ¿qué consecuencias tiene en tu vida mantener este juicio?, ¿qué acciones serán posibles si conservas este juicio?, ¿qué acciones no serán posibles si conservas este juicio?

2. *Estándares.* Cuando emitimos un juicio, lo hacemos cotejándolo con un conjunto de estándares del comportamiento. La mayoría provienen de la cultura, de nuestras tradiciones, del grupo en el que nos hallamos. Esto es importante porque la mayor parte de las veces nos vienen dados, no han sido producidos por nosotros. No tiene el mismo significado decir «Juan es muy alto» refiriéndonos a un niño de la escuela primaria que a un jugador de baloncesto. Algunas preguntas posibles: ¿Con qué lo comparas?, ¿a qué te refieres cuando dices...?, ¿en qué estándares te basas?, ¿cómo lo mides?

3. *Dominio.* Cuando emitimos un juicio, lo hacemos dentro de un dominio particular de observación. Cuando decimos «Esta es la canción más bonita del disco», estamos haciendo un juicio limitado a un dominio particular de observación (en este caso, el disco del que estamos hablando). El problema es que tendemos a generalizar, olvidando el dominio en el que nuestros juicios se crearon. Los juicios que utilizan expresiones como siempre, nunca, todos, nadie... suelen ser juicios generalizados, y por tanto infundados. Preguntas posibles: ¿En qué ámbitos opera este juicio?, ¿en qué ámbitos este juicio no tiene cabida?, ¿dónde ocurre esto que dices?, ¿en qué otros ámbitos encuentras esto mismo? Y también ecos como ¿siempre?, ¿nunca?, ¿nadie?

4. *Afirmaciones.* Se logra fundar un juicio cuando podemos proveer afirmaciones que avalen lo que estamos diciendo. Al introducir afirmaciones generamos confianza en ese juicio. Si decimos «Juan es bastante alto, mide 1,85», estaremos encadenando un juicio y una afirmación que sirve para fundarlo. Nuestro juicio, de esta manera, cobrará más credibilidad. Muchas veces buscamos nuevas

afirmaciones para verificar lo bien fundado que está un determinado juicio. ¿En qué te basas para decir esto?, ¿puedes ponerme un ejemplo concreto?, ¿puedes darme algún hecho que justifique este juicio?

5. *Juicio contrario.* Para asegurar que un juicio está bien fundado debemos preguntarnos si existen afirmaciones que avalen el juicio contrario. Muchas veces consideramos fundado un juicio sobre nosotros mismos a partir de observaciones realizadas un determinado número de veces, sin darnos cuenta de que hay muchas más opciones que apuntan al juicio opuesto. ¿Podrías encontrar alguna situación... (donde se dé lo contrario)?, ¿alguna vez has visto... (lo contrario al juicio)?, ¿crees que puede haber alguna persona que opine... (el juicio contrario)?

El concepto de distinción

A lo largo de todo el texto hemos mencionado en numerosas ocasiones la palabra distinción. Pero ¿qué entiende el Coaching Ontológico por distinción?

El lenguaje nos ofrece la capacidad de distinguir aquello que nombramos (Guarnieri y Ortiz de Zárate, 2010) porque, como hemos visto, somos seres lingüísticos.

«Los seres humanos observamos según las distinciones que poseemos. Sin distinciones no podemos observar. Tendríamos experiencias preceptuales dispersas, no significativas. Sin la distinción 'mesa' no puedo observar una mesa». Echeverría, 2009)

Cuando observamos un objeto y le damos un nombre, lo distinguimos del resto. Los niños adquieren vocabulario de esta manera. A medida que van integrando nuevas palabras, van realizando nuevas y más sutiles distinciones. Por eso decimos que adquirir una nueva distinción es aprender algo nuevo, porque cuando distinguimos algo nuestra capacidad de percepción se amplia y se hace más y más compleja. Por ejemplo, si damos un paseo por un vivero acompañados de un experto seguramente él podrá distinguir muchas cosas que para nosotros pasan inadvertidas. O si nos apuntamos a un curso de cata de vinos, aprenderemos a distinguir en nuestro paladar matices que antes no percibíamos. Del mismo modo, cuando estudiamos por ejemplo los actos del habla, incorporamos nuevas distinciones que amplían nuestra capacidad de conciencia o, desde la perspectiva del observador, amplían nuestra mirada, y en consecuencia nuestra capacidad de acción.

El Coaching Ontológico utiliza las distinciones como herramientas de trabajo. Si el *coach* domina determinadas distinciones gracias al estudio previo, a su propia experiencia y a la práctica en otros procesos, cuando aparece un punto ciego en el cliente podrá identificarlo. Por ejemplo: un cliente que nunca hace peticiones puede no haberse parado nunca a reflexionar sobre ello. El *coach* detectará en la conversación ese punto ciego porque posee determinadas distinciones sobre las peticiones. A partir de ese punto podrá indagar y hacer preguntas generativas, que ayudarán al cliente a tomar conciencia y ampliar su mirada sobre este aspecto.

Existen decenas de distinciones que pueden encontrarse de manera diseminada en muchos textos de Coaching y de otras disciplinas. Entre las más conocidas y utilizadas encontramos distinciones relacionadas con la confianza, el control, la exigencia, la responsabilidad y un largo etcétera.

Los tres dominios del aprendizaje

A pesar del foco puesto hasta aquí en la dimensión lingüística del ser humano, el Coaching Ontológico identifica tres dominios básicos en los que trabaja de manera integrada: el lenguaje, el cuerpo y la emoción. Cada uno de ellos está directamente afectado e influido por los otros dos y cualquier proceso de aprendizaje transformacional exigirá cambios a su vez en estos tres dominios.

Esto hace alusión a un principio de coherencia. Lenguaje, cuerpo y emoción se ven afectados de manera coherente cuando experimentamos por ejemplo una intensa emoción de enfado. Esto afectará a nuestro lenguaje, tanto en el contenido como en la forma (expresiones utilizadas, tono de voz, volumen, etc.), y también a nuestro cuerpo, que experimentará diversas sensaciones como tensión en la mandíbula, calor en la cara, incremento de palpitaciones, etc.

Este principio de coherencia sirve en el Coaching Ontológico por ejemplo para identificar situaciones en las que podemos detectar incoherencia entre los tres dominios, que apuntan a incoherencias más profundas en la persona. Por ejemplo, cuando el cliente nos expresa una determinada opinión y su cuerpo nos muestra lo contrario.

Una segunda aplicación nos sirve en situaciones en las que se requiere generar nuevos aprendizajes a nivel profundo. En estos casos es muy probable que tengamos que trabajar simultáneamente en los tres dominios. Esto significa generar nuevas distinciones, no solo a nivel lingüístico, sino también a nivel emocional y corporal. Cuando trabajamos en los tres dominios simultáneamente, el aprendizaje se consolida mejor y se vuelve más estable.

Una tercera aplicación sería la situación contraria, ya que en muchas ocasiones cuando se genera un aprendizaje en un dominio experimentamos cambios en los otros dos, que se adaptan de manera natural. Esto significa que podemos trabajar desde cualquiera de ellos, no únicamente desde el lingüístico. El dominio corporal, por ejemplo, es una vía de entrada muy directa y eficaz.

Emociones y estados de ánimo

El Coaching Ontológico rescata la importancia del dominio emocional como parte fundamental del ser humano, en contraposición al pensamiento racionalista fundado por Descartes, que considera la capacidad racional del ser humano como el más alto exponente de su superioridad y relega la dimensión emocional a una dimensión «menos humana», que nos acerca más a las bestias. Esta concepción se ha mantenido intacta a lo largo de los siglos y todavía podemos reconocerla en muchos momentos a nuestro alrededor.

Al hablar de emocionalidad hay una importante distinción entre emoción y estados de ánimo. Las emociones, tal y como nos dice Maturana, son respuestas biológicas, forman parte de nuestro «equipamiento básico» como mamíferos. Son intensas, de corta duración, y las experimentamos cada vez que estamos expuestos a una interrupción en el fluir de la vida.

Los estados de ánimo sin embargo son característicos del ser humano. No tienen tanto que ver con los eventos que vivimos como con la interpretación que hacemos de ellos. Los estados de ánimo viven en el trasfondo desde el cual actuamos, alimentados por nuestros propios pensamientos recurrentes. Tenemos emociones (enfado, tristeza, alegría, miedo), pero vivimos en determinados estados de ánimo (preocupación, resignación, melancolía, gratitud).

Esta es una distinción fundamental ya que la manera de trabajar con unas y otras es diferente. Las emociones son puntuales, nos suceden y nos predisponen para determinadas acciones. Los estados de ánimo, sin embargo, «se instalan» y pueden afectar a largos periodos de nuestra existencia.

Todas nuestras observaciones están influidas por nuestro estado emocional. Frente a un mismo acontecimiento, dos observadores tendrán miradas diferentes en función de la emocionalidad que estén experimentando.

En el proceso de Coaching, el *coach* busca modificar la atmósfera emocional del cliente para que su manera de observar también se modifique. Cuando esto ocurre, entonces la interpretación cambia y en consecuencia aparecen nuevas posibilidades de acción que expanden las opciones del cliente.

ASPECTOS PSICOLÓGICOS DE LA CORRIENTE ONTOLÓGICA

La corriente ontológica ha sido desarrollada por filósofos a partir de los textos y la influencia de otros filósofos. El estudio de los textos y de las fuentes nombradas o reconocidas por los diferentes autores ofrece numerosas referencias de autores relacionados con la filosofía y la filosofía del lenguaje como Epicteto, Heráclito, Nietzsche, Wittgenstein, Heidegger, Austin, Searle, Flores, Maturana, Varela, Myer y muchos otros.

También encontramos referencias a autores procedentes del mundo del *management* como Drucker, Argyris, Blanchard, Senge y otros. Sin embargo, la única referencia que hemos encontrado de un autor procedente de la Psicología es la de Viktor Frankl.

Ahora bien, aún cuando es evidente que el Coaching Ontológico está construido sobre un modelo creado fuera del ámbito de la Psicología por autores que eran fundamentalmente filósofos, no creemos que pueda decirse que no haya sido influida por ella. Puede que no tanto en la construcción del modelo y la utilización de las herramientas, pero sí en la interacción con el cliente, profundamente humanista. En el desarrollo de la conversación, en el espacio que se concede al cliente, en la escucha profunda y respetuosa, en la aplicación de distinciones como responsabilidad o confianza, podemos descubrir la influencia de la corriente humanista (Rogers, Perls).

En cualquier caso, la corriente ontológica es la que tiene menos influencia de la Psicología de todas las estudiadas en este libro.

3. APORTACIONES DE LA PSICOLOGÍA AL COACHING

PSICOLOGÍA DEL APRENDIZAJE Y COACHING

Elena Pérez-Moreiras López

INTRODUCCIÓN

La Psicología del Aprendizaje aglutina tendencias que tienen como objetivo común el estudio de la forma de aprender de los seres humanos. Históricamente este tipo de estudios comenzó con el conductismo, cuyas aportaciones dieron gran fruto para entender los mecanismos, conscientes e inconscientes, que impulsan estos procesos.

A finales del siglo XIX un número importante de investigaciones sobre la conducta realizadas en animales llevaron al fisiólogo Wilhelm Wundt a crear el primer laboratorio de Psicología en Leipzig (Alemania) en 1879. Otro fisiólogo, Iván Pávlov, demostró que no todos los actos reflejos son innatos (desbordando la teoría cartesiana que así lo promulgaba). Fue precisamente Pávlov el primer teórico del aprendizaje. De los estudios comenzados por estos autores y continuados más tarde por Watson, Hull y Skinner y más recientemente por Bandura, obtenemos grades enseñanzas relacionadas con cómo aprendemos las personas, cómo obtenemos mejor partido de nuestros recursos y cómo podemos sacar más provecho de los procesos de acompañamiento, ya seamos acompañantes o acompañados en los mismos.

PRINCIPIOS FUNDAMENTALES DE LA PSICOLOGÍA DEL APRENDIZAJE UTILIZADOS EN COACHING

La Psicología del Aprendizaje es la rama de la Psicología que estudia cómo aprende el ser humano. Plantea que un organismo aprende cuando logra un cambio relativamente permanente en sus conductas, capacidades y experiencias como resultado de la práctica.

Al nacer, el ser humano dispone de un repertorio de conductas automáticas que le permiten afrontar la supervivencia (la respiración, el llanto, el reflejo de succión...). Además, en el momento de nacer, e incluso antes, el bebé tiene la capacidad de aprender nuevas conductas que va incorporando paulatinamente a su abanico de comportamientos. Estos le ayudarán a afrontar su desarrollo en el medio en el que vive, adaptarse a él, buscar soluciones y superar dificultades y obtener los recursos necesarios durante todo su proceso evolutivo: niñez, adolescencia, edad adulta y senectud.

Los principios fundamentales de la Psicología del aprendizaje con aplicación al Coaching los resumimos en:

1. Todo individuo/persona tiene capacidad para aprender en cualquier momento de su vida.

2. Todo ser humano tiene un potencial de desarrollo y aprendizaje cuyo fin o límite es indeterminado apriorísticamente, y que se ve influido por múltiples variables fisiológicas, psicológicas, sociológicas-culturales, y del ambiente general en el que vive.

3. Los aprendizajes que vive una persona se derivan tanto de procesos conscientes regidos por la voluntad y el pensamiento previos, como de procesos inconscientes, menos elaborados cognitivamente y derivados de su interacción con el entorno.

4. El potencial de aprendizaje se basa en la plasticidad del individuo y de los órganos y sistemas que lo constituyen. En especial, aunque no exclusivamente, del sistema nervioso.

5. La apertura a lo nuevo, lo inexplorado y lo desconocido crea condiciones muy adecuadas para la adquisición de nuevos aprendizajes, capacidades y competencias en el individuo.

6. Las creencias y paradigmas individuales o colectivos delimitan en ocasiones el campo de aprendizaje y la expansión del potencial de las personas.

Mecanismos o procesos internos y externos que llevan a una persona a aprender

El condicionamiento operante demuestra que, tanto el ser humano como muchos de los animales, aprendemos de las consecuencias de nuestra conducta.

Si aparcáramos nuestro coche en una zona «reservada para el cuerpo diplomático» y cada día que hiciéramos eso la grúa se llevara nuestro coche, muy probablemente dejaríamos de hacerlo. Igualmente, si fuéramos a comprar el pan y lo hiciéramos en una panadería donde nos atendiera alguien encantador, que nos sonriera y se interesara por nosotros, probablemente volveríamos ahí siempre que pudiéramos.

Aprender de las consecuencias de nuestra conducta se llama «condicionamiento operante». Este término deriva de «operar». Cuando nuestros actos operan en el entorno en el que vivimos, nos provocan consecuencias. La naturaleza de esas consecuencias, su efecto «positivo» o «negativo» en nosotros (según nuestro propio juicio), hará que existan más o menos probabilidades de que repitamos esa conducta (Dragoi y Staddon, 1999).

El proceso de acompañamiento en Coaching conlleva esencialmente que nuestro cliente aprenda cómo, desde la toma de consciencia, observación y vivencia de sus planes de acción y sus consecuencias, va acercándose o alejándose de sus metas.

También existe otra forma de aprendizaje: la extinción. Se refiere al fenómeno que se produce cuando una respuesta aprendida con anterioridad deja de manifestarse, habitualmente como consecuencia de los cambios ocurridos en el entorno. Es decir, conductas que habíamos aprendido en el pasado, que nos sirvieron para adaptarnos adecuadamente al entorno, dejan de ser válidas y útiles, ya que el medio ha cambiado.

En Coaching no es infrecuente que nuestros clientes verbalicen qué pautas de acción que anteriormente les habían dado resultado en determinados momentos y contextos ahora dejan de ser adecuadas, por lo que mediante el proceso se propone analizar nuevas alternativas que los lleven a alcanzar lo que desean. En Psicología decimos que la extinción se presenta debido a que la fuente original del aprendizaje es removida.

Durante los procesos de aprendizaje se producen conexiones nerviosas en las regiones del encéfalo asociadas a estímulos y respuestas específicos. Además, se producen procesos internos relacionados con la cognición y el pensamiento: procesos de análisis y ordenamiento de la información, de elección de respuesta... diseño de mapas cognitivos o mentales (Tolaman, Ritchei y Kalish, 1943).

Lo que parece claro es que una conducta se aprende más rápido cuando aquel que la ejecuta recibe un refuerzo después de haberla emitido. En esta línea, el papel del *coach* como «reforzador» de las nuevas acciones del cliente es esencial para la consolidación de estrategias eficaces.

Aprendizaje por «insight»

Sin duda la palabra *insight* es una de las constantes en todos los métodos y escuelas de Coaching.

Debemos este término al psicólogo alemán Wolfgang Köhler, propulsor de la escuela Gestalt, que realizó una serie de investigaciones con chimpancés en la isla de Tenerife durante la Segunda Guerra Mundial. Como consecuencia de estas investigaciones demostró que los chimpancés no aprendían mediante un proceso gradual, sino más bien mediante un proceso de cambio cognoscitivo repentino, el cual implicaba una nueva comprensión del uso de los recursos que tenían a mano para completar ciertas tareas relacionadas con la manera de alcanzar sus objetivos.

Exactamente igual, nuestro cliente, en el proceso de búsqueda de nueva información o nuevas estrategias de actuación, experimente *insights* provocados por las preguntas de su *coach* o de las invitaciones a dinámicas o vivencias que este le hace. Esto le lleva a encontrar repentinamente una respuesta que hasta ese momento se hallaba oculta. En Coaching Ontológico, esta respuesta se llama «cambio de observador» y refleja por parte del cliente el comienzo de una nueva manera de ver, interpretar, responder ante la vida y ante lo que le acontece.

Desde la Psicología del aprendizaje definimos *insight* como una forma de cambio cognoscitivo que implica un reconocimiento de relaciones antes inadvertidas.

Harry Harlow demuestra en 1947, en la Universidad de Wisconsin, que la capacidad para resolver problemas por *insight* es también aprendida parcialmente. De esta manera podemos entender cómo un cliente que empieza a experimentar *insights* en su proceso de Coaching de forma gradual va necesitando cada vez menos el acompañamiento de su *coach*. A medida que el proceso avanza va obteniendo esos *insights* cada vez con menor intervención de su facilitador. En términos ontológicos, va teniendo mayor facilidad para cambiar de observador, interpretar de una manera más variada y rica la «realidad», y en consecuencia hacer elecciones más conscientes y acordes con su propósito.

Esta mayor capacidad para analizar la realidad, Harlow la llama «disposición para aprender» y fue contrastada con investigaciones de Birch en 1945.

Modelado o modelamiento

Por último tan solo nombrar una de las maneras más potentes de aprender del ser humano: el modelado. El gran estudioso de este tipo de «aprendizaje social» es Albert Bandura, psicólogo de la Universidad de Standford. Él postula y demuestra que las personas aprendemos de manera potente observando el comportamiento de los demás antes de que la propia conducta ocurra y sea reforzada.

En Coaching utilizamos con frecuencia preguntas que permiten a nuestros clientes visualizar modelos eficaces en la realización de la conducta que han identificado como adecuada para alcanzar los retos que se proponen. Muchas veces los invitamos a que recuerden situaciones pasadas en las que alcanzaron el éxito en cuestiones relacionadas con lo que ahora quieren conseguir. Estas visualizaciones les sirven de refuerzo, les recuerdan su capacidad y los impulsan a pasar a la acción con confianza y energía suficientes para alcanzar de nuevo el éxito.

Conceptos claves de la Psicología del aprendizaje que también encontramos en Coaching son aprendizaje, potencial, talento, desarrollo, observación, refuerzo, *insight*, nivel de competencia, auto-eficacia autorregulación y crecimiento.

AUTORES Y APORTACIONES DESTACADAS DE LA PSICOLOGÍA DEL APRENDIZAJE AL COACHING

1.	Constructivismo	ERNST VON GLASERSFELD (1917-2010)	El conocimiento es una auténtica construcción operada por la persona que aprende
2.	Inteligencia sensorio-motriz	JEAN WILLIAM FRITZ PIAGET (1986 -1980)	Inteligencia sensorio-motriz que describe el desarrollo casi espontáneo de una inteligencia práctica que se sustenta en la acción
3.	Influencia histórico-cultural y el papel del juego en el desarrollo	LEV VYGOTSKI (1933-1979)	El medio social permite la reconstrucción interna de la persona
4.	Constructos personales	LEV VYGOTSKI (1933-1979)	Los procesos de una persona son canalizados en forma psicológica por las formas en las que anticipa los eventos
5.	Determinismo recíproco, aprendizaje social, auto-eficacia	LEV VYGOTSKI (1933-1979)	El mundo y el comportamiento de una persona se causan mutuamente

Pioneros de este enfoque son también Michael Mahoney, Vittorio Guidano y Frederic Bartlett.

1. Constructivismo: Ernst von Glasersfeld (1917-2010)

Ernst von Glasersfeld fue un filósofo y cibernético teórico del constructivismo radical, profesor emérito de Psicología en la Universidad de Georgia, y profesor adjunto en el departamento de Psicología en la Universidad de Massachusetts Amherst. Miembro de la *American Society of Cybernetics*, recibió el McCulloch Memorial Award en 1991.

Concibe el aprendizaje como proceso «constructivista». Postula la necesidad de facilitar al «alumno» herramientas (generar andamiajes) que le permitan crear sus propios procedimientos para resolver una situación problemática, lo cual implica que sus ideas se modifiquen y siga aprendiendo.

El constructivismo educativo propone un paradigma en donde el proceso de enseñanza se percibe y se lleva a cabo como un proceso dinámico, participativo e interactivo, de modo que el conocimiento sea una auténtica construcción operada por la persona que aprende («sujeto cognoscente»). El constructivismo en pedagogía se aplica como concepto didáctico en la Enseñanza Orientada a la Acción.

Desde la postura constructivista, el aprendizaje puede facilitarse, pero cada persona reconstruye su propia experiencia interna. El conocimiento es único en cada persona, en su propia reconstrucción interna y subjetiva de la realidad.

APLICACIÓN AL COACHING

El cliente es un ser completo, lo que significa que dentro de sí tiene todo lo necesario para alcanzar sus metas, y para identificar lo que le falta y emprender las acciones necesarias para conseguirlo. Él es el sujeto activo de su propio aprendizaje y él mejor que nadie puede determinar qué quiere, decidir cómo alcanzarlo y medir sus progresos.

El Coaching no es un proceso de adiestramiento externo; si acaso de auto-adiestramiento, donde el cliente es quien define, decide, actúa y evalúa. El *coach* no es ni debe ser jamás un instructor, director o guía del cliente, sino tan solo un acompañante en un proceso dirigido, liderado y ejecutado por el mismo cliente.

Como el constructivismo, el Coaching parte del supuesto de que el cliente tiene dentro de sí una sabiduría que lo capacita para dirigir su propio proceso de aprendizaje.

2. Inteligencia sensorio-motriz: Jean William Firzt Piaget (1896-1980)

Jean William Fritz Piaget fue un epistemólogo, psicólogo y biólogo suizo, creador de la epistemología genética, famoso por sus aportes al estudio de la infancia y su teoría constructivista del desarrollo de la inteligencia. A partir de 1936, mientras ejercía la docencia en la Universidad de Lausana y era editor de publicaciones científicas de renombre en el área (como los *Archives de Psychologie* y la *Revue Suisse de Psychologie*), fue nombrado director del *Bureau International de la Education* de la UNESCO. En 1955, Piaget creó el Centro Internacional por la Epistemología Genética de Ginebra, que dirigió hasta su muerte.

Piaget se centra en cómo se construye el conocimiento partiendo de la interacción con el medio. Argumenta que el pensar se despliega desde una base genética solo mediante estímulos socioculturales, así como que también se configura por la información que el sujeto va recibiendo, información que aprende siempre de un modo activo por más inconsciente y pasivo que parezca su procesamiento.

Elabora una teoría de la inteligencia sensorio-motriz que describe el desarrollo casi espontáneo de una inteligencia práctica que se sustenta en la acción (*praxis*, en plural *praxia*). Afirma que los principios de la lógica comienzan a desarrollarse antes que el lenguaje y se generan a través de las acciones sensoriales y motrices del bebé en interacción e interrelación con el medio, especialmente con el medio sociocultural.

Su modelo continúa el idealismo de Kant y el naturalismo de Rousseau. Encaja dentro un modelo organicista según el cual el ser humano tiene un plan de desarrollo innato que se irá desplegando en etapas y que regula el intercambio con el medio.

Considera que las personas construimos de forma activa nuestras propias estructuras de conocimiento a través de la adaptación.

APLICACIÓN AL COACHING

El Coaching es un proceso social en el que cliente y *coach* interactúan de manera constante. Es evidente que los logros se van alcanzando, de forma primaria, por la existencia de este sistema, y secundariamente gracias a la capacidad del cliente de analizar, elegir y poner en práctica, en los distintos contextos sociales en los que se desarrolla, sus planes de acción.

Además, el proceso de verbalización que lleva a cabo el cliente le permite, como a los niños en la edad en que mantienen diálogos consigo mismos, tomar mayor conciencia de sus deseos, prioridades, recursos, barreras... y le clarifica las vías de actuación. Sin acción no hay Coaching. Una vez que ha asumido sus compromisos, el cliente pasa a la acción y como consecuencia de la interacción con su entorno va depurando formas nuevas y eficaces de hacer las cosas. Es la reacción con el entorno y en sí mismo de lo practicado, lo que le marcará la pauta a seguir en el futuro y de donde resultará el autoaprendizaje.

3. Internalización e influencia histórico-cultural: Lev Vygotski (1896-1934)

Lev Semiónovich Vygotski fue un psicólogo ruso de origen judío, uno de los más destacados teóricos de la Psicología del desarrollo, fundador de la Psicología histórico-cultural y claro precursor de la Neuropsicología soviética, de la que sería máximo exponente el médico ruso Alexander Luria. Su obra fue descubierta y divulgada por los medios académicos del mundo occidental en la década de los 60.

Vygotski (1896) sostiene que todas las funciones psicológicas superiores se generan en la cultura. El desarrollo no se da en el vacío. Nuestro aprendizaje responde no solo a nuestro diseño» genético, sino sobre todo a un diseño cultural. Cada sociedad, cada cultura genera sus propias formas de aprendizaje.

Las actividades de aprendizaje deben entenderse en el contexto de las demandas sociales que las generan. En su propias palabras: «*La naturaleza humana no puede describirse en abstracto; cualquiera que sea el curso que el crecimiento mental de los niños es, en gran medida, una función de las herramientas culturales que les entregamos otras personas...*» (Shchaffer, 2004).

Aprendemos a través de un proceso de internalización; absorbemos aquellos conocimientos de nuestro contexto social que tienen un gran impacto sobre la forma en que la cognición se desarrolla en el tiempo.

La interacción social funciona entonces como un intercambio continuo, en el pensamiento y en la conducta, que varía notoriamente de un entorno a otro.

El desarrollo del ser humano depende de la interacción con los demás y de las herramientas que aporta la cultura para conformar sus puntos de vista. Las formas en que estas herramientas pasan de una persona a otra son:

- Aprendizaje por imitación: aprendemos observando el comportamiento de otros
- Aprendizaje instruido o enseñado: por medio de un maestro

- Aprendizaje colaboracional: que se refleja en el esfuerzo que lleva a cabo un grupo para entender a los demás y emprender conjuntamente una tarea

Vygotski defiende que el aprendizaje será mayor si existe interacción social.

Concibe el juego como un elemento esencial en el desarrollo de la persona que permite practicar cómo resolver una amplia variedad de situaciones sin miedo a las repercusiones de las mismas.

En el juego individual se actúa de acuerdo con ideas internas y la atribución a los objetos de un significado diferente del que tienen en la vida cotidiana. Esto permite a aquel que juega darse cuenta de la separación entre pensamiento y acción. El pensamiento se convierte poco a poco en guía para la acción. Además, la incorporación de reglas sociales que encuadran las escenas del juego favorece la comprensión del entorno y las expectativas que sobre él se desarrollan.

APLICACIÓN AL COACHING

El proceso de Coaching se produce indiscutiblemente en un contexto social. Nuestro cliente, inmerso en unas coordenadas espacio-temporales, en un entorno sistémico específico cultural, social y familiar, acude a nosotros para emprender un camino de mejora. Su entorno influirá en él durante todo el proceso, constituyéndose en uno de los factores clave para la consecución de sus metas. Asimismo, su capacidad para modificar determinados aspectos de este entorno y su habilidad para utilizar los recursos y herramientas que en él encuentre serán determinantes para su éxito.

Por otra parte, el juego es uno de los recursos metodológicos más importantes del Coaching. Plantearemos situaciones, dinámicas, ejercicios lúdicos que, como dice Vygotski, permitan a nuestro cliente recrear la realidad y, alejado de la dureza relacionada con los juicios que solemos emitir en circunstancias de la vida real, ensayar, vivir, experimentar situaciones, posibilidades, alternativas de actuación que le den luz para tomar decisiones relacionadas con su proceso.

4. Constructos personales: George Kelly (1905-1967)

George Kelly fue un psicólogo estadounidense pionero de las teorías cognoscitivas de acercamiento a la personalidad. Magíster en Sociología Educativa (Universidad de Kansas), licenciado en Educación (Universidad de Edimburgo, Escocia) y doctor en Psicología (1931, Universidad Estatal de Iowa).

La teoría de los constructos personales de Kelly (1955) postula que las personas nos asemejamos a los científicos en nuestra manera de conocer, interpretar y entender el mundo que nos rodea. Para ello desarrollamos constructos que actúan como hipótesis. Kelly plantea que los procesos de una persona son canalizados en forma psicológica por los modos en que esta anticipa los eventos.

Algunas de estas formas de anticipación, que evidenciamos frecuentemente en nuestro trabajo como coaches, son:

- Interpretación: «*Una persona anticipa los eventos interpretando sus replicaciones*» (interpretar-explicar un evento).
- Individualidad: «*Las personas difieren entre sí en su interpretación de los acontecimientos*». Dos individuos no interpretan los eventos de una misma forma.
- Organización: «*Cada persona desarrolla de manera característica, por su conveniencia en la anticipación de los acontecimientos, un sistema de interpretación que abarca las relaciones ordinales entre constructos*».
- Comunalidad: «*En la medida en que una persona emplea una interpretación de la experiencia que es similar a la utilizada por otra, sus procesos psicológicos son similares a los del otro individuo*». Esto no significa que sus experiencias sean idénticas.

APLICACIÓN AL COACHING

En las interacciones con nuestros clientes, facilitamos que estos renueven su manera de analizar los acontecimientos. Desde esta perspectiva es claro que trabajamos directamente con su forma de interpretar lo que les sucede.

Nuestra práctica diaria evidencia que la manera de interpretar los hechos es totalmente personal. Ningún cliente posee una manera de analizar la información que recibe del medio, o de sí mismo, igual a otro. Ello le lleva a prever consecuencias, y en ocasiones a «cerrarse», para más tarde, ir más allá y encontrar otras alternativas.

El *coach* tiene un papel principal en facilitar esta reorganización de interpretaciones para que, desde el descubrimiento de nuevas maneras de interpretar, el cliente llegue a nuevas soluciones.

5. Determinismo recíproco: Albert Bandura (1925-)

Albert Bandura es un psicólogo ucraniano-canadiense de tendencia conductual-cognitiva, profesor de la Universidad Stanford, reconocido por su trabajo sobre la teoría del aprendizaje social y su evolución al sociocognitivismo, así como por haber postulado la categoría de autoeficacia.

Ha recibido el título de doctor *honoris causa* por varias universidades del mundo y el de presidente de la *American Psychological Association* en 1974. En 1980 es nombrado presidente de la *Western Psychological Association*.

Bandura concibe a la persona desempeñando un papel activo en su propia vida. Considera que la conducta de una persona no solo es aprendida, sino que el ambiente, el entorno de aprendizaje social, también son alterados por la misma. Somos «elementos influyentes» de lo que ocurre a nuestro alrededor.

Para él, el ambiente causa el comportamiento, al igual que el comportamiento causa el ambiente. Definió este concepto con el nombre de Determinismo Recíproco; el mundo y el comportamiento de una persona se causan mutuamente.

Más tarde fue un paso más allá. Empezó a considerar la personalidad como la interacción de tres elementos: el ambiente, el comportamiento y los procesos psicológicos de la persona. Estos procesos psicológicos tienen que ver con la habilidad de la persona para albergar imágenes en su mente y en el lenguaje.

Postula que el aprendizaje social o Aprendizaje por Modelado evidencia que las personas aprendemos de lo que observamos, en concreto de otros, que nos sirven como modelo. También aprendemos por imitación de nuestro mismo comportamiento ejecutado en diversos contextos-situaciones (auto-regulación.

Nuestras cogniciones aprendidas (nuestra manera de ver el mundo) son el principal determinante de nuestra conducta (Cervone, 2004). Una persona que cree que mostrarse abierta le reportará problemas «será» reservada o emitirá comportamientos tendentes a interactuar poco, a aislarse. Bandura da especial importancia a nuestras cogniciones (ideas, forma de pensar) a la hora de manejar las demandas de la vida.

Define la auto-eficacia como la percepción que tenemos cada uno de ser o no capaces de alcanzar nuestras metas tanto en el sentido de saber qué hacer como en el de ser emocionalmente capaces de alcanzarlas. Bandura la explica como: *«aquellos pensamientos de una persona referidos a su capacidad para organizar y ejecutar los cursos de acción necesarios para conseguir determinados logros».*

APLICACIÓN AL COACHING

En el proceso de Coaching, el cliente recurre en ocasiones a la observación directa o indirecta (mediante el recuerdo) de situaciones donde él mismo u otra persona obtuvieron éxito en aquello que deseaban alcanzar en ese momento. Es un proceso de aprendizaje social basado en el aprendizaje por modelado. El modelo puede ser otra persona o ella misma. Estamos acompañando a nuestro cliente a vivir lo que Bandura llama «Autorregulación».

Por otra parte, uno de los objetivos esenciales de un proceso de Coaching es empoderar al cliente. Ese proceso de empoderamiento, en palabras de Bandura y de la Psicología del aprendizaje, es un ejemplo de trabajo en el incremento de la Autoeficacia.

Diario de un coach. Armando, sujeto activo de su propio aprendizaje[13]

Hoy es la última sesión con Armando. Después de un proceso que ha durado cuatro meses quiere hacer evaluación de sus logros. Antes de nada, le pregunto:

–¿Cómo te ha ido en las últimas semanas?

–He andado de cabeza –me responde–. Ya sabes que estas fechas son horribles para nuestro departamento. Por las características de nuestro negocio es una época de gran volumen de trabajo. Para colmo, María se encuentra en las últimas semanas de embarazo y el médico le ha mandado reposo; parece que la nena está deseando nacer y conviene que espere todavía un poco para no tener ningún problema. Así que, te puedes imaginar... ando sin un minuto para respirar.

---

13   Con el consentimiento de la revista Observatorio de RRHH, para la que fueron inicialmente redactados.

–¿Y los compromisos que te planteaste? –le pregunto.

–Pues fíjate, parece mentira pero con todo este follón he llevado a cabo todo lo que me había propuesto. ¡Quién iba a decir hace meses que finalmente lograría lo que me proponía! La verdad es que cuando te lo planteé, ni yo daba un duro por ello. En un principio esperaba que tú me dieras consejo, que me sugirieras, dada tu experiencia con tantas personas, cuál era la mejor manera de proceder. Recuerdo que ya desde el primer día me dijiste: 'Armando, esto no es asesoramiento, ni terapia, ni formación…, esto es Coaching. En el Coaching el 'coach' no da consejos, ni expresa sus juicios o puntos de vista, ni te dice lo que tienes que hacer. Yo caminaré a tu lado para que tú encuentres tus soluciones, tomes tus decisiones, decidas qué hacer o qué no hacer… aquí las únicas respuestas las das tú'.

»Me quedé bastante alucinado con esa frase y pensé, 'pues ¡qué bien!, ¡si yo esperaba que me diera su consejo! ¿Y ahora qué hago? Llevo meses intentándolo yo solo y no he sido capaz de avanzar con ese asunto. ¿Cómo voy a serlo ahora porque alguien me acompañe en unos cuantos encuentros?'. Recuerdo que me dijiste no sé qué de la completud; menudo término, algo de que dentro de nosotros está todo lo que necesitamos para progresar… Ahora puedo ver claramente lo que me decías, cómo, paso a paso, he ido desgranando eso que parecía imposible de ordenar, cómo en cada sesión he ido ahondando en mí mismo y en mi visión de las cosas. He ido descubriendo matices, perspectivas que antes eran invisibles. Es como si hubiera adoptado un doble rol, de protagonista y de espectador de mí mismo, o mejor dicho, de alumno y profesor. ¡Da gusto ver y sentir cómo he avanzado con mis propios recursos!

Armando está comprobando en su propia carne los principios del aprendizaje constructivista. Esta corriente de la Psicología concibe a los seres humanos como sujetos activos en los procesos de aprendizaje, constructores activos de su realidad y de su experiencia. Parte de la base de que el aprendizaje puede facilitarse (en Coaching decimos que el 'coach' es facilitador), pero cada persona reconstruye su propia experiencia interna. Desde esta perspectiva, el conocimiento no puede medirse, ya que es único e interno para cada individuo y se lleva a cabo desde su propia reconstrucción interna y subjetiva de la realidad.

PSICOLOGÍA COGNITIVO-CONDUCTUAL Y COACHING

Alfonso Alonso Parga

INTRODUCCIÓN

La corriente cognitivo-conductual es una fusión de la corriente conductista, cuyo surgimiento se data en el año 1913, y la corriente cognitiva, que emerge alrededor de los años 50. Su premisa básica es que a lo largo de la vida se aprenden estilos de conducta y esquemas de pensamiento que pueden ser más o menos convenientes para la persona y la interacción con los demás.

La Psicología Cognitiva utiliza constructos teóricos, es decir, conceptos inferibles de la conducta externa que explican el funcionamiento mental, en donde los procesos mentales no actúan de manera aislada sino que, por el contrario, hay interacción entre ellos.

La Psicología Conductual recurre a los experimentos conductuales, los métodos de observación, el diseño de tareas, y en general a estrategias de tipo experiencial.

Esta corriente desde sus diferentes perspectivas busca la explicación de la conducta humana para averiguar cómo se desarrollan el aprendizaje, procesos tales como la percepción, las sensaciones, procesos cognitivos, la personalidad, los procesos motivacionales y emocionales que influyen en el desempeño de las personas y los equipos.

Las fuentes de la corriente Cognitivo-Conductual son el Condicionamiento Clásico, el Condicionamiento Instrumental, el Condicionamiento Operante, la Teoría del Aprendizaje social, la Teoría de la Conducta, la desensibilización Sistemática, la Teoría de Solución de Problemas y el Entrenamiento por Inoculación del Estrés, entre otras.

En esta corriente adquieren importancia los factores cognitivos, que son los que median en la conducta, con lo cual no hay una mera asociación entre el estímulo y la respuesta. Es decir, la persona no responde o reacciona de forma automática o mecánica según los estímulos que se producen, sino que antes de reaccionar se produce un pensamiento, el cual es producto de las creencias que va incorporando o interiorizando a lo largo de su vida. Por lo tanto no son las situaciones las que determinan cómo nos sentimos o actuamos, sino lo que pensamos sobre las mismas.

De acuerdo con esta corriente desarrollamos hábitos de pensamiento, acción y estrategias para enfrentarnos a diferentes situaciones, problemas, formas de relacionarnos, y en general a todo tipo de situaciones, ya sean de seguridad o de peligro, de tal forma que la persona por una parte valora sus debilidades y fortalezas, y por otra sus amenazas y oportunidades, para poder conseguir alcanzar su objetivo o meta.

PRINCIPIOS FUNDAMENTALES DE LA PSICOLOGÍA COGNITIVO-CONDUCTUAL UTILIZADOS EN COACHING

La Psicología Cognitivo-Conductual (PCC) es una forma de entender cómo piensa uno acerca de sí mismo, de otras personas y del mundo que le rodea, y cómo lo que hace afecta a sus pensamientos y sentimientos. Acepta que la conducta humana es aprendida; sin embargo, el aprendizaje no consiste solamente en un vínculo asociativo entre estímulos y respuestas sino en la formación de relaciones de significado personales, esquemas cognitivos o reglas. La PCC puede ayudar a entender problemas complejos desglosándolos en partes más pequeñas.

La PCC tiene en cuenta que los aspectos cognitivos, afectivos y conductuales están inter-relacionados, de modo que un cambio en uno de ellos afecta a los otros. Para ello considera cinco componentes:

1. La situación
2. La emoción
3. El comportamiento
4. La sensación física
5. El pensamiento

La situación en sí misma no varía, pero, los otros componentes sí que pueden variar la forma de verla, ya que cada uno de estos puede afectar a los demás. Los pensamientos que se tengan sobre una situación concreta pueden afectar a cómo se siente física y emocionalmente una persona, y de esta forma el comportamiento cambie.

Imaginemos que una persona se encuentra con la siguiente situación: llega a su puesto de trabajo y su jefe no le saluda. Puede pensar, «mi jefe está enfadado conmigo porque he llegado cinco minutos tarde; seguro que luego me echa la bronca». La emoción que se deriva es de angustia, la sensación física es de sudoración y acaloramiento, el comportamiento es ir a pedir disculpas.

Ante esta misma situación, también puede que piense: «está muy centrado en un problema, se le nota muy serio; luego le saludo y le pregunto cómo se encuentra», seguido de la emoción de simpatía y un comportamiento de acercamiento para hablar con su jefe y apoyarle por si necesita algo.

La situación es la misma, pero el comportamiento que se deriva de ella es totalmente distinto, al igual que ocurre con el pensamiento y la emoción que se generan.

El foco de la PCC no está puesto en las «causas» relacionadas con la historia personal, sino en los «efectos» o formas de enfrentamiento que tiene la persona ante una situación determinada.

Desarrollamos hábitos de pensamiento y comportamientos, y muchos de ellos pueden ser no productivos, de tal forma que lo que provocan son conductas inadaptativas, interfiriendo en la vida de la persona, generando comportamientos sumisos o agresivos, emociones desproporcionadas o extremistas, e ideas irracionales o de pérdida de control.

La PCC contribuye a la mejora de este proceso mediante:

- La evaluación de la persona. Se trabaja sobre su historia, es decir, el origen y evolución de su quiebre. A partir de ahí se establecen objetivos concretos, como por ejemplo superar alguna situación, fijar un reto, etc. Se identifican pensamientos automáticos, creencias, emociones no productivas y comportamientos no adaptativos. Por ejemplo, un comportamiento reiterativo (no acudir al gimnasio) que esté impidiendo que la persona alcance un objetivo concreto (ser bombero), generándole estrés y dañándola a ella misma o a otras personas.

- La intervención, o empleo de las distintas técnicas y herramientas para conseguir los objetivos planteados en la evaluación. La persona aprende y ensaya nuevos modelos de pensamiento y comportamientos más adaptativos ante la problemática planteada. De esta forma empieza a valorar otras opciones distintas y más adaptativas. La persona adquiere herramientas tales como habilidades de comunicación, resolución de problemas, negociación, para manejar la situación de forma adaptativa.

- El seguimiento consiste en la valoración de la aplicación realizada, confirmando que los objetivos planteados van cumpliéndose, además de realizar los ajustes y cambios necesarios para el mantenimiento de los mismos. Se considera que la intervención realizada es eficaz cuando se alcanza el objetivo planteado. De esta forma, la intervención se orienta principalmente a desarrollar diferentes estrategias para la situación actual y posibles desafíos a futuro.

Técnicas que utiliza la PCC

Las técnicas utilizadas en la PCC provienen fundamentalmente de las distintas investigaciones psicológicas contemporáneas, donde lo importante es el resultado obtenido en los estudios realizados.

Las técnicas cognitivas son por ejemplo analizar situaciones que ha vivido la persona para que aprenda a descubrir las creencias irracionales, ver que nada es negativo al 100%, quitar «etiquetas» que generan malestar, etc.

Técnicas emotivas son, por ejemplo, utilizar la risa como técnica de desbloqueo o utilizar el tiempo futuro para valorar la situación desde otra «distancia», es decir, ver una situación en ese mismo instante o al cabo de cinco años.

Las técnicas conductuales son, por ejemplo, exponer a la persona a la situación. También se le puede sugerir que realice una conducta incómoda.

La PCC es muy clara en su planteamiento; además ha demostrado su eficacia en variedad de problemas. También es una de las aproximaciones más investigadas, fundamentalmente por dos razones: la primera, porque el tratamiento se centra en un objetivo muy específico; el objetivo es aumentar o reducir conductas. Y la segunda, porque los resultados se pueden medir. «Las conductas que la persona va poniendo en práctica» se pueden registrar y ver cuándo se hacen, cuándo no, el momento, a partir de qué pensamiento o estado emocional, etc., de tal forma que se puede ir viendo el avance.

La PCC es la técnica más adecuada para la introspección, siempre que las personas se sientan cómodas y estén dispuestas a dedicar tiempo y esfuerzo a analizar sus sentimientos, pensamientos y comportamientos.

AUTORES Y APORTACIONES DESTACADAS DE LA PSICOLOGÍA COGNITIVO-CONDUCTUAL AL COACHING

1. Psicología Individual	ALFRED ADLER (1870-1937)	Investiga el error cometido en el estilo de vida, la manera de interpretar las experiencias vividas y el comportamiento realizado según la forma de interpretar dichas experiencias. Concibe al individuo desde la visión holística, centrándose en la educación de la voluntad de la persona a través de los valores y la ética.
2. Escalera de Inferencias	CHRYLS ARGYRIS (1923-2013)	Explica por qué la mayoría de las personas utilizan los datos percibidos de forma subjetiva.
3. Ideas irracionales	ALBERT ELLIS (1913-2007)	No son los acontecimientos los que nos generan los estados emocionales, sino la manera de interpretarlos a partir de ideas absolutas del tipo «todo», «nada», «siempre», «nunca», que activan y desencadenan dichas emociones. Si somos capaces de cambiar nuestros esquemas mentales, o ideas irracionales, seremos capaces de generar nuevos estados emocionales menos dolorosos y más racionales y realistas.
4. Disonancia Cognitiva	LEON FESTINGER (1919-1989)	El comportamiento no se corresponde con lo que se piensa.
5. Teoría de la Fijación de Objetivos	EDWIN A LOCKE (1964-)	Las personas que se fijan metas tienen un rendimiento superior a las que no lo hacen; las personas que se fijan metas claras y precisas tienen un rendimiento superior a aquellas que se marcan metas mal definidas, al igual que si esas metas son retadoras, el rendimiento será superior.

1. Psicología Individual: Alfred Adler (1870-1937)

De origen judío, se graduó en Medicina en 1895, y comenzó a trabajar como oftalmólogo en 1897. Más tarde hizo prácticas como internista. Su primer encuentro con Freud se produce en 1899.

En 1910 es nombrado presidente de la rama vienesa de la asociación psicoanalítica. En 1910 edita, junto con Freud y Stekel, la *Revista de Psicoanálisis*, siendo él su director. En 1912 se publicó *El carácter neurótico*. En este trabajo Adler establece la «Psicología Individual».

Después de la Primera Guerra Mundial organizó las clínicas de orientación de niños en Viena, siendo el primer psicólogo/psiquiatra infantil propiamente dicho.

Murió en 1937 en Aberdeen, Escocia, de un ataque al corazón.

Adler apunta que la persona es un todo indivisible que se mueve en función de metas u objetivos, con libertad y responsabilidad en sus acciones. Fue el autor del concepto «sentimientos de inferioridad» que tanto se usa actualmente. Según él, la personalidad se forma a partir de estos sentimientos durante la infancia para, a través de la lucha compensatoria, alcanzar la superioridad. Es decir, Adler creía en la conducta premeditada dirigida a metas u objetivos, cuya esencia está en el deseo de ser superior o adquirir poder. No podemos olvidar que él estuvo afectado de raquitismo, a causa de lo cual no pudo andar hasta los cuatro años. Sin embargo nunca se resignó a ser un inválido, superándose tanto física como intelectualmente con el estudio.

La Psicología Individual parte del supuesto de que un trastorno surge de distintas experiencias infantiles como la súper-protección, el abandono, o la mezcla confusa de ambas experiencias, las cuales forman un esquema mental incorrecto para la vida social. El psicólogo individual se encarga de ayudar a reconstruir un modelo o esquema mental para reorientar el estilo de vida de su paciente.

Una de las claves del psicólogo individual es la de dialogar, aconsejar y analizar los conflictos presentes y estructurar las nuevas estrategias hacia el futuro, preocupándose por los mecanismos y de cómo se vive a sí misma. La pregunta clave a resolver es ¿respecto a qué se siente inferior?, para partir del punto que la conduce a desarrollar su plan de vida.

El psicólogo individual será quien establezca si los objetivos son correctos, ecológicos y saludables, y que se resuelvan de forma tolerante con los problemas propios y ajenos. De ahí la persona «se hace consciente» de lo que pretende conseguir.

Hay tres etapas para la resolución de los sentimientos de inferioridad: 1. La descarga, en donde se exponen los problemas y se produce un cierto alivio o catarsis; 2. El aliento, en donde se anima a alcanzar los objetivos o éxitos personales; 3. La carga, o compromisos que se adquieren, y el cumplimiento de los mismos a través de tareas progresivas en donde se establece la responsabilidad tanto propia como social.

La Psicología adleriana o Psicología Individual es una especie de educación de la voluntad de la persona, centrándose en los valores y la ética, donde la supremacía de estos atiende a los niveles profesional, del amor y social. Nos encontramos así con una visión holística de la persona.

APLICACIÓN AL COACHING

- La estructura de las sesiones de Coaching a través de las fases de descarga, aliento y carga.
- Entendimiento de la persona desde un planteamiento holístico y no independiente: personal, laboral, familiar, etc.
- Iniciación del proceso de Coaching a partir de un objetivo concreto: el «quiebre» o «brecha» de la persona.
- Diseño de estrategias de futuro.

2. Escalera de Inferencias: Chris Argyris (1923-2013)

Durante la Segunda Guerra Mundial fue miembro del Signal Corps. Se licenció en Psicología en 1947 por la Universidad de Clark, donde contactó con Kurt Lewin. Hizo un MA en Psicología y Economía por la Universidad de Kansas (1949), y un doctorado en Comportamiento Organizacional por la Universidad de Cornell en 1951. Fue miembro de la facultad en la Universidad de Yale (1951-1971).

Orientó su línea de investigación hacia el cambio organizacional, explorando en particular el comportamiento de las personas con altos cargos directivos en empresas. Después investigó el doble papel del científico social como investigador y actor. Además de escribir e investigar ha sido un excelente profesor.

La Escalera de Inferencias describe cómo llegamos a configurar nuestras creencias y como estas nos llevan a la acción. Estos «peldaños» son los siguientes:

- Observo datos y experiencias
- Selecciono los datos
- Añado significado a los datos
- Genero suposiciones
- Obtengo conclusiones
- Lo incorporo a mis valores y creencias
- Realizo acciones

Desde estos pasos obtenemos modelos mentales que determinan lo que vemos. Estos modelos son en definitiva las imágenes que vemos, los supuestos e historias que generamos en la mente acerca de nosotros y los demás, o en general todos los aspectos que entendemos del mundo.

Este proceso mental es un proceso de «ahorro de energía y tiempo» en la toma de decisiones, ya que llegamos a conclusiones abreviadas y rápidas, sin pensamientos intermedios, para actuar en consecuencia. De ahí que lo incorporemos a conversaciones y planteamientos cotidianos, internalizando los principios de la escalera en las tareas de aprendizaje.

Con el paso del tiempo, la persona construye distintos modelos mentales, generando creencias duraderas y arraigadas. Por ejemplo, los modelos mentales explican por qué dos personas pueden observar el mismo acontecimiento e interpretarlo de distinta manera. Siguiendo con el ejemplo, si estas dos personas están haciendo una excursión, puede que una de ellas preste más atención a las piedras que se encuentran en el camino mientras que la otra esté más pendiente de la flora y la fauna. Por lo tanto, los modelos mentales también modelan nuestros comportamientos, y solo en raras ocasiones estos son sometidos a verificación y examen. Es decir, las personas habitualmente no suelen plantearse por qué prestan más atención a una cosa u otra, simplemente lo hacen.

A veces, las personas que no se cuestionan sus modelos mentales pueden llegar a tener mayor dificultad para comunicarse con ella misma y con los demás. Pueden llegar a demostrar poca tolerancia ante las interpretaciones, puesto que solo «entienden» su propia interpretación de las cosas. El «ego» es el gran ganador. De ahí que cuando dos personas «discuten», lo más normal sea llegar a acuerdos intermedios: la mitad para cada una.

APLICACIÓN AL COACHING

En un proceso de Coaching es fundamental preguntarle al *coachee* acerca de su propia percepción de la realidad para que descubra por si mismo el tipo de razonamiento que lleva a cabo. O, lo que es mismo, cómo llega a sus propias conclusiones.

Acompañar a nuestro cliente a ampliar sus perspectivas le ayudará a encontrar mayores recursos para lograr sus objetivos. Si el cliente busca en el Coaching un aprendizaje profundo, en ocasiones este viene asociado a un cambio en su forma de percibir e interpretar la realidad.

3. Ideas Irracionales: Albert Ellis (1913-2007)

Nace en Pittsburgh en el seno de una familia judía. Fue un niño enfermizo con numerosos problemas de salud.

En 1942 comenzó sus estudios en Psicología Clínica en la Universidad de Columbia. Obtuvo su licenciatura de Administración de Empresas en la Universidad de Nueva York en 1934, un máster en Psicología Clínica en el *Teachers College* de la Universidad de Columbia en junio de 1943 y se doctoró en 1947.

Fundó y fue presidente emérito del *Albert Ellis Institute* en la ciudad de Nueva York. En 2003 recibió un premio de la Asociación para la Terapia Racional-Emotiva Conductual (Reino Unido) por la formulación y desarrollo de la TREC.

Ha sido uno de los psicólogos más influyentes de toda la historia. A la fiesta de su noventa cumpleaños asistieron autoridades como Bill Clinton o el Dalai Lama.

Para Ellis, existen once ideas irracionales:

1. Para el ser humano adulto es una necesidad extrema ser amado y aprobado por cada persona significativa de su entorno.

2. Para considerarme a mí mismo una persona válida debo ser muy competente, suficiente y capaz de lograr cualquier cosa que me proponga.

3. Las personas que no actúan como «deberían» son viles, malvadas e infames, y deberían ser castigadas por su maldad.

4. Es terrible y catastrófico que las cosas no funcionen como a uno le gustaría.

5. La desgracia y el malestar humanos están provocados por las circunstancias externas, y la gente no tiene capacidad para controlar sus emociones.

6. Si algo es, o puede ser peligroso, debo sentirme terriblemente inquieto por ello y debo pensar constantemente en la posibilidad de que ocurra.

7. Es más fácil evitar las responsabilidades y dificultades de la vida que hacerles frente.

8. Debo depender de los demás y necesito a alguien más fuerte en quien confiar.
9. Lo que me ocurrió en el pasado seguirá afectándome siempre.
10. Debemos sentirnos muy preocupados por los problemas y preocupaciones de los demás.
11. Existe una solución perfecta para cada problema y no hallarla es catastrófico.

De todas estas ideas surgen pensamientos cargados de emoción negativa que provocan «distorsiones cognitivas» del tipo:
- Generalizaciones y etiquetas negativas: «soy un vago, no sirvo para nada».
- Conclusiones negativas anticipándonos al futuro: «si no hago este examen, no terminaré la carrera nunca».
- Razonamiento emocional y personalización: «nunca me llama por teléfono, seguro que no me lo merezco».

El objetivo es descubrir el tipo de ideas irracionales y cambiarlas para provocar evaluaciones de la realidad distintas, y no erróneas, como las que realiza normalmente la persona con este tipo de ideas.

El cambio de estas ideas irracionales por otro tipo de ideas hace que la persona sea menos exigente consigo misma, con lo que se consigue un nivel de ansiedad más bajo, o una carga emocional menos fuerte, lo que provoca una relajación en la persona.

Por consiguiente, se puede hablar más de «gustos, necesidades y preferencias» que de «exigencias u obligaciones» condicionadas por las ideas irracionales, lo que suele generar en la persona mayor calidad de vida.

APLICACIÓN AL COACHING

El proceso de Coaching mejora si el *coachee* es capaz de identificar este tipo de ideas, que le pueden conducir a estados emocionales poco productivos y poco realistas. Acompañar al cliente a asumir la responsabilidad sobre sus propios pensamientos y a generar pensamientos positivos que le impulsen en la consecución de sus objetivos es una de las estrategias que el *coach* puede poner en práctica para incrementar la energía de su cliente y sus posibilidades de alcanzar lo que desea.

4. Disonancia Cognitiva: Leon Festinger (1919-1989)

Nace en Nueva York, hijo de inmigrantes rusos. Recibe la licenciatura de Psicología en 1939 y se doctora en 1942.

Ejerció la docencia en Iowa, Rochester, MIT, Minnesota, Michigan, Stanford y Nueva York. En 1980 fue profesor visitante de la Academia de Ciencias y Humanidades de Israel. En 1945 se unió al Centro de Investigación Festinger Lewins. Fue galardonado con el premio *Distinguished Scientific Contribution* de la Asociación Americana de Psicología en 1959.

La disonancia la define como la existencia de relaciones entre cogniciones que no concuerdan. Y cognición se refiere a cualquier conocimiento, opinión o creencia sobre el medio, sobre uno mismo o sobre la conducta de uno.

Por lo tanto, la disonancia cognitiva es una condición antecedente o previa que lleva hacia una actividad dirigida a la reducción de la disonancia, de la misma forma que el hambre se orienta hacia quitar el hambre.

La consonancia cognitiva es la coherencia entre lo que se dice se hace; no se produce ningún tipo de fricción, sino que hay una total conexión entre lo expresado verbalmente y el comportamiento emitido. La consonancia cognitiva provoca estados de satisfacción y bienestar en la persona. Sin embargo, no ocurre lo mismo cuando pasa lo contrario.

La disonancia cognitiva se produce cuando los pensamientos entran en contradicción, es decir, cuando queremos hacer y al mismo tiempo no hacer la misma cosa. Por ejemplo, seguir fumando y querer dejar de fumar.

Existe consonancia cognitiva cuando la persona que quiere dejar de fumar, aún sabiendo que es malo para la salud, justifica el acto de fumar. En este sentido piensa que le gusta mucho fumar, que le relaja, que las posibilidades de tener una enfermedad son pocas, que no se puede evitar todo el peligro, que si lo deja puede ganar peso, etc. Estas justificaciones hacen que, a pesar de saber que fumar es perjudicial, las contraprestaciones son favorables y la decisión es seguir fumando.

La disonancia cognitiva se produce cuando las justificaciones fracasan, no tienen el mismo peso, con lo cual el pensamiento de dejar de fumar sigue siendo algo que no termina de resolverse, puesto que la persona en cuestión sigue fumando.

La existencia de la disonancia cognitiva es psicológicamente incómoda, provocando una «lucha» interna en la persona. En el momento en que se produce la disonancia, la persona que fuma intentará evitar todo tipo de situaciones incómodas; por ejemplo, un familiar le dice que no debería seguir fumando, o algún anuncio en televisión que diga que fumar mata. En definitiva, la persona huirá de la situación, ya que se sentirá mal por el hecho de fumar.

Para evitar el sentimiento de culpa, lo justificaremos; digamos que usamos un mecanismo para poder dormir por las noches sin tener «pesadillas». Sin embargo, el problema o la disonancia cognitiva puede volver siempre que las justificaciones no tengan un peso suficiente. La sensación de ser incoherente entre lo que se dice y lo que se hace no es agradable, provocando una sensación incómoda que da lugar al mismo mecanismo: tener que buscar una justificación de mayor peso para encontrar el equilibrio emocional y la tranquilidad personal. De esta forma, se puede generar un bucle indefinido hasta que la situación se resuelva. En el ejemplo, dejando de fumar.

APLICACIÓN AL COACHING

Muchos procesos de Coaching se realizan porque el *coachee* tiene un problema no resuelto que le lleva a un bucle indefinido y atemporal, con el consiguiente desgaste cognitivo-emocional.

En el momento en el que se detecta ese bucle generador de malestar se determinan los pasos a seguir para poder romperlo y provocar cambios adaptativos de conducta.

5. Fijación de Metas: Edwin A. Locke (1938-)

Psicólogo estadounidense pionero de la teoría de a fijación de objetivos. Recibe la licenciatura de Psicología en Harvard en 1960. Obtiene la maestría en Psicología Industrial y Psicología Experimental en 1962. Se doctoró en Psicología Industrial en 1964.

 Ese mismo año comenzó a trabajar como científico investigador asociado en el Instituto de Investigación de América, y en 1967 arrancó su carrera docente como profesor de Psicología en la Universidad de Maryland. En 1970 se convirtió en profesor de Administración de Empresas en la Universidad de Maryland. En 1998 es profesor decano de Liderazgo y Motivación en la Universidad de Maryland. Ha publicado más de 260 capítulos, libros y artículos.

Según la Asociación para la Ciencia Psicológica, Locke es el psicólogo organizacional más publicado en la historia del campo. Los premios que ha conseguido son el distinguido *Contribution Award de la Academy of Management* (Dirección de Recursos Humanos), premio al mejor maestro-académico de la Universidad de Maryland, y el James McKeen Cattell Premio Fellow de la Asociación para la Ciencia Psicológica.

Locke establece que los objetivos son necesarios para poder alcanzar metas. Para ello hay que establecerlos de forma correcta, es decir, tienen que ser claros y medibles. Además, deben conseguir establecer las siguientes dimensiones: claridad, desafío, compromiso, retroalimentación y complejidad.

La fijación de metas está íntimamente relacionada con la motivación; de hecho, la investigación pionera de Locke establece una conexión entre la motivación y la satisfacción profesional.

El modelo original propuesto por Locke consistió en cinco pasos: 1. Estímulos del medio ambiente; 2. Evaluación cognición-intenciones; 3. Configuración de la meta 4. Rendimiento; 5. Valores, que son los que miden las necesidades y objetivos, y además determinan lo que es beneficioso para la persona.

Los objetivos se tienen que definir o elaborar de la siguiente forma: para una persona que pese noventa kilos y tenga sobrepeso, el objetivo «voy a adelgazar» no cumple con los requisitos de claridad y medición, ya que no está claro cuántos kilos quiere perder y tampoco se sabe en qué fecha. La forma correcta de fijar el objetivo sería: «el 1 de septiembre quiero pesar ochenta y cinco kilos». En este caso, el objetivo es claro y medible. Como se puede apreciar, en este sencillo ejemplo también hay claridad, puesto que no hay margen de duda sobre lo que se quiere hacer, además hay un desafío, que son los cinco kilos a perder. También se da el compromiso, pues el objetivo no le viene impuesto; hay un deseo de lo que quiere hacer puesto que dice: «quiero pesar...». La retroalimentación en este caso se entiende como que puede ir a pesarse en la báscula y ver si los kilos que tiene van disminuyendo, aumentando o se produce un estancamiento del peso; y por último, la complejidad es el que haya intentado varias veces adelgazar y no lo haya conseguido.

Para que las metas sean efectivas, además de ser desafiantes con cada objetivo alcanzado ha de haber una recompensa final. En este sentido interactúan los valores y las propias necesidades. Por ejemplo, el perder cinco kilos para una persona está relacionado con las ganas de realizar una maratón en menos de siete horas, mientras que para otra la motivación reside en un posible problema de salud derivado del sobrepeso. Es decir, cada persona valora la necesidad y el objetivo, así como los beneficios que se alcanzan al cumplir dicha meta.

Locke establece esas metas desde el ámbito laboral, para lo cual los empleados deben sentirse parte del proceso de fijación de objetivos y estar comprometidos con un objetivo claramente relevante. Este tipo de planteamiento hoy en día está en todos los puestos de trabajo. En un primer momento se asoció a los puestos de producción, en donde es más fácil demostrar los resultados obtenidos. Por ejemplo, para un comercial que tenga que vender «X» productos al mes es muy fácil contabilizar el resultado obtenido, mientras que demostrar el índice de satisfacción del cliente es bastante más complejo. Además debe existir un programa que incluya los informes de retroalimentación, el reconocimiento y el progreso, ya que se trata de fomentar la motivación, y por eso es importante que el empleado en todo momento sepa y entienda si está alcanzando o no sus objetivos. Por último, la tarea debe ser compleja pero no inalcanzable, además de disponerse de suficiente tiempo y recursos para que no se produzca desmotivación y «fisuras» en el modelo planteado.

APLICACIÓN AL COACHING

Los objetivos son claves para que el proceso de Coaching tenga consistencia; son la guía del proceso en sí, la brújula para saber qué camino es el más adecuado y deseado por el *coachee*.

Los objetivos que se plantean en Coaching tienen que ser claros y medibles, además de cumplir las siguientes dimensiones: claridad, desafío, compromiso, retroalimentación y complejidad.

Diario de un coach. Esther y la disonancia cognitiva[14]

Esther es gerente de una empresa multinacional. La sección que lleva está dando buenos resultados. La previsión de crecimiento para el siguiente año no se presenta tan bien como en el actual. Tanto es así que la dirección de la empresa apuesta por otros tipos de negocios diferentes y más rentables.

—¿Qué tal, Esther, cómo estás? —le pregunto.

—Normal —contesta.

—¿Quieres que hablemos de algo en concreto?

—Me encuentro en una situación complicada... y me refiero a mis valores —me dice.

—¿A qué te refieres? —pregunto.

—No estoy siendo sincera con el grupo de personas que gestiono... Este año la previsión del negocio está siendo muy buena, ya que estamos dando buenos resultados, pero para el próximo año me acaban de informar de que los recortes van a ser muy duros. En el comité de dirección hemos acordado que estos datos no se pueden trasladar a los demás empleados todavía. Como tengo una relación tan buena y directa con mi gente me siento fatal. Tengo la sensación de estar traicionando a mi equipo.

---

14 Con el consentimiento de la revista Observatorio de RRHH, para la que fueron inicialmente redactados.

–¿Qué vas a hacer? –le pregunto.

–Estoy deseando que llegue el momento de que la información se haga oficial. Desde luego tengo que hacer algo, porque puede que el siguiente paso sea prescindir de alguno del equipo. Y pensar eso todavía me resulta más inquietante.

–¿Cómo puedes llevar a cabo ese 'hacer algo' que me comentas? –le pregunto.

–Lo primero de todo es hablar con el equipo para buscar nuevas alternativas. Eso... ¡eso es!; tengo un equipo muy bueno para poder desarrollar nuevos proyectos que encajen en la nueva política que quiere establecer la empresa. En cuanto se haga oficial la noticia, algunos del equipo se vendrán abajo, pero sé que trabajando juntos encontraremos alguna solución y de todo ello saldremos fortalecidos.

Isabel Aranda

INTRODUCCIÓN

Si hay una corriente psicológica que fundamenta y justifica el planteamiento actitudinal y filosófico del Coaching, esa es la Psicología Humanista . Fruto de toda una línea de investigación y trabajo en Psicología Humanista surgieron un conjunto de enfoques y conocimientos que más adelante darán lugar a la práctica del Coaching y que alcanzarán su máxima aplicación en el Coaching centrado en la persona y en el *Life* Coaching. Es más, incluso podríamos atrevernos a afirmar que el Coaching no deja de ser una aplicación práctica, simplificada, popularizada y bien «empaquetada» del ejercicio de la Psicología Humanista .

Los antecedentes de la Psicología Humanista se sitúan a primeros del siglo XX y su avance tiene sentido desde un punto de vista histórico en un contexto en el que se han superado las dos guerras mundiales y sus secuelas de escasez y miedo extremo, lo que facilita la atención en la persona y su responsabilidad a la hora de afrontar su realidad.

La escuela de la Psicología Humanista se desarrolla como parte del movimiento «contracultural» de los años sesenta en Estados Unidos. De alguna forma era una reacción a las dos teorías psicológicas en ese momento imperantes: el conductismo y el Psicoanálisis, y es considerada de hecho «la tercera fuerza» o paradigma psicológico debido a su oposición al mecanicismo y el reduccionismo del conductismo, porque rechazaba la idea de que la persona se reduce a unas variables cuantificables y a un objeto de estudio físico; y al

Psicoanálisis, en cuanto que este se fijaba básicamente en los aspectos negativos y patológicos de la persona. Sin embargo, en cierta medida el enfoque humanista continúa y amplifica el enfoque psicoanalítico, que se fundamenta en la filosofía humanista y que entiende que la persona puede ser responsable de sí misma y de su futuro.

El planteamiento básico de la Psicología Humanista es la consideración global de la persona como un ser pleno y responsable que tiende a su autodesarrollo. El énfasis está en la salud mental de la persona, que tan bien desarrollará posteriormente la Psicología Positiva. Postula que la persona tiene una tendencia natural a la actualización y la auto-realización. Pone el acento en las facetas existenciales tales como el auto-conocimiento, la libertad o la responsabilidad. Lleva a un construccionismo y positivismo personal como forma de afrontar la vida, que serán ejes sustanciales adoptados por el Coaching.

PRINCIPIOS FUNDAMENTALES DE LA PSICOLOGÍA HUMANISTA UTILIZADOS EN COACHING

Como corriente psicológica abarca numerosos enfoques, pero todos comparten ciertos principios básicos que a su vez han sido plenamente asumidos como propios por el Coaching.

1. La persona tiende a la auto-realización, al crecimiento y la diferenciación.
2. La persona no solo reacciona automáticamente ante las situaciones, sino que es proactiva en su proceso de crecimiento personal.

3. La persona es autónoma, lo que significa que tiene capacidad y responsabilidad para tomar decisiones que dirijan su propio desarrollo.

4. Es ella quien posee la guía de su vida y no un consejero, *coach* o cualquier otra persona.

5. Cada persona es única y especial, perfecta en sí misma, es decir, que tiene las respuestas que necesita en sí y tan solo tiene que acceder a ellas.

6. La persona se percibe a sí misma en términos de su experiencia interior. Esta vivencia inmediata y el significado que le da son elementos fundamentales en la comprensión de sí misma.

7. Pone especial atención a la experiencia, al cómo se vive una situación, independientemente de los hechos que la compongan.

8. Pone mucha atención en la experiencia consciente del aquí y ahora, de la situación y de cómo está la persona ante ella, planteamiento que con tanto éxito popularizará después el *mindfulness*.

9. La persona ha de ser entendida como una globalidad superior a la suma de sus partes: pensamientos, emociones, cuerpo y acciones forman un todo integrado en constante interrelación y coherencia.

10. Se pone el énfasis en la naturaleza evolutiva de la persona que tiende a la auto-realización y al equilibrio en su bienestar psíquico.

11. La conducta humana es intencional, y no solo en la búsqueda de recursos materiales, sino en aspectos de sentido y motivación como la libertad y la dignidad.

12. Confianza en que la propia naturaleza y la vida en general nos ayudan al desarrollo de nosotros mismos. No necesitamos controlar, ni defendernos, sino aceptar el equilibrio de la realidad.

13. La persona no es un producto acabado sino el resultado de una construcción personal. Por ello se pone el acento en la responsabilidad individual para la propia construcción como persona, en oposición a las corrientes que entienden a la persona como producto de su entorno.

14. Se potencian los aspectos positivos de la experiencia (confianza, fortalezas, felicidad, etc.), que luego sistematizará la Psicología Positiva.

15. Lleva la atención a los diferentes estados de consciencia de nosotros mismos y de la conexión con los otros y la vida en general.

16. A medida que se alcanzan niveles de consciencia más evolucionados se consigue una integración mayor de uno mismo y de la relación con el entorno.

17. El cuerpo es una fuente esencial de mensajes y un espacio de expresión de lo que sentimos, pensamos y hacemos en total integración con nuestra mente. La división mente-cuerpo no existe más que a nivel conceptual.

18. Llama la atención el valor significativo e instrumental del papel de las emociones, lo intuitivo, lo contemplativo, complemento de lo racional, lo analítico y la acción.

19. Ofrece una valoración del reconocimiento de los otros como «legítimos otros», apreciándolos como seres totales y plenos, y no como instrumento de nuestros objetivos.

20. Actúa eliminando los obstáculos para conseguir el resultado prioritario que se busca, que es el bienestar personal.

La existencia humana tiene un sentido «ecosistémico» en un contexto interpersonal. Una acción impacta en el equilibrio del entorno (familiar, profesional, social, etc.).

Conceptos claves de la Psicología Humanista que también utiliza el Coaching son autoconocimiento, autoaceptación, madurez, autoestima, crecimiento personal, fenomenología y constructivismo personal.

AUTORES Y APORTACIONES DESTACADAS DE LA PSICOLOGÍA HUMANISTA AL COACHING

1.	Método Fenomenológico	EDMUND HUSSERL (1859-1938)	Énfasis en el fenómeno que ocurre ahora, sin tener en cuenta el pasado. Se pone mucha atención en la experiencia consciente del aquí y ahora, de la situación y de cómo está la persona ante ella, planteamiento sustancial del Coaching
2.	Psicología Existencialista	ROLLO MAY (1909-1994)	Intentó reconciliar el humanismo con el existencialismo y el Psicoanálisis. Definió ciertas «etapas» del desarrollo muy interesantes, aplicadas a las etapas que pasa un cliente frente a su problema o reto.
3.	Auto-realización	ABRAHAM MASLOW (1908-1970)	La base de la Psicología Humanista es la capacidad de la persona de ser consciente de sí misma y tender a la superación continua y el autodesarrollo.

| 4. Competencias del terapeuta. Relación entre cliente y terapeuta | CARL RANSOM ROGERS (1902-1987) | Partiendo de la completud de la persona, pone el énfasis en el terapeuta y la relación que se crea con el que él denomina «el cliente». El terapeuta tiene que contar con unas competencias específicas que le lleven a establecer una relación neutra, basada en la confianza, que permita al «cliente» encontrar sus respuestas. |
| 5. El Proceso de Cambio | VIRGINIA SATIR (1916-1988) | El proceso de cambio es un proceso natural de la persona. El problema presentado por el cliente en realidad no es el problema real, son solo hechos. El auténtico problema es cómo encara el cliente el problema. |

Pioneros de este enfoque son también Wilhelm Dilthey, William James, George Kelly y Franz Brentano.

1. Método Fenomenológico: Edmund Husserl (1859-1938)

Filósofo moravo, se formó con Franz Brentano. Fundó la fenomenología trascendental y, a través de ella, el movimiento fenomenológico, uno de los movimientos filosóficos más influyentes del siglo XX, aún plenamente de actualidad. Fue profesor en Halle y en Gotinga, y a partir de 1916 profesor titular en la Universidad de Friburgo, donde ejerció la docencia hasta su jubilación, en 1928.

Inicialmente se centró en la filosofía de la aritmética y no fue hasta 1900 que inició escritos propiamente filosóficos, *Investigaciones lógicas*, donde polemizó con el psicologismo y con el que se abre su pensamiento más original. Quería establecer una base epistemológica para la filosofía que la convirtiera en científica, base que halló en el método «fenomenológico» y que representa en cierta medida una modernización del «trascendentalismo» de Kant.

La consciencia es la condición que hace posible cualquier conocimiento y tiene la característica de ser «intencional», término tomado de Brentano. La consciencia es siempre «consciencia de algo», es decir, se refiere a un objeto. Primero es la consciencia y después la interpretación subjetiva.

Husserl propone resolver la oposición entre racionalismo y empirismo asumiendo una actitud de espectador desinteresado de uno mismo, y desde ahí se puede reconstruir la estructura de la consciencia y el mundo como fenómeno que aparece ante ella.

APLICACIÓN AL COACHING

La toma de consciencia del cliente es precisamente el punto de partida de todo proceso de Coaching. Consciencia de lo que se propone, de dónde está con respecto a ello, de qué necesita para alcanzarlo, de qué está dispuesto a hacer. La línea europea del Coaching considera que el mecanismo esencial de este es el CRA: Consciencia, Responsabilidad y Acción.

2. Psicología Existencialista: Rollo May (1909-1994)

Pionero de la Psicología y la Psicoterapia Existencial en Estados Unidos, su interés estuvo en entender las dimensiones trágicas de la existencia humana: ansiedad, depresión, suicidio.

Trató de conciliar la Psicología existencialista con otras teorías, especialmente el Psicoanálisis. Se doctoró en Psicología Clínica en la Universidad de Columbia, en 1949. Su primer libro, *El significado de la ansiedad*, estaba basado en su disertación doctoral sobre las lecturas de Soren Kierkegaard.

El objetivo de la terapia existencial es conseguir una persona abierta, ayudar a que esa persona sea más sensible a la vida, a la belleza.

Un concepto central de la Psicología Existencial es «el dilema del hombre», que se origina en su capacidad para sentirse sujeto y objeto al mismo tiempo. Rechaza con ello la consideración del ser humano como ser puramente libre o puramente determinado. Ambos modos de experimentarse son necesarios para alcanzar una vida gratificante. Son también necesarios para la Psicología y la psicoterapia, ya que el psicoterapeuta alterna y complementa la visión del paciente como objeto cuando piensa en pautas y principios de conducta, y como sujeto cuando siente empatía hacia él y ve el mundo a través de sus ojos.

Algunas ideas centrales de la terapia existencial plenamente aplicables al Coaching son:

- El objetivo es aumentar la consciencia del cliente sobre su propia existencia y así ayudar a que este experimente su existencia como real.

- La técnica debe estar subordinada, ser flexible y ajustarse a las necesidades de cada cliente.
- El terapeuta y el cliente son dos personas en una auténtica relación.
- El terapeuta no interpreta los hechos sino que los pone de manifiesto en su relación con el cliente.
- Se pone el énfasis en el significado particular de las dinámicas del cliente que se derivan del contexto de su vida.
- La actitud del terapeuta es escuchar al cliente con atención y respeto.
- El terapeuta procura analizar todas las formas de comportamiento, tanto de él mismo como del cliente, que impiden el encuentro real entre ambos.
- Se da mucha importancia al compromiso, que es el verdadero modo de estar vivo.

Una frase suya que ilustra su sentido existencial es: «*La religión verdadera, a saber, una afirmación fundamental del significado de la vida, es algo sin lo cual ninguna criatura humana puede ser saludable respecto a su personalidad…*».

Definió ciertas «etapas» del desarrollo muy interesantes, aplicadas a las etapas que pasa un cliente ante su objetivo en Coaching:

- *Inocencia.* Es la etapa pre-auto-consciente, en la que la persona hace lo que se supone debe hacer sin ser consciente realmente de lo que hace, aunque tenga cierto grado de albedrío orientado a la satisfacción de sus necesidades.
- *Rebelión.* La persona rebelde desea libertad pero no comprende el alcance de la responsabilidad que esto significa.

- *Ordinario.* El ego del adulto normal ya ha comprendido la responsabilidad, pero la encuentra muy compleja de manejar. Entonces busca refugio en la conformidad, en su caja de confort y en los valores tradicionales.

- *Creativo.* El adulto auténtico en la etapa existencial, más allá del ego y auto-actualizable. Esta es la persona que, aceptando el destino, enfrenta la ansiedad con coraje y entonces se plantea la consecución de su reto.

APLICACIÓN AL COACHING

Todos los planeamientos de la Psicología Humanista son sobre los que habitualmente se establece una relación de Coaching en la que se busca que el cliente encuentre sus propias respuestas ante sus objetivos, y en ese sentido las ideas centrales de la terapia existencial son los ejes de esta relación. Una idea de May, que desarrollarán otros autores como Viktor Frankl, es la necesidad de encontrar un significado a la vida, algo que para May es fundamental para evitar dramas existenciales como la ansiedad y el suicidio.

3. Auto-realización: Abraham Maslow (1908-1970)

Psicólogo estadounidense conocido como uno de los principales referentes de la Psicología Humanista . Sus últimos trabajos le llevan a ser pionero de la Psicología Transpersonal. Su más famosa aportación es la «Pirámide de Necesidades», un modelo que simplifica y jerarquiza las necesidades humanas, de tal forma que refleja cómo las personas tendemos a una creciente generación y satisfacción de las mismas.

Abraham Maslow es un autor esencial en la Psicología Humanista y en la fundamentación del Coaching puesto que pone el énfasis en la experiencia consciente de nosotros mismos que nos lleva a identificarnos como personas. Sus conceptos de experiencia consciente, libertad, voluntad, auto-realización y liberación del potencial son esenciales en el Coaching. Dentro de cada uno de nosotros están los recursos para conseguir nuestro pleno desarrollo, tal y como hace actualmente el Coaching.

Especial relevancia para el Coaching tiene dentro de su pirámide de necesidades la necesidad de aprecio, que se entiende en dos sentidos: el aprecio a uno mismo (confianza, suficiencia, etc.), y el respeto y estimación que se recibe de los otros (reconocimiento, aceptación, etc.), cuya expresión más adecuada es el respeto que les merecemos, más que el renombre o la adulación.

La tesis central de la pirámide de las necesidades implica que las personas tenemos necesidades estructuradas en diferentes niveles, de tal modo que la tendencia natural es plantearse necesidades superiores cuando las inferiores están satisfechas. Su aplicación en el contexto laboral nos lleva a entender las necesidades crecientes de los trabajadores a medida que tienen resueltas las más básicas. Por ello el trabajo tendría que ayudarles a crecer y auto-realizarse. Incorporó además los conceptos de meta-necesidades, meta-motivación y experiencias sublimes, que alcanzan un renovado significado cuando se relacionan con otros conceptos como el proyecto de vida o la jerarquía de valores.

Richard Barret desarrollará posteriormente su modelo de valores en Coaching basándose en las teorías de Maslow.

APLICACIÓN AL COACHING

Al igual que los planteamientos de May, los de Maslow nos llevan a poner el énfasis en dar un sentido a nuestra existencia. La auto-realización alcanza su máxima expresión con Maslow: el ser humano tiende de forma natural a liberal su potencial y cuenta dentro de sí mismo con todos los recursos necesarios para ello. El Coaching orientado a que el cliente encuentre sus respuestas no se podría entender sin este planteamiento.

4. Relación Humanista: Carl Ransom Rogers (1902-1987)

Carl Ransom Rogers fue un psicólogo estadounidense. Multicultural y viajero, se vió estimulado por las teorías de Otto Rank y el existencialismo, publicando en 1939 su primer libro *The Clinical Treatment of the Problem Child*. Posteriormente se focalizó en su «Terapia Centrada en el Cliente», lo que supuso una revolución en el abordaje terapéutico, tanto por el posicionamiento del psicólogo como por el proceso terapéutico.

Carl Rogers es considerado el máximo exponente de la Psicología Humanista . Aportó un giro sustancial al trabajo en Psicología con su libro *Psicoterapia centrada en el cliente,* ya que al hablar de cliente y no de paciente trasladaba la responsabilidad de su evolución al mismo, tal y como luego se hará en el Coaching. Posteriormente centró el énfasis ya no en el cliente sino en «la persona». Algunos de los planteamientos que realizó son nucleares en el Coaching, como la tendencia a la auto-realización, la completud de la persona, es decir, que tiene en sí misma todas sus respuestas. Acepta el postulado socrático de que la verdad está en la propia persona y que es ella quien decide lo que está dispuesta a revelar de sí misma.

Rogers pone un especial acento en las cualidades y competencias que el terapeuta, y en su caso el *coach*, tienen que tener, y que considera más importantes aún que sus competencias técnicas. En primer lugar tiene que facilitar las condiciones favorables para el desarrollo del cliente desde el máximo respeto y apertura. Por otro lado tiene que reunir tres condiciones o características:

1. Empatía o comprensión empática: capacidad de entrar y comprender las vivencias del cliente, pero sin identificarse con él. Esta comprensión facilita la concienciación, favorece el acompañamiento y promueve el desarrollo personal.
2. Aceptación positiva incondicional del cliente sin condiciones previas.
3. Autenticidad o congruencia: permite un diálogo sincero, constructivo y directo al servicio del cliente.

Además, tiene que contar también con una elevada madurez emocional para no contaminar con sus propias emociones, perspectivas y marcos de referencia al cliente e intentar modelar sus respuestas según su propio criterio, así como aceptarlo y acompañarlo en sus posibles desbordamientos emocionales. Uno de los errores más comunes de los *coaches* noveles es precisamente evitar estos o no ofrecer el espacio suficiente para profundizar en ello debido a su propia incapacidad para acompañar.

En este sentido, una técnica característica propugnada por Rogers es la «respuesta reflejo», que consiste en devolver al cliente su propio mensaje de forma precisa y breve, y con la misma intensidad, dentro de su marco de referencia interno. Para ello lo habitual es reproducir casi exactamente el mensaje del cliente, reiterando mediante repetición o resumen, o señalando algún elemento clave del mensaje o las últimas palabras, tal y como se hace en Coaching.

Para Rogers, la raíz de muchos de los problemas de las personas es su baja o nula consideración y aprecio hacia sí mismas; de ahí la importancia que le otorgaba a la aceptación incondicional que el psicólogo, o el *coach*, tiene que hacer de su cliente como punto de apoyo para su propia autoestima. Como suelen decir los clientes, «tú confías en mí más que yo mismo».

Rogers afirma que *«no es que este enfoque dé poder a la persona; es que nunca se lo quita»*.

APLICACIÓN AL COACHING

Si hubiera que señalar solo un autor que fundamenta el Coaching, este podría ser Rogers, quien con su «terapia centrada en la persona» sienta las bases de la relación que se busca en Coaching. El cliente cuenta con sus respuestas, tiende de forma natural a desarrollarse, está «completo», y el terapeuta establece una relación de respeto y acompañamiento que forja el contexto en el que puede crecer.

5. El Proceso de Cambio: Virginia Satir (1916-1988)

Virginia Satir es una de las terapeutas más notables de la historia. Es conocida por su terapia familiar, su modelo de proceso de cambio y por haber sido modelada como ejemplo de excelencia por Ginder y Bandler para la elaboración de la PNL. Sus libros más conocidos en español son *Terapia familiar paso a paso, En contacto íntimo: cómo relacionarse con uno mismo* y *Nuevas relaciones humanas en el núcleo familiar.*

Con esta cita podemos comprender a la terapeuta y su pensamiento: «*Mis ideas y la comprensión de la espiritualidad personales comenzaron con mi propia experiencia de niña que creció en una granja lechera en Wisconsin (EE. UU.). En todas partes veía cosas crecer. Muy pronto comprendí que el crecimiento era la fuerza de vida que se revela, una manifestación del espíritu... Es la conciencia de que somos seres espirituales en forma humana. Esta es la esencia de la espiritualidad. El reto de ser más plenamente humano es ser abierto y ponerse en contacto con ese poder que llamamos por muchos nombres, siendo el de Dios utilizado con frecuencia. Creo que una vida de éxito depende de nuestra decisión y de aceptar una relación con nuestra fuerza de vida*»[15].

Satir aporta unas profundas reflexiones con implicaciones en el Coaching:

- El proceso de cambio es un proceso natural de la persona.

---

15   Virginia Satir, *Nuevas relaciones humanas en el núcleo familiar.*

- El problema presentado por el cliente en realidad no es el problema real, son solo hechos. El auténtico problema es cómo encara el cliente el problema.
- La aceptación incondicional de uno mismo en toda su expresión, cuerpo, emociones, pensamientos y acciones, independientemente de sus consecuencias. Ahora bien, al aceptarlas como nuestras nos hacemos responsables de ellas y a la vez nos liberamos de la culpa o frenos que pudiéramos sentir. Si lo que somos y lo que nos pasa es nuestro, podemos hacernos responsables de ello. Podemos encontrar sentido a todas aquellas situaciones que nos obligan a enfrentarnos con nosotros mismos y no caer en un vacío existencial. El hecho de vivir la experiencia con sentido nos da valor, entusiasmo y fuerza, lo que libera todo nuestro potencial de desarrollo.

La Psicología Positiva, encabezada por Martin Seligman (19429 y Mihalyi Csikzentmihalyi (1934), que se desarrollará posteriormente, hará un hincapié especial en estos aspectos, aportando importantes ejercicios para trabajarlos. Los principios de consciencia de uno mismo, responsabilidad de lo que soy y cambio personal son ejes sustanciales del trabajo de Coaching.

APLICACIÓN AL COACHING

Una idea diferencial de Satir es la del cambio y la transformación personal como proceso natural de la persona. Frente al inmovilismo, el cambio promueve la idea de que las personas estamos en permanente cambio y si lo orientamos al logro de nuestros objetivos avanzaremos en la dirección elegida.

José Luis no puede con las circunstancias. Está agobiado, no se ve capaz de afrontar los nuevos retos que le plantea su trabajo. Está asustado, cree que prescindirán de él próximamente. Se compara con los demás, se ve mayor, sin capacidad de respuesta, sin conocimientos, sin competencias, sin posibilidades. Se ve incapaz y solo. No cree en él y, sin embargo,... algo le lleva a buscar ayuda en un 'coach'. Sabe que necesita un impulso para salir del agujero.

En las sesiones de Coaching plantea esta interpretación de su realidad. Muestra una actitud profundamente negativa. No ve posibilidades. Está 'dentro de la caja', está en el problema. No tiene capacidad para verlo desde fuera. Siente que hay algo más que podría hacer pero no se ve con la energía suficiente para ello. Se siente solo, como en un desorden interior.

Su 'coach' le expresa su apreciación incondicional y su confianza absoluta en él. José Luis descubre que puede dirigir su vida e interpretarla de forma tal que pueda gestionarla con confianza en sí mismo.

—Me parece increíble, tú confías más en mí que yo mismo —dice José Luis, y a través del aprecio del 'coach' se ve reflejado y empieza a coger fuerza en sí mismo y a mejorar su propia autoestima. Poco a poco y con el acompañamiento del 'coach' aprende a mirarse desde una óptica diferente, cada vez con más aprecio y acep-

---

16   Con el consentimiento de la revista Observatorio de RRHH, para la que fueron inicialmente redactados.

tación. Empieza a ver sus fortalezas y su capacidad de acción.

—Me siento diferente; parece que las cosas no son tan duras, que en el fondo puedo irme haciendo con ellas; siento que tengo la fuerza para hacerlo.

José Luis ya tiene otra mirada diferente hacia la realidad, pero sobre todo hacia sí mismo. Lo importante de la acción del 'coach' ha sido el acompañamiento empoderante, la mirada llena de fuerza y aceptación en la que él se ha visto reflejado y desde la que se ha mirado con nuevos ojos, capaz ahora de afrontar sus retos.

—Creo que puedo hacerlo de otra manera.

—¿Cuál sería?

—Bueno, voy viéndome capaz de resolver los retos del trabajo; tampoco era para tanto. Creo que era yo quien no me veía a mí mismo; me queda mucho que aprender, desde luego, pero bueno, creo que puedo hacerlo poco a poco.

—¿Qué vas a hacer ahora?

—Ante todo mirarme con más aprecio, pensar que puedo; no me va a resultar fácil mantenerme ahí porque ya he visto que tiendo a no valorar mis posibilidades, pero ahora tengo claro que soy capaz de marcarme metas pequeñas y avanzar hacia ellas.

»Lo que más me ha impactado es darme cuenta de que mi mayor proyecto soy yo mismo, y que realizarme como persona es el punto de partida para todo lo demás.

En su proceso José Luis se enfrenta a sí mismo, valorándose, retándose y evolucionando como persona.

NEUROPSICOLOGÍA HUMANISTA Y COACHING

Alicia Torres Lirola y Juan José Álvarez Vicente

INTRODUCCIÓN

La Neuropsicología se encarga de estudiar la relación que tiene nuestro sistema nervioso y especialmente el cerebro con la forma de comportarnos, sentir y pensar.

Siempre se han estudiado el cerebro y el sistema nervioso desde la biología, la neurología, la psiquiatría etc., pero nunca como desde la aparición de las nuevas tecnologías, que nos han permitido estudiar el cerebro «in vivo», es decir no desde un método lesional o mediante autopsia. Por fin hemos podido ver cerebros sanos en pleno funcionamiento, hacer comparaciones, registros estadísticos, y finalmente intentar mapearlo.

Gracias a todo ello hemos descubierto que el cerebro es modular y funcional. Durante mucho tiempo se han buscado localizaciones para las distintas funciones (por ejemplo, áreas específicas para el lenguaje). Lo que hemos podido comprobar es que el cerebro tiene módulos que se interconectan a través de las neuronas y mediante las sinapsis producidas por los neuropéptidos que discurren por varias áreas a fin de realizar una función. Esas partes del cerebro conectadas van desde las más antiguas desde el punto de vista evolutivo (cerebro reptiliano) al más moderno neocórtex (neocorteza, especialmente el lóbulo prefrontal), pasando por el cerebro límbico (emocional). La evolución ha ido completando y cambiando antiguas vías produciendo nuevos resultados e incluso a veces disfunciones.

Todo ello nos ha proporcionado una nueva explicación a conceptos como consciente e inconsciente aportados por el Psicoanálisis, a las manifestaciones surgidas por estímulos externos o internos estudiados por el conductismo y denominadas conductas observables o a las percepciones de nosotros mismos y del entorno, tan trabajadas por la Gestalt. Hemos podido indagar sobre nuestros «motivos para la acción» cómo las emociones se encuentran en el corazón de este sistema que denominamos motivacional. Todas estas cuestiones hemos conseguido observarlas a través de instrumentos como el PET (tomografía por emisión de positrones), el IRMF (imagen por resonancia magnética funcional), el EEG (la electroencefalografía), los PE (potenciales evocados), el MEG (magnetoencefalografías), la SPECT (tomografía computerizada por emisión de fotones simples) y el TAC (tomografía axial computerizada), entre otros.

Estos avances nos hacen pensar en diseños de acciones individualizadas y personalizadas que atiendan a las peculiares características de un sujeto. Entre estas acciones encontramos el proceso de Coaching. Este proceso no solo supone aprender, sino también desaprender (*des-aprehenderé*, soltar, dejar); en muchos casos nos desprenderemos de formas de pensar, sentir y actuar adquiridas que no nos son beneficiosas, impulsadas por sentimientos, pensamientos y creencias que actúan como bloqueadores del desarrollo de la persona hacia su potencial. Este desaprendizaje también modifica la fisonomía del cerebro. Las vías neuronales que son abandonadas, al no ser usadas, se van debilitando y perdiendo conectividad. En algunos periodos de nuestra vida llega a producirse lo que se denomina «poda neuronal».

PRINCIPIOS FUNDAMENTALES DE LA NEUROPSICOLOGÍA UTILIZADOS EN COACHING

El término neurociencia se acuñó en 1970 en la fundación de la *Society for Neuroscience*, pero el estudio del sistema nervioso tiene una larga tradición y ha sido contemplado desde diversas ciencias: física, química, biología, medicina...

Alexander Luria, considerado el padre de la Neuropsicología, la define como: *«la investigación de procesos mentales complejos en función de los sistemas cerebrales»*. La ejecución de una función requiere del concurso de diversas áreas cerebrales. Asimismo, un área cerebral puede estar implicada en varias funciones. La perturbación de un subcomponente puede ocasionar trastornos en más de una actividad. Por tanto, los sistemas son flexibles, plásticos y muy distribuidos en la fisiología cerebral.

La Psicología contemporánea ha rechazado la concepción «idealista» de las funciones psicológicas superiores como manifestación o propiedad de un principio «anímico» separado del resto de los fenómenos «naturales» y se ha comprometido con una perspectiva naturalista e histórica social. Las funciones psicológicas del hombre son fruto de procesos neurales complejos que necesitan de un contexto social para su formación. Requieren condiciones y generan un proceso transformador. El cerebro cambia y se desarrolla durante toda la vida. Los mamíferos somos sociales y necesitamos de ese proceso de «crianza», que incluye conceptos como el apego y el desapego. En la Psicología actual los términos conducta, respuesta o comportamiento han sido sustituidos por el de actividad humana, que confiere no solo una función biológica, sino histórica y social.

Pero la actividad humana no es un mero reflejo o una respuesta; es una acción «transformadora». Esta idea se puede apreciar en esta frase de Vygotski: «*El sistema de habla y los sistemas de signos desempeñan un papel fundamental en la génesis y desarrollo de los procesos psíquicos superiores». El lenguaje genera la restructuración de los procesos mentales. Gracias al lenguaje transformamos los procesos psíquicos...*».

Los principios que influyen son:

1. Principio de Reforzamiento o de Extinción

Cada cerebro y su funcionalidad se ve modificado por el uso que de él se haga, de cómo se entrene y de las acciones que repita. Las vías que más utilizamos se refuerzan, convirtiéndose en verdaderas autopistas para la comunicación intermodular. Las que abandonamos se debilitan y parecen senderos poco transitados con conexiones débiles, o en algunos casos desconectadas, eliminadas (por ejemplo nacemos con la capacidad de distinguir los rostros de los simios y si esa función no se utiliza en un periodo crítico de la vida se poda).

Cuando una persona desea sumergirse en un proceso de desarrollo personal se puede colaborar con ella con un procedimiento de Coaching; este deberá basarse en una acción conjunta entre *coach* y *coachee* que ayude a entrenar las zonas que este último necesita hacer evolucionar y, como fruto de esta relación, también el *coach* hará mejoras en sus áreas de trabajo y resultará transformado.

Se pueden entrenar tanto las habilidades sociales como las personales. Durante el proceso habrán de definirse los objetivos y metas que la persona desea o necesita trabajar y juntos avanzarán hacia un crecimiento conjunto en el que se puedan conseguir las metas. Deberán despejar el camino de frenos y bloqueos que procedan tanto de la persona como del exterior. Estos logros implican cambios observables que harán modificar actitudes, pensamientos y emociones, animado todo ello por la motivación y guiado por los valores personales que actuarán como brújula.

La responsabilidad del proceso ha de estar en manos del *coachee*. La evaluación de objetivos también le corresponde a este. El planteamiento de metas ha de ser personal, atendiendo a un estilo cognitivo propio.

Al ser un proceso deberemos anotar el punto de partida para luego poder observar y estudiar los cambios producidos y evaluar y retroalimentar posteriores acciones a emprender.

2. Las Neuronas Espejo y la Teoría de la Mente

Se ha demostrado que las personas, incluso desde bebés (algunos simios también), especulamos sobre lo que piensa y siente el otro, es decir, creamos una teoría sobre la mente de los otros y esto lo realizamos a través de las neuronas espejo. Ellas son el principio fundamental de lo que llamamos empatía y también nos predisponen a la comprensión, la compasión y la solidaridad.

También nos sirven para entrenar el cuerpo sin acción externa alguna desde la visualización en la mente. Este principio está utilizándose en los procesos de Coaching de los deportistas de alto rendimiento. También se usa para mantener activas las conexiones neuronales durante los tiempos de recuperación de una lesión por la que la persona se ve obligada a mantener reposo.

El fenómeno de comunicación conocido como *rapport* igualmente está basado en las neuronas espejo. A través del *rapport* copiamos conductas, movimientos y posiciones las sentimos como propias.

Los procesos de Coaching están basados en la comunicación interpersonal e intrapersonal. Como vemos, las neuronas espejo juegan un papel muy importante, tanto para crear una sintonía empática entre ambos participantes, sin la cual es prácticamente imposible llevar a cabo este proceso relacional, como para poder desarrollar habilidades emocionales y cognitivas.

3. La Plasticidad cerebral

La neuroplasticidad, también conocida como plasticidad cerebral o neuronal, hace referencia al modo en el que nuestro sistema nervioso cambia a partir de su interacción con el entorno.

El cerebro de las personas es modificable durante el transcurso de la vida. La neuroplasticidad se refiere a la facultad que tienen las neuronas para regenerase y formar nuevas conexiones.

Somos por tanto únicos y evolutivos. Esto nos permite desarrollarnos de manera personal a lo largo de toda nuestra historia.

4. Cuerpo, mente y emociones

A menudo, debido a la finitud de nuestra capacidad de aprehender la realidad, recurrimos a la fragmentación y parcelación de esta. Pero el ser humano es uno; estas tres esferas teóricas, cuerpo, mente y emociones, están interrelacionadas íntimamente; forman parte de una misma realidad: la persona. Lo que pensamos, sentimos y hacemos configura nuestra entidad.

En Occidente hemos tenido mucha tendencia a sobrevalorar el pensamiento como algo abstracto e independiente, pero forma parte del resto de las esferas y comparte mecanismos y sistemas con todos ellos. Cuando abordamos un proceso de Coaching acompañamos al cliente en los tres ámbitos atendiendo a su unicidad.

5. Las emociones y su implicación en la actividad humana

Su etimología es «*e-motio,* movimiento hacia», expresando la idea de que en toda emoción hay implícita una tendencia a actuar con algún propósito, una tendencia a moverse en alguna dirección. En el Diccionario de la Real Academia de la Lengua Española las emociones se definen como «*una alteración del ánimo intensa y pasajera, agradable o penosa, que va acompañada de cierta conmoción somática*».

Las emociones son innatas, adaptativas, tanto desde un punto de vista ontogénico como filogénico. Tienen polaridad, se mueven entre el placer y el desagrado, pero no son buenas o malas. Tienen intensidad, pueden oscilar entre emoción o carga emocional (enfado/ira). Tienen valor ecológico en la interacción de los individuos con su ambiente físico y social.

Están íntimamente ligadas con nuestros pensamientos, memoria, percepción, deseos, motivación...

Su base es biológica, producen o son producidas por polipéptidos, atraviesan las redes neuronales y forman módulos complejos. Casi todo ese proceso se produce de espaldas a la consciencia; cuando llegan al neocórtex es cuando somos conscientes de que estamos sintiendo algo y es en este nivel donde podemos actuar sobre ellas para modularlas o cursarlas.

6. El sistema de toma de decisiones

La corteza frontal, y en concreto la prefrontal (donde tienen su sede lo que llamamos funciones ejecutivas), es la última zona del cerebro en alcanzar la madurez completa. Su desarrollo se caracteriza por un aumento inicial de las sinapsis para después disminuir, un aumento de las arborizaciones dendríticas en momentos tardíos y un proceso de mielinización que se prolonga hasta pasados los veinte años. Estos cambios se producen por oleadas y se correlacionan con avances en las capacidades cognitivas y emocionales. Por lo tanto, a lo largo del desarrollo se observa una mejora progresiva en la capacidad de inhibir respuestas, la atención y la autorregulación de la conducta. Con ella trasformamos nuestros pensamientos y decisiones en planes de acción. La evolución no podía dotar a la especie humana de una estructura cerebral sencilla, sino de una amplia y compleja. Uno de los procesos más complejos de la actividad humana es la toma de decisiones. Muchas personas se quedan bloqueadas ante propuestas de cambio: argumentan que saben lo que tienen que hacer pero no se encuentran capaces de hacerlo; este es otro gran territorio de trabajo para el Coaching.

7. La motivación

Todos nuestros deseos proceden en última instancia del sistema límbico subconsciente, así que él tiene la primera y la última palabra en las decisiones, y en medio, la voluntad consciente desempeña un importante papel.

A través de una serie de experimentos con resonancia magnética, los científicos franceses han demostrado que para decidir cuánto esfuerzo invertimos en tareas cognitivas existe un centro universal de la motivación, situado en una zona del cerebro conocida como estriado ventral, que se activa más cuanto mayor es la motivación de un individuo.

Existe un circuito en el que participan la dopamina y la serotonina, entre otros neuropéptidos. Tiene que ver con planear una acción a futuro, activando el circuito de recompensa y el de motivación. Según el nivel de motivación se activa el estriado ventral y posteriormente llega al núcleo caudado o al putamen, según la respuesta sea cognitiva o motora.

Trabajar la parte de la voluntad consciente es uno de los caminos más prácticos para poder actuar sobre la motivación. Es decir, hacernos primero conscientes y luego responsables de lo que nos aparece como un impulso o como un deseo en el cerebro límbico.

8. Empatía

El sistema compuesto por las neuronas espejo está orientado casi desde el nacimiento a repetir gestos y actitudes que observamos en los demás. Se irá refinando posteriormente con el aprendizaje. De hecho, mientras más experiencia exista en la conducta observada, mayor será la activación de las neuronas espejo.

Estas nos sirven también para especular sobre lo que piensan los demás y se activan casi las mismas cuando realizamos una acción que cuando la observamos.

Se han encontrado neuronas espejo en regiones motoras del cerebro (circunvolución frontal inferior y corteza parietal inferior), y también en las regiones involucradas en la visión y la memoria.

Cuando pensamos en la empatía tendemos solo a relacionarla con las neuronas espejo, pero el surco temporal superior también juega un papel importante en los estímulos socialmente relevantes. Está conectado con la amígdala y con las áreas orbitofrontales, que son imprescindibles para la estimulación emocional y socialmente llamativas. No se refiere a la atribución de estados mentales, sino al entendimiento del comportamiento del otro dirigido a metas. Curiosamente, la empatía y la violencia tienen circuitos parecidos.

9. La meditación

Cuando meditamos aumenta de manera notable la actividad neuronal en áreas del cerebro implicadas en la empatía, es decir, en la capacidad de ponernos en el lugar de los demás. Científicos de la Universidad de Emory usaron la resonancia magnética para estudiar el cerebro de personas que meditaban y comprobaron que, en comparación con quienes no lo hacían, tenían más activas las neuronas de la corteza dorsomedial prefrontal y el giro frontal inferior, dos estructuras que participan en el reconocimiento del estado emocional de las personas que nos rodean.

Se ha estudiado, por resonancia magnética cerebral con espectroscopia, una técnica que permite medir sustancias químicas en una determinada región del cerebro. Los autores del trabajo identificaron un incremento significativo de la conectividad a nivel de las fibras de la sustancia blanca que comunican ciertas estructuras profundas, como el tálamo, con la corteza parietal superior izquierda, la parte del cerebro que controla la consciencia de uno mismo. Además, los experimentos revelaron que el mioinositol está aumentado en el cíngulo posterior de los meditadores. Este cambio neuroquímico podría ayudar a regular la respuesta inmune y reducir la ansiedad y la depresión.

AUTORES Y APORTACIONES DESTACADAS DE LA NEUROPSICOLOGÍA AL COACHING

1.	Teoría de Sistemas	ALEXANDER LURIA (1902-1977)	Entrenar los módulos de la mente para producir cambios perfectibles en nuestro cerebro
2.	Memoria y Plasticidad Neuronal	ERICK KANDEL (1929-)	Los cambios duraderos están en la práctica significativa para las personas
3.	Cerebro Modular y Lateralización	MICHAEL GAZZANIGA (1939-)	A cada hemisferio cerebral hay que hablarle en su lenguaje y con sus codificadores. El cerebro es ético
4.	Neuronas Espejo	GIACOMO RIZZOLATI (1937-)	Empatía, congruencia en la comunicación. Deducir lo que el otro piensa. Entrenar el cuerpo con movimientos pensados
5.	Neurogénesis Vitalicia	ROBERT ALTMAN (1925-2016)	El cambio e incremento de las habilidades y capacidades de las personas se lleva a cabo durante toda la vida
6.	Bases Neurales de la Emoción	RICHARD DAVIDSON (1951-)	La meditación y la gestión de emociones son motor de cambio en el cerebro y fuente de salud

Otros autores de este enfoque son Vilayanur S. Ramachandran, Alvaro Pascual Leone, Joseph Ledoux, Seteven

Pinker, Antonio Damasio, Louanne Brizendine, Lisa M. Daimond, Alfredo Ardila, Luis Quintanar Rojas y Elisabeth Gould, entre otros.

1. Teoría de Sistemas: Alexander Luria (1902-1977)

Se le considera el padre de la Neuropsicología. Su campo fue la Neurociencia cognitiva.

Fue médico y neuropsicólogo. No es casualidad que su trabajo se realizara durante la Segunda Guerra Mundial, lo cual le permitió investigar el cerebro a partir de heridos de guerra. Sus dos obras más importantes son *La afasia traumática* y *Las funciones corticales superiores del hombre*. Fue alumno del psicólogo ruso Lev Vygotski (1886-1934).

Luria expresa que los «*sistemas funcionales complejos no pueden localizarse en zonas restringidas del córtex o en grupos celulares aislados, sino que deben estar organizados en sistemas de zonas que trabajan concertadamente, cada una de las cuales ejerce su papel dentro del sistema funcional complejo y que pueden estar situadas en áreas completamente diferentes, y a menudo muy distantes en el cerebro*».

Su segunda aportación es que los procesos superiores del córtex humano nunca permanecen constantes o estáticos, sino que cambian durante el desarrollo del proceso de aprendizaje, lo que viene a mostrar que el cerebro está conectándose y reconectándose continuamente a lo largo de nuestra vida y nos orienta a pensar en inteligencias múltiples y varias memorias.

APLICACIÓN AL COACHING

El hombre a través de la evolución ha ido conectando múltiples estructuras cerebrales. El cerebro ha ido añadiendo estructuras que se han ido acoplando con las anteriores y esto nos ha llevado a funcionamientos paradójicos. Por ejemplo, el miedo, que era una defensa primigenia a posibles ataques que atentaran contra nuestra vida, se ha ido convirtiendo, al conectarse el neocórtex a diversas redes, en miedos anticipatorios muchas veces injustificados desde el punto de vista de la sobrevivencia. Esto en el Coaching nos lleva a trabajar con juicios, prejuicios y creencias limitantes sobre las que ha de arrojarse luz para lograr cambios que transformarán nuestro cerebro, nuestra personalidad y nuestra manera de situarnos ante la vida.

Una de las redes creadas durante la evolución sería la del lenguaje. Esto significó una revolución en nuestro cerebro y cambió nuestra forma de percibir y de percibirnos. El lenguaje en el humano es una vía muy reforzada; cuando aprendemos a leer ya no podemos parar de hacerlo; se convierte en un acto casi automático. Las palabras, que son unos codificadores muy especiales en la comunicación, generan realidades en nuestra mente y a su vez son capaces de elicitar una realidad que se hace presente y al tiempo la modifica. En el Coaching somos especialmente cuidadosos con la utilización de las palabras ya que es un instrumento muy potente con el que se puede llegar a crear anclajes (crear y revivir un estado emocional, por ejemplo de seguridad).

2. Memoria, Plasticidad Neuronal: Eric Kandel (1929-)

Premio Nobel de Medicina y Fisiología (2000) por sus descubrimientos sobre la *Aplysia*, una especie de caracol marino que tiene unos mecanismos neuronales que funcionan de manera parecida a los humanos. Destacó en Medicina, Psiquiatría y Neurofisiología Sus trabajos científicos están vinculados principalmente al estudio de los procesos de aprendizaje y memoria. De origen judío, su familia emigró a Estados Unidos. Es uno de los representantes de la teoría de la mente junto con Antonio Damasio.

En palabras de Kandel, «*la neurociencia, con su capacidad de enlazar la biología molecular y los estudios cognitivos, ha hecho posible que se empiece a explorar la biología del potencial humano, que podamos entender qué nos hace ser lo que somos. La tarea principal de la Neuropsicología es dar respuesta biológica a la conducta y su relación con el medio, avanzando en la manera de entender la compleja relación existente entre el cerebro y la mente, la conciencia, las emociones o el aprendizaje humano*».

Los partidarios de la teoría de la mente consideran que el cerebro no es solo biológico y funcional, sino la sede de funciones superiores del hombre que dan origen y son soporte de la mente, que tiene una dimensión ética.

Definió el concepto de plasticidad neuronal por considerarlo más adecuado que el de elasticidad, porque lo elástico vuelve a su estado inicial, mientras que lo plástico implica la permanencia del cambio. El aprendizaje produce un cambio que perdura en nuestra memoria.

Formuló los siguientes principios:

1. Las modificaciones de la fuerza sináptica subyacentes al aprendizaje de un comportamiento pueden ser suficientes para reconfigurar una red neuronal y su capacidad de procesamiento de información.

2. Las conexiones neuronales pueden modificarse en sentidos opuestos mediante formas distintas de aprendizaje. La habituación atenúa la sinapsis, mientras que la sensibilización y el condicionamiento clásico la refuerzan. La memoria no se almacena en un lugar determinado, sino que se distribuye por todo el circuito.

3. La memoria a corto plazo depende de la atenuación o el afianzamiento de la sinapsis. Se conserva cuanto más se conecta.

4. Una de las características fundamentales de la memoria es que se constituye por etapas. La memoria de corto plazo dura unos minutos, mientras que la memoria de largo plazo puede durar muchos días o periodos más largos aún.

5. La práctica asienta las cosas en la memoria a largo plazo, especialmente si esta repetición sea significativa (reforzada emocionalmente).

APLICACIÓN AL COACHING

- El principio que subyace a su trabajo es que hay que generar una práctica significativa para producir cambios permanentes.
- Las emociones juegan un papel importante en la consolidación de la memoria.

- Es posible el desaprendizaje, aunque es más trabajoso que el aprendizaje porque tendremos que actuar intensamente sobre el circuito de la motivación.

Cuando en Coaching trabajamos un cambio, estamos configurando nuestro cerebro de una manera diferente, debido a la plasticidad neuronal; estamos, de alguna manera, «reformateando» el cerebro. Producimos el cambio de alguna actividad humana gracias a haberla practicado, pero esa repetición ha de ser con sentido, es decir, motivante. Por lo tanto es necesario que sea significativa, que nos emocione; si es una simple repetición produce habituación y finalmente dejará de tener presencia y se extinguirá. Pero si es significativa para el *coachee* producirá sensibilización y el deseo de incorporar ese cambio a su repertorio habitual.

Como en tantas otras cosas, nosotros decidimos, de manera inconsciente en muchos casos, qué nos influye y qué no. El circuito de la motivación tiene unas bases químicas que se activan ante un tipo de estímulos distintos para cada persona y que necesitan de un potencial de acción. Por tanto, más que hablar de motivación externa deberíamos hablar de automotivación. En el proceso de desarrollo personal es muy importante saber qué nos mueve, qué nos conmueve, qué nos remueve, traerlo al consciente y ejercitarlo para poderlo poner en marcha cuando nos sea necesario. Porque la motivación es el motor de nuestras acciones, el motivo para la acción.

3. Cerebro nodular y Lateralización: Michael Gazzaniga (1939-)

Gazzaniga realizó un doctorado en Psicobiología en el Instituto Tecnológico de California (1964), donde trabajó a las órdenes de R. Wolcott Sperry, que le encargó que iniciara la búsqueda de la división del cerebro y sus funciones. Ha aportado importantes avances sobre el conocimiento de la lateralización y la comunicación entre los hemisferios cerebrales.

Gazzaniga expone en sus obras que el pensamiento occidental ha alimentado durante mucho tiempo la creencia de que nuestros pensamientos y nuestra conducta son producto de una entidad denominada mente que se aposenta en nuestro cerebro.

Este autor mantiene que esta mente unitaria y consciente no existe. En el cerebro se oculta un sistema de módulos relativamente independientes que son capaces de funcionar unos al margen de otros y de los que nuestra conciencia no tiene «noticia».

Las investigaciones más ortodoxas sobre el cerebro defienden que, puesto que las leyes físicas gobiernan el mundo físico y nuestro cerebro forma parte de este mundo, son estas leyes las que dominan nuestra conducta e incluso nuestra conciencia de nosotros mismos. Según estos científicos, el libre albedrío no tiene cabida y esto debilita nuestra responsabilidad como seres humanos.

En cambio, Gazzaniga, a pesar de ser biologicista, afirma que *«somos agentes responsables que debemos dar cuenta de nuestras acciones, porque la responsabilidad no depende del cerebro, sino de cómo las personas interactuamos unas con otras»*.

Da un enfoque ético que apela a la responsabilidad, y por supuesto a la pertinencia de un mundo de valores en nuestra propia vida, ante nosotros y ante la sociedad en la que vivimos. En su último libro habla sobre las creencias morales y el concepto de ética universal se centra en cómo forjamos nuestras creencias, por qué nos aferramos a ellas y el papel del cerebro en la adquisición de valores.

Fue colaborador de Wolcott Sperry, al cual le debemos la actual comprensión sobre la especialización y lateralización del cerebro humano.

Su trabajo ayuda a entender el funcionamiento de los dos cerebros (con sede en los dos hemisferios izquierdo y derecho) y los «*lenguajes que les son propios a cada uno de ellos*». En palabras de Howard Gardner (Teoría de las Inteligencias Múltiples), serían los codificadores que nuestro cerebro utiliza, como por ejemplo, números, letras, notas musicales etc.

APLICACIÓN AL COACHING

Muchas de las herramientas que se utilizan en el Coaching tienen que ver con hablar a las dos partes del cerebro. Utilizamos técnicas que apelan directamente al inconsciente, situado en el hemisferio derecho, para trabajar creencias limitantes y hacerlas aflorar hacia nuestra consciencia a fin de poderlas trabajar. Otras técnicas van dirigidas a detectar automatismos que hemos incorporado a nuestra actividad y que en la actualidad no resultan de ninguna utilidad o incluso son frenos para nuestro progreso.

Asimismo, las aportaciones de Gazzaniga nos señalan una relación con nuestras predilecciones cognitivas, los codificadores que nos resultan más inteligibles, las preferencias sensoriales (auditivos, visuales, cinestésicos), lo que podríamos definir como fortalezas, y también nuestras partes menos desarrolladas o áreas de mejora.

Su enfoque biologicista está modulado por apelar a la responsabilidad social, personal, y a valores éticos que actúan como una brújula para darle dirección y propósito a nuestra vida, que nos hacen ordenar nuestra actividad humana hacia un horizonte concreto y personal en el que cobran sentido quién y cómo nos han educado y las partes de ello que aceptamos e incorporamos, o las que nos crean malestar y nos impiden avanzar.

4. Neuronas Espejo: Giacomo Rizzolati (1937-)

Nació en Kiev y cursó sus estudios universitarios en Padua, donde se licenció en Medicina y Cirugía y se especializó en Neurología.

Sus primeras investigaciones estuvieron centradas en los campos de la fisiología del sueño y la visión. En 1996 dio a conocer las neuronas espejo, responsables de la empatía humana.

Ha recibido numerosos premios, entre ellos el Príncipe de Asturias de Investigación Científica y Técnica en 2011.

A principios de los 90, mientras estudiaba la relación entre el sistema motor y las funciones cognitivas y su papel en la percepción y la atención, descubrió en el cerebro de los primates un tipo de neuronas que se activaban, no solo cuando el individuo realizaba una acción concreta, sino también cuando observaba a un congénere efectuar la misma acción. Las denominó neuronas espejo y este hallazgo inició una revolución en la comprensión del modo en que se interactúa con los demás.

Posteriormente comprobaron la existencia de estas células en los humanos, pero con un funcionamiento más complejo. Permiten hacer nuestras las acciones y los sentimientos de los demás, principio básico de la empatía, y por tanto de nuestra dimensión social. Como se ha visto, nos permiten adivinar las intenciones del otro, están implicadas en las capacidades sensoriales, en el aprendizaje por imitación (vicario), en el desarrollo del lenguaje y en la comunicación, así como en los procesos de *feedback*, congruencia y sintonía en los procesos de comunicación.

Su potencial trascendencia para la ciencia es tan grande que el investigador Vilayanur Ramachandran ha llegado a afirmar que *«el descubrimiento de las neuronas espejo hará por la Psicología lo que el ADN por la biología».*

APLICACIÓN AL COACHING

Las neuronas espejo nos aportan tres principios: 1. La base fisiológica, por tanto, ontogenética, de la empatía; 2. El entrenamiento por visualización y recreación de cualquier aprendizaje de habilidades; 3. La deducción de cómo piensa y siente el otro (teoría de la mente). La empatía es la base de la comprensión y la compasión.

Las neuronas espejo nos ayudan a trabajar con conceptos como la empatía, la congruencia en la comunicación, nos relacionan con nuestra dimensión social, nos acercan a los fenómenos de comunicación no verbal. Nos ayudan a aprender observando al otro. Nos aportan soporte en técnicas para el trabajo en equipo.

Los deportistas de alto rendimiento utilizan visualizaciones en sus entrenamientos para «engrasar» el cerebro para la acción, «practicando» mentalmente. Eso les ayuda a alcanzar mejores objetivos.

El Coaching en sí mismo es un proceso de comunicación entre dos personas que necesariamente deben tener afinidad. Esta afinidad debe ser percibida por ambos participantes e implica procesos de aceptación, mostrados en muchos casos desde la comunicación no verbal, en la que utilizamos recursos como el *rapport*. Instintivamente producimos posiciones que se sincronizan y completan con las de nuestro interlocutor, al que damos *neurofeedback*.

Los procesos de Coaching no serían tales si no partiéramos de una actitud de empatía. El ser humano y muchos de los simios estamos especializados en intentar averiguar qué piensa y siente el otro, es decir, desarrollamos una teoría sobre qué intenciones tienen nuestros congéneres. Esa es la base objetiva de la empatía y para ello ponemos en juego las neuronas espejo.

5. Neurogénesis Permanente: Joseph Altman (1925-2016)

Biólogo estadounidense que trabajó en el campo de la Neurobiología. Descubrió que durante toda la vida se seguían originando nuevas neuronas, proceso conocido como Neurogénesis adulta.

Nació en Hungría. De origen judío, tuvo que emigrar a Estados Unidos durante el Holocausto. Trabajó en el Instituto Tecnológico de Massachusetts.

La Neurogénesis (creación de nuevas células nerviosas) se ha demostrado en el bulbo olfatorio, en el hipocampo y en el cuerpo estriado (donde se graban los sucesos ligados a hitos sensoriales). Necesitamos renovar neuronas para memorizar nuevos lugares interesantes, episodios relevantes. Los olores son poderosos marcadores para ser rememorados. Olfato y memoria han ido de la mano evolutivamente desde hace muchos milenios. El cerebro olfativo y el hipocampal pertenecen al cerebro antiguo.

La novedad necesita motivación, curiosidad, ánimo y acción. En la depresión, el cerebro evalúa negativamente la capacidad del individuo para afrontar la realidad y, con lógica evolutiva de ahorro, desactiva la Neurogénesis del hipocampo y en su lugar se rumian los contenidos catastrofistas del pasado-presente-futuro impidiendo que lo novedoso perturbe el análisis.

El ejercicio, la acción y la animosidad activan la Neurogénesis hipocampal, y el estrés crónico o insuperable (indefensión) la apaga. El miedo imaginado, atascado, desvinculado del afrontamiento real activa descontroladamente el hipocampo y la Neurogénesis se desactiva.

En la década de los años 60, Altman descubrió la posibilidad de que se crearan nuevas células nerviosas en seres adultos, en contra de la opinión de Pasko Rasik, Ramón y Cajal y otros investigadores, que creían que este proceso desaparecía después del nacimiento. Como investigador independiente del MIT sus resultados fueron ignorados. En 1999, Elisabeth Gould observó la creación de nuevas neuronas en los adultos de primates. Además descubrió que correr favorece el crecimiento de los astrocitos y la neuroglia (células nerviosas), y ello validó los descubrimientos de Altman en el ser humano.

APLICACIÓN AL COACHING

La capacidad para cambiar permanece durante toda la vida del ser humano, no solo durante las primeras etapas.

Nuestro sistema nervioso no acaba de cambiar y crecer en toda nuestra vida y por tanto la personalidad se va modificando.

Es conveniente estar inmersos durante toda nuestra existencia en un proceso continuo de desarrollo personal que nos llevará a formular una vez y otra nuestro proyecto de vida.

Incorporar nuevos conocimientos, habilidades y capacidades nos ayudará a trabajar en dirección contraria a la de la depresión y otro tipo de enfermedades que la acompañan.

Esta es en sí misma la propia finalidad de un proceso natural de cambio: trabajar nuestra trayectoria de vida para poder llegar a ser más plenos y por tanto más felices.

6. Bases neurales de la emoción: Richard Davidson (1951-)

Profesor de Psicología y Psiquiatría en la Universidad de Wisconsin, Madison, así como fundador y director del Centro Waisman. Sus estudios se centran en las bases biológicas cerebrales de la depresión y ansiedad.

Al conocer al Dalai Lama llevó su trabajo hacia las bases fisiológicas de la amabilidad y la compasión. Parte de su investigación se centra en los fundamentos neuronales de la emoción.

Trabajó intensamente sobre los circuitos de la motivación. Recomienda la meditación como fuente de cambio, salud y equilibrio emocional.

La Neuroplasticidad se define como la capacidad del sistema nervioso para cambiar a partir de una interacción con el entorno. Se refiere a la facultad que tienen las neuronas para regenerarse y formar nuevas conexiones.

Cuando varias neuronas se activan a la vez tienden a mandarse información entre sí. Si este patrón de activación se repite con cierta frecuencia, estas neuronas no solo se mandarán información sino que tenderán a buscar una unión más intensa con las otras, que se activan a la vez, volviéndose más predispuestas a mandarse información entre sí. Este aumento de la probabilidad de activarse juntas se expresa físicamente en la creación de ramificaciones neuronales más estables que unen a estas células nerviosas y las vuelven físicamente más próximas, lo cual modifica la microestructura del sistema nervioso.

Davidson escribe: «*Nuestro cerebro es el órgano construido para cambiar en respuesta las experiencias. El cerebro es mucho más impactable en los primeros años y hasta la adolescencia. El cerebro siempre está cambiando influido por el entorno, la cultura, el contexto en el que residimos, el tipo de educación que recibimos, nuestra biología...*».

Davidson pone de manifiesto la base química que hay tras cada uno de los estilos emocionales de cada persona y su influencia en la salud. Cada uno tenemos un perfil emocional individualizado.

Es un ferviente partidario de la educación emocional para que cuando ocurra una adversidad emocional no persista más de lo necesario. Así no se constituirá en un impedimento para continuar con nuestra vida y aprendizaje. También propone que aprendamos a prestar atención para mejorar la concentración. Todo ello nos ayudará a responsabilizarnos más de nuestro cerebro, propiciando cambios que nos resulten más beneficiosos.

«*Descubrí* –dice Davidson– *que una mente en calma puede producir bienestar en cualquier tipo de situación. Y cuando desde la neurociencia me dediqué a investigar las bases de las emociones, me sorprendió ver cómo las estructuras del cerebro pueden formar parte del circuito de la compasión. Una de las cosas más importantes que he descubierto sobre la amabilidad y la ternura es que se pueden entrenar a cualquier edad y que son base de salud*».

APLICACIÓN AL COACHING

Muchas veces las personas tendemos a adjudicar responsabilidad de cómo nos sentimos ante agentes externos, pero Davidson nos propone que nos responsabilicemos de cómo nos sentimos. Si observamos, siempre están ocurriendo cosas a nuestro alrededor, pero la diferencia está en cómo nos posicionamos ante ellas; los sucesos no tienen carga emocional sino que son neutros; la valencia se la damos nosotros con cómo dejamos que nos afecten.

Puedo trabajar con mis emociones, evitar que aumenten de volumen hasta constituirse en una carga emocional (del enfado a la ira, de la alegría a la euforia...). También puedo evitar que sucesos aparentemente adversos me influyan. Pero para conseguir esto debemos entrenarlo. Debemos trabajar para alcanzar esa calma deseada. Davidson propone practicar ejercicios de meditación como instrumento de trabajo, en una modalidad con carices más occidentales como el *mindfulness*, y sobre todo empezar a entrenar lo antes posible porque los cerebros infantiles son más permeables, lo cual no quiere decir que no sea de gran valor también para los adultos. Cualquier momento en la vida es bueno para empezar a meditar.

Nos propone que entrenemos especialmente la amabilidad, la comprensión y la compasión.

Diario de un coach. Un líder sabe cómo contagiar exitosamente a su equipo[17]

Virginia ha dejado la empresa en la que ha trabajado siete años para desarrollarse profesionalmente y adquirir un puesto de mayor responsabilidad. Hace un mes que está ejerciendo como directora de marketing en una multinacional donde cuenta con un equipo de ocho personas. El anterior director fue despedido por los malos resultados y el malestar del equipo. El clima que se respira es negativo, desmotivador y de incertidumbre.

Virginia empieza su proceso de 'Coaching' porque su empresa desea facilitar su adaptación al nuevo puesto. En la primera sesión, identificó más claramente su objetivo: desarrollar sus habilidades de liderazgo para influir positivamente en cada uno de los miembros de su equipo y gestionar el talento.

Iniciamos la segunda sesión.

—Buenos tardes, Virginia, cuéntame, ¿cuál es el tema que quieres abordar?

—Me gustaría ver con más claridad cómo ser una buena líder.

—¿Qué significa para ti ser una buena líder?

—Influir positivamente en los miembros de mi equipo para poder motivarlos y sacar lo mejor de ellos.

—¿Qué estás haciendo para conseguirlo?

—Prácticamente nada por falta de tiempo. Además, a día de hoy tengo la sensación de que mi equipo me influye de manera negativa. Durante mis primeras cuatro semanas el clima ha sido muy negativo; lo puedes

---

17   Con el consentimiento de la revista Observatorio de RRHH, para la que fueron inicialmente redactados.

percibir en sus caras y su estado de ánimo. Entre ellos hablan muy poco y parecen estresados. No sé, nunca había estado en una situación similar. Y creo que me está afectando bastante porque cuando me ofrecieron el puesto estaba muy entusiasmada, pero cuando conocí al equipo y empecé a trabajar con ellos, poco a poco mi motivación se fue diluyendo. No me gustaría fracasar.

Virginia quiere influir positivamente en su equipo. Observa en ellos secuelas de la presencia del anterior director: la falta de comunicación y empatía, estrés, desconfianza, etc. La actitud de su equipo está influyendo negativamente en ella. Cuando la escucho, vienen a mi pensamiento las neuronas espejo de Giacomo Rizzolatti.

En el caso de Virginia, su anterior jefe no gestionaba muy bien las emociones; estaba siempre estresado, no miraba a las personas a los ojos, no se preocupaba por las necesidades de su equipo, no sonreía ni saludaba... Esta situación propiciaba que se reflejaran las mismas actitudes de todo el equipo por «contagio» o «imitación». Sin embargo, ahora es el equipo el que está influyendo en la actitud de ella.

—Virginia, te invito a que cierres los ojos para que te visualices gestionando a tu equipo de manera exitosa, influyendo positivamente en ellos. —Se realiza una relajación antes de guiar la visualización.

El hecho de visualizarla, pensarla y hacer un recorrido mental activa las mismas neuronas que se activan cuando se realiza la acción. Nos ayuda a trabajar conceptos como la empatía, la congruencia en la comunicación; nos relaciona con nuestra dimensión social, nos acerca a los fenómenos de comunicación no verbal. Nos facilita aprender. Acaba aportando soporte para el trabajo en equipo.

—¿Cómo te has visto?

—Al principio me ha costado visualizarme con mi equipo, pero poco a poco he conseguido verme actuando con ellos de manera muy fluida. Me sentía muy feliz al ver que confiaban plenamente en mí. Yo transmitía seguridad, confianza, cercanía, escucha, compañerismo, compromiso y responsabilidad. Lo sorprendente es que mi equipo reflejaba los mismo valores que yo.

—¿Y eso tiene algún significado para ti?

—Sí, creo que primero tengo que trabajar yo estos valores antes de pedir un cambio a mi equipo, ¿no?

—¿Y cómo lo vas a hacer?

—Voy a hablar con cada uno de ellos para ver cómo se sienten y qué necesidades tienen. Creo que eso me ayudará a entenderlos más y crear confianza.

—¿Alguna cosa más?

—Sí, tomar conciencia de las actitudes y emociones de mis compañeros y las mías propias al comunicar.

—¿Para qué?

—Para mejorar nuestro entendimiento. Pienso que un buen líder irradia integridad, confianza, motivación y compromiso de equipo.

—¿Cómo resumirías esta sesión?

—Yo quiero ser modelo para el cambio en mi equipo.

Virginia desea modelar a su equipo al expresar actitudes positivas, creando nuevos estilos de conducta y una cultura empática y de compromiso hacia el trabajo.

Al cabo de dos meses realizamos seguimiento de Virginia y compartió lo siguiente:

—Estoy muy contenta. Por primera vez tengo la sensación de que mi equipo y yo estamos en el mismo barco. En el ambiente se respira confianza, compromiso, respeto y mucha comunicación entre todos nosotros.

PSICOLOGÍA POSITIVA Y COACHING

Dafne Cataluña y Aroa Ruiz

INTRODUCCIÓN

Los dos autores que dieron a conocer la Psicología Positiva como tal en la comunidad científica, Seligman y Csikszentmihalyi (2000), afirman que esta se centra en el «*estudio científico de las experiencias positivas, los rasgos individuales positivos, las instituciones que facilitan su desarrollo y los programas que ayudan a mejorar la calidad de vida de los individuos y previenen o reducen la incidencia de la psicopatología*».

De forma similar, la *Coaching Psychology* ha puesto su foco en mejorar el rendimiento y el bienestar en personas sin patología, incidiendo en el lado positivo del individuo desde una perspectiva práctica que acentúa la mirada hacia las fortalezas personales. (Linley y Harrington, 2005).

Específicamente, algunas de las aportaciones principales de la Psicología Positiva que enriquecen el Coaching incluyen el cambio de foco hacia las fortalezas y la cientificidad de las técnicas.

El modelo de fortalezas equilibradas diseñado por el IEPP (Instituto Europeo de Psicología Positiva) está validado por la Universidad Complutense de Madrid y nos permite tanto establecer los objetivos de mejora en un proceso de Coaching como poder evaluar el cambio tras realizar el proceso. A su vez nos ayuda a elaborar un plan detallado de objetivos basándonos en el perfil de fortalezas del cliente, de forma que buscaremos potenciar las fortalezas EQ (equilibradas), disminuir el uso de las fortalezas MP (muy presentes), y delegar en la medida de lo posible lo relacionado con las fortalezas PP (poco presentes).

En este capítulo nos centraremos en describir la variable considerada columna vertebral de este modelo: las fortalezas.

PRINCIPIOS FUNDAMENTALES DE LA PSICOLOGÍA POSITIVA UTILIZADOS EN COACHING

La variable de las fortalezas personales es uno de los elementos que más relación y uso tienen en un proceso de Coaching. Si tomamos el modelo PERMA de Seligman dispondremos de otros elementos, además de las fortalezas, como las emociones positivas, las relaciones sociales, el sentido vital y el logro de objetivos (véase con detalle en el apartado de autores).

Centrándonos en las fortalezas, para Peterson y Seligman (2004), el concepto de «virtud o fortaleza» está referido a aquellas capacidades que pueden adquirirse a través de la voluntad, las cuales representan rasgos positivos de la personalidad.

Hodges y Clifton (2005) definen cada fortaleza como *«una habilidad para proporcionar coherencia, un rendimiento cercano a la perfección en una determinada actividad»*. Según estos autores, la clave para construir una fortaleza consiste primero en *«identificar los temas de talento que dominas»*, es decir, aquello en lo que mostremos una especial habilidad, que se nos dé bien hacer, para *«después descubrir tus talentos específicos dentro de esos temas, y por último refinarlos con conocimiento y habilidades»*.

En esta definición, los talentos son *«patrones naturales y recurrentes, tanto de pensamientos, sentimientos, como de conductas, que pueden ser aplicados productivamente»*.

A la hora de descubrir esos talentos, no los buscaremos fuera sino dentro de cada uno de nosotros, pues son elementos que ya tenemos; es decir, las capacidades hacen referencia a aptitudes más o menos innatas y automáticas, mientras que las fortalezas son rasgos morales que dependen de la voluntad.

En el libro *Strenghs Finder 2.0*, Tom Rath (2007) incluye los resultados de la organización Gallup de muchos años de investigaciones en la detección de talentos personales, elaborando y describiendo así un conjunto de treinta y cuatro.

De esta forma, el talento, entendido como «*un camino natural de sentir, pensar o hacer, multiplicado por la inversión, es decir, el tiempo gastado en practicar, desarrollar tus habilidades y construir tu reconocimiento*», dará lugar al desarrollo de fortalezas, «*la capacidad para proporcionar de forma coherente un rendimiento casi perfecto*» (Tom Rath, p.20).

El modelo de fortalezas equilibradas se crea con el objeto de adaptar y mejorar los modelos anteriores a la población española y mejorar la fiabilidad y validez en la evaluación de las fortalezas personales. Bajo este modelo, la definición que aportamos de fortaleza es la de «*comportamientos (pensamientos, emociones y conductas) que experimentamos de forma natural en diferentes grados y son susceptibles de mejora (entrenamiento), nos hacen sentir más auténticos, facilitan obtener un rendimiento óptimo y mejoran los niveles de vitalidad (energía) cuando se utilizan con equilibrio en un determinado contexto u objetivo*» (Cataluña, D. y Cols. 2017).

Para entender la naturaleza de las fortalezas cuando se usan con equilibrio disponemos de esta descripción (Cataluña, D. y Cols. 2017):

1. Universalismo: das importancia a cuidar el mundo, protegerlo de las agresiones medioambientales y a ser amable con los seres vivos que habitan en él.
2. Armonía: experimentas equilibrio emocional, no sueles alterarte, mantienes la calma y la serenidad.
3. Perdón: dejas atrás con facilidad emociones negativas como el rencor cuando te han hecho daño. Puedes sentir una emoción negativa inicial pero dura poco tiempo, no se llega a convertir en rencor, dejas pasar lo sucedido aunque tomes decisiones que te protejan en un futuro.
4. Positividad: tras contemplar tanto lo bueno como lo malo, lo positivo y lo negativo, eliges con más frecuencia quedarte con lo bueno y ver el vaso medio lleno.
5. Humor: la alegría y la risa forman parte de tu vida cotidiana, te ayudan cuando es necesario afrontar situaciones tensas o complicadas y con ellas rebajas la tensión.
6. Cooperación: sueles colaborar, cooperar codo a codo y sentir que los miembros de tus proyectos o equipos suman fuerzas para lograr un objetivo común.
7. Apreciación de la belleza: disfrutas de la visión, de la escucha o de la definitiva percepción de elementos que te resultan bellos. Experimentas una conexión especial con los sentidos.
8. Gratitud: sientes que la vida te sonríe en pequeños y grandes detalles y sientes gratitud por ello.
9. Organización: tienes una gran habilidad para prever lo que va a ocurrir y estar preparado ante las diferentes posibilidades.
10. Calidad: buscas y disfrutas con el trabajo bien hecho. Pones esfuerzo para ver un buen resultado.

11. Carisma: sueles caer bien y enganchar en tus relaciones. Se te da bien detectar los puntos fuertes, el valor que aportan los demás y ayudarles en su crecimiento y superación.

12. Legado: disfrutas al dejar huella; involucrarte en proyectos con un impacto a largo plazo da un sentido a lo que haces en tu día a día.

13. Curiosidad: buscas la novedad, disfrutas al descubrir lo desconocido y prefieres cambiar de proyectos o tareas para motivarte. Es probable que te guste variar tus lecturas, viajar a lugares diferentes, probar comidas distintas... En definitiva, te atrae el cambio.

14. Innovación: se te da bien innovar, plantearte hacer algo diferente, tanto con ideas como con objetos. Tienes la mente abierta y flexible a cualquier posibilidad porque sabes que por muy extrañas que en un principio puedan parecer las ideas al final algunas llevan a buen puerto.

15. Aceptación: cuando has intentado algo en varias ocasiones y no lo has conseguido sabes identificar cuándo es mejor aceptar la situación que luchar contra ella, lo cual no implica resignación sino sabiduría.

16. Conocimiento emocional: sabes identificar emociones y darles un significado, es decir, conoces su sentido o función.

17. Manejo emocional: conoces herramientas y técnicas para sacar partido a tus emociones, sean agradables o desagradables. Esto no implica no sentirlas, sino que cuando las sientes las comprendes y transformas en información útil.

18. Compromiso: cumples con lo que prometes, das valor a aquello con lo que te has comprometido y haces todo lo posible por cumplirlo.

19. Equidad: das importancia a que las partes sean tratadas de forma igualitaria y te sientes bien cuando has sido equitativo.

20. Honestidad: te expresas con claridad, franqueza, sinceridad y al mismo tiempo con tacto.

21. Valentía: superas con facilidad el miedo que sientes al afrontar situaciones complicadas y desconocidas. Te gusta dar un paso adelante y pasar a la acción.

22. Persistencia: das lo mejor de ti para conseguir lo que te propones con constancia a pesar de las dificultades y con capacidad para ser flexible y saber cuándo es mejor aceptar que la perseverancia tiene un límite.

23. Vitalidad: sientes energía, motivación y concentración para realizar lo que te propones. Te consideras una persona alegre y vital.

24. Crecimiento: disfrutas al involucrarte en retos que supongan un desafío personal o profesional y que te den la sensación de superación o evolución.

25. Directividad: tiendes a asumir el control de las situaciones, confías en tus propias capacidades y diriges la acción de otras personas para conseguir un objetivo.

26. Análisis: te tomas tu tiempo para pensar y examinar la situación y las diferentes posibilidades antes de tomar una decisión o actuar, no te gusta tener que decidir sin pensar; prefieres tener tiempo para meditar una respuesta.

Disponer de estos recursos para su uso en Coaching nos ofrece un enriquecimiento teórico para la elaboración de objetivos y la elección de las técnicas en la sesión. Un buen uso basado en la evidencia se consigue evaluando el perfil de fortalezas. Un ejemplo es el test de fortalezas equilibradas, que nos dará las pistas para seleccionar los ejercicios.

Una fuente de documentación, recursos prácticos y técnicas basadas en la evaluación de fortalezas es el *Manual de ejercicios prácticos de Psicología Positiva aplicada* editado por el Colegio Oficial de la Psicología de Madrid.

AUTORES Y APORTACIONES DESTACADAS DE LA PSICOLOGÍA POSITIVA AL COACHING

1. Identificación de Fortalezas	MARTIN SELIGMAN (2006-)	Disponemos de recursos psicológicos que nos hacen únicos. Conocer nuestro perfil nos aporta una visión enriquecida de nosotros mismos
2. Potenciación de Fortalezas	CHRISTOPHER PETERSON (1955-2012)	Cuando usamos las fortalezas en nuestra vida cotidiana disfrutamos más y obtenemos un rendimiento óptimo
3. Flujo	MIHALY CSIKSZENTMIHALYI (1991-)	Cuando existe un equilibrio entre las habilidades y la dificultad de la tarea entro en un canal de máxima concentración
4. Emociones Positivas	BARBARA FREDRICKSON (1964 -)	Experimentar emociones positivas retroalimenta nuestras habilidades de afrontamiento y los repertorios de conducta
5. Comunicación Constructiva	SHELLY GABLE (2004)	Identificar los elementos que caracterizan un lenguaje positivo y activo como herramienta para mejorar las relaciones

Pioneros de este enfoque son también Ed Dianer, Tal Ben Sahar, Carmelo Vázquez, Robert Biswas-Diener, Todd Kashdan y Kim Cameron.

1. Identificación de Fortalezas: Christopher Peterson (1950-2012)

Profesor de Psicología de la Universidad de Michigan. Ha escrito, junto con Seligman, el manual *Character Strengths and Virtues: A Handbook and Classification*. Fue editor consultor del *Journal of Positive Psychology*.

Como cita Seligman (2011) en su libro *La vida que florece*, una fortaleza personal promueve la sensación de que es algo propio y auténtico, genera una emoción inicial al mostrarla, sobre todo al comienzo. Aparece además una curva de aprendizaje rápida cuando la fortaleza se practica por primera vez, surgiendo anhelo de encontrar nuevas formas de usarla al aportar gran energía. Todo ello genera la creación y búsqueda de proyectos personales y añade emociones positivas como alegría, entusiasmo...

Existe un cuestionario que las mide, el test VIA (Peterson y Seligman,2004), *VIA Classification of Strengths, Institute on Character, Fortalezas de Carácter y Virtudes* (manual de VIA). Compuesto por 240 preguntas, ofrece una definición y un lenguaje común para trabajar en sesión. De esta forma, el cliente ya es más consciente de lo que tiene y de lo que le gustaría tener[18]. La información que el test proporciona es una

---

18   Puede accederse gratuitamente al test en la página de la Universidad

jerarquización de nuestras fortalezas o talentos, donde se ordenan desde la primera (nuestra fortaleza principal) hasta la número 24 (con la que menos identificados nos sentimos).

Otro test que, nosotros recomendamos para la evaluación de fortalezas por estar adaptado a población española, es el Test de Fortalezas Equilibradas[19].

APLICACIÓN AL COACHING

Dedicar una sesión a entender los resultados del test analizando el contenido o la descripción de cada fortaleza permite al cliente ver reflejado ese resultado en sus actividades cotidianas.

2. Desarrollo de Fortalezas: Martin Seligman (1942-)

Es el autor más conocido de la Psicología Positiva y el que, desde la Universidad de Pensilvania, se ha encargado de difundir por todo el mundo el valor de las fortalezas, centrando su atención en gran parte sobre el optimismo.

Es director del departamento de Psicología de la Universidad de Pensilvania. Premios destacados: William James Fellow Award y el James McKeen Cattell Fellow Award.

Seligman afirma que la verdadera felicidad deriva de la identificación y el cultivo de las fortalezas personales más

---

de Pensilvania en castellano. https://www.authentichappiness.sas.upenn.edu/

19   https://psicologiapositiva.leadpages.co/test-web-iepp/

importantes de la persona y su uso cotidiano en el trabajo, el amor, la educación y los hijos.

Es necesario tener en cuenta que, por mucho que conozcamos una fortaleza, si no la usamos no notaremos su beneficio psicológico; es más, Seligman, Rashid y Parks (2006) descubrieron que para que el beneficio sea significativo, lo importante es elegir una forma de utilizarla que sea distinta a la habitual.

El optimismo es una de las fortalezas que ofrece muchas ventajas al potenciarse porque se relaciona directamente con la esperanza de conseguir aquello que nos propongamos. Es una variable básica para generar confianza y darnos la inyección natural de energía necesaria para minimizar el esfuerzo que todo objetivo suele suponer.

Para potenciar el optimismo y la gratitud, Seligman (2002) propone el ejercicio de «Diario de Gratitud», que consiste en escribir entre una y tres cosas por las que nos sintamos agradecidos antes de irnos a dormir. Podemos apuntar algo que nos haya sucedido el mismo día o incluso recuerdos del pasado; lo importante es focalizarnos en aquello que nos haya generado una emoción positiva. No nos hace falta que sea un evento importante; más bien al contrario. Facilita la tarea el pensar en los pequeños detalles del día a día que nos gustan, que nos hacen sentir bien.

APLICACIÓN AL COACHING

Cuando planteamos esto en una sesión de Coaching estamos enviando a nuestro cerebro al gimnasio, estamos entrenándolo para hacerle fuerte en detectar lo bueno que nos ocurre y dedicar un tiempo a valorarlo y saborearlo.

3. Flujo: Mihaly Csikszentmihalyi (1934-)

Profesor de Psicología en la Universidad de Claremont (California), responsable del departamento de Psicología de la Universidad de Chicago y del departamento de Sociología y Antropología de la Universidad de Lake Forest, así como director del *Quality of Life Research Center.*

Es considerado, junto con Seligman, una figura clave en el origen y la difusión de la Psicología Positiva. Sus estudios se centran en el concepto de *flow* (fluir), que define como un estado en el que la persona se encuentra absorta en una actividad para su propio placer y disfrute, durante el cual el tiempo vuela y las acciones, pensamientos y movimientos se suceden unas a otras sin pausa. Entre otros ha recibido el premio *The Thinker of the Year* del año 2010.

Csikszentmihalyi (1991) ha estudiado los efectos del uso de las fortalezas personales. Al tratarse de talentos en los que solemos desenvolvernos con eficacia y naturalidad, propician emociones que podrían catalogarse como de disfrute o flujo y que son más elaboradas que emociones positivas más básicas relacionadas con el placer.

Diferenciar el placer del disfrute no siempre es sencillo. Una de las claves es ser conscientes de que el disfrute supone un esfuerzo inicial pero que la lectura final de esa vivencia es muy positiva. Un ejemplo es el del alpinista que puede llegar a sufrir y sentir dolor durante el ascenso de una pendiente pero que cuando llega a la cima experimenta una conexión con la naturaleza y una plenitud difíciles de describir con palabras.

En el modelo de flujo se plantean dos variables: la dificultad de la tarea y las habilidades que la persona tiene para afrontarla. Cuando mis habilidades son escasas y la tarea es muy difícil siento ansiedad porque percibo que no «soy capaz» de conseguirlo, que no está en mi mano alcanzarlo. Sin embargo, cuando la tarea es muy sencilla y tengo muchas habilidades, puedo aburrirme con facilidad porque domino tanto la tarea que no me resulta atractiva. Además, podemos apreciar otros estados como la relajación, el control, el estrés, la apatía... en función de cómo interpretamos una misma actividad o acción y la evolución que puede ir adquiriendo a medida que aumentan o disminuyen las habilidades o el reto.

APLICACIÓN AL COACHING

Podemos trabajar el «flujo» en aquellas sesiones de Coaching donde el objetivo que el cliente se plantee tenga relación con disminuir la ansiedad o el aburrimiento con una tarea determinada.

El trabajo en la sesión de Coaching consistirá en encontrar ese punto de equilibrio en el que determinar formas de ajustar mis habilidades a la dificultad de la tarea o proyecto. Las fortalezas pueden ser un buen facilitador; también puede serlo la búsqueda de recursos e incluso la posibilidad de delegar. Por tanto son muchas las variables que pueden combinarse para entrar en el canal de flujo.

4. Emociones positivas: Bárbara (1964-)

Profesora de Psicología de la Universidad de Carolina del Norte. Su mayor contribución y esfuerzo están centrados en el desarrollo de investigaciones relacionadas con las emociones positivas, que la han llevado a crear su Teoría de Ensanchar-Construir (*Broaden and Build Theory*). También recibió el premio Templeton en el año 2000.

Esta investigadora, enfocada muy especialmente en el trabajo y desarrollo de emociones, señala que las emociones positivas amplían y construyen abanicos de pensamiento y acción, fomentando el crecimiento de recursos internos donde se desarrollan conductas más flexibles y menos determinadas. Estas conductas transforman nuestro repertorio conductual. Así, la alegría por realizar una actividad, por ejemplo, relacionada con una fortaleza personal como bailar, invita a la exploración, la apertura, la conexión con otros, y su impacto desarrolla nuevos recursos intelectuales, personales, etc., que transforman nuestros comportamientos volviéndose más flexibles, creativos, vitales...

Concretamente, estos son de experimentar las consecuencias positivas halladas en la literatura experimental (Aspinwall y Staudinger, 2003; Avia y Vázquez, 1998; Fredrickson, 2001; Isen, 1993, 1999):

- El juicio hacia los demás y hacia uno mismo es más indulgente
- Codifica y recupera mejor recuerdo positivo
- Amplía el campo visual
- Genera un pensamiento más flexible y creativo
- Genera más repertorios de conducta
- Permite el cambio por razones positivas, no como huida
- Reduce la duda
- Se generan conductas altruistas
- Permite contrarrestar afectos negativos
- Se tolera mejor el dolor físico
- Favorece la resistencia ante las adversidades

APLICACIÓN AL COACHING

En Coaching, conectar el plan de acción y los objetivos con actividades que promuevan y alienten un mayor número de emociones positivas en el individuo y en sus relaciones, facilitará la consecución de sus logros y objetivos con mayor motivación, ilusión y tenacidad.

5. Comunicación constructiva: Shelly Gable (1946-)

Shelly Gable obtuvo una licenciatura en Psicología por el Muhlenberg College y una maestría en Artes en Psicología por la Universidad de William & Mary, así como un Ph.D. en Psicología Social por la Universidad de Rochester en 2000. La investigación de la Dra. Gable se centra en la motivación, las relaciones estrechas y las emociones positivas. Su trabajo ha sido financiado por los Institutos Nacionales de Salud, la Fundación Nacional para la Ciencia y la Red de la Psicología Positiva.

Es miembro del consejo editorial de varias revistas y recibió un premio de enseñanza del departamento de Psicología de UCLA.[20]

Desarrollar e impulsar un estilo saludable en nuestra comunicación representa un gran valor para la promoción del bienestar, siendo una de las principales fuentes de información interpersonal e intrapersonal. Por ello distintas disciplinas desde la Psicología han focalizado su atención hacia una

---

20   Fuente: https://www.psych.ucsb.edu/people/faculty/gable W. Bush

vertiente más positiva y el estudio e impacto del lenguaje no verbal y verbal (Psicología Positiva, programación neurolingüística), nutriendo las sesiones para profundizar y descubrir el estado interno del cliente, la forma de relacionarnos con nosotros mismos, con los demás...

Durante el trabajo en sesión de Coaching, la comunicación se convierte en uno de los principales recursos para el cambio. Gable, Ries, Impett y Asher (2004) aportaron un modelo basado en el desarrollo de la comunicación activa y constructiva con gran impacto para desarrollar relaciones sólidas. Así, cuando un individuo responde de forma activa-constructiva a alguien (no pasiva o destructiva), está compartiendo experiencias positivas que se traducen en un incremento de emociones positivas como el amor, la confianza, el respeto, la seguridad, y fomentando una mayor conexión.

APLICACIÓN AL COACHING

A lo largo de un proceso de Coaching, la principal herramienta de trabajo gira en torno a la comunicación. Por ello, incidir y prestar atención al lenguaje verbal y no verbal de los mensajes emitidos, así como al diálogo interno que presenta el cliente, aportará gran riqueza y matices al estado interno del mismo (y su implicación externa) si observamos la actitud acompañada de gestos diversos (de apertura, cierre, energía, velocidad, riqueza e interés de la conversación...).

Diario de un coach. Objetivo: hacia el equilibrio[21]

Lisa, empresaria dedicada a la formación, desarrollo personal y terapia, inicia la sesión y me transmite:

—Mi objetivo... yo creo que va a estar destinado al equilibrio, a buscar el equilibrio. En esta etapa de mi vida necesito un chute de energía adicional...

»Suelo ser una persona que tiene bastante confianza en sí misma. A nivel profesional, si me he metido en algo era porque sabía que lo podía hacer bien. Sin embargo, en el ámbito personal últimamente tengo un poco la sensación de que no hay un manual para esto, sobre todo con el tema de la maternidad.

Lisa reconoce con gran claridad sus fortalezas personales, representadas por la gran cantidad de energía y satisfacción que obtiene cuando las pone en marcha. Ahora se ha producido un giro en su vida personal y profesional, y está involucrada en actividades que no la motivan tanto como antes.

—De hecho, antes estaba más en la intervención y ponía en marcha mi conexión empática, y también lo hacía en la terapia, pero he tenido que decidir enfocarme más en estas cosas, que ahora son parte de mi función de gestión. O sea que ahora soy absolutamente consciente de que a lo que me dedicaba antes estaba más relacionado con mis fortalezas. Porque a mí gestionar ¡no es que me encante!, pero sabía, y lo sabía desde el principio, que cuando tuviera que llevar la parte más de dirección y de gestión, me desgastaría.

---

21   Con el consentimiento de la revista Observatorio de RRHH, para la que fueron inicialmente redactados.

Continúa describiendo su situación actual, pero se produce un cambio significativo en el estilo de su relato…

–*Soy muy curiosa; lo del cambio y la novedad lo necesito mucho. Y, claro, cuando tienes un niño, ¡todo son hábitos! Entonces a lo mejor como que echo un poquito en falta la aventura. Por eso a mi hija la pobre la tengo apuntada a mil cosas, que si natación, que si música, que si tal, para estar activa, porque me gusta explorar eso y a lo mejor en mi ámbito personal no está tan presente.*

Al hablar de aventura, sus ojos y su expresión se transforman; hay un incremento en la vitalidad, conectando con emociones positivas solo al recordarlo y revivirlo. Estas emociones nos están informando de que ahí residen aspectos de crecimiento aliados para el cambio.

Has mencionado la aventura como algo que, debido a tu curiosidad y necesidad de cambios, te ayuda a generar actividades diferentes. ¿Puede ser la aventura una palanca para llevar a efecto acciones que quieras emprender?

–*Puede ser…*

–*¿Por dónde te gustaría empezar? Dime una acción.*

–*Sí, yo creo que en la parte de aventura me falta el decir, «venga inténtalo». En el ámbito personal nos apetece irnos un fin de semana a Granada y hacerlo, y no decir no «porque la niña no va a dormir». Pues a lo mejor esto…*

Lisa había llevado a cabo un gran trabajo personal en relación al reconocimiento de sus fortalezas. Sin embargo, debido a su situación profesional en este momento no podía cultivarlas en la misma medida y con la misma intensidad. En ocasiones nuestras fortalezas no pueden expresarse en todas las áreas de la vida, pero sí podemos variar o desarrollarlas en otros contextos para incrementar muestra energía y satisfacción, y equilibrar la balanza entre emociones negativas y positivas.

En ocasiones habrá personas que no sepan nombrar o detectar cuáles son sus aliados, sus fortalezas personales, y mucho menos ponerlas en práctica en su vida cotidiana. El camino del crecimiento personal lleva asociado saber reconocer y detectar los recursos de los que disponemos. Y no siempre es necesario un gran esfuerzo si sabemos reconocer lo que ya está en nosotros, lo que brilla con luz propia.

PSICOLOGÍA DE LA GESTALT Y COACHING

Carmen Cruz Fábrega y Elena Ivonne Daprá

INTRODUCCIÓN

Una de las características principales que definen un proceso de Coaching es que el cliente, ayudado por el *coach*, amplía su conciencia sobre sí mismo, siendo capaz de observarse y enfocar los acontecimientos de su vida desde una perspectiva más amplia. Para ello es preciso desarrollar una mirada introspectiva y captar los elementos que están presentes en nuestra conciencia.

El enfoque de la Psicología de la Gestalt se concentra en estudiar lo que aparece en la conciencia de forma natural, desde una concepción fenomenológica de las experiencias.

El término fenómeno significa «tal y como aparece», o «lo que se da». Este abordaje es opuesto al elementalismo, (representado por Wundt), que estudia fenómenos complejos buscando los componentes más simples de modo atomista. Para los gestaltistas el estudio de la conciencia no se puede reducir a elementos simples sin distorsionar su auténtico significado. Según su perspectiva, no experimentamos las cosas de forma aislada, sino que tenemos experiencias totales, con significado, que solo pueden comprenderse de forma holista, global. Por eso se denominó a este enfoque Psicología de la Gestalt, palabra alemana que significa «todo», «forma» o «configuración». Así, el principio capital de la Psicología de la Gestalt es que el todo es más que la suma de las partes.

El movimiento gestáltico empezó en Alemania, y la publicación de un artículo de Wertheimer en 1912 sobre el fenómeno Phi (que señala cómo la experiencia consciente va mas allá de lo que registramos a través de los sentidos), se considera el inicio de esta corriente.

Koffka y Köhler trabajaron junto a Wertheimer y se les considera cofundadores de la Psicología Gestalt. Estos autores trataron de demostrar el carácter global de la percepción tal y como se da en la naturaleza y en los seres humanos. Desarrollaron las leyes que rigen la percepción humana y su organización, resaltando la importancia del campo perceptivo. Todos los fenómenos se dan en un contínuo e influyen en otros campos, es decir, se influyen en función de las relaciones que les afectan. También hicieron aportaciones significativas al estudio del aprendizaje –entendido también como un fenómeno perceptivo–, que son muy útiles para impulsar un proceso de toma de conciencia en nuestro cliente, tal como hacemos en Coaching.

Ya en los 50, Fritz Perls crea una aplicación práctica de la Gestalt integrando sus principios con aportes de distintas influencias y funda un nuevo enfoque psicológico llamado terapia Gestalt, que, aunque lleve el nombre de terapia, hace referencia, al igual que el Coaching, a una relación horizontal entre facilitador y cliente en la que priman la relación y el encuentro humano genuinos. Este modelo comparte con el Coaching una confianza en la potencialidad de los seres humanos para desarrollarse. En esta corriente encontramos grandes sinergias entre la Psicología y el Coaching.

Perls logra integrar los estudios gestaltistas sobre percepción con las sensaciones, los sentimientos y las emociones. Une emoción y razón, marcando todo el desarrollo posterior de la Gestalt como movimiento diferenciado dentro del marco de la Psicología Humanista o del desarrollo del potencial humano.

PRINCIPIOS FUNDAMENTALES DE LA PSICOLOGÍA DE LA GESTALT UTILIZADOS EN COACHING

El enfoque gestáltico envuelve una posición filosófica existencial con énfasis en la responsabilidad de la persona y en la relación yo-tú, tal como la definió el filósofo Martin Buber en 1923, en la que se entiende al hombre como ser en relación, y la comunicación humana (yo-tú) como la que es significativa y nace desde el ser.

Esta postura comparte la visión taoísta del zen, que significa estar y vivir en armonía con el entorno.

La Teoría de la Personalidad que sustenta los principios de la Gestalt es holística y está enraizada en la corriente humanística. Entiende al ser humano como un individuo tendente a la auto-realización, un ser completo con todo el potencial necesario para su desarrollo óptimo en el aquí y ahora.

Las personas estamos inmersas en una situación permanente de interrelación con los demás y con el mundo, que se estructura en fases de contacto-retirada, según el ciclo de búsqueda del equilibrio u homeostasis interna y externa.

La función principal del gestaltista, al igual que la del *coach*, consiste en facilitar al cliente el darse cuenta (*awareness*) del mundo existencial presente en el aquí y ahora. El papel del gestaltista, al igual que el del *coach*, es acompañar al cliente en un proceso de toma de conciencia en el que es el cliente el que asume la responsabilidad, basado en la fe acerca de la sabiduría interna del organismo (la persona total que somos) para auto-regularse de forma óptima en un medio cambiante.

El trabajo con clientes desde la Gestalt tiene tres premisas fundamentales, que encontramos igualmente en cualquier proceso de Coaching:

- *«Darse cuenta»*, que tiene que ver con el «qué» y el «cómo» de la conducta y no con el «porqué». Solo al tomar consciencia de lo que hace y cómo lo hace, un individuo podrá elegir si desea o no cambiar su conducta y emprender acciones para lograrlo. Este darse cuenta está firmemente asentado en el presente, en el aquí y ahora, aunque comprenda recuerdos del pasado y se oriente a logros futuros. Acarrea la responsabilidad del cliente respecto de sus emociones, su conducta y las consecuencias de esta.

- *La homeostasis*, proceso mediante el cual el organismo interactúa con el ambiente para mantener el equilibrio, ya que los seres humanos tendemos a mantener un contacto creativo y armónico con nuestro ambiente de forma natural. La conducta humana se rige en función de campos de fuerza dinámicos que surgen en nuestra relación con el medio (subjetivo) que percibimos y con el que nos relacionamos. Nuestras necesidades, biológicas y psicológicas originan tensiones que persisten hasta que son satisfechas y volvemos al equilibrio (punto cero). Cuando una nueva necesidad irrumpe en nuestra experiencia, este ciclo se inicia de nuevo, en el proceso circular de «auto-regulación organísmica» que caracteriza a la vida.

- *El contacto*, tanto con nuestro propio espacio interior vital como con el medio que nos rodea, imprescindible para el desarrollo. Todo contacto organismo-entorno es un ajuste creador. Esto quiere decir que en mi encuentro con el entorno soy transformado por él (dimensión del ajuste), al mismo tiempo que soy transformador del entorno (dimensión creadora). El contacto lo necesitamos para transformarnos, para crecer, para nutrirnos, y necesitamos la retirada para elaborar aquello que ha ocurrido durante el contacto, que nos permita en última instancia encontrar nuestro auto-apoyo. El que este ciclo no fluya nos hablaría de situaciones inconclusas o de *gestalts* fijas.

El trabajo gestáltico respeta la integridad de la persona y no establece juicio de valor sobre el cliente. El facilitador ofrece a la persona experimentos, ejercicios y experiencias vivenciales que la enfrentan a diferentes caminos. Siempre es el cliente el que elige cuál tomar, asumiendo la responsabilidad de sus decisiones.

También en los objetivos del trabajo gestáltico encontramos paralelismos con el Coaching, ya que este enfoque busca fomentar en el cliente una actitud activa y responsable que le permita observar sus conductas y experimentar otras nuevas, pasando del apoyo externo al auto-apoyo. Persigue que el cliente amplíe de forma vivencial la consciencia de sus recursos y dificultades, de modo que él mismo pueda proponerse sus metas y dar libre, creativa y responsablemente respuesta a cuestionamientos consigo mismo y con su entorno. Así logra la mayor integración posible, facilitando su crecimiento y desarrollo.

Finalmente, hay una gran similitud en el rol que adopta un profesional gestáltico y la relación que establece con su cliente y la que establece un *coach* con el suyo.

Un terapeuta gestáltico se usa a sí mismo como instrumento al servicio de su cliente sin empujarlo sino acompañándolo, para facilitarle la experiencia de contacto y su propia toma de conciencia.

Conceptos claves de la Psicología de la Gestalt que también encontramos en Coaching son encuentro humano genuino, toma de conciencia, *insight*, desarrollo, equilibrio, ajuste, aprendizaje, contacto, auto-responsabilidad auto-apoyo atención al presente (aquí y ahora) y relación horizontal entre cliente y profesional.

AUTORES Y APORTACIONES DESTACADAS DE LA GESTALT AL COACHING

1. Insight, darse cuenta (Awareness), aquí y ahora	PAUL GOODMAN (1911-1972)	Permiten al cliente hacerse consciente de su propio mundo y sus posibilidades. Lo sitúan en el presente y frente al qué puedo hacer yo en esta situación
2. Leyes de la Percepción	WOLFGANG KÖHLER (1887-1967) KURT KOFFKA (1886-1941) MAX WERTHEIMER	Permiten hacer consciente al *coachee* de cómo está percibiendo el mundo, y aportan al *coach* la oportunidad de facilitar un cambio perceptivo de la situación
3. Ley de Prägnanz	MAX WERTHEIMER (1880-1943)	Lo que se observa no es casual, tiene que ver con lo que nos impregna, con la esencia misma del sujeto que observa
4. Bloques de Consciencia	PETRÜSKA CLARKSON (1947-2006)	Comprensión de los mecanismos de defensa desde los que habla la persona, desde donde se defiende, y que pueden pertenecer a diferentes secuencias de un proceso de Coaching completo
5. Autorregulación Organísmica, Encuentro y Vacío Fértil	FRITZ PERLS (1893-1970)	Las personas tendemos a equilibrarnos y satisfacer nuestras necesidades bio-psico-sociales de forma natural. El *coach* precisa practicar un vacío de su propia realidad subjetiva, dejando en su mente espacio a la realidad del cliente

---

Pioneros de este enfoque son también Ralph Hefferline, Kurt Lewin, Laura Pearls, Paul Weisz, Elliot Shapiro, Sylvester Eastman, Isadore Fromn y Jim Simkin.

1. Darse cuenta (Awareness): Paul Goodman (1911-1972)

Procede de una familia judía de anticuarios de Manhattan. Es el principal responsable de poner en palabras la Teoría Gestáltica. Se cruza en Nueva York con Fritz Perls, quien le encarga la escritura de un libro a partir de unas notas que había tomado en su estancia en Sudáfrica. Durante algún tiempo Goodman se dedica a la terapia hasta que cambian las condiciones legales para el ejercicio de la psicoterapia y lo deja. Fallece en 1972.

Otros autores que trabajan los términos que se nombran en este punto son Ralph Hefferline (1910-1974) y Wolfgang Köhler (1887-1967).

El *insight* es la forma de reestructuración, la forma de resolución de un problema. El *insight* es la comprensión súbita de un problema. Requiere de una preparación, y cuando se elabora esa comprensión del problema es cuando ese término puede evolucionar al llamado «darse cuenta». En este fenómeno, el cliente ha de estar atento al flujo de las sensaciones físicas que está teniendo, además de a sus emociones.

En el «darse cuenta», la persona entra en contacto de una forma espontánea con el aquí y ahora, con lo que es, siente y percibe. El aquí y ahora aporta presencia; no importa el pasado (solo como parte de la realidad del presente), ni el futuro porque es una ficción irreal, asumido como un ensayo. Tanto la comprensión del pasado como la del futuro están basadas en el presente. El ahora es el presente, aquello de lo que me doy cuenta.

El cliente en el proceso de Coaching toma consciencia de su actitud y su posición en el mundo, de su ser, y desde ahí, decide y elige cuál es el posicionamiento que quiere adquirir para su objetivo o reto. Esta toma de consciencia le permite abrir el abanico de posibilidades a su propio mundo. A través del «darse cuenta» toma responsabilidad de su propia conducta y esto le permite llegar al cambio.

La toma de responsabilidad es imprescindible para que la persona pueda ejecutar los cambios que estime oportunos.

2. Leyes de la Percepción: Wolfgang Köhler (1887-1967)

Nace en Estonia. Estudia en la Universidad de Berlín y se gradúa en el año 1909. Aportó el concepto de aprendizaje por *insight*: discernimiento repentino y automático sobre una serie de estímulos. Entre el año 1913 y el año 1920, vive en Tenerife y realiza un estudio de los simios del lugar, que culmina con la publicación del libro *The Mentality of Apes* (1925) y en el que habla de la forma de aprendizaje de estos animales, afirmando que lo que es válido para los simios lo es mucho más para los seres humanos. Antes de la Segunda Guerra Mundial emigra a Estados Unidos donde trabajará como profesor del Swarthmore College.

Autores que estudian las leyes de la Gestalt además de Köhler son Kurt Koffka (1886-1941) y Max Wertheimer (1880-1943).

Las leyes de la percepción en Gestalt son la base de cómo recogemos las sensaciones en el mundo, que luego convertimos en percepciones cuando les damos un sentido dentro de nosotros. Nos permiten filtrar ese mundo. Son:

- *Ley de la Totalidad:* el todo es diferente a la suma de sus partes. Los sujetos perciben en primera instancia configuraciones complejas en una totalidad y el análisis de los elementos es posterior a esa percepción global.
- *Ley de la Estructura:* una forma es percibida como un todo, independientemente de las partes que la constituyen. La importancia es del todo.
- *Ley de la Dialéctica o figura-fondo:* toda forma se desprende sobre un fondo al que se opone. La mirada decide si un elemento «x» pertenece a la forma o al fondo.
- *Ley de Contraste:* una forma será tanto mejor percibida en la medida en que el contraste con el fondo sea más grande.
- *Ley de Cierre:* tanto mejor será una forma cuanto mejor esté cerrado su contorno.
- *Ley de la Compleción:* si un contorno no está completamente cerrado, el sujeto tiende a cerrarlo. Se refiere al comportamiento de las distintas partes en relación a la totalidad sobre la base de los principios.
- *Ley de Semejanza* (similitud de tamaño, dirección, forma, color) *y proximidad* (similitud de ubicación). Cuando el agrupamiento es por semejanza, los elementos similares tienden a reunirse independientemente de la distancia que mantengan entre sí.

- *Ley de la Pregnancia:* actúa independientemente de la experiencia cuando pasa a constituir la base para juzgar la dirección que adquieren nuevos ángulos perceptuales. Se explica más detalladamente más adelante.

APLICACIÓN AL COACHING

El Coaching es un proceso en el cual la persona va aprendiendo a observar desde distintas gafas. Las leyes perceptivas de la Gestalt permiten al cliente tomar consciencia de diferentes posibilidades para una misma situación.

Con las leyes de la Gestalt hablamos al cliente del ser de uno mismo, de las distintas interpretaciones que pueden surgir para un mismo contexto. Nos situamos en el valor del yo, de la propia identidad, de la forma de percibir, del fondo y la forma de la persona. El *coachee* puede, desde la responsabilidad de escucharse a sí mismo, ver qué *gestalt* emerge del fondo.

3. Leyes de la Prägnanz: Max Wertheimer (1880-1943)

Nace en Praga en 1880. Fue uno de los fundadores de la Psicología de la Gestalt junto con Wolfgang Köhler y Kurt Koffka, con los que estudió la percepción óptica del movimiento, en concreto, el efecto del movimiento aparente de imágenes generadas por un taquitoscopio, al que bautizó como fenómeno Phi.

Durante varios años centró su interés en la percepción de estructuras ambiguas y complejas, elaborando así un conjunto de ideas que formarán la base de la Psicología de la Gestalt. Muere en Nueva York en 1943 a donde se había trasladado para enseñar en la Nueva Escuela para la Investigación Social.

La ley de la Prägnanz hace referencia a las configuraciones que se crean según los gestaltistas en el cerebro, fruto de experiencias mentales simples y simétricas con energías que se unen. *Prägnanz* tiene una traducción aproximada que significa «esencia» o significado último de la experiencia. La información sensorial puede aparecer dentro de la persona completamente desordenada, pero la experiencia cognitiva, interactuando con esas fuerzas, acabará por unirla y organizarla.

Favorece que la experiencia cognitiva resultante de toda esa información sensorial recogida se organice para poder evaluarla en su contexto y permita tomar decisiones posiblemente más adecuadas para la consecución de un objetivo. Lo que se observa no es casual, sino que tiene que ver con lo que nos impregna, con la esencia misma del sujeto que observa.

APLICACIÓN AL COACHING

El proceso de Coaching es en esencia un proceso cognitivo de toma de conciencia, de re-conocimiento, de re-ordenación de la información que posee el cliente como resultado de las preguntas e invitaciones a dinámicas que el *coach* le propone. El *coach*, escuchando y observando profundamente aquello que el cliente le propone como importante para sí mismo, podrá ir identificando lo que es realmente valioso y tiene significado para él. Esta información le permitirá ofrecer un espejo de lo realmente significativo a su cliente que refleje su propia identidad, su aspecto más esencial.

4. Bloques de Consciencia: Petrūska Clarkson (1947-2006)

Es una de las figuras más relevantes de la terapia gestáltica en Inglaterra. En el curso de su vida profesional escribió unos quince libros y 200 artículos. Conferenciante a nivel nacional e internacional, trabajó en el campo de la orientación y la psicoterapia.

Los «bloques de consciencia» son los llamados «mecanismos de defensa» en otras teorías relacionadas con el comportamiento humano como la psicoanalítica. Las personas los utilizamos cuando creamos *gestalts* inacabadas que no permiten cerrar el círculo de acciones y necesidades que tenemos (en palabras de Perls, Hefferline y Goodman, 1951: *«Una 'gestalt' inacabada es una tendencia básica del organismo a completar cualquier situación o transacción que para él haya quedado incompleta»*). Es decir, nos quedan temas u aspectos a resolver, que terminar... Es aquello que nos permite volver al equilibrio.

- La *desensibilización* se produce cuando el cliente corta su sensibilidad, no se permite sentir, ni percibir. Un ejemplo claro sería cuando una persona tiene que escuchar un ruido diario y constante, y al cabo de un tiempo ya no es consciente de oírlo.

- La *introyección* la advertimos cuando el cliente evita «saber» lo que pasa en su aquí y ahora. Existe un no querer tomar conciencia, que puede ser consciente o inconsciente. Este concepto recuerda al llamado «espacio de confort» en Coaching. La persona no es consciente de su tendencia a permanecer en este espacio donde se siente cómoda pero que podría estar impidiéndole progresar como desea.

- La *proyección* se produce cuando la persona atribuye al entorno algo que le es propio. Puede ser una cualidad, un defecto, un sentimiento, una emoción, un pensamiento, una intención... En Coaching hablamos de asumir la responsabilidad cien por cien por parte del cliente. La acción a realizar por el *coach* es hacer de espejo (espejar) para que él pueda re-conocerse desde ese reflejo.

- La *retroflexión* ocurre cuando se bloquea el paso a la acción a pesar de tener la energía acumulada destinada a ese propósito. La energía que utiliza el cliente, paradójicamente, a veces es contra sí mismo. La persona es objeto y diana de su propia acción «inefectiva». En Coaching tiene que ver con ciertas posiciones de víctima que puede adoptar el *coachee* en determinadas circunstancias.

- La *desviación* significa que la persona percibe una sensación, toma consciencia, se moviliza para entrar en acción y en el último segundo se desvía y evita el contacto directo con su presente, con su «aquí y ahora» de manera total, coartando su coraje y sus recursos personales. En Coaching hablamos del grado de asociación con el propio compromiso.

- La *desvalorización* supone que la persona no festeja su alegría y satisfacción. Relativiza, desdramatiza, minimiza la vivencia.

- La *confluencia* implica la expresión de la dificultad para terminar algo. Acabar, retirarse y encontrarse solo.

APLICACIÓN AL COACHING

Los bloques de consciencia permiten al *coach* hacer distinciones en las sesiones y espejar al cliente la oposición en la que se encuentra para que pueda hacerse consciente y elegir su propio camino. El conocimiento de estos bloqueos de potencial, talento y energía, y su muestra amorosa por parte del *coach* al cliente, permiten crear un espacio en cual este puede reconocerlos y reflexionar acerca de en qué y cómo está invirtiendo sus recursos, para desde ahí, realizar las elecciones que considere oportunas y enfocarse más directa y productivamente hacia la creación del futuro deseado que le llevará a la consecución de sus objetivos.

5. Autorregulación Organísmica, Encuentro y Vacío Fértil: Fritz Perls (1893-1970)

Neuropsiquiatra y psicoanalista alemán que, tras huir de la Alemania nazi, se refugió en Sudáfrica. Se alejó de los planteamientos freudianos y se trasladó a Nueva York. En 1951 publicó *Gestalt Therapy* (Goodman y Hefferline), donde quedaron recogidas sus ideas. Junto a su mujer, Laura Perls, fundó en Nueva York el primer instituto Gestalt en 1952. Al año siguiente fundaron el segundo en Cleveland.

En 1956 se separó de su mujer, y tras viajar por Israel y Japón se instaló en Esalen haciendo demostraciones de terapia Gestalt en el Centro de Desarrollo del Potencial Humano.

En 1969 publicó *Gestalt Therapy Verbatin* y se trasladó a Vancouver, donde creó otro Instituto gestáltico. Definió la terapia Gestalt más como forma de vida que como un modelo de terapia. Muere en 1970 considerado como uno de los gurús de la contracultura hippie de la época.

La Autorregulación Organísmica hace referencia a la confianza básica en la tendencia natural del ser humano a integrar todos los aspectos de su personalidad, de su forma de ser, de una forma saludable y positiva.

Esa confianza esencial en la naturaleza humana –que acerca la Gestalt a las tradiciones taoistas– hace que Perls no se interese demasiado por constructos teóricos o metodológicos.

Para él lo esencial son el encuentro, la relación y la actitud, hasta el punto de considerar la propia madurez y presencia del profesional que está al servicio de otro ser humano como el instrumento fundamental al éxito del proceso. Sus cualidades quizá solo se entiendan en términos espirituales, de entrega. Según sus palabras: *«Cuando trabajo ya no soy Fritz Perls. Me convierto en nada, en un catalizador, me olvido de mí y me entrego a ti y a tu dificultad»*. Ese convertirse en «nada» del que habla Perls tiene que ver con el punto cero, el centro de donde nacen los opuestos. Es una «nada» donde no hay cosas, intelecto; solo hay consciencia, proceso.

Es el «Vacío Fértil», que Fritz describe como una experiencia difícil de tolerar, que exige confianza y coraje. El vacío fértil contiene todas las posibilidades creativas y permite transformar la confusión en claridad. Este concepto es profundamente espiritual y para Fritz supone la esencia del proceso eminentemente transpersonal, e incluso de la vida.

APLICACIÓN AL COACHING

Como profesionales sabemos de la importancia de la presencia como una de las competencias fundamentales de Coaching, si no la que más. Pearls nos ofrece una visión muy clarificadora de los atributos de esta presencia, tan intangible y difícil de definir, dejando muy patente su dimensión espiritual –de entrega al otro– y nuestra necesidad de desarrollarla continuamente con un trabajo personal profundo en todas las dimensiones.

Así aumentaremos la calidad del encuentro transpersonal con otro ser humano desde la confianza básica en la plenitud de sus posibilidades. Como *coaches* optamos por desarrollar nuestro coraje para vaciarnos de pensamientos, prejuicios, sentimientos limitadores, y entregarnos plenamente a nuestro cliente desde el «no sé», estando absolutamente presentes y propiciando un vacío fértil en el que el otro encuentre el espacio de desarrollo, de crecimiento que le es propio, y le impulse a la consecución de retos extraordinarios.

Diario de un coach. Iñigo y la Teoría de Perls

Iñigo es un directivo que acaba de ascender en la empresa. Siempre ha estado supervisado por su jefe, con el que se lleva muy bien. En el nuevo puesto lo que quiere es ser más independiente y no molestar a su antiguo jefe con sus dudas.

En la empresa acaban de contratar un programa de Coaching ejecutivo en el que Iñigo también participará. En este proceso, lo que busca Iñigo en su 'coach' es una persona que haya tenido experiencia en puestos de dirección para poder contrastar sus ideas y así sentirse más seguro en sus decisiones.

En la primera sesión, Iñigo va directo a su 'coach' y le pide consejo para que le dé unas nociones sobre su nuevo cargo como director, ya que se encuentra un poco agobiado.

El 'coach' le aclara algunos conceptos, comentándole que un proceso de Coaching no es un proceso de Mentoring. El 'coach' no es un mentor y por tanto trabaja de otra forma. Iñigo se queda perplejo y le pregunta:

—¿Qué puedo hacer yo? —A lo que el 'coach' le responde:

—¿Qué crees que puedes hacer tú?

El 'coach' vio a Iñigo desde los tres conceptos planteados por Perls: 1. La totalidad; 2. La capacidad de autorregularse por sí mismo; y 3. La capacidad de aprendizaje o fluir continuo. En definitiva: Iñigo se realiza a sí mismo tal como es.

A partir de esa primera sesión de Coaching, y en concreto desde esa conversación, a Iñigo le empezaron a surgir muchas ideas, inquietudes, formas de afrontar sus miedos..., y sobre todo de realizar un plan de acción para poder desarrollarse como directivo[22].

---

22   Con el consentimiento de la revista Observatorio de RRHH, para la que fueron inicialmente redactados.

PROGRAMACIÓN NEUROLINGÜÍSTICA (PNL) Y COACHING

Techu Arranz y Elena Pérez-Moreiras

INTRODUCCIÓN

La PNL nace en California en el entorno de la Universidad de Santa Cruz en los años 70 de la mano de John Grinder y Richard Bandler. Constituye un modelo coherente, formal, pragmático y dinámico que estudia los parámetros que programan el procesamiento de la información de la experiencia vital en el cerebro y en el lenguaje. Estos parámetros, o filtros, pretenden ser operativos y ahorrar energía al automatizar procesos, y a la vez condicionan la percepción, el procesamiento de la información y dan lugar a una forma de pensar, sentir y actuar. Propone llevar al cliente a una profunda comprensión de sus procesos mentales para consolidar estados de excelencia y desactivar aquello que resulta limitante. La PNL estimula el autodescubrimiento, suscita nuevas opciones, soluciones, estrategias y genera una actitud responsable y consecuente con sus acciones, forma de hablar y pensar.

También hace especial hincapié en la dimensión espiritual del ser humano, conectando los pensamientos, los deseos y los «paraqués» con las emociones que en cada momento vivimos, para incidir en la relación existente entre nuestras experiencias y el sentido que les asignamos. Propone desarrollar el talento para crear cambios positivos y la capacidad de realizar nuevas elecciones. Se centra en la experiencia que cada persona vive de sí misma y de su entorno, la relación entre el espíritu, las emociones y los modelos de comportamiento.

La gestación y evolución, tanto de la PNL como del Coaching, son fruto de una síntesis interdisciplinar de corrientes, teorías y técnicas. En el caso de la PNL, sus cofundadores modelaron la conducta de grandes comunicadores y agentes del cambio de aquella época: Milton Erickson (Hipnosis Ericksoniana), Gregory Bateson (Cibernética y Comunicación), Fritz Perls (Gestalt) y Virginia Satir (Terapia Sistémica Familiar), para descubrir patrones funcionales similares.

El término «programación» se comienza a emplear como metáfora computacional en la Psicología Cognitiva (Turing, 1937) para ilustrar que estamos condicionados o «programados» por nuestros recuerdos, experiencias, creencias y patrones de aprendizaje. La PNL afirma que es posible reprogramar y desactivar lo limitante. Los fundamentos del Coaching de John Withmore (Coaching, 2003) destacan la necesidad de elevar la conciencia del cliente y desarrollar su confianza en sí mismo, cambiando las creencias o programaciones que le impiden conseguir lo que desea y reconocerse como un ser único y valioso.

El término «neuro» incide en cómo el cerebro genera redes neuronales donde se alojan las representaciones e interpretaciones de lo percibido y sentido, afirmando que es posible activar una nueva visión y consolidar un estado de excelencia e infinitos recursos. Se inspira en el enfoque cognitivo, constructivista y en la semántica general cuando resalta la labor del sujeto en la adquisición del conocimiento; no conocemos el mundo directamente sino que lo representamos por medio de símbolos, esquemas, operaciones, modelos mentales, imágenes, conceptos, presuposiciones, etc.

La PNL y el Coaching emplean preguntas para que el cliente descubra su forma habitual de razonar, percibir y sentir, e invita a explorar qué operaciones mentales pueden aumentar su rendimiento y mejorar su calidad de vida.

El término «lingüística» subraya cómo el lenguaje verbal/corporal estructura y es estructurado por nuestros procesos de pensamiento y sostiene nuestro comportamiento y disposición ante la vida. PNL y Coaching prestan gran atención a las pautas lingüísticas para cultivar un nuevo lenguaje que construya y nutra. La PNL de tercera generación va también más allá del lenguaje pues hay experiencias y dimensiones pre-lingüisticas y transpersonales que el lenguaje no puede alcanzar.

La PNL ha evolucionado mucho. La primera generación se desarrolló en los años 70 de la mano de sus creadores, Bandler y Grinder, derivada del estudio y modelado de brillantes y eficaces terapeutas. Se centró fundamentalmente en el individuo y en el desarrollo de competencias terapéuticas. La mayoría de las técnicas se enfocaban en los niveles de cambio de comportamientos y capacidades.

La segunda generación, en los años 80, abarca temas más allá del campo terapéutico y se orienta hacia objetivos, dirección, misión, visión y estrategia, enfatizando mucho más la exploración de las relaciones e interacciones con otros y con uno mismo. Sus herramientas comienzan a ser utilizadas en otras áreas: Educación, *Team Building*, Gestión Empresarial, Liderazgo, Motivación, Ventas y Prevención de la Salud. Sus técnicas se enfocan en niveles más profundos como las creencias y los valores. Aparecen herramientas como la línea del tiempo, las posiciones perceptivas y la integración de conflictos. El estudio de las posiciones perceptivas desarrolla la capacidad de ponerse en los zapatos de otro y cultiva la generación de un observador imparcial que desde una «metaposición» adquiera una visión más amplia o objetiva. Las posiciones perceptivas se han incorporado al Coaching y se trabajan de forma habitual tanto desde la conversación como desde el *role playing*.

La tercera generación de la PNL se está desarrollando desde mediados de los 90. Sus concepciones y aplicaciones son más sistémicas. Sus técnicas se enfocan en aclarar y explorar niveles más profundos: la identidad, el centramiento y alineamiento en torno a lo que cada cliente considera su «ser», valores regentes, visión-misión, propósito de vida, ocupar el lugar que le corresponde en un sistema, cultivar la presencia, sostener la conexión con la identidad más profunda y transpersonal... Pretende crear espacio para todas las dimensiones de la persona, reconocerla en su totalidad. Enfatiza el cambio desde el campo unificado del sistema y lo aplica al desarrollo de la personalidad individual, la familia, las organizaciones, culturas y equipos. Se incorporan como principios fundamentales la generación de estados en torno a un centro esencial, a una alineación de planos, y la inevitable responsabilidad personal de auto-organización y auto-liderazgo. El descubrimiento de las neuronas espejo apoya la importancia del aprendizaje vicario y destaca la necesidad de cultivar un sólido estado de centramiento e infinitos recursos en el *coach* como agente fundamental del cambio en el cliente.

En esta etapa, Robert Dilts genera valiosas técnicas y ejercicios para cultivar la presencia de *coach*, destacando la técnica de centramiento con el acrónimo *COACH*: Centrado (*Centered*), abierto (*Open*), despierto (*Awaken*), conectado (*Connected*) y sosteniendo el espacio entre el cliente y él (*Holding*); la técnica de alineamiento de la segunda piel, los ejercicios de *identity* Coaching...

En España, Gustavo Bertolotto enriquece la técnica del cambio de historia incluyendo la identidad esencial como un estado incondicionado que favorece el cambio, y desarrolla trabajos de alineamiento, integración y exploración desde las cinco inteligencias (inteligencia física o somática, inteligencia emocional, inteligencia cognitiva, inteligencia de campo e inteligencia esencial). Todos estos ejercicios favorecen el estar plenamente presente, vivir el momento, entablar una conversación plena y descansar en el valor inherente del propio proceso. Robert Dilts desarrolla el concepto de «patrocinio» o «apadrinamiento», que pretende reconocer y reforzar la identidad única del cliente. Lo distingue del *empowerment*, que pretende reforzar logros concretos.

PNL y Coaching comparten con la mayéutica de Sócrates esa actitud básica de curiosidad, que afirma: «*Solo sé que no sé nada*». Se destaca la competencia de la escucha activa como base esencial del proceso, valorando la observación, el no juicio y el respeto por el mensaje del otro, que sabe mucho más que nosotros sobre él mismo.

La estela de técnicas y el desarrollo de habilidades es producto de la metodología del modelado de conductas y estados en personas con resultados extraordinarios.

El interés de la PNL se fundamenta en tomar conciencia e ir profundizando en el proceso de descubrir qué nos hace tener un determinado tipo de experiencia y no otro. Tras la toma de conciencia podemos iniciar un movimiento de cambio activando las facultades y habilidades de la persona en los niveles en los que, por el motivo que sea, perdió su conexión (conductas, capacidad, creencias, valores, identidad, sistema/transpersonal). La importancia de explorar el «cómo» se ve facilitada si la persona tiene bien definido el «qué» a través de un objetivo claro.

Conceptos claves de la PNL que también encontramos en Coaching son calibración, acompasamiento, *rapport*, liderazgo, predicados, formulación de objetivos, posición perceptiva, mapa, objetivo ecológico, intención positiva, anclaje, patrocinio y apadrinamiento, potenciación de recursos, encuadre, reencuadre, liderar la comunicación, estados: estado interruptor, estado asociado/disociado, estado *coach*, recipientes, etc.

PRINCIPIOS FUNDAMENTALES DE LA PROGRAMACIÓN NEUROLINGÜÍSTICA UTILIZADOS EN COACHING

En primer lugar, la PNL destaca como presuposición básica que *«las personas responden a su mapa de la realidad, no a la realidad misma»*. Esta presuposición está basada en la metáfora de Korzybski, «el mapa no es el territorio» (Science and Sanity, 1933), y pretende ilustrar cómo el pensamiento y el lenguaje de todo ser humano entraman un mapa para representar y sintetizar la amplia realidad. El mapa establece determinadas presuposiciones operativas que pretenden ser útiles para «sobrevivir» y alcanzar resultados. El Coaching tiene como axioma fundamental la observación y subjetividad de la acción humana para el desarrollo desde una perspectiva personal y privada (Leo Ravier Coaching Magazine, 2005).

La conversación de Coaching parte de las propias palabras y ritmo del cliente. El *coach* ha de escucharle activamente. En PNL se calibran los predicados verbales y las reacciones corporales del cliente para acompasarlo e interactuar desde su mapa, sin que el *coach* imponga su lenguaje ni su criterio en calidad de experto. El *coach* respeta al cliente como experto en su vida y trabajo (ICF). Un buen acompasamiento del estilo de comunicación del cliente genera «rapport», palabra empleada en PNL y en Psicología para referirse a esa sensación de buena comunicación, confianza e intimidad que se produce de una manera no consciente entre las personas durante una conversación armoniosa. El acompasamiento posibilita la creación de un entorno seguro y de apoyo que genera confianza y respeto mutuo durante el proceso.

La Teoría de Comunicación puede resultar de incalculable ayuda a cualquier *coach*. El conocimiento de los parámetros que programan y estructuran la experiencia humana nos permite atender a los filtros neurolingüísticos de cada cliente y saber cómo se relacionan su neurología, su cuerpo, sus sensaciones, sus emociones, su lenguaje, sus creencias, valores e identidad.

Recogiendo la motivación esencial de la Psicología Humanista de los años 60, ambos están enfocados en permitir que aflore el potencial humano dormido del cliente. Es el cliente el que elige el tema de conversación, mientras el *coach* escucha y contribuye con preguntas, refuerzo positivo, metáforas, encuadres y reencuadres. Este método interactivo crea transparencia y motiva al cliente a actuar y asumir responsabilidad.

La PNL comenzó a estudiar el poder de enfocar la mente hacia una intención definida y bien formulada generando «la Buena Formulación de Objetivos» (*The WFO: Well Formed Outcomes*-Bandler, Grinder, Dilts and Delozier, 1989). Muchas de las técnicas de PNL que exploran dirección vital, objetivos, estrategia, misión, visión, creencias y valores son frecuentemente empleadas en el Coaching. Para las dos disciplinas es vital mantener la atención y el enfoque en el objetivo del cliente y en sus valores regentes. Ambos destacan como esencial que el cliente asuma la responsabilidad de sus resultados. Ambos trabajan para transformar las preocupaciones y limitaciones en objetivos formulados en positivo. Se toma información relevante del presente o del pasado para aprender de la experiencia sin explayarse en ella. Si el pasado emocional del cliente impidiera la auto-gestión de los planes de acción, el tratamiento sería más bien objeto de terapia.

La PNL pretende conectar nuevas rutas neuronales con una visión del futuro y una representación emocional interna del estado deseado capaz de generar un puente entre lo que pasó, lo que está pasando y lo que se desea alcanzar. *«Los pensamientos y las palabras tienen poder»* afirma otra presuposición operativa de la PNL.

La pregunta poderosa es la base indiscutible para generar una nueva perspectiva, un «desde donde» distinto, una nueva forma de razonar, sentir, ser y estar. La PNL va detectando las áreas relevantes de procesamiento y propone preguntas específicas para propiciar la exploración (preguntas para la buena formulación de objetivos, diseño y la instalación de estrategias, la resolución de generalizaciones, misiones y distorsiones, la relación de la experiencia con su correspondiente nivel lógico, etc.).

PNL y Coaching se enfocan en la acción, en la evaluación y orientación a resultados, promueven la flexibilidad del comportamiento y estimulan el pensamiento estratégico.

Robert Dilts puntualiza también que el desarrollo de competencias conscientes e inconscientes viene de la activación y evaluación de experiencias y conductas personales a través de ejercicios y actividades específicas. Distingue, en primer lugar, las actividades de descubrimiento: aquellas que pretenden desencadenar experiencias que sirvan como posterior referencia para propiciar *insights* y reconstrucción cognitiva. Se intentan generar experiencias espontáneas no contaminadas por las expectativas conscientes de lo que se supone que ha de pasar. Favorecen el desarrollo y la adquisición de competencias inconscientes. En segundo lugar, las Actividades Planificadas (*Application Activities*), en las cuales el cliente se compromete a llevar a cabo un procedimiento o proceso explícito y definido por él. Estas acciones entrenan el desarrollo de competencias conscientes. Las habilidades se entrenan conectando las experiencias de referencia con estados emocionales motivadores y constructos cognitivos potenciadores (presuposiciones, creencias potenciadoras, actitudes y estados propicios). El tercer tipo de actividad sería el Plan de Acción de Coaching (*Assesment Activities*), que pretende desarrollar e internalizar competencias conscientes e inconscientes a través de un plan de acción definido por el cliente y enriquecido con un *feedback* doble (el del propio cliente primero y el del *coach* después). Un plan de acción adecuado, según la PNL, ha de conectar directamente la conducta con las actitudes/sensaciones/emociones propicias, y con las habilidades/competencias específicas (*Skills for the future*, Dilts, Bonissone 1993).

Otra presuposición operativa que emplea la PNL, sobre todo en hábitos resistentes, es el Principio de Intención Positiva, que presupone que todo comportamiento ha sido desarrollado desde una «intención positiva» de algún tipo y que la persona selecciona la mejor alternativa que contempla en ese momento y contexto. De acuerdo con esta teoría, las resistencias y objeciones a llevar a cabo, y el plan de acción emergen custodiando esta intención positiva desatendida al formular el objetivo. Por ejemplo, la intención positiva inicial de fumar pudo ser generar un momento de pausa laboral que uno no se concedía de otra forma. La mente puede pretender «proteger» al cliente de la saturación o el fracaso. La forma más eficaz de cambiar de comportamiento reside en separar los comportamientos no deseados de la intención positiva y descubrir nuevas opciones de atender a la intención positiva inicial, junto con las opciones que te acercan al nuevo objetivo propuesto.

AUTORES Y APORTACIONES DESTACADAS DE LA PNL AL COACHING

1. El mapa no es el territorio	ALFRED KORZYBSKI (1879-1950)	Este principio subraya la naturaleza subjetiva de la percepción de la realidad y la necesidad de que el *coach* acompase el mapa del cliente para gestionar su progreso.
2. Procesos Mentales y Lingüísticos de Generalización, Omisión y Distorsión	NOAM CHOMSKY (1928-)	Pasar de la representación profunda a una superficial conlleva hacer un mapa del territorio e implica procesos de generalización, omisión y distorsión. Las preguntas poderosas resuelven las ambigüedades que genera este proceso de ahorro de recursos mentales.
3. Buena Formulación de Objetivos WFO (Well Formed Outcomes)	JOHN GRINDER (1940) RICHARD BANDLER (1950-)	Modelo que define una serie de condiciones, áreas y preguntas poderosas para la formulación de objetivos.
4. Sistemas Representacionales	JOHN GRINDER (1940-) RICHARD BANDLER (1950-)	La mente procesa a través de una programación personalizada con sistemas representacionales y metaprogramas preferentes que enfocan la atención, la percepción y la representación hacia unos patrones específicos desatendiendo otros.
5. Niveles Lógicos	ROBERT DILTS (1950-)	Modelo basado en las jerarquías de Gregory Bateson para valorar niveles de experiencia, aprendizaje y posición perceptiva de forma orgánica y sistémica.

Pioneros de este enfoque son también Judith Delozier, Leslie Cameron, Todd Epstein, Tad James, Stephen Gilligan, Steve y Connirae Andreas, David Gordon y Joseph O'Connor.

1. «El mapa no es el territorio» (semántica general). Alfred Korzybski (1879-1950)

Nace en Varsovia (Polonia) y muere en Connecticut (EEUU). Procedía de una familia aristocrática que contaba con matemáticos, científicos e ingenieros. Durante la Primera Guerra Mundial fue oficial de Inteligencia del Ejército ruso. Tras resultar herido en la pierna dejó el campo de batalla y se trasladó a Norteamérica en 1916. En 1938 fundó el Instituto de Semántica General, que dirigió hasta su muerte en EEUU. Es conocido sobre todo por desarrollar la teoría de la semántica general.

El Coaching ha heredado la declaración esencial de la obra de Korzybski, que afirma que los seres humanos estamos limitados en nuestra percepción por la estructura de nuestro sistema nervioso y de nuestro lenguaje. No experimentamos el mundo directamente, sino que lo hacemos a través de abstracciones (impresiones no verbales que provienen del sistema nervioso e indicadores verbales que provienen del lenguaje). Su célebre frase «El mapa no es el territorio» es la primera presuposición operativa de la PNL y resume muy bien las implicaciones de su teoría. Las percepciones y el lenguaje confunden en muchas ocasiones la percepción meramente personal y subjetiva con la realidad objetiva.

El Coaching es un proceso individual y personalizado que parte y presta atención al mapa subjetivo del cliente y a su forma de describir, vivir y concebir el territorio. El *coach* acompasa el mapa/patrón perceptivo y lingüístico del cliente y además sigue su agenda como forma de despertar su potencial dormido y permitir que afloren opciones no contempladas. Otorgándole la responsabilidad y devolviéndole el timón de la nave se pretende despertar su proceso de individualización (Jung) y descubrir su «camino del héroe» (Campbell), siempre personal e intransferible. La estructura del propio proceso, orientado a diseñar un plan de acción, actuar y evaluar resultados posteriores, le pone de manifiesto que los filtros de su «mapa» le impedían ver el «territorio» y le hace consciente de qué filtros, creencias y presuposiciones operativas −así las denomina la PNL− están operando de forma no consciente en su pensamiento, emoción y acción.

2. Procesos Mentales y Lingüísticos de Generalización, Omisión y Distorsión (Gramática Transformacional). Noam Chomsky (1928-)

Estudió Filosofía, Lingüística y Matemáticas. Es profesor emérito de Lingüística en el Instituto Tecnológico de Massachusetts (MIT) y una de las figuras más destacadas de la lingüística del siglo XX, además de reconocido activista. Ha sido señalado como uno de los más importantes pensadores contemporáneos.

En su tesis doctoral comenzó a desarrollar algunas de sus ideas elaborándolas luego en su libro *Estructuras sintácticas* (1957), su trabajo más conocido en este campo. Sus planteamientos lingüísticos han revolucionado muchos puntos clave del estudio del lenguaje humano, que se han visto plasmados en la Teoría de la Gramática Generativa Transformacional.

La Gramática Transformacional describe los procesos a través de los cuales la mente construye y entiende las oraciones. Chomsky afirma que todo discurso tiene dos niveles de representación: una estructura profunda o forma lógica, que no se ve ni se dice, que contiene el significado y la información semántica; y una estructura superficial o forma fonética, que es la que se dice, se oye y se ve escrita, la cual contiene la forma. El paso de la estructura profunda a la superficial conlleva hacer «un mapa» del amplio territorio, lo que implica sesgar la información semántica a través de generalizaciones, omisiones y distorsiones. Estos sesgos tienen la intención positiva de hacer operativa la comunicación y el procesamiento de información, y a la vez generan importantes distorsiones en el lenguaje y en la representación de la realidad[23].

---

23   John Grinder, co creador de la PNL con Richard Bandler, era lingüista y partió de esta teoría para desarrollar el metamodelo del lenguaje en *La estructura de la magia Vol. I* (1975).

APLICACIÓN AL COACHING

El conocimiento de que la base sintáctica del lenguaje y del pensamiento más superficial está supeditado a formas habituales de generalización, omisión y distorsión es una aportación esencial para considerar qué preguntas poderosas permiten resolver diferentes tipos de sesgos y ambigüedades. Las preguntas del *coach* han de desafiar el lenguaje superficial automatizado del cliente para acceder a un nivel más profundo con el fin de aportar una nueva perspectiva y hacerle avanzar. Dentro de cada área hay subdivisiones (omisión simple, comparación, cuantificadores universales, operadores modales, fuente perdida, lectura de mente, etc.), y en cada una de ellas se aportan preguntas poderosas que pueden desafiar la pauta lingüística y la creencia o presuposición subyacente.

Este tipo de preguntas requieren que el cliente piense profundamente o cambie su estilo de razonamiento. Suelen invitarle a establecer un contacto más profundo con sus luces y sombras, y hallar el poder oculto en su interior.

3. Formulación de Objetivos WFO (Well Formed Outcomes). Sistemas Representacionales

Richard Bandler (1950-)

Estudió Psicología, Matemáticas e Informática en la Universidad de Santa Cruz (California). Comenzó a transcribir y estudiar trabajos de Fritz Perls, fundador de la terapia Gestalt, y a trabajar con la terapeuta de familia Virginia Satir. Esto despertó en él la motivación de modelar a terapeutas extraordinarios para que otras personas pudieran, a su vez, modelar sus patrones y obtener cambios similares. Se unió con Grinder en 1972 y ambos comenzaron sus investigaciones sobre patrones de pensamiento y lenguaje que terminaron dando lugar a la Programación Neurolingüística (PNL). A partir de 1980 comienzan su trabajo de forma independiente.

John Grinder (1940-)

A principios de los 60 se gradúa en Psicología por la Universidad de San Francisco y poco después ingresa en las Fuerzas Armadas de EEUU. Durante la Guerra Fría sirve como capitán en Europa en las fuerzas especiales, donde aparentemente pasa a la Agencia Central de Inteligencia Americana (CIA). A finales de los 60 vuelve a USA y se doctora en Lingüística en la Universidad de Santa Cruz (California). Ya siendo docente en esa misma universidad conoció a Richard Bandler, con quien creó la Programación Neurolingüística en 1972, cuyos pilares son la WPO y los sistemas representacionales.

La *WPO (Buena Formulación de Objetivos en castellano)*, que describe una serie de requisitos que un objetivo debería cumplir para generar resultados efectivos, satisfactorios y ecológicos. Establece una serie de áreas preferentes a considerar y aporta preguntas poderosas para llevarlas a cabo. Así, un objetivo:

- Ha de expresarse en términos positivos: se dice y genera dirección hacia lo que el cliente quiere, no hacia lo que no quiere.

- Ha de ser tangible y poder definirse, describirse y evaluarse desde parámetros sensoriales. Cuando nuestra mente genera representaciones visuales, auditivas y kinestésicas del estado deseado y nos asociamos al estado emocional generado, la visión se consolida. Para ello, el objetivo ha de ser específico y mensurable. Nos alejaremos de deseos abstractos y excesivamente conceptuales que no se pueden representar y cuyo progreso no se puede evaluar.

- La responsabilidad de sus resultados ha de residir en aquella persona o grupo que lo genera. El objetivo es iniciado y mantenido por la persona o grupo que lo desea.

- Necesita que se preserve de alguna forma la intención positiva inicial con el fin de no generar disonancias cognitivas ni saboteadores internos. Esto es especialmente importante al cambiar hábitos.

- Ha de ser ecológico para quien lo desea y para su contexto interpersonal; para ello conviene anticipar las consecuencias y el coste que implica alcanzarlo.

- Requiere la definición de otras áreas relevantes: el entorno o lugar en el que se desea alcanzar, un marco temporal claramente establecido, los pasos que se han de dar para evaluar el progreso y qué evidencias demostrarían que se ha alcanzado. Es importante saber qué recursos posees ya y cuáles te hacen falta para conseguirlo, qué necesitas para lograrlo y qué limitaciones u obstáculos se han encontrado anteriormente. Se suele concluir con una fase de opciones y plan de acción. Grinder desarrolló posteriormente las metapreguntas, una serie de preguntas realizadas desde un observador imparcial externo para explorar los niveles de motivación.

APLICACIÓN AL COACHING

La PNL entrena la formulación de preguntas adecuadas para contemplar todos los factores y áreas relevantes del objetivo a alcanzar. Ampliar nuestros mapas del mundo, abrir horizontes y crear posibilidades son algunas de las claves fundamentales de sus técnicas.

Una buena formulación genera una conversación poderosa que potencia y refuerza la visión y la creación de opciones y posibilidades. J. Grinder afirma que es fundamental situar al explorador en un estado altamente lúdico y creativo, donde sienta que tiene a su disposición infinitos recursos y posibilidades. Conforme va contestando se ha de ir perfilando una actitud y un estado que lo predisponga a la acción.

La experiencia de la tercera generación de PNL recalca que el estado del guía es la clave del proceso. Si el guía está centrado y abierto a cambios y posibilidades, esto se transmitirá. Por lo tanto, cultivar un estado de centro e infinitos recursos es una responsabilidad fundamental del *coach*. Un buen facilitador también será capaz de calibrar las señales que expresa el sistema nervioso autónomo del cliente durante la conversación. Si se manifiesta una clara disonancia es importante preguntar, tal vez al hacerlo cambie la formulación del objetivo.

La presuposición que subyace es que si logramos que el cliente vea, sienta y pueda hablar del futuro como algo posible y tangible será mucho más fácil conseguirlo y difuminar los posibles obstáculos.

Los Sistemas Representacionales. Los elementos básicos a partir de los cuales se forman los patrones de comportamiento son los sistemas perceptivos, mediante los cuales percibimos el entorno, explicamos nuestra experiencia y construimos nuestro modelo del mundo.

En PNL se da mucha importancia a calibrar los sistemas representacionales del cliente porque con ellos se representa la experiencia externa o interna que está viviendo.

Existen tres sistemas representacionales básicos:
1. Visual: capacidad de recordar imágenes, crear nuevas y transformar las ya almacenadas en la memoria.
2. Auditivo: capacidad de recordar sonidos y conversaciones, crear nuevas y transformar las ya almacenadas en la memoria.
3. Kinestésico: capacidad de evocar sensaciones corporales de tacto, olfato, sabor y la conciencia propioceptiva de movimiento muscular, quietud, frío/calor, presión...

Conviene señalar que usamos todos los sentidos, aunque tengamos un sistema preferente a la hora de procesar la información. Si estamos relajados funcionamos en kinestesia, es decir, entrelazando y mezclando todos; sin embargo, ante una amenaza o pico de estrés nos confinamos en nuestro sistema preferente, siendo mucho menos receptivos a recibir información de otros diferentes.

Toda nuestra experiencia puede codificarse como constituida por alguna combinación de estas claves sensoriales y representarse eficazmente en términos de estos sistemas. Para pensar utilizamos imágenes, palabras, sonidos y sensaciones con los que experimentamos y reconocemos la realidad. Del mismo modo, al utilizar el lenguaje, ya sea para pensar o comunicarnos, empleamos conceptos y palabras con los cuales representamos a los demás y todo lo que nos rodea.

Nuestros mapas o representaciones internas pueden significar cosas diferentes para cada persona, pues cada uno tiene experiencias y representa la realidad de una forma personal.

La PNL se centra en la representación mental que la persona se hace del mundo a través de sus sistemas de percepción y en el contenido lingüístico (verbal y no-verbal) del mensaje. Esto permite reconocer las claves para comunicarse y modificar, si es preciso, el mapa de representación propio o ajeno.

Los Sistemas Representacionales (o Sistemas de Representación) tienen mucho mayor significado funcional del que se les atribuye en los modelos clásicos, en los que los sentidos se consideraban mecanismos pasivos de recepción de información.

APLICACIÓN AL COACHING

Esta clases perceptivas, junto con 1) los meta-programas que diferencian preferencias atencionales hacia determinados parámetros (orientados al detalle/conjunto, introvertido/extrovertido, a la emoción/pensamiento/acción...), (2) el meta-mensaje o marcajes analógicos efectuados con la voz y (3) el empleo del meta-modelo (la forma particular en la que el cliente generaliza grandes ideas, omite determinada información y distorsiona al concluir) constituyen los parámetros estructurales de la experiencia vital del cliente.

Si el *coach* está familiarizado con estos parámetros podrá calibrar los sistemas preferentes de su cliente y acompasarlo para generar *rapport* y sintonía con él. En ocasiones los *coaches* desafían a su cliente desacompasando sus predicados o mapa del mundo con el fin de hacerle ampliar su visión. Es conveniente que el *coach* conozca su propia tendencia y parámetros comunicacionales y que tenga la capacidad de traducir sus palabras a otros sistemas representacionales.

5. Niveles Lógicos: Robert Dilts (1955-)

Estudió Tecnología de la Conducta en la Universidad de Santa Cruz (California) y fue alumno aventajado de Bateson, Erickson, Bandler y Grinder. Se graduó en 1979 y escribió el libro *PNL Vol. 1* para su tesis doctoral. Considerado como el principal sistematizador de la PNL, crea algunas de sus más potentes y célebres teorías y técnicas, y es uno de sus principales impulsores. Ha escrito una larga lista de libros y elaborado una extensa enciclopedia de PNL.

Acuñó el término COACHING, con mayúsculas, para aludir a un proceso que pretende ir más allá de la conducta y reforzar creencias e identidad.

Gregory Bateson ya señaló que en procesos de aprendizaje, comunicación y cambio hay una jerarquía natural de clasificación. La función de cada nivel es organizar la información del nivel que hay debajo de él. Las reglas para cambiar algo en un determinado nivel son distintas a las reglas para cambiar en otro. Cambiar en un nivel inferior puede, aunque no necesariamente, afectar a los niveles superiores. El cambio en un nivel superior seguramente alterará los niveles más bajos para dar soporte a los cambios de los niveles superiores. El escalón inferior necesita estar fuerte para sujetar el superior más pesado. Un escalón inferior con mala estructura no podrá sostenerlo.

Siguiendo estas directrices, Robert Dilts construyó un modelo simple y elegante para pensar sobre el cambio personal, el aprendizaje y la comunicación. La confusión de niveles lógicos frecuentemente causa problemas. Es importante que el cliente tome conciencia de cuándo está hablando de comportamientos, creencias, valores, contexto...

La conversación, el aprendizaje y los cambios pueden tener lugar en niveles distintos:

1. *Transpersonal.* Es el nivel más profundo, donde consideramos las grandes cuestiones metafísicas que proporcionan una base a nuestra existencia. Cualquier cambio en él tiene profundas repercusiones en los demás niveles. Abarca todo lo que es más allá de nosotros y al mismo tiempo es uno mismo.

2. *Identidad.* Es el sentido de mí mismo cuando digo «soy...» y «no soy...».

3. *Los valores.* Orientan nuestra conducta consciente o inconscientemente, de ahí la importancia de reconocerlos.

4. *Las creencias.* Generan filtros que determinan nuestro pensamiento, sentimientos y acción. Pueden ser potenciadores o limitantes. Es fundamental reconocerlas.

5. *La capacidad.* Refleja mi percepción de lo que soy capaz y de lo que es posible.

6. *La conducta o comportamiento.* Son las acciones específicas que llevamos a cabo.

7. *El entorno.* Aquello que nos rodea y las demás personas que nos afectan.

Robert Dilts afirma: «*Si no nos alineamos desde una visión más amplia, la gente se suele estancar en las limita-*

ciones de su personalidad. Formamos parte de sistemas y redes más allá de nosotros mismos. ¿Qué necesita alguien para cambiar? Despertar, despertar a la experiencia emergente de estar vivo, unido o conectado con un sistema de relaciones con significado profundo».

APLICACIÓN AL COACHING

Aporta un marco para organizar y recoger información, de forma que se pueda identificar el mejor lugar donde intervenir para realizar el cambio deseado. Los seres humanos no cambiamos a trozos o en bits, sino de forma orgánica y sistémica. La cuestión es dónde empujar para realizar un cambio.

Diario de un coach. ¿Podré llegar a conectar totalmente con mi nuevo CO?[24]

Mauricio es director comercial de una gran empresa. Tiene a su cargo un grupo numeroso de personas responsables de área que cubren todos los centros productivos que la organización tiene repartidos en España y el extranjero. Lleva dos meses embarcado en un proceso de Coaching con el fin de acompañarlos en un reto importante: la internacionalización de la compañía. La organización tenía ya desde hace años proyección internacional, pero ahora, con la entrada de nuevos inversores extranjeros,

---

24 Con el consentimiento de la revista Observatorio de RRHH, para la que fueron inicialmente redactados.

el objetivo es claro: «tenemos que convertirnos totalmente en una empresa global». Esto supone un cambio muy importante en las condiciones y la forma en que todos y cada uno de los profesionales que la integran van a realizar su trabajo. El idioma oficial pasa a ser el inglés, los horarios se harán mucho más flexibles, ya que el mayor inversor es asiático y será necesario estar en constante comunicación con la casa matriz; los viajes serán más frecuentes y la multiculturalidad reinará en los equipos, pues el nuevo CO quiere fomentar la movilidad entre los profesionales de diversas sedes.

Mauricio se propone liderar este cambio con decisión, seguridad, coraje y un elevado sentido de la responsabilidad, cualidades que le caracterizan y que ahora se hace más que nunca necesario mostrar.

Llega a su cuarta reunión y plantea:

—Elena, estoy contento; poco a poco veo cómo estoy consiguiendo hacerme con la situación. Sabes que estoy acostumbrado a moverme en entornos internacionales y por eso creo que vamos a salir airosos de este proceso de transformación en mi área, pero todavía no consigo encontrar las claves para comunicarme adecuadamente con el nuevo CO.

—¿Qué quieres plantearte como objetivo en esta reunión de hoy? —le pregunto.

—Pues eso realmente; me gustaría irme con una idea más clara de qué hacer para llegar más fácilmente a él. Los asiáticos siempre son para mí una incógnita... Tenemos una cultura tan diferente. Para que te des cuenta, te voy a contar lo que nos pasó el otro día...

Y mientras me habla, mueve con rapidez las manos, se pone tenso en la silla, eleva el tono de voz, respira superficialmente y en ocasiones se traba en el intento *infructuoso de decir la enorme cantidad de palabras que le vienen al pensamiento a una velocidad 'supersónica'. Me describe detalle a detalle lo que pasó en esa situación en la que su jefe y él intentaban entenderse, el color del traje y la corbata que llevaban, la magnitud y características de la sala en la que estaban, quién intervenía en qué lugar y cómo lo que decía se reflejaba en el rostro de los que le escuchaban.*

En esta y en anteriores reuniones yo había conseguido captar que su sistema de representación-aprendizaje esencial era el visual. También había podido observar cómo cuando se relajaba manifestaba mucho más los sistemas no predominantes y cómo cuando se tensionaba surgía de manera más evidente el principal. Con esa información pude formularle preguntas utilizando palabras más acordes con su estilo para conseguir acompañarlo de manera más eficaz en la identificación de puntos de vista diferentes, la formulación de alternativas adecuadas de actuación y una toma de decisiones más ajustada a su manera de percibir la realidad.

PSICOMOTRICIDAD, PSICO-CORPORALIDAD Y COACHING

Elena Pérez-Moreiras y Ovidio Peñalver

INTRODUCCIÓN

En esta sección queremos resaltar la oportunidad que se nos presenta a los profesionales dedicados al desarrollo humano de ampliar nuestro conocimiento y práctica con las nuevas tendencias que desde hace unos años están emergiendo en el mundo del Coaching de utilizar todo el vasto y rico fondo de conocimiento relacionado con el cuerpo y el movimiento como impulsor del progreso de nuestros clientes, especialmente en el mundo empresarial, donde se aplica todavía de forma minoritaria.

El concepto de Psicomotricidad surge a principios del siglo XX para destacar la estrecha relación existente entre lo psicológico (psique) y su forma de manifestarse (motricidad) en un intento de superar el modelo anátomo-clínico, entendiendo a la persona como una unidad que vive y se expresa globalmente (Maldonado Pascual, 2008).

El Servicio de Psicomotricidad de la Facultad de Educación de la Universidad de La Laguna (Santa Cruz de Tenerife, España) data su origen en 1905: momento en que Ernest Dupré en Francia, médico neurólogo, pone de manifiesto que las alteraciones psíquicas vienen acompañadas de manifestaciones motrices. Dupré habla de una interacción y una posibilidad de intervención global, que tiene en cuenta las manifestaciones corporales de las personas.

En la misma fuente encontramos: *«La Psicomotricidad se basa en el desarrollo de un contexto de juego mediante el cuerpo, el movimiento y los objetos. Su intención es propiciar un espacio de relación y confianza afectiva donde se tome conciencia de las necesidades y los deseos, y estos se puedan satisfacer o frustrar, para transitar de un modo cada vez más ajustado hacia la autonomía. El Psicomotricista se implica en el juego para tratar de fomentar el desarrollo personal de manera global».*

Cuando hablamos de Psicocorporalidad nos referimos a procesos de ampliación de la consciencia corporal (sensorial) relacionados con la Propiocepción, que no exigen movimiento grueso, técnicas de respiración, meditación, relajación, etc., que son también fuente rica de recursos para trabajar en Coaching.

Partimos pues de una concepción del ser humano como ser global y como tal capaz de desarrollarse y crecer en todos sus dominios. Creemos firmemente que el ser humano es cuerpo y movimiento, emoción, imaginación-cognición-lenguaje y transitividad (relación con otros y con el todo), y como tal, dentro de cualquier planteamiento relacionado con su desarrollo debe existir un espacio amplio y reconocido para cada una de esas dimensiones. El ser humano adulto, niño o anciano, evoluciona constante y holísticamente en todos los ámbitos de su existencia.

PRINCIPIOS FUNDAMENTALES DE LA PSICOMOTRICIDAD Y LA PSICO-CORPORALIDAD UTILIZADOS EN COACHING

Henri Wallon (1879-1962), psicólogo francés que fuera director del Instituto de Investigaciones Psicobiológicas del Niño en París, defiende el concepto unitario de la persona y el desarrollo humano como una transición desde lo biológico o natural a lo social o cultural.

Comenta que tanto los factores sociales como los biológicos pueden ser considerados innatos o adquiridos, ya que unos se construyen gracias a la presencia de los otros, y las diferencias biológicas pueden acabar convirtiéndose en sociales.

El desarrollo biológico, gracias a las instrucciones genéticas, hace posible que se cree la función, pero esa función sin un medio sobre el que actuar quedaría atrofiada (Lucart, 1975). Esta autora lo expresa así: «*Lo biológico y lo social constituyen un dúo dialéctico*».

Wallon concibe el desarrollo humano como una espiral en la que existe continuidad y donde los hitos anteriores son básicos y están comprendidos en hitos y logros superiores.

Josefina Sánchez Rodríguez, profesora de Didáctica e Investigación Educativa de la Universidad de La Laguna, comenta: «*El desarrollo puede concebirse como un equilibrio entre las influencias biológicas (genéticas) y el desarrollo social. Cuando la interacción social se adecua a la capacidad de respuesta física y psíquica de la persona, estamos favoreciendo un desarrollo armónico. Cuando la interacción social sobrepasa las posibilidades de respuesta neurológica, psicológica o afectiva, estamos creando un desequilibrio en el desarrollo*».

Podemos tomar sus mismas palabras con muy ligeros matices, que reflejamos entre paréntesis para ajustarlas al contexto del Coaching: «*El trabajo psicomotriz* (y psicocorporal) *tiene como planteamientos básicos el partir del cuerpo y el movimiento como expresión global de la persona, como instrumento de relación, que se basa en la escucha y la empatía. Esta capacidad de escucha empática* (que en las nuevas tendencias en Coaching caracterizadas por el trabajo de cuerpo y movimiento, se utiliza como elemento fundamental de trabajo) *implica el poderse ajustar al momento evolutivo de cada niño* (nosotros ampliamos estas afirmaciones a cualquier edad de la persona), *tratar de entender lo que está sintiendo, acompañándolo en sus vivencias; es por ello una relación pedagógica* (nosotros diremos de Coaching) *que se sitúa en las competencias del niño* (del cliente) *tratando de ofrecerle un lugar de seguridad, de placer, de sentido y afecto lo suficientemente rico como para ayudarle* (acompañarlo) *a madurar por sí mismo»* (recorrer su propio proceso de Coaching).

En Psicomotricidad es habitual trabajar con el espejo, ofreciendo al otro oportunidades para su reconocimiento. Igualmente, en Coaching somos espejo de nuestros clientes.

Las nuevas tendencias en Coaching van más allá del espejo lingüístico expresado en la palabra por medio de la reformulación o el tan habitual parafraseo. Cuando trabajamos en Coaching con el cuerpo ofrecemos al cliente el espejo de sus gestos, posturas, nivel de tensión muscular, expresión de la mirada, disposición corporal, danza, etc., invitándole a realizar movimientos, dinámicas, bailes para poder re-conocerse y obtener *insights*.

Según palabras de Pedro Pablo Berrezuelo Adelantado, psicólogo y profesor del departamento de Currículum e Investigación Educativa de la Universidad de Murcia (2009): *«Todas las dimensiones del ser humano (motriz, cognitiva, comunicativa, social y afectiva) aparecen de manera paralela en el desarrollo».* Y añade: *«La especificidad de nuestro movimiento es lo que nos distingue como humanos y nuestra humanidad es consecuencia de un proceso filogenético de especialización de nuestro movimiento. El hombre, en su evolución, llega a la posibilidad de anticipar el movimiento; esto es, planificar las conductas antes de ser realizadas por la motricidad para conseguir un determinado fin. Ello constituye un definitivo peldaño a alcanzar en su carrera hacia la simbolización y la abstracción, pues supone la superación del movimiento, que funciona regido por patrones automatizados sin la necesidad de control consciente, lo que libera al cerebro para ocupaciones de carácter cognitivo más complejo».*

Wallon (1978) ve el movimiento como una fuente inagotable de experiencias, origen de conocimiento y afectos que al externalizarse se convierte en el más genuino lenguaje del ser humano, que va poco a poco constituyéndose en la mejor forma de relación de la persona con sus semejantes y con el mundo de los objetos.

Berrezuelo continúa: *«el movimiento es también signo de individualidad, de libertad personal, goza de una gama de matices que hace que cada individuo tenga una forma peculiar de realizar sus movimientos... que viene a ser una forma de expresión peculiar de su forma de ser y sobre todo, de su forma de estar en el mundo».*

En los últimos años todas las prácticas psicomotrices y psicocorporales relacionadas con la autorregulación (la meditación, el *mindfulness*, la relajación, el *focusing*, etc.) están cobrando gran vigencia en el mundo del Coaching. Los positivos resultados de su aplicación están evidenciando su idoneidad a la hora de acompañar a nuestros clientes en su proceso de desarrollo.

La propia naturaleza del Coaching, que aboga por la ruptura de paradigmas, el acompañamiento a clientes en la exploración de nuevas vías de actuación, la invitación a sobrepasar sus límites, hace especialmente aconsejable la utilización de estas técnicas. ¿Cómo podemos acompañar a otros a abrirse a nuevas posibilidades, miradas y formas de actuar sin hacer lo mismo en nuestra práctica profesional? La capacidad de acompañamiento desde cualquiera de los dominios del ser humano es una competencia esencial de un *coach* competente.

Conceptos claves de la Psicomotricidad y la Psicocorporalidad que también encontramos en Coaching son movimiento natural, movimiento auténtico, ritmo, secuencia, danza, baile, disposición corporal, nivel de tensión muscular, postura, equilibrio, lateralidad, coordinación, marcha, orientación espacial, esquema corporal, juego, fantasía, control corporal, control respiratorio, relajación, comunicación, lenguaje, aceptación, bloqueo, carga, fluidez, liviandad, ligereza, armonía, equilibrio, paz, sinergia, energía, placidez, etc.

AUTORES Y APORTACIONES DESTACADAS DE LA PSICOMOTRICIDAD Y LA PSICO-CORPORALIDAD AL COACHING

1.	Bioenergética	ALEXANDER LOWEN (1910-2008)	Entiende la personalidad humana en términos del cuerpo y sus procesos energéticos.
2.	Mindfulness	JOHN KABAT ZIN (1944-)	Efecto de la atención plena en nuestra capacidad para alcanzar metas.
3.	Estados de Flujo (*Flow*). Experiencia de Flujo Óptima	MIHALYI CSI-KZENTMIHALYI (1934-)	Vivencia de estados de fluidez, conexión, intuición.
4.	Biodanza, psicodanza	RONALDO TORO ARANEDA (1924-2010)	Biodanza o Psicodanza, como opción para manifestar todo el potencial del cliente y recibir *insights*.
5.	Focusing: Técnica de Enfoque Corporal	EUGENE GENDIN (1926-2017)	Sentir y escuchar corporalmente (la «sensación sentida»).

Pioneros de este enfoque son también Wallon, Wernicke, Dupré, Sherrington, Ajuriaguerra, etc.

1. Bioenergética: Alexander Lowen (1910-2008)

 Médico y psicoterapeuta estadounidense, conocido principalmente por sus estudios sobre análisis bioenergético. Cursó primero estudios de Derecho en la *Brooklyn Law School* y posteriormente estudios de Medicina en la Universidad de Ginebra, donde se doctoró en 1951.

Estudió con Wilhelm Reich de 1940 a 1952, año en el que empezó a dedicarse a la práctica profesional de la psicoterapia. Después de un periodo de trabajo con este empezó, en colaboración con John Pierrakos, su propia forma de terapia psicocorporal, el análisis bioenergético, conocido como Bioenergética. En 1956 fundó el *Institute for Bioenergetic Analysis*. También fue conferenciante, profesor y formador de psicoterapeutas.

Lowen concibe el organismo como un todo y el aprendizaje como proceso, principios que igualmente rigen el trabajo de Coaching.

Como Amalia Castro, psicóloga del Centro de Salud Vital Zuhaizpe, expresa en su escrito *Bioenergética y Gestalt, una visión integradora*: «*Bioenergética es entender la personalidad humana en términos del cuerpo y sus procesos energéticos*». Y continúa: «*Lowen define la terapia bioenergética como una técnica terapéutica para ayudar a una persona a volver a su cuerpo y ayudarla a disfrutar lo mejor posible de la vida del cuerpo. En la importancia que se da al cuerpo se incluye la sexualidad, que es una de sus funciones básicas. Pero también se incluyen las funciones aún más básicas de la respiración, el movimiento, el tacto y la expresión de la propia personalidad. La persona que no respira profundamente reduce la vida de su cuerpo; si no se mueve con libertad, limita la vida de su cuerpo. Si no siente plenamente, reduce la vida de su cuerpo. Y si reprime la expresión de su personalidad, limita la vida de su cuerpo».*

Y añade Castro: *«Una de estas ideas es la unidad dinámica del organismo humano. Todas las funciones del hombre, somáticas y psíquicas, son efecto de la energía vital, que puede aumentarse y disminuirse por mecanismos o trastornos internos o por influencia del medio ambiente externo. De esto se deriva que si por razones internas o influencias externas alguna función somática queda restringida o alterada por falta o por acumulación de energía, las funciones psíquicas quedan también alteradas, porque el organismo humano trabaja como un todo. Del mismo modo, cuando hay problemas psicológicos que restringen el flujo de la energía vital en la musculatura y los órganos del cuerpo hay también disminución de la actividad del sistema nervioso autónomo, del sistema endocrino, corrientes eléctricas, y viceversa».*

Esta idea se resume en el principio básico de la Bionergética de que «tú eres tu cuerpo». Tu cuerpo es tu modo de ser en el mundo. No hay persona que exista separada del cuerpo vivo en que tiene su ser y a través del cual se expresa y se relaciona con el mundo que le rodea. *«Cuanta más vida tenga tu cuerpo, más estás en el mundo».*

Dice Lowen: *«Los procesos energéticos del cuerpo determinan lo que sucede en la mente, del mismo modo que determinan lo que sucede en el cuerpo...(...) La energía procedente del cuerpo, la energía que tiene una persona y cómo la usa determina su personalidad y se refleja en ella».*

Otro de los principios básicos de la Bioenergética es la unidad cuerpo-mente. La mente y el cuerpo funcionan como dos entidades distintas y con independencia propia, pero al mismo tiempo interconectadas y unidas. El individuo puede a través de su mente dirigir la atención hacia dentro o hacia fuera, hacia el cuerpo o hacia los objetos externos.

Cuando la mente dirige la atención hacia el exterior y lo que ocurre en el mundo afecta al individuo, la experiencia que en realidad le llega es su efecto en el cuerpo. En este sentido, la experiencia es un fenómeno corporal. Solo se experimenta (y posteriormente se analiza) lo que tiene lugar desde el cuerpo.

Pero la mente puede ejercer también una función directiva sobre el cuerpo. En este caso la mente funciona como un órgano perceptivo y reflexivo que siente y define el propio estado de ánimo, los sentimientos y deseos propios... Es por ello que lo que piensa o siente el hombre puede también leerse en la expresión de su cuerpo. Las emociones son hechos corporales, son literalmente movimientos o alteraciones dentro del cuerpo que generalmente se traducen en alguna acción exterior.

APLICACIÓN AL COACHING

En Coaching concebimos al cliente como un ser completo. Cuanto más integralmente le invitemos a trabajar, a conocerse, a reconocerse, a aprender de sí mismo y de su entorno, más recursos podrá descubrir en su interior para poner al servicio de la consecución de sus metas y de su propósito.

Vivimos, nos relacionamos, existimos a través de nuestro cuerpo. Tener mayor conciencia de él nos permite tener mayor conciencia de nosotros mismos.

Desde 2006 ciertas escuelas de Coaching, la ontológica en especial, han ido introduciendo el trabajo corporal como herramienta para acompañar a las personas a alcanzar sus metas.

Es asombroso constatar cómo el trabajo con el cuerpo (mediante dinámicas, danzas, movimientos, que provocan percepciones, sensaciones, etc.) lleva al cliente a estados ampliados de consciencia, a tener *insights* imposibles de alcanzar de otro modo. Rodrigo Pacheco, *coach* Ontológico de Newfield Network, y Daniel Taroppio, psicólogo y *coach transpersonal*, son dos de los grandes pioneros en este tipo de trabajos. En España, Carme Tena, Ovidio Peñalver, Silvia Escribano y yo misma junto con otros colegas estamos trabajando desde 2010 en esta línea con destacables resultados.

2. Mindfulness. John Kabat Zinn (1944-)

Profesor emérito de Medicina en la *Massachusetts University Medical School* y fundador del *Center for Mindfulness in Medicine, Health Care, and Society* en la Escuela de Medicina de la Universidad de Massachusetts.

Sus prácticas de zen, yoga y sus estudios con diversos maestros budistas le condujeron a integrar parte de esas enseñanzas con las de la ciencia occidental, creando la técnica de reducción del estrés basada en la atención plena. Cursó estudios en el Haverford College. Recibió su doctorado como Ph.D en Biología Molecular en 1971 por el *Massachusetts Institute of Technology* MIT, donde estudió bajo la dirección de Salvador Luria, Premio Nobel en Medicina.

El término *mindfulness* surge a finales del siglo XIX en EEUU cuando Daniel John Gogerly (1845) y Thomas William Rhys Davids (1881) introducen enseñanzas incluidas en los *Suttras* (primeros textos budistas) de hace más de 2000 años en el mundo occidental. John Kabat Zinn lo define como: «*Modo de percepción o conciencia del momento presente que promueve la aceptación y la no emisión de juicios*».

Se basa en alcanzar un estado global de la persona, obtenido a través de una práctica corporal (combinación de meditación, respiración, disposición corporal...) totalmente unida a su estado mental y su disposición cognitivo-emocional.

La práctica del *mindfulness* y sus beneficios para impulsar los procesos de desarrollo de las personas están profundamente contrastados. Los avances en neurociencia producidos en la primera década de este siglo por profesionales como Richard Davidson (2001 Centro Médico de la Universidad de Wisconsin-Madison) y Alvaro Pascual-Leone (2005 *Harvard Clinical and Translationar Science Center*), entre otros, han dejado constancia de ello. Las investigaciones con el Dalai Lama y otros monjes budistas evidencian la existencia de una influencia constante y continua de la conducta en la configuración cerebral y viceversa.

El *mindfulness* es la ausencia de confusión, poniendo la atención plena en el objetivo. Trabaja el estado de «iluminación» (*Bodhi*, estados ampliados de consciencia), en el que la codicia, el odio, el engaño han sido superados y abandonados, están ausentes de la mente. Se considera un poder cuando se combina con la comprensión de lo que está ocurriendo. Favorece la regulación emocional, la reducción del estrés, el aumento de la conexión corporal, el desarrollo de la atención. Impulsa la aceptación como modelo de cambio.

En palabras de Miguel Ángel Vallejo Pareja, profesor de Psicología de la UNED: *«Las experiencias 'mindfulness' persiguen, ante todo, que la persona se deje llevar por las sensaciones que percibe. Se trata de promover, poner como punto fundamental de referencia, las sensaciones y emociones, dejando que ellas actúen de forma natural. Esto posibilita que la persona deje (permita) que determinadas actividades (emociones, cambios fisiológicos, etc.) que operan de forma autónoma (a través del Sistema Nervioso Autónomo) se regulen de acuerdo con sus propios sistemas naturales de autorregulación».*

APLICACIÓN AL COACHING

Las nuevas tendencias en Coaching promueven el trabajo con técnicas que involucren a todos los dominios del ser humano. El trabajo a través del cuerpo, aplicando técnicas de *mindfulness* (meditación, respiración, relajación, visualización...) permite al cliente tomar mayor consciencia de su capacidad para auto-regularse, calmarse y enfocar de manera más adecuada sus recursos hacia aquello que desea alcanzar. Del mismo modo, estas prácticas le permiten abordar de forma más eficaz las inevitables situaciones de tensión y los retos a los que se va enfrentando en el proceso de Coaching.

El trabajo desde la Psicocorporalidad se está introduciendo fuertemente en la práctica del Coaching. Es habitual observar cómo el alcanzar estados de conciencia plena favorece la aparición de *insights*, cambios de observador y soluciones novedosas.

3. Estados de Flujo (*Flow*). Experiencia óptima. Mihaly Csikszentmihalyi (1934-)

Es profesor de Psicología en la Universidad de Claremont (California) y fue jefe del departamento de Psicología en la Universidad de Chicago y del departamento de Sociología y Antropología en la Universidad Lake Forest. Ha destacado por su trabajo acerca de la felicidad, la creatividad, el bienestar subjetivo y la diversión, pero es más famoso por su creación de la Teoría del Flujo y por el trabajo que ha realizado durante toda su carrera acerca de este tema. Ha escrito muchos libros y más de 120 artículos o capítulos. Martin Seligman describió a Csikszentmihalyi como el más importante investigador del mundo en el tema de la Psicología Positiva. Es uno de los psicólogos más citados hoy en día en campos diversos de la Psicología y los negocios.

Csikzentmihalyi denomina «Flujo» (*Flow*, 1990) o «Experiencia Óptima» a la alegría, la creatividad y el proceso de involucración total con la vida. Dedica más de veinticinco años de su vida a investigar y documentar la felicidad.

El resultado de su trabajo le lleva a afirmar: «*La felicidad no es algo que sucede. No es el resultado de la buena suerte o del azar. No es algo que pueda comprarse con dinero o con poder... La felicidad es una condición vital que cada persona debe preparar, cultivar y defender individualmente. Las personas que saben controlar su experiencia interna son capaces de determinar la calidad de sus vidas, eso es lo más cerca que podemos estar de ser felices*».

Define el «Yo» (la personalidad) como la entidad que decide qué hacer con la energía psíquica generada por el sistema nervioso, como el capitán del barco, el dueño del alma; y afirma que también es uno de los contenidos de la conciencia. Apunta: «*...mi propia personalidad existe solo en mi propia conciencia; en la conciencia de los que me conocen solo habrá versiones de mí mismo, y la mayoría serán irreconocibles para el 'original-yo', tal y como me percibo*».

»La experiencia depende de la manera en que utilizamos la energía psíquica (en la estructura de la atención), la cual, a su vez, está en relación con los objetivos y las intenciones. La mayoría de nosotros tiene una idea, aunque sea vaga, de lo que le gustaría conseguir antes de morirse. Lo cerca o lejos que lleguemos a conseguir este objetivo se convierte en la medida de la calidad de nuestra vida; si al menos lo hemos conseguido en parte, sentimos felicidad y satisfacción».

La experiencia de fluir se describe como un estado de disfrute, relatado de manera casi idéntica por todos los que por él han pasado, independientemente de su cultura, sexo, edad... «*Cuando la información que llega a la conciencia es congruente con nuestras metas, la energía psíquica fluye sin esfuerzo. No hay necesidad de preocuparse, no existe ninguna razón para cuestionar la propia capacidad*».

APLICACIÓN AL COACHING

En Coaching trabajamos en múltiples niveles de intervención. En los casos en que llevamos a cabo un trabajo profundo, en los que el cliente desea profundizar los aspectos más existenciales, identificar su propósito de vida y tomar las medidas adecuadas para cumplirlo, observamos frecuentemente, como el descubrimiento de este propósito y la puesta en práctica de las acciones encaminadas a materializarlo tienen un efecto muy parecido al definido por Mihalyi

Csikzentmihalyi como *Flow*. El cliente percibe con claridad el objetivo que desea alcanzar, que, conectado a su esencia, le proporciona sentimientos de paz, plenitud y gran satisfacción. Se sumerge en un estado de placidez que puede favorecer la identificación del sentido vital. Las acciones a llevar a cabo pueden llegar a emerger casi sin esfuerzo, unidas a un sentimiento de confianza que hace ágil la acción. Algunos lo verbalizan como sentirse en estado de gracia. Se notan empoderados, elevan su nivel energético y de conexión consigo mismos y con aquello que les rodea. Se sienten más capaces de acometer retos. Se adentran en un círculo virtuoso, que pueden ir regulando con mayor consciencia para aplicar de forma voluntaria a todas las facetas y circunstancias de su vida.

4. Biodanza, Psicodanza. Rolando Toro Araneda (1924-2010)

Rolando Mario Toro Araneda ha tenido a su cargo la Cátedra de Psicología del Arte y de la Expresión en el Instituto de Estética de la Universidad Pontificia Católica de Chile. Como docente del Centro de Antropología Médica en la Escuela de Medicina de la Universidad de Chile, ha realizado investigaciones sobre la expresión del inconsciente y sobre estados de expansión de la conciencia. Ha sido nombrado profesor emérito de la Universidad Abierta Interamericana de Buenos Aires, Argentina. En los años 70, Rolando realizó un viaje a la comunidad de Esalen liderada por el psicólogo Fritz Perls en Big Sur (California).

Fue nombrado doctor *honoris causa* como educador bio-céntrico en el año 2006 en la Universidad Federal de Paraíba (Brasil). En el 2008 fue nombrado profesor emérito por la Universidad Metropolitana del Perú.

La Biodanza o Psicodanza es un sistema de integración humana, renovación orgánica, reeducación afectiva y rea-prendizaje de las funciones originarias de vida. Su metodo-logía consiste en inducir vivencias integradoras por medio de la música, el canto, el movimiento y de situaciones de encuentro en grupo.

Su eficacia se debe a sus efectos sobre el organismo como totalidad y a su poder de rehabilitación existencial. Actúa a través de:

1. *La música.* Actualmente, la musicoterapia y la Psicología de la música confirman la eficacia del poder musical. Autores como Alfred Tomatis o Don Campbell nos muestran los vínculos que la música posee con las áreas perceptivas de la sensibilidad y la innovación, así como su poder transformador sobre los seres vivos.

2. *La danza integradora.* De la combinación de músi-ca, danza y movimiento vivencial se desencadenan cambios sutiles en los sistemas límbico-hipotalá-mico, neurovegativo, inmunológico así como en la producción de neurotransmisores.

3. *La metodología vivencial.* A través de las vivencia se produce la unidad neurofisiológica. La vivencia, para de Toro es la «*sensación intensa de estar vivo aquí y ahora*», y posee fuertes componentes cenes-tésicos y emocionales.

4. *La caricia,* entendida como el contacto con otros a través de la danza colectiva (en pareja o grupo), dando un papel primordial a la caricia-contacto. Autores como S.F Harlow, René Spitz, Rof Carballo,

López Ibor, Bowlby, etc. han estudiado su efecto reparador. La caricia no solo como contacto, sino también como conexión.

5. *El trance*, como estado alterado de conciencia que implica la disminución del ego y la regresión a lo primordial.

6. *La expansión de conciencia*, como estado de percepción amplia que se caracteriza por restablecer el vínculo primordial con el universo.

7. *El grupo*, como lugar en el que las vivencias se comparten, constituyendo un campo de interacciones muy intenso. El poder de la biodanza en grupo está en la inducción recíproca de vivencias entre los participantes.

APLICACIÓN AL COACHING

Ya desde 2007 se vienen practicando en Coaching formas de acompañamiento que integran todas las facetas del ser humano: el arte, la música, el ritmo, la danza, el movimiento... facetas que inciden sobre todas las potencialidades existentes en la persona, desde la estimulación de todos sus sistemas de representación-aprehendizaje-desarrollo: el auditivo, el visual, el kinestésico, y de forma holística y completa.

Se trata de proponer danzas individuales o grupales que, además de tener un efecto dinamizador y catalizador de intenciones, activan la producción de endorfinas y la eliminación de cortisol, e introducen a los clientes en estados ampliados de consciencia en los que la creatividad, la aparición de respuestas y la ideación de alternativas novedosas de actuación eficaces se acentúan.

Trabajar con nuestro cliente en Coaching lingüístico, emocional, transitivo-espiritual y de corporal-movimiento, le facilita encontrar nuevas maneras de re-conocerse, de descubrirse a sí mismo, a las que no está acostumbrado, que habitualmente le abren formas de sentir, percibir, concebir y entender el mundo. A menudo le descubre facetas de sí mismo y de su talento-potencial que no conocía o que intuía pero que no había encontrado manera de canalizar de forma productiva.

5. Focusing. Eugene Gendlin (1926-2017)

Fue doctor en Psicología y en Filosofía en la Universidad de Chicago, donde enseñó desde 1964 hasta 1995, y colaborador de Carl Rogers en la Universidad de Chicago. Recibió su doctorado en Filosofía en 1958. Las teorías de Gendlin impactaron las propias creencias de Rogers y desempeñaron un papel en su visión sobre la psicoterapia. De 1958 a 1963 Gendlin fue director de investigación en el Instituto Psiquiátrico de Wisconsin. Se desempeñó como profesor asociado en los departamentos de Filosofía y Psicología de la Universidad de Chicago desde 1964 hasta 1995.

Gendlin ha sido destacado por la Asociación Americana de Psicología (APA) por sus aportaciones desde el *Focusing*. En 2007 recibió el premio Viktor Frankl de la ciudad de Viena por logros sobresalientes en el campo de la psicoterapia humanística orientada al significado.

Focusing es un proceso de autoconciencia y sanación emocional corporalmente orientado. Es una habilidad natural que surgió de la observación de lo que la gente hacía cuando cambiaba exitosamente. Tras investigar cientos de grabaciones de sesiones terapéuticas, Gendlin descubrió que las personas que se ponían en contacto con su consciencia corporal (sus sensaciones sentidas corporalmente) concluían con mayor éxito su terapia.

En los años 70 quiso comparar y analizar dónde estaba el éxito de unas corrientes psicoterapéuticas sobre otras. Esta era casi una obsesión de los seguidores del psicólogo humanista Carl Rogers, máximo exponente del enfoque centrado en la persona, del que empezó siendo discípulo. La conclusión a la que llegó es que el éxito no depende tanto del terapeuta o de su modelo conceptual (Psicoanálisis, Conductismo, Humanismo, etc.) como del cliente. Aquellos clientes que hablaban desde su experiencia, sintiendo corporalmente aquello de lo que hablaban, se recuperaban y avanzaban en su proceso más rápido y mejor. Se trataba por tanto de hablar «desde» la experiencia (sintiéndola, aunque sin estar invadidos por ella), y no solo «de» la experiencia (como si hablásemos de algo que le está ocurriendo a otra persona...). Hoy sabemos que lo que más se correlaciona con el éxito de un proceso es la calidad de la alianza terapéutica, antes que la experiencia del terapeuta.

Esta sensación corporal, que llamamos «Sensación Sentida», nos muestra cómo vivimos corporalmente una situación particular de nuestra vida. Al principio es vaga, poco clara, difusa, pero si prestas atención se manifiesta generalmente en la zona de la garganta, el pecho, el estómago y el abdomen. Se presenta como un «algo» o una imagen que puede poseer atributos (color, forma, textura, movimiento, etc.), que al ser observados y reconocidos pueden dar pistas sobre el sentido y la solución del tema trabajado.

La sensación sentida es pre-verbal e implícita; mediante las seis fases de una sesión de *Focusing* el cliente toma conciencia de cómo vive su cuerpo el tema que está trabajando o enfocando en la sesión y puede terminar haciendo consciente y explícita verbalmente la actitud a tomar y los pasos a seguir a partir de ese momento.

Los cinco pasos de su método son solo una parte del nacimiento de lo que algunos han llamado la «Filosofía Experiencial» o «de lo implícito», la cual profundiza desde el cuerpo en los conceptos de empatía y escucha activa trabajados por Rogers. Muchas son las aplicaciones del *Focusing* en otras disciplinas, como en psicoterapia, espiritualidad, creatividad, sexualidad, toma de decisiones, gestión del estrés, danza y arte, entre otras. Como dice el mismo Gendlin, el *Focusing* no es excluyente; al revés, se trata de *Focusing* y algo más. Por ejemplo, desde hace años ya se habla explícitamente de *Focusing* y Coaching en la web del Instituto de Focusing de Nueva York, máxima institución en este tema.

APLICACIÓN AL COACHING

Hay muchos clientes que se «enredan» con debates mentales y con argumentos y explicaciones sobre lo que les pasa y qué podrían hacer para mejorar o conseguir un objetivo planteado. Parece que solo conectan desde lo lingüístico y racional, hablando de su tema con cierta frialdad y casi sin sentirlo, como si hablaran de otra persona...

Especialmente para estas personas –aunque está indicado para cualquiera–, el *Focusing* puede ser muy efectivo. Se trata de pedir a nuestro cliente que cierre los ojos y se deje sentir, que «respire» y pasee por su cuerpo el tema que está trabajando en la sesión. Sin hablar, pasados unos segundos o minutos le preguntamos dónde siente y cómo es la sensación que le provoca en su cuerpo.

Vamos espejando los gestos que observamos y acompañando el proceso del cliente, terminando con preguntas sobre esa sensación sentida (por ejemplo, ¿qué necesita?), para que sea «su cuerpo» quien conteste, dando quizás claves inesperadas.

Diario de un coach. Este extraño y agradable estado en que me encuentro[25]

Comenzamos la quinta sesión de las siete que conforman el proceso de Coaching de Chelo. Su objetivo es conseguir ejercer su función de liderazgo con menos tensión. Al comenzar en junio evaluó que el nivel de tensión que sentía llevando a su equipo era de 8 sobre 10. Le escuchaba decir: «Me gustaría sentirme más cómoda en el puesto. Soy una persona que siempre ha trabajado de manera bastante independiente y, desde que me ascendieron, teniendo ahora ocho personas a mi cargo tan capacitadas, es como si me hubieran puesto un montón de piedras en la espalda. Creí que me iba a adaptar mejor, que sería cuestión de tiempo, pero fíjate, después de casi dos años no consigo quitarme ese peso de encima». Se fijó la meta de llegar a disminuir a 3 esa tensión al final del proceso.

---

25   Con el consentimiento de la revista Observatorio de RRHH, para la que fueron inicialmente redactados.

—¿Cómo va todo? —le pregunto al comenzar nuestra conversación.

—Estoy asombrada —me dice—; parece mentira. No sé exactamente qué pasó el último día que estuvimos juntas. Ya estaba empezando a notar cierta mejoría en sesiones anteriores, pero realmente creo que fue en la última sesión cuando, de alguna manera, no sé decirte exactamente cómo, cambió mi perspectiva sobre mi puesto. Algo comentamos, algo te dije que me hizo ver lo que hago de una manera nueva; no sé, es como si hubiera cambiado el chip y, zaca, las cosas parecen distintas. Fíjate que hasta he empezado a salir a comer con mi gente. Eso es algo que había envidiado en algunos de mis compañeros... el irse a comer con el equipo. Lo había pensado alguna vez, pero no me sentía con fuerzas para proponerlo. Ya sabes que son todos técnicos súper especialistas en unos ámbitos que yo no domino, y eso me había coartado a la hora de mostrarme natural. Siempre he pensado que un jefe debe saber más que sus colaboradores y fue una de las cosas que me hizo dudar a la hora de aceptar la promoción. Sin embargo ahora, con ese cambio de chip que he hecho me he dado cuenta de que eso no tiene por qué ser así; parece mentira que yo diga esto después de tanto tiempo defendiendo ese argumento. Ahora es como si me diera cuenta de lo absurdo del mismo... Y lo más grande del caso es que, desde que he experimentado este cambio, he sentido un alivio enorme; es como si se hubieran evaporado todas esas piedras que llevaba en mi mochila. Me noto ligera, cómoda y liviana, como si me hubiera dado un subidón y todo me pareciera bien como está; como si todo se hubiera colocado en su sitio. Le he encontrado el verdadero significado a mi función y me gusta mucho más mi trabajo. En estas semanas el tiempo se me ha pasado volando... No sé, es extraño... pero es un gusto sentirme así. Creo que he descubierto cómo, aún no siendo tan especialista como ellos, puedo contribuir a la buena marcha del equipo y parece que se me han quitado todos los complejos. Además, fíjate, me noto más concentrada en lo que hago y me cunde mucho más el día. Luego cuando llego a casa allí parece también que las cosas son más fáciles. Incluso me da igual si se plantea alguna discusión u oigo chillar a los chicos.

Chelo se encuentra en estado de 'Flow' (fluir). Ese estado que el psicólogo Mihály Csíkszentmihályi definió en 1975 y que se caracteriza por sentirse uno completamente comprometido con la actividad por sí misma.

Para vivir en 'Flow' debe alcanzarse un estado de equilibrio entre el desafío de la tarea y la habilidad de quien la realiza. Si la tarea es demasiado fácil o demasiado difícil (según el juicio del 'coachee'), el fluir no podrá presentarse. Es aquí donde el Coaching interviene favoreciendo en el 'coachee' su habilidad para analizar, decidir, idear y en qué y cómo quiere emplear sus recursos, así como ayudarle a identificar cómo utilizar su mente, su cuerpo y sus emociones para favorecer estos estados en él mismo.

4. LA «COACHING PSYCHOLOGY» O PSICOLOGÍA COACHING

Maite Sánchez-Mora García y Juan José Álvarez Vicente

INTRODUCCIÓN

Para hablar de *Coaching Psychology* nos remitiremos a sus orígenes, es decir a la *Psicología del* Coaching.

En 1925 el psicólogo Coleman R. Griffith puso en marcha un laboratorio para investigar la eficiencia de la metodología del Coaching en el atletismo. Posteriormente escribió *Psychology of* Coaching, tratado que explicaba la aplicación de la Psicología al Coaching Deportivo.

En 1967 se publicó *Modern Coaching Psychology*, siendo E. Curtiss Gaylord su autor y la primera vez que se hablaba de *Coaching Psychology*.

La *Coaching Psychology*, en tanto que Psicología aplicada, es una disciplina basada en la evidencia. Está enfocada en que los *coachees* (niños, adultos y mayores) sean acompañados por psicólogos especializados y acreditados en Coaching.

Su ámbito de actuación es transversal, en cuanto que sus aplicaciones son diversas en áreas como salud, social, organizacional, educativa o deportiva.

Cabe destacar también que es una disciplina inclusiva, pues incluye todas las orientaciones y enfoques reconocidos por la ciencia de la Psicología, modelos terapéuticos y también metodologías contrastadas provenientes del campo del Coaching y las teorías del aprendizaje.

El valor añadido por excelencia que ofrece la *Coaching Psychology* es el rigor de sus investigaciones. El profesor Stephen Palmer, el mayor referente europeo de esta disciplina de conocimiento, director de la *Coaching Psychology Unit* de la *City University of London* y presidente de la ISCP, es impulsor de este instituto emergente dedicado a la investigación en *Coaching Psychology*, *The ISCP International Centre for Coaching Psychology Research*. Pone en contacto a investigadores de diferentes países y centros académicos favoreciendo sinergias entre ellos y difundiendo sus resultados a través de publicaciones, encuentros, conferencias y simposios.

Stephen Palmer y Peter Zarris idearon impulsar congresos internacionales de *Coaching Psychology*, con eventos itinerantes para facilitar la participación en todo el mundo.

En 2014, a partir del primer congreso internacional se creó un Comité Internacional de Congresos de *Coaching Psychology* con la presencia de catorce países y una sociedad internacional. El detalle de cada organización y el país al que pertenecen puede verse en una tabla que se puede descargar con ayuda de este bidi, donde obtendrá también más información sobre el movimiento internacional:

La *International Society for Coaching Psychology* (ISCP) define *Coaching Psychology* como un proceso para aumentar el bienestar y el desempeño en la vida personal y profesional, que se sustenta en modelos de Coaching fundamentados en teorías del aprendizaje infantil o adulto, y en teorías y enfoques psicológicos reconocidos.

El Colegio Oficial de Psicólogos de Cataluña (COPC), en su interés por encontrar una traducción para el término anglosajón *Coaching Psychology*, y asesorado por una experta lingüista, decidió optar por el término «Psicología Coaching» a finales de 2011. Ello dio lugar a la denominación de la comisión de *Psicología* Coaching así como a la sección de *Psicología* Coaching de dicho colegio profesional.

El hoy conocido como movimiento internacional de la *Coaching Psychology* se gestó en Australia y Gran Bretaña. Fue impulsado por psicólogos pertenecientes a las dos sociedades oficiales de referencia, la *Australian Psychologial Society* (APS) y la *British Psychological Society* (BPS).

Los orígenes en Europa están en Londres. En mayo del 2002, durante la jornada anual de la *Division of Counseling Psychology* de la BPS, Stephen Palmer realizó un taller con la intención de crear un grupo de interés de *Coaching Psychology*.

El movimiento internacional está en continua evolución y se va consolidando a través de las actividades profesionales locales. Estas se traducen en organización de cursos, talleres, grupos de supervisión entre colegas, conferencias y congresos internacionales, así como la puesta en marcha de procesos de acreditación y publicaciones.

Los colegios profesionales juegan un papel importante en la regulación de la profesión a través de la acreditación profesional de los psicólogos *coaches*. Los colegios oficiales de Psicología de España destacan por ser impulsores de la Psicología Coaching en el territorio nacional. Madrid creó el primero en 2008 y Cataluña tiene una sección de *Psicología* Coaching desde 2012.

Se incluye a continuación la declaración realizada en mayo de 2019 por el Consejo General de la Psicología de España en relación con el ejercicio de la Psicología Coaching. Puedes leerla descargándotela con ayuda de este bidi:

También la profesión es la *American Psychological Association* (APA), creó el *Coaching Psychology Credentialing Committee* para desarrollar un modelo competencial para los psicólogos que hacen Coaching.

Son todavía escasas las universidades en el mundo que cuentan con una unidad de *Coaching Psychology*. Entre otras las encontramos en la Universidad de Sydney, Australia, *City University London, Univesity of east London, Aalborg University Denmark, University of Copenhagen Denmark, University of Johannesburgh SA, Universidade Federal do Rio Janeiro Brazil*.

Cabe destacar que la Universidad Complutense de Madrid, la Universidad de Lisboa y el *University College Cork* ofrecen programas universitarios en la materia, aunque exclusivamente para psicólogos.

PRINCIPIOS FUNDAMENTALES DE LA «COACHING PSYCHOLOGY»

Según la ISCP, las cuatro columnas que sustentan la disciplina y que están interconectadas entre sí son ética, práctica, teoría y conocimiento científico e investigación.

La *Coaching Psychology* se apoya en el modelo científico, dando lugar a una práctica basada en la evidencia. Esta evidencia procede tanto de estudios experimentales como del conocimiento del propio *psicólogo coach* en su ejercicio profesional.

Por otro lado, los principios éticos velan por que la actuación profesional beneficie y no perjudique al cliente, y están regulados por el código deontológico de los colegios profesionales de la Psicología.

Las fuentes de los dilemas éticos en una relación de Coaching se encuentran a nivel del *coachee*, del *coach* y de límites y relaciones diversas. Estos variarán también según el contexto, ya que en las intervenciones en organizaciones puede darse un conflicto por las relaciones con el cliente o el *sponsor*, así como con otros *coachees*.

Es importante resaltar que desde sus inicios se mantiene que esta práctica profesional debe ser realizada por *psicólogos coaches* acreditados.

PRINCIPALES ESPECIALIDADES DE LA «COACHING PSYCHOLOGY»

Las revistas de *Coaching Psychology* publican estudios relativos a la profesión, que podrían encuadrarse en cuatro especialidades principales:

1. Área organizacional con enfoque ejecutivo
2. Área de salud con enfoque en hábitos saludables y prevención del estrés
3. Ámbito deportivo
4. Rendimiento escolar en área educativa

Son muchos los investigadores que contribuyen a sustentar la disciplina. A título orientativo hemos elegido una muestra de investigadores de referencia, que se distinguen por su investigación en distintas áreas y países:

- PALMER, STEPHEN   Salud y bienestar   UK
- GRANT, ANTONNY M.   Ejecutivo   Australia
- GREEN, SUZY   Educativo   Australia
- GORDON, SANDY   Deportivo   Australia
- O'RIORDAN, SIOBHAIN   Personal   UK
- LAW, HO   Diversidad   UK

TEORÍAS Y MODELOS DE LA «COACHING PSYCHOLOGY»

Como hemos visto, la *Coaching Psychology* es un área de la Psicología aplicada que se ha expandido rápidamente en el ámbito profesional y de la investigación, desde el año 2000, cuando Anthony Grant anunciaba que la *Coaching Psychology* estaba empezando a dar sus primeros pasos, al 2006, cuando Michael Cavanagh y Stephen Palmer aseguraron que la teoría, práctica e investigación de la *Psicología* Coaching se estaba desarrollando a gran velocidad.

En la actualidad se piensa que la *Coaching Psychology* deriva en gran parte del movimiento humanista de los años 60. Podemos encontrar en el Coaching personal y profesional teorías humanísticas que se centran en la persona, el afecto, las relaciones interpersonales, la autoconciencia y la orientación a objetivos. Las terapias cognitivo-conductuales de los 60 se centraban en la cognición, la conducta y las imágenes, relegando el afecto a producto del proceso cognitivo.

Existe gran diversidad de teorías seguidas tanto por *psicólogos coaches*, como por *coaches* no psicólogos. Encontramos *coaches* no psicólogos que tienden a utilizar el modelo GROW, o cualquiera de los modelos utilizados en el Coaching que no provienen de modelos terapéuticos. Sea cual sea el modelo utilizado, el *coach* tiene que mostrar sus habilidades de comunicación y escucha como herramienta fundamental de trabajo.

Las diversas encuestas realizadas en el Reino Unido a lo largo de los diez últimos años revelan que existen más de 28 modelos psicológicos utilizados por los psicólogos expertos en Coaching (según el *Handbook of Coaching Psychology: A Guide for Practitioners* de S. Palmer y A. Whybrow). Entre los modelos más utilizados y más efectivos desde el 2003 podemos encontrar el modelo cognitivo-conductual y el orientado a soluciones y objetivos. Los modelos menos utilizados (menos de 10% de los encuestados) son la narrativa, el transpersonal, la acción, la psicosíntesis y el Psicoanálisis.

Antes de la aparición de la Psicología Coaching, los procesos de desarrollo se venían abordando desde la Psicología del desarrollo en general, en la mayoría de los casos derivada de la práctica de la Psicología del trabajo y las organizaciones, que desde sus inicios planteaba formas de intervención para acompañar a los profesionales en la mejora de sus capacidades. Fuera de este ámbito, la Psicología se centraba mayoritariamente en las áreas de la psicopatología y la neurología. Con la aparición de la Psicología Coaching se han aunado tendencias que permiten enfocar procesos para acompañar a los clientes a alcanzar un funcionamiento sano y normal (en los casos de que sufran dolencias), a través de las influencias de la Psicología Humanista y la Psicología Positiva.

Anthony Grant menciona, en el *Handbook of Coaching Psychology*, que «*el Coaching actual es una metodología de múltiples disciplinas, usada para promover el cambio individual y organizacional. El Coaching profesional se enriquece por esta gran variedad de acercamientos metodológicos»*. Un estudio realizado sobre una muestra de 2.529 *coaches* profesionales por A. Grant en 2004 mostraba una amplia variedad de orígenes. Los *coaches* procedían de carreras profesionales muy distintas: consultores (40,8%), *managers* (30,8%), directores (30,2%), profesores (15,7%) y ventas (13,8%). Solo el 4,8% de los participantes tenían una formación de Psicología.

La variedad de procedencias profesionales hace especialmente necesario introducir procedimientos de control de la calidad de los servicios de Coaching, definiendo mayor número de estándares y formas de seguimiento. Teniendo en cuenta que entre el 25% y el 50% de las personas que desean recibir servicios de Coaching presentan perfiles patológicos (ver Green, Oades, y Grant, 2006; Spence y Grant, 2005), se hace especialmente necesaria la entrada en la práctica del Coaching a psicólogos que puedan dan respuesta adecuada a esas necesidades mediante el ejercicio de la *Psicología* Coaching. Debe quedar claro que, tal y como las asociaciones más importantes del mundo de Coaching recogen en sus códigos éticos, lo primero es delimitar con el cliente el tipo de servicio, qué es Coaching y qué no, y por ende qué es *Psicología* Coaching y qué no, de manera que se evidencie que un profesional que no sea psicólogo no debe nunca atender este tipo de casos.

En la actualidad están creciendo de manera sustancial los programas de Psicología Coaching. Esta necesidad está haciendo aumentar los programas de calidad en *Psicología* Coaching; programas formativos rigurosos y cualificaciones profesionales a tal efecto. Los psicólogos se están mostrando más interesados e involucrando en el ámbito del Coaching y de la Psicología Coaching.

La emergente figura del psicólogo experto en Coaching (*psicólogo coach*) favorece el reconocimiento al *coach* con conocimientos y competencias del ámbito psicológico. Por este mismo motivo, en España y en otros países, los colegios oficiales de la Psicología ofrecen la posibilidad de acreditarse para dar un mayor rigor a la calidad de los servicios como psicólogo experto en Coaching.

La Psicología Coaching tiene el potencial de ser una fuerza principal en el fomento del bienestar y el crecimiento del individuo en las organizaciones y la sociedad en general (A. Grant, *Handbook of Coaching Psychology*).

El *Handbook of Coaching Psychology: A Guide for Practitioners* es de recomendada lectura para encuadrar el concepto de la *Coaching Psychology* (Psicología Coaching). Dado que fue publicado en 2007, es recomendable completar la lectura con revisión de la literatura científica en aquella materia específica que sea de nuestro interés. El Colegio Oficial de la Psicología de Madrid, a través del Grupo de Trabajo de *Psicología* Coaching, realizó un trabajo exhaustivo y generoso tratando de traducir la mayor parte de los capítulos para ponerlo a disposición de los colegiados (2013). De esta manera, los profesionales de habla no inglesa pueden enriquecerse de la gran aportación para la difusión y desarrollo de la *Coaching Psychology*.

La *Coaching Psychology* puede contribuir proporcionando una metodología con la que seguir desarrollando nuestro conocimiento de los procesos psicológicos involucrados en el cambio de personas sin patología. En definitiva, permite que el profesional que ejerce como psicólogo pueda poner al servicio de su cliente sus competencias como experto en Coaching.

5. TRES TENDENCIAS EN COACHING DESDE LA PSICOLOGÍA EN EL MUNDO HISPANO

COACHING ESENCIAL

Cris Bolívar

INTRODUCCIÓN

Nos encontramos en un momento histórico peculiar, la postmodernidad: las creencias y los valores de la época moderna caen y se hace necesario recuperar nuestra sabiduría, volver a reconectarnos con nuestro potencial, con la esencia, para hallar soluciones creativas para una vida plena y con sentido.

Este es el contexto donde nacen la esencialidad y el Coaching Esencial, un momento de grandes retos para un ser humano que necesita ser más consciente y espiritual. La esencialidad fue generándose (Cris Bolívar, 2004) como mirada que abría formas de intervención alineadas con la misión de facilitar la transformación esencial, es decir, pasar del ego a la esencia y reconectar con la sabiduría interior.

En palabras de la prestigiosa historiadora del Coaching Vikki Brock *la profundidad con la que trabaja el Coaching Esencial y el hecho de que participe de cinco de las grandes fuentes del Coaching lo sitúa como un Coaching muy especial, pionero y de referencia en el mundo*.

El Coaching Esencial de Cris Bolívar ha sido reseñado entre las aportaciones más relevantes de la Psicología a lo largo del siglo XX en las intervenciones de Coaching, junto a referentes como Freud, Wilber, Rogers, Seligman... en el programa de formación continuada para la actualización científico-profesional de psicólogos del FOCAD (Consejo General de la Psicología de España).

El profesor Itamar Rogovsky, en su ponencia *La verdad sobre el Coaching,* dice: *«Un movimiento como el del Coaching Esencial forma parte de una minoría de profesionales del Coaching que en todo el mundo se oponen, luchan contra el paganismo moderno y post moderno y sus actuales principales falsos ídolos». «El Coaching se ha desnaturalizado, tergiversado, hay cooptación. Cris Bolívar tuvo la valentía de 'darse cuenta' y mirar el Coaching con 'otra mirada' y la valentía de desarrollar pensamiento y práctica apostando por la autenticidad y renunciando a la seducción que tiene el 'pseudosaber' (tomar un objeto parcial como si fuera el todo), los objetivos huecos y la falsa felicidad».*

EL COACHING ESENCIAL

El Coaching Esencial pone el foco en la reconexión con la sabiduría; para ello se centra en no alimentar el ego sino en trascenderlo a partir del cuidado de uno mismo y el autoconocimiento, situado en la aceptación y el amar frente al control y al miedo, y de este modo facilitar que emerja el potencial del ser (personal, organizacional o social), reconectar con la esencia que se es, porque la esencia es la potencialidad de todos nuestros recursos.

El Coaching Esencial es por tanto un Coaching que desarrolla el nivel más profundo del ser, acompañando el proceso de expansión de la consciencia, desarrollando el potencial, abordando su esencia, su unicidad, rompiendo los límites del ego para re-crearnos generando sabiduría y así alcanzar meta-resultados o resultados extraordinarios.

La sabiduría se va dando en la medida que la persona alcanza una integración dialéctica entre los distintos tipos de conocimiento (Sternberg): conocimiento del yo+conocimiento del otro+conocimiento del mundo; o dicho de otro modo, cuando se da una síntesis (cuerpo calloso) entre el conocimiento analítico-racional (hemisferio izquierdo), el conocimiento holístico-experimental (hemisferio derecho), mezclando los campos afectivo, personal y cognitivo. Esta síntesis representaría una cohesión o integración de toda la corteza cerebral, especialmente en las áreas prefrontales y del vértice (donde se dan los procesos de alto nivel ejecutivo, meta-ejecutivo y de conocimiento) (Sternberg).

En Coaching Esencial nos centramos en facilitar esa integración de conocimientos de la que la persona es capaz pero que por distintos motivos está siendo bloqueada o infrautilizada. Por tanto, es necesario despertar al ser, pasando del miedo a amar a aceptar los conflictos y situaciones límite que van surgiendo en la vida como oportunidades, tomando consciencia de las contradicciones dialécticas de la existencia humana de forma que se pueda optar voluntariamente por no rendirse ante ellas desde una posición resiliente. Aceptar dudar de lo que se sabe, abiertos a la vulnerabilidad y a la incertidumbre. Desempoderar al ego para empoderar a la persona.

MODELO Y PASOS DEL COACHING ESENCIAL

En Coaching Esencial trabajamos con un modelo que parte de la sabiduría del *coach* para poder generar hipótesis y meta-visión, es decir, abrir escenarios y posibilidades a explorar con preguntas potentes que llevaran a concretar. A la vez generará confianza y libertad desde el amar (no-juicio), para provocar desaprendizaje, lo que dará paso a un nuevo aprendizaje y a la ampliación de consciencia, de forma que se consiga un ser más alineado con su sentido, integrado y coherente, de cara a una transformación esencial para alcanzar meta-resultados en la acción.

Y lo hace a través de siete pasos, que pueden darse en una misma sesión de Coaching y a lo largo del proceso:

1. *Acuerdo y foco de trabajo*, donde se transforma la demanda del cliente en un verdadero foco de trabajo de Coaching. En Coaching Esencial no hablamos de objetivos en sentido estricto, porque estamos centrados en el proceso que llevará a logros extraordinarios. Proceso significa acompañar al *coachee* en su aprendizaje próximo, a su siguiente nivel o capa de consciencia. Significa entender su aprendizaje latente, fluir con el *kuirós*, respetar el ego y conseguir que el *coachee* se dé permiso para trascenderlo desde el amor. Un buen proceso llevará a unos resultados que probablemente antes serían impensables para el *coachee*, lo que llamamos meta-resultados.

2. *Relatos significativos*. El *coachee* trae su problemática, su experiencia de vida... aquello que es una manifestación de su ser, su pensar, su sentir, su mirar. En Coa-

ching Esencial no nos centramos en los problemas ni en sus soluciones. Dejamos que relate y escuchamos en profundidad lo que se manifiesta a través de él para ayudarle a cuestionar y revisar lo que aparece como dado.

3. *Leer lo que hay detrás del relato*. Para ello utilizamos el PARDES, método hermenéutico utilizado por los cabalistas que abarca distintos niveles de lectura: el nivel de los datos «objetivables», de lo que se insinúa entre líneas, de lo que se interpreta o la explicación que se podría dar, y el nivel de secreto (de niveles infinitos), que representa lo que se dice con lo que no se dice.

4. *Generación de hipótesis y meta-hipótesis. Identificar la palanca de cambio*. Con toda la información que va emergiendo, el *coach esencial* va elaborando hipótesis de trabajo y construyendo meta-hipótesis que van trayendo a la luz la palanca de cambio sobre la que trabajar, a través de la pregunta potente, mayéutica, de forma que con el mínimo esfuerzo el *coachee* consiga la máxima transformación; es decir, no se trata de abordar numerosos aspectos sino uno que sea suficientemente clave para permitir el desaprendizaje y una transformación significativa y profunda.

5. *Construir una nueva meta-visión*. De esta forma el *coachee* puede ir construyendo una nueva visión, una visión que antes no era accesible para él y con ello puede revisar el sentido, la motivación existencial que le dará la fuerza para sostener el proceso de transformación en la dirección elegida por él desde una mayor sabiduría.

6. *Hacer emerger el potencial y transformar.* A partir de ahí ya se puede acceder al potencial antes bloqueado o rechazado, a la sombra, lo que permitirá la transformación definitiva.

7. *Fijarse en la acción para conseguir meta-resultados.* Una vez el *coachee* tiene a disposición el sentido y el potencial, lo va fijando a través de la experiencia en su día a día real.

Resumiendo, la intervención del *coach*, a través del arte de preguntar que explicaremos más adelante y siguiendo un modelo filosófico centrado en la búsqueda de la reconexión con el ser esencial, avanza a lo largo de distintos pasos con el fin de generar sabiduría y plenitud más allá de los límites y exigencias del ego.

DIMENSIONES CLAVE EN LAS QUE TRABAJA EL COACHING ESENCIAL

Para ello tenemos en cuenta cuatro dimensiones clave que tomamos de la Psicología Transpersonal: la consciencia en sí, el condicionamiento (aprendizaje social), la personalidad (o ego) y la identidad (con lo que nos identificamos).

Maslow, Capra, Grof, Wilber, Dass, Tart, Goleman Y OTROS (2008) en *Mas allá del ego,* nos dicen que *«la realidad que percibimos refleja nuestro propio estado de conciencia, y jamás podemos explorar la realidad sin hacer al mismo tiempo una exploración de nosotros mismos, no solo porque somos, sino también porque creamos, la realidad que exploramos».*

En Coaching Esencial facilitamos el tránsito de las creencias (contenidos mentales inconscientes, invisibles, con las que nos identificamos, incuestionables porque si se cuestionan ponen en crisis la estructura egótica misma, son los supuestos base de todo el condicionamiento) a las ideas (contenidos mentales que pueden ser explicitados, cuestionados, cambiados, contrastados). Esto permite crecer en consciencia, al desvelar las creencias para desapegarse de ellas, desidentificarse y convertirlas en ideas. Significa reconocer, amar y acceder a las distintas posibilidades de ser de nuestro potencial y dirigirlas a modo de director de orquesta o yo consciente para poder entender la partitura y tocarla de forma armónica. Por eso en Coaching Esencial tampoco hablamos de coherencia, término tan de moda hoy en día, sino de armonía, pues trabajamos con la siguiente síntesis: tesis (energía primaria, forma parte del ego, lo que debo ser, como debo actuar, lo que me exijo-exijo...); antítesis (energía renegada, sombra, lo que no debo ser, como no debo actuar, lo que no me permito...); síntesis (integración de ambas, libertad para ser, armonización, sabiduría interior).

Por tanto, una estructura psicológica clave con la que se trabaja en Coaching Esencial es la del ego. Podemos definir ego como la estructura defensiva automática que crea una imagen falsa del yo con la que nos identificamos y desde la que operamos en el mundo como mecanismo de adaptación social, una estructura primaria creada en un momento donde no tenemos apenas recursos cognitivos (primera infancia) para encontrar mejores estrategias con las que protegernos del entorno y de la herida que este nos origina, y cuya función es protegernos, pero no cuidarnos.

El ego se activa especialmente con el miedo a volver a ser tocados en la herida. En Coaching Esencial tenemos muy en cuenta el tipo de herida (de vida, de muerte o de amor), para que uno pueda cuidar de sí mismo y que no se active el miedo, que es una emoción profundamente enraizada en nuestro inconsciente que bloquea el acceso a nuestros recursos internos y nos mantiene en la zona de confort incluso cuando esto nos hace infelices. Sin embargo, cuando la aceptación, la confianza y el amor sustituyen al miedo, la intuición y la visión clara surgen y entonces la sabiduría es posible porque estaremos en contacto con nuestra esencia.

Así que otro concepto clave en Coaching Esencial es la esencia. La esencia es la potencialidad de todos nuestros recursos. Vendría a ser el conjunto de posibilidades de ser, el potencial del que tanto se habla en Coaching. Como diría Aristóteles, se trataría de pasar a acto lo que está en potencia.

La intervención en Coaching Esencial busca el desarrollo de la consciencia del ser a través de:

- El desarrollo del potencial, el desarrollo de consciencia-autoconocimiento-aprendizaje de tercer orden
- Descubrir y potenciar la energía amar incondicional-compasión-resonancia
- Descubrir y potenciar la energía fluir-desapego-orientación al aprendizaje
- Deconstrucción del yo, la identidad, el ego, para alinearse con el yo esencial integrando todas las posibilidades de ser y la conexión con el todo
- Desarrollo de la potencialidad y la espiritualidad, del poder interior
- Poder sentir, pensar y hacer desde un nivel más elevado de consciencia y armonía. Sabiduría

Y lo hace ayudando al *coachee* a transitar por tres niveles de aprendizaje, y consecuentemente de intervención en Coaching. El tercero, el «aprendizaje epistemológico» (sabiduría), es en el que el Coaching Esencial pone especial atención.

1. El aprendizaje de primer orden (*Argyris*), conductual o de bucle simple, representa un cambio simple, conductual (French y Bell, 1995).
2. El aprendizaje de segundo orden (*Argyris*), de doble bucle, o llamado también aprendizaje generativo, lo que nos permite es la generación de nuevo aprendizaje a partir del desaprendizaje.
3. El aprendizaje de tercer orden o epistemológico (sabiduría) (Cris Bolívar, 2004). Como decíamos, aquí es donde se centra especialmente el Coaching Esencial, lo que le permite trabajar también con los otros dos niveles de aprendizaje.

Más allá de la revisión y flexibilización de las propias creencias y modelos mentales que representa la transformación del aprendizaje de segundo orden, el aprendizaje de tercer orden supone un tercer bucle basado en la expansión de la consciencia, que genera y se retroalimenta del encuentro con la verdadera esencia del ser, con la unicidad desde la percepción de nuestro potencial y la integración de las dimensiones del hacer, del pensar y del sentir, según nuevos modelos más integradores y sistémicos del ser humano, como la Psicología de los Yoes y el *Voice Dialogue*, el eneagrama o las filosofías orientales centradas en el desarrollo de la completitud del ser.

EL ARTE DE PREGUNTAR EN COACHING ESENCIAL Y OTRAS HERRAMIENTAS

Para facilitar este proceso de despertar la sabiduría, el Coaching Esencial pone especial atención en el arte de preguntar, hacer sabias preguntas para obtener sabias respuestas.

Se parte de la mayéutica socrática, que consideramos la esencia del Coaching, junto a la hermenéutica de la Cábala, de Gadamer y de Foucault, entre otras referencias, sostenidas por la posición del *coach* que hace posible la pregunta que se abrirá en los tres niveles de aprendizaje descritos con anterioridad. Con ello se busca la pregunta potente, que es la que ocurre en el límite del nivel de consciencia, abriendo la puerta para vislumbrar la luz que hay detrás de ella, o, como dice Gadamer, padre de la hermenéutica, *«preguntar es una forma inicial de producir conocimiento, de poner en cuestión aquello acerca de lo que se pregunta, dejar al descubierto la íntima fragilidad (la cuestionabilidad) de lo dado y proponer un recorrido en dirección al conocimiento. Preguntar es oponerse a la dureza de lo existente, hacer saltar sus resistencias abriendo en su compacta superficie grietas de sentido».*

Para ello el Coaching Esencial pregunta pasando por los distintos ámbitos del preguntar, primero en forma descendente y luego ascendente.

Además de contar con herramientas de la filosofía (ciencia crítica) como la mayéutica o la hermenéutica, el Coaching Esencial utiliza una amplia variedad de herramientas con base en distintos modelos psicológico-filosófico-espirituales integrales que parten de la visión del ser humano como un ser con una unicidad a desarrollar.

Por tanto, toma herramientas de la Psicología (ciencia del espíritu) en su línea integral, transpersonal, constructivista, construccionista, lacaniana y jungiana. Además utiliza herramientas relacionadas con la corporalidad, como el *Focusing* o la mirada energética del *voice dialogue*. Aplica asimismo herramientas espirituales que facilitan la expansión de la consciencia como el PARDES o el Árbol de la Vida de la Cábala, la meditación shamata y vipassyana budista, el eneagrama como símbolo del ser y modelo de egos. También hace uso de técnicas proyectivas y del arte y trabaja con herramientas de la sistémica del desarrollo organizacional (DO) o de Hellinger...

En resumen, tiene muy en cuenta todo aquello que facilite la conexión, tanto de la vía intuitiva como de la racional para generar sabiduría.

EL COACH ESENCIAL

Pero, según la mirada esencial, lo más importante para que el proceso sea potente no son las herramientas, o menos aún las cuestiones metodológicas competenciales o técnicas. Lo más importante es el ser del *coach*.

La posición del *coach esencial* debe ser desde la «ignorancia sabia» (si se es ignorante no se sabe qué preguntar, y si todo se sabe no hay interés en cuestionar y se hacen preguntas retóricas), y también desde el amar (la aceptación y legitimación auténtica del otro), así como desde el silencio interior y la humildad. No puede haber sabiduría sin humildad, ni humildad sin sabiduría.

Por ello, el *coach* está en permanente crecimiento personal; un ser *coach* que tiene como estrella polar el propio desarrollo de las diez meta-competencias del *coach esencial*[26], más allá de las *core-competences* que describe la International Coach Federation (ICF) y de la necesaria formación específica en Coaching o de la Supervisión-mentoring adecuada, y que son:

1. AUTENTICIDAD		- Integración del ser. Centramiento - Conexión con el ser esencial
2. PRESENCIA		- Conexión con el aquí y ahora - Estar abierto energéticamente, en silencio interior. Abierto a la capacidad de sorprenderse
3. PLASTICIDAD		- Capacidad de desaprendizaje y aprendizaje para saber leer - Ser proactivamente flexible y consecuente
4. NADIEDAD		- Calidad de ser nadie y por lo tanto de ser esencial - Trascender la identidad falsa del ego y su necesidad de importancia
5. TERNURA		- Expresión del amor incondicional por el ser esencial - Presencia energética desde el amar
6. COMPASIÓN		- Como respuesta ética al sufrimiento del otro - Estar en contacto con la propia vulnerabilidad-fragilidad

---

26   Las diez meta-competencias del *coach esencial*, Cris Bolívar, 2010.

7. HUMILDAD	– Aceptación del yo en el momento actual del proceso – Ser humano
8. SABIDURÍA (LA IGNORANCIA SABIA)	– Conexión con la intuición y el pensamiento lateral – Conexión con la racionalidad y el pensamiento lineal
9. ESPIRITUALIDAD	– Trascender el yo – Conexión con el fluir y la totalidad
10. PARRHESIA	– Hablar franco, desde la autenticidad, la ética y el amor – Decir lo que es necesario decir vs lo que quieren que se diga

En resumen, el *coach esencial* se podría relacionar con la figura de «maestro socrático», filósofo espiritual que acompaña desde la mayéutica el proceso de transformación espiritual del sujeto, centrado en incitar al cuidado de sí desde el amarse, a partir del propio cuidado de sí que lo lleva a la sabiduría. Un Sócrates actualizado que desempeña el papel de quien ayuda a despertar del largo sueño en el que entramos en la modernidad y la postmodernidad, y a pasar de estulto a sabio.

Se podría decir que el *coach* acompaña al *coachee* durante un período de su proceso de vida, y durante este período facilita algunos resultados destacables como sabiduría, excelencia y flujo, paz interior y centramiento en el aquí y ahora, libertad, alcance de meta-resultados (resultados no alcanzables desde el modo de hacer habitual o el aprendizaje de segundo orden), relaciones fluidas, sin juicio, asertivas, desarrollo del potencial no utilizado, desconocido, reprimido, desarrollo de la plasticidad (para adaptarse o provocar el cambio), desarrollo de todas las competencias emocionales a partir de las de autoconocimiento y autogestión, toma de decisiones clara, consciente y más sabia, transformación sostenible en el tiempo, y apertura al aprendizaje epistemológico, poder interior (desde la sensibilidad y el cuidado de sí vs la coraza protectiva del ego), potenciación del liderazgo transformacional, equilibrio energético, de los yoes, del masculino y femenino, sentido y visión para dirigir la propia vida, valentía, creatividad e intuición, felicidad, plenitud y éxito…

CONTRIBUCIONES DE LA PSICOLOGÍA AL COACHING ESENCIAL[27]

- COGNITIVO CONDUCTUAL

  Albert Ellis
  Aaron Beck
  Stephen Palmer
  Anthony Grant
  Michael Cavanagh
  David Lane

- PSICOLOGÍA POSITIVA, HUMANISTA Y TRANSPERSONAL

  Abraham Maslow
  Carl Rogers
  Mihalyl Csikzentmihalyl
  Martin Seligman
  Cris Bolívar
  Ken Wilber
  Alex Linley
  Robert B. Diener
  Suzy Green

---

27   Beatriz Valderrama, 2009. Adaptación de los autores de este estudio. http://essentialinstitute.org/sobre-el-instituto/reconocimientos-y-menciones/

- **APRENDIZAJE, CAMBIO Y DESARROLLO**

  Albert Bandura
  Robert Rosenthal
  David Kolb
  Chrys Argyris

- **MODELOS MENTALES, CREENCIAS, DISTORSIONES COGNITIVAS**

  Kenneth Craik
  Gregory Bateson
  Paul Watzlawick
  León Festinger
  Maturana y Varela

- **COMUNICACIÓN**

  Gregory Bateson
  Paul Watzlawick
  John Grinder
  Giorgio Nardone
  Joan Quintana

- **INTELIGENCIA EMOCIONAL, COMPETENCIAS**

  Salovery y Mayer
  Daniel Goleman
  David McClelland
  Richard Boyatzis

- **NEUROCIENCIA**

  Roger Sperry
  Joseph Ledoux
  Paul Ekman
  Richard Davidson

- **PSICODINÁMICA**

  Fredu Tavistock

- **PSICOLOGÍA SISTÉMICA, PSICODRAMA**

  Virginia Satir
  J.L. Moreno
  B. Helinger
  Tavistock
  Paul Watzlawick

Daniel Taroppio

INTRODUCCIÓN

En todos los espacios de nuestra vida se pone en juego nuestra capacidad de crear y sostener relaciones interpersonales saludables. Padre, madre, hermanos, amigos, pareja, socios, jefes, compañeros; siempre hay una interacción desafiante en toda situación importante de nuestra vida. Y si no se trata de una persona, el «otro» puede ser una situación, una enfermedad, un evento, una circunstancia (un despido, un desastre natural, una situación sociopolítica), pero en todo caso hay siempre involucrada una interacción. El modo en que interactuamos con aquello que se nos presenta define quiénes somos.

El Modelo de Interacciones Primordiales es un modelo para comprender las dimensiones más profundas de las relaciones humanas, el sentido trascendente de los vínculos interpersonales y la manera en que esto influye en los grupos y organizaciones.

Lleva su mirada al núcleo de las dinámicas interpersonales, honrando el encuentro trascendente entre las personas como el sentido más profundo de la existencia y de todo proyecto humano.

Su aplicación está dirigida a resolver los conflictos que dificultan la interacción, al mismo tiempo que dinamiza las potencialidades que pueden hacer de todo grupo humano un espacio de realización personal, profesional y organizacional.

Todo grupo (familia, institución, organización) está compuesto de personas. Donde hay personas hay interacciones. Donde hay interacciones hay posibilidades tanto de crecimiento y realización personal como de conflicto y sufrimiento. Esta dinámica constituye el núcleo de la existencia humana, tanto en los planos personales como profesionales; por ello afirmamos que «la vida es el arte del encuentro».

Su cuerpo teórico, que se ha ido desarrollando a lo largo de más de treinta años de investigación y aplicación[28], reúne aportes de la Psicología, la física y la biología, sintetizados desde una comprensión trascendente de la existencia humana.

Su aplicación práctica se realiza a través del Coaching y la Psicoterapia Primordial.

COACHING PRIMORDIAL Y PSICOTERAPIA PRIMORDIAL

El Coaching Primordial ha sido desarrollado para su aplicación en el ámbito del desarrollo personal y las organizaciones (no gubernamentales, empresariales, deportivas, etc.), y tiene como objetivo acompañar a los consultantes en el proceso a desarrollar sus potencialidades y alcanzar sus logros de la manera más efectiva y plena, tanto en los planos personales como profesionales. Por ello la formación en esta disciplina está abierta a todo público.

---

28   Comencé a desarrollar este modelo en el año 1983 en el CONICET (Consejo Nacional de Investigaciones Científicas y Técnicas de la República Argentina) en el que fui becario de investigación en la facultad de Filosofía y Letras de la UNC. La práctica actual de este método en tantos países es mi forma de agradecer este temprano apoyo que recibí como joven investigador. Todo este trabajo se encuentra desarrollado en mis libros, que se incorporan en la bibliografía al final de esta obra.

Por su parte, la Psicoterapia Primordial ha sido creada para su aplicación en el ámbito de la clínica, por lo que la formación en esta disciplina está reservada a los profesionales de la salud (psicólogos, médicos, según la legislación de cada país).

Los psicólogos pueden trabajar en ambos ámbitos, tanto en el del desarrollo personal como en el diagnóstico y la psicoterapia, mientras que el *coach* no es un psicoterapeuta y no puede intervenir en casos de patología.

Si bien sus caminos se separan cuando su trabajo implica la necesidad de comprender y asistir casos patológicos, el Coaching y la Psicoterapia Primordiales comparten una epistemología, una concepción del ser humano y una visión de la problemática sociocultural actual, sintetizadas en el Modelo Interacciones Primordiales. Y comparten asimismo muchas técnicas y metodologías.

Podríamos decir que entre el psicoterapeuta y el *coach* existe una relación similar a la que puede presentarse entre un médico traumatólogo y un entrenador deportivo. El médico no tiene como objetivo inmediato mejorar el rendimiento deportivo de sus pacientes, sino aliviar sus dolencias, pero obviamente su intervención redundará en un mejor desempeño si conoce los deportes que practican sus pacientes. De la misma manera, el entrenador deportivo no se ocupa de curar lesiones, pero su trabajo tiene una enorme importancia tanto en la prevención como en la rehabilitación. Un entrenador no se dedica a curar músculos, articulaciones o huesos lesionados, pero puede cultivarse perfectamente con conocimientos de anatomía y fisiología para aplicar a su propia práctica. Las disciplinas son distintas y tienen sus propios ámbitos, pero el cuerpo humano es el mismo para ambas.

Cuando se trata de la patología, el profesional de la salud cuenta con las herramientas de su formación en psicodiagnóstico, su práctica hospitalaria, su propio proceso psicoterapéutico y la posibilidad de abordar una gama de problemáticas más complejas que las del *coach*. Sin embargo, hasta llegar a esa instancia, el Coaching y la Psicoterapia Primordiales pueden ser estudiados y comprendidos simultáneamente, pues si bien se diferencian en sus ámbitos de aplicación y por lo tanto requieren de conocimientos distintos, surgen de una raíz común. Y esta raíz, el Modelo de Interacciones Primordiales, sostiene con firmeza que el trabajo en promoción de salud y crecimiento personal constituye una de las tareas más importantes para ser desplegada en estos tiempos.

La implementación de metodologías que permitan el desarrollo de instituciones y organizaciones saludables, en las cuales los seres humanos puedan realizarse en plenitud, constituye una misión a la cual estos tiempos nos llaman con urgencia. El Coaching y la Psicoterapia Primordiales se encuentran con una misma vocación desde la cual la promoción de lo sano es más importante que la asistencia a la persona ya enferma. De hecho, la aparición de la enfermedad es en sí misma una evidencia de las carencias de las instituciones a las que pertenecen las personas (familia, escuela, empresa, etc.) y sus dificultades para propiciar el crecimiento de sus miembros.

LINGÜÍSTICA, MOVIMIENTO Y MEDITACIÓN PRIMORDIAL

El Coaching y la Psicoterapia Primordiales se caracterizan por su búsqueda sistemática de la integralidad, tanto en la teoría como en la práctica. Por ello incluyen metodologías de trabajo corporal, emotivo, lingüístico, cognitivo, energético y meditativo, que han sido denominadas lingüística, movimiento y Meditación Primordial. La aplicación integrada de estas metodologías despliega el poder del trabajo corporal-emocional-energético, el diálogo y la meditación en los procesos de transformación personal e interpersonal.

Veamos una breve descripción de las tres.

1. La Lingüística Primordial

Constituye una integración de la psico-neuro-inmuno-endocrinología, el estudio del lenguaje y el trabajo cognitivo. Brinda la posibilidad de trabajar directamente sobre nuestros paradigmas y modelos de pensamiento a través de la relación entre nuestros diálogos internos e interpersonales, nuestra bioquímica y nuestra relación con los otros. Trabaja sobre la forma en que la palabra determina los estados corporales-emocionales, las relaciones interpersonales, y viceversa.

Se ha demostrado repetidamente que nuestros diálogos internos e interpersonales afectan directamente a nuestra salud celular, nuestro estado mental, nuestros vínculos, y por ende a la salud de todo grupo humano, desde familias hasta organizaciones. La capacidad de desarrollar diálogos sabios, comprensivos y afectuosos con nosotros mismos y con los demás constituye una fuente de salud física, emocional y vincular, así como la clave del éxito profesional y organizacional.

La Lingüística Primordial opera sobre el núcleo bio-psico-lingüístico, que determina nuestra salud físico-emocional, la de nuestras relaciones interpersonales y el éxito en nuestras carreras profesionales.

Simultáneamente brinda un abordaje lingüístico que procura detectar y esclarecer los patrones manipulativos de nuestra comunicación interna y con otros a fin de que nuestro hablar se torne transparente, genuino y poderosamente efectivo. De este modo se favorece el encuentro profundo entre los seres humanos aún en los ámbitos que suelen ser más despersonalizantes.

El trabajo con la Lingüística Primordial se centra en los siguientes objetivos fundamentales:

- Desarrollar modalidades de comunicación intrapersonal que generen estados internos de equilibrio, armonía y salud psicofísica.
- Integrar lenguaje-pensamiento y corporalidad-emocionalidad.
- Comprender y desarticular todas las formas de manipulación verbal que caracterizan las formas de comunicación entre las personas no integradas, afectando sensiblemente la capacidad de encuentro interpersonal y efectividad en las tareas compartidas.
- Favorecer las formas de comunicación auténticas, que propician el encuentro humano y el desarrollo de organizaciones efectivas.
- Detectar, comprender y deconstruir los sistemas de interpretaciones, juicios, creencias y mapas mentales disfuncionales que restringen nuestras posibilidades de desarrollo.
- Fortalecer los sistemas de interpretación, juicios y creencias motivantes y expansivos que viabilizan el pleno desarrollo de las personas y los grupos humanos.

La mayoría de las formas de psicoterapia, consultoría y Coaching contemporáneas han sido poderosamente influenciadas por la filosofía post-moderna. Uno de los grandes aportes del postmodernismo comenzó a ver la luz cuando, entre fines del siglo antepasado y principios del pasado[29], Ferdinand de Saussure (un auténtico adelantado a su tiempo) sentó las bases de la lingüística moderna y del estructuralismo, que posteriormente daría lugar al post-estructuralismo y al post-modernismo. Este aporte consiste en la intuición de que el lenguaje no solo nombra y describe al mundo, sino que lo crea. Es decir, que no siempre la realidad precede al lenguaje sino que en muchos casos le sigue. El lenguaje no es solo una capacidad mediante la cual simplemente nombramos objetos, seres y situaciones que existían antes, sino que mediante su poder performativo, literalmente crea situaciones, eventos y realidades de todo tipo.

Por ejemplo, si yo introduzco una cita en esta página, estoy haciendo referencia a algo que ya existía, lo estoy nombrando a través de mi lenguaje. Pero si yo le invito a usted a que deje a un lado este libro que está leyendo, cierre sus ojos y comience a respirar profundamente, estaremos creando juntos un estado interno que antes no existía. Es decir, mediante el lenguaje hemos dejado de nombrar algo preexistente y hemos creado una realidad nueva. Esta genial intuición ha permitido a todos los modelos modernos de comunicación humana entender que aquello que nos decimos a nosotros mismos, les decimos a otros y ellos nos dicen, determina nuestra estructura de pensamiento, y desde ahí la forma en que concebimos y creamos nuestra realidad. Si aprendemos a transformar la forma en que nos comunicamos con nosotros mismos y con los otros, es decir nuestro lenguaje interno e interpersonal, estaremos aprendiendo a deconstruir y reconstruir nuestros estados internos, nuestra identidad, nuestra vida, nuestro mundo. El lenguaje construye la emocionalidad y el pensamiento; desde la emocionali-

---

29   Ferdinand de Saussure, *Curso de lingüística general*, Editorial Losada, 1945 (recopilación póstuma).

dad y el pensamiento construimos nuestro mundo interno y nuestro mundo interno determina nuestra realidad externa. Esta realidad revierte sobre el lenguaje y se retroalimenta indefinidamente.

Reconociendo el valor de esta gran y revolucionaria intuición, casi cuarenta años de experiencia en comunicación humana como psicoterapeuta, *coach* y consultor me han convencido de que el mero lenguaje hablado, incluso cuando se le agregan algunas intervenciones corporales, es absolutamente insuficiente para comprender y asistir a los seres humanos en sus procesos de autoconocimiento, transformación y desarrollo personal. Toda práctica de Coaching o psicoterapia que carezca de una integración sistemática con la comunicación corporal y energética[30] nos lleva a trabajar desde una enorme desventaja, y sigue siendo parte de la disociación, es decir del problema, no de la integralidad, la solución.

En un nivel mucho más profundo que el de la palabra, nuestra corporalidad-emocionalidad-energía también crea mundos, determina nuestra identidad y establece los límites estrechos o generosos dentro de los cuales se desarrolla nuestro movimiento por la vida, tanto personal como profesional. Las diferentes formas en las cuales nos movemos, nuestros patrones respiratorios, nuestros gestos y posturas, envían poderosas señales a nuestro propio cerebro y al mundo que nos rodea, especialmente al espacio interpersonal, a los otros con quienes interactuamos. Entre todos estos patrones de comportamiento se destacan los que he denominado movimientos primordiales: gestos, miradas, actos, posturas, formas de respirar, tonos e inflexiones de la voz y energías

---

30   Y no me refiero aquí a simplemente hablar de lo corporal y lo emocional o a incluir alguna que otra técnica corporal para adornar nuestra práctica básicamente lingüística, sino a un trabajo corporal-energético sostenido en una teoría y una práctica coherentes.

sutiles que proyectamos hacia y recibimos de los otros[31]. Esta kinesis primal es fundamentalmente inconsciente y constituye una estructura de «ser-en-el-mundo» que envía y recibe señales determinantes, tanto a quienes nos rodean como a nosotros mismos. Estos movimientos primales marcan nuestro estado de ánimo, lo que a su vez afecta al entorno. De forma permanente estamos comunicando mucho más que aquello de lo que somos conscientes, y esta comunicación corporal y energética es determinante en nuestros vínculos y en los ambientes que nos rodean. Los seres proyectamos nuestro mundo interno en nuestro entorno, y esto nos viene de vuelta en un *feedback* permanente. Tomar consciencia de nuestra corporalidad, respiración, gestualidad y movimientos, y poder enriquecerlos conscientemente, liberando todas las capacidades sensitivas y expresivas de nuestro organismo, produce extraordinarias transformaciones en nosotros y en nuestro mundo externo. De este modo, un *feedback* inconsciente y perjudicial puede ser creativamente transformado en un *feedback* consciente y favorable para nosotros y para quienes nos rodean.

Desde las interacciones primordiales afirmamos que nuestro mundo interno es lo que nos rodea, es decir, lo que nos pasa por dentro afecta directamente a nuestro entorno. Y esto regresa a nosotros en forma de reacciones de los otros, circunstancias interpersonales y climas grupales, que ingenuamente creemos que son provocadas por agentes completamente ajenos a nuestra responsabilidad y voluntad personales. Por supuesto que existen variables que no de-

---

31   El Dr. Rupert Sheldrake, biólogo de la Universidad de Cambridge, ha denominado «campos mórficos» a espacios que dan origen a las formas evolutivas y que se sostendrían por la capacidad de los sistemas de comunicarse más allá de los medios convencionales, como por ejemplo los órganos de los sentidos concebidos hasta el momento. Para una descripción sintética de esta teoría consultar *El vínculo primordial*, Op. cit.

penden de nuestra responsabilidad y voluntad, pero nuestra tarea es operar sobre aquellas que sí lo hacen. Estas constituyen nuestro campo de acción en el devenir de nuestro «destino».

La metodología primordial nos permite acceder a los niveles más profundos del lenguaje y a la dimensión corporal-energética de nuestro ser, con lo cual podemos comenzar a comprender cuáles son nuestros patrones de movimiento, gestuales, respiratorios y energéticos que influyen en las personas que nos rodean, e incluso en todo nuestro medioambiente[32]. Al mismo tiempo activa y sostiene procesos de desarrollo y transformación personal e interpersonal desde dimensiones que antes parecían inaccesibles.

La Lingüística Primordial permite revisar la forma en que a través de la palabra construimos nuestras interpretaciones, juicios y creencias a fin de trascender nuestros mapas disfuncionales y restrictivos, fortaleciendo los que liberan nuestra creatividad, productividad y capacidad de encuentro y realización. Las técnicas lingüísticas de la comunicación primordial permiten una comprensión muy sutil y acabada de la manera en que hablamos y, por lo tanto, pensamos. Cuenta con herramientas que permiten detectar con sencillez el lenguaje disfuncional, manipulador y limitante, favoreciendo una comunicación fluida y espontánea.

Simultáneamente, en un nivel mucho más profundo aún, el abordaje corporal-energético (que describiremos más adelante) brinda la posibilidad de acceder a las estructuras físicas que condicionan nuestra percepción emocional de la realidad, nuestros estados de ánimo y nuestro «ser-en-el-

---

32   Las investigaciones de Sheldrake han demostrado que los animales y las plantas son los seres más sensibles a este tipo de información-energía que se transmite entre los seres vivos y que a los seres humanos nos afecta profundamente, sin que por lo general tomemos consciencia de ello, lo que constituye otra consecuencia de la disociación de nuestra sensibilidad.

mundo». De este modo, no solo podemos trascender nuestros patrones emocionales limitantes, sino al mismo tiempo liberar nuestras potencialidades psicogenéticas y trascendentes, redescubriendo nuestra naturaleza original y aquello que constituye el poder fundamental de nuestro ser único e irrepetible.

Al integrar el lenguaje verbal con la comunicación corporal vamos permitiendo que nuestra palabra encarne lo más profundo de nuestro sentir. Nuestro lenguaje se vuelve auténtico, real, encarnado en la profundidad del ser. Cuando la palabra y la corporalidad se integran y armonizan, nuestra manera de comunicarnos se torna consistente, profunda, y nuestra llegada a los otros se hace mucho más auténtica, veraz y poderosa.

Un lenguaje claro, asentado en una respiración profunda, en una gestualidad armónica y consciente, en posturas firmes y gráciles, en una tonalidad de voz que suena desde la hondura del organismo, sin tensiones ni bloqueos en nuestra garganta, brinda a nuestra expresividad un poder extraordinario. Nuestra capacidad de llegar a los otros se hace verificable, lo que aumenta nuestra efectividad, nuestra capacidad de alcanzar logros individuales y grupales, y sobre todo, calidad en nuestras relaciones interpersonales.

Simultáneamente, la estabilidad emocional que brinda el trabajo corporal energético integrado con el lenguaje nos permite desplegar plenamente nuestra capacidad de escucha, de apertura y contacto con los otros. Cuando la palabra y el cuerpo están armónicamente integrados nos sentimos ubicados en un lugar completamente distinto, desde donde se asientan la autoestima y la confianza en nosotros mismos, imprescindibles para estar disponibles para otros.

Las técnicas lingüísticas primordiales nos ayudan a detectar con mucha mayor facilidad las contradicciones, incoherencias e inautenticidades en nuestro propio lenguaje y en el lenguaje de los otros. Nuestro propio trabajo personal nos brinda serenidad, centramiento, equilibrio interior. Cuando ambas dimensiones se integran nos convertimos en personas que podemos escuchar al otro desde un silencio interior, desde una apertura que los demás perciben como algo sumamente valioso. Nuestras relaciones interpersonales comienzan entonces a cambiar en una dirección muy positiva.

El enfoque primordial es interaccional, pues considera que la realidad humana es una co-construcción que se produce en la interacción con el otro. Por ello ubica a la capacidad de relacionarnos y de formar parte de equipos y comunidades en el centro de todo proceso de desarrollo personal, interpersonal y organizacional

Esta metodología integral nos permite acceder a ese, hasta ahora, misterioso «don» de la «presencia». Esta elusiva cualidad, tan nombrada pero muy poco explicada en su estructura profunda, y por lo tanto generalmente inaccesible, se convierte a través de la práctica del Coaching y la Psicoterapia Primordial en un atributo que podemos cultivar de un modo empírico y sistemático. Comprendemos entonces que la presencia no es un misterio, un atributo místico, sino el resultado concreto de habitar con consciencia nuestro cuerpo vivo, sensible, conectados con el aquí y ahora, y sobre todo con los demás.

La forma en que podemos cultivar esta capacidad fundamental quedará mucho más clara en la sección siguiente.

2. El Movimiento Primordial

Es un sistema de trabajo corporal-energético que permite trabajar con nuestra corporalidad, estado emocional, afectividad y creatividad, activando la energía vital, el sistema neuro-inmuno-endócrino y la capacidad de encuentro con los otros. Constituye un profundo método de liberación y expresión corporal-energética-emocional mediante la reivindicación de la motricidad natural y las expresiones emocionales, recuperando el cuerpo sensible y libre que todos encarnamos al nacer.

El Movimiento Primordial nos permite recuperar nuestras posturas, movimientos, gestos y patrones respiratorios primigenios, poniendo a nuestra disposición profundas energías universales que hemos olvidado en procesos de socialización disfuncionales.

La Danza Primal constituye una variante más intensa del Movimiento Primordial, que implica un mayor compromiso afectivo y emocional, lo que la hace especialmente indicada para trabajar con personas que están en busca de un mayor autoconocimiento y de una profunda liberación personal. No se trata de una forma de baile, coreografía ni movimientos complicados, sino de recuperar simples movimientos ancestrales que hemos perdido en la agitada vida moderna y en procesos de educación y socialización represivos.

La práctica del Movimiento Primordial no requiere de destrezas especiales; por el contrario, se asienta en el despliegue de movimientos simples, naturales, originales, que por diversos motivos se van atrofiando en nuestra vida. Por ello está al alcance incluso de personas de edad avanzada o con capacidades especiales.

Nuestro organismo está colmado de información universal. Millones de años de evolución se sintetizan en cada ser humano conjugando una sabiduría extraordinaria. Y está aquí, a nuestra disposición. Emergimos de la Tierra como las manzanas emergen del manzano, como las montañas se elevan desde las honduras de la madre Tierra, como las olas se alzan desde las profundidades de las corrientes marinas.

Surgimos de una Tierra que se formó por la condensación de gases que provenían de explosiones solares. Es decir que estamos hechos de energía solar, somos seres cósmicos por naturaleza. Somos hijos de la luz. Y esto no es una frase poética sino una verdad literal. Esta es nuestra identidad, tal como lo afirma la ciencia moderna. Y curiosamente, es lo mismo que nos repiten las tradiciones espirituales de Oriente y Occidente desde hace milenios.

El Movimiento Primordial es una respuesta al desafío de estos tiempos, mediante un sistema de crecimiento y sanación personal e interpersonal basado en la recuperación de esta información cósmica que todos albergamos, en forma de posturas, gestos, movimientos, sonidos, patrones respiratorios y pautas de interacción ancestrales, primigenias y universales, de ahí su nombre.

Los movimientos primordiales, estimulados por la música étnica, por la interacción con los compañeros, y guiados por el cuidado de profesionales especializados en esta disciplina, van activando nuestra memoria molecular, que en muchos casos duerme olvidada en lo profundo de nuestro cuerpo. Simultáneamente van removiendo los bloqueos que nos han hecho perder la memoria de nuestra sabiduría ancestral ayudándonos a recordar nuestra naturaleza primal, nuestra identidad cósmica.

La práctica del Movimiento Primordial nos va liberando sutilmente de todos los elementos artificiales, ideológicos, dogmáticos, y por lo tanto neuróticos de nuestra personalidad, permitiendo que nuestra identidad se vaya asentando cada vez más en nuestra realidad interior, en nuestra naturaleza vital, nuestro origen universal, o lo que hemos denominado nuestro Núcleo Primordial. Esto no resuelve mágicamente todos los problemas de nuestra vida, pero nos permite pararnos desde un lugar donde el panorama completo de la existencia se transforma radicalmente, y donde las potencias del universo que todos encarnamos vuelven a estar a nuestra disposición.

Se basa en la reivindicación de movimientos arquetípicos o «primales» que movilizan cada segmento del cuerpo con posturas, respiraciones, gestos, sonidos, imágenes y ejercicios de interacción específicos, individuales, en parejas o en grupos.

Estos movimientos primordiales activan y armonizan lo que el Yoga[33] denomina chakras[34], uno por uno y en su conjunto. Los chakras son centros desde los cuales fluye la energía vital del cuerpo-mente. Esta concepción milenaria del organismo humano como sistema energético tiene fundamentos científicos que sostienen los resultados verificables que se obtienen con su práctica. Occidente ha comprobado con asombro que los chakras coinciden con la presencia de plexos nerviosos que inervan cada porción del cuerpo, glándulas de secreción interna y un conjunto de órganos, múscu-

---

33 Los antiguos yoguis aplicaban esta concepción cuántica del organismo humano al cuidado de la salud. Consideraban, como la física moderna, que todo lo material es energía vibratoria, y a partir de allí concebían al cuerpo humano como una materialización de la energía universal. Por ello, afirmaban que el estado mental del individuo influye sobre la forma en que esta energía se organiza, fluye o se estanca. Es decir, que se adelantaron en miles de años a la medicina psicosomática y a la hoy reconocida psico-neuro-inmuno-endocrinología. Esta concepción integral del organismo, que a la medicina occidental le llevó siglos comprender, era plenamente aceptada hace ya miles de años en Oriente. Los ejercicios respiratorios, movimientos y posturas del Yoga activan directamente glándulas cuyas secreciones producen cambios a nivel cerebral y por lo tanto mental. Es decir que estamos ante un sofisticado y empírico sistema psicofísico, probado durante siglos, que permite generar estados mentales a voluntad. Este modelo permite vincular emociones y capacidades humanas con partes específicas del organismo, movimientos y formas de respiración, brindando la posibilidad de trabajar sobre esas partes del cuerpo y estimular o inhibir estados psicológicos y comportamientos deseados o no deseados.

34 Podríamos decir que los chakras y los *nadis* constituyen el puente entre el cuerpo y la mente, lo que denominaríamos el eslabón perdido entre la Neurofisiología y la Psicología. Mientras los chakras son el equivalente energético de lo que en neurología se denominan plexos neurovegetativos, los *nadis* (o «canales» de energía) serían el equivalente de los nervios (lo que no significa que sean lo mismo). Un plexo constituye una central nerviosa, es decir, un lugar en el que confluye y desde el cual se distribuye una enorme cantidad de nervios. El equivalente energético a estas centrales nerviosas lo constituyen los chakras.

los, articulaciones y huesos. Por su parte, la física moderna, al plantear la equivalencia entre materia y energía, demostrando que todo es energía vibratoria en movimiento, se ha acercado asombrosamente a esta sabiduría de más de tres mil años de antigüedad. La aplicación práctica de las medicinas energéticas orientales brinda evidencias irrefutables de la realidad energética del organismo humano. Que mediante la aplicación de la acupuntura se puedan realizar intervenciones quirúrgicas a tórax o cráneo abierto, sin anestésicos químicos, es uno de los tantos ejemplos de la efectividad práctica de estas concepciones.

Cada centro de energía comprende un conjunto de funciones y potencialidades biológicas, psicológicas, sociales y trascendentes. El fundamento del Movimiento Primordial consiste en activar y armonizar estas energías, trabajando sobre estos centros y sus funciones mediante la integración de la música, el movimiento, la imaginería, la respiración y la liberación de la voz.

El Movimiento Primordial posibilita el despliegue de cualidades naturales que todos poseemos y en muchos casos hemos olvidado. Este despliegue tiene varios niveles:

- En el plano psico-físico posibilita el enraizamiento, el contacto con la realidad, el descubrimiento de nuestra identidad básica, genética, biológica y la capacidad de discriminar y poner límites, externos e internos. Estimula además la vitalidad y la salud del organismo.
- En el plano emotivo ayuda a resolver bloqueos de la expresividad y trastornos en la modulación de la agresividad, la tristeza, la sexualidad, la alimentación o el estrés.

- En el nivel afectivo el Movimiento Primordial permite la reconexión con las necesidades naturales de encuentro, intimidad, ternura, comunicación e intercambio de cuidados.
- En el plano mental, estimula enormemente la creatividad y la inteligencia para vivir en plenitud.
- En la dimensión espiritual, las posturas, gestos, sonidos y movimientos primordiales nos reconectan con nuestra naturaleza cósmica, con nuestro origen universal, permitiéndonos volver a movernos en armonía con la vida, a conectarnos con el juego cósmico, a recuperar la danza universal, de la que siempre somos parte, aunque no lo recordemos y nos perdamos el éxtasis de fluir con ella.

3. La Meditación Primordial

Es una disciplina de trabajo respiratorio, relajación y aquietamiento mental. Permite trabajar con nuestro estado vibracional y la conexión con la totalidad de la vida. No incluye ningún contenido de tipo religioso sino que es un simple método para alcanzar descanso, paz interior y conexión con la vida basado en un contacto profundo con la sabiduría ancestral de nuestro organismo.

La Meditación Primordial permite el acceso a una profunda experiencia de arraigo, relajación, descanso y expansión de la conciencia en el presente absoluto de la corporalidad energética, vibracional y trascendente.

Facilita una comprensión profunda y trascendente de la vida cotidiana y de los descubrimientos alcanzados en los proceso de Coaching y Psicoterapia.

La meditación es el arte de descansar en la profundidad de nuestro ser, es decir, en esa dimensión de nuestro interior en la que sentimos que no hay nada que hacer, nada que buscar, que alcanzar ni que cambiar, solo fluir en el espacio infinito de la conciencia. No se trata de control mental ni de ninguna forma de esfuerzo. Es tomar contacto con el estado natural de la mente, el ser original, la fuente, la gracia, la presencia, y reposar en esa quietud y silencio donde nada nos apura ni aflige. En medio de todos los trajines y esfuerzos que marcan nuestra vida contemporánea, encontrar un espacio para la quietud y el silencio no es solo una bendición para el alma sino una fuente de salud de importancia fundamental para nuestro organismo.

La meditación no es una tarea, ni un sacrificio, ni un esfuerzo. Realizada con la actitud correcta (no persiguiendo fines de maestría mental, viajes místicos ni control del pensamiento) es la actividad más relajante y gozosa del día.

Meditar consiste en descansar en la misma dimensión de la que hemos huido toda la vida: la profundidad abismal del momento presente, lo que llamo la magia del instante.

Las técnicas de Meditación Primordial se basan en ejercicios físicos que nos permiten recuperar el contacto con las dimensiones profundas, energéticas del propio organismo, donde se encuentran las raíces que nos conectan con la totalidad de la vida. Los ejercicios respiratorios y los estados meditativos influyen directamente en nuestra química interior, y más aún en la intimidad vibracional de nuestras moléculas, produciendo efectos inmediatos de armonización y por lo tanto de sanación. Desde el punto de vista energético, la meditación produce un estado cerebral característico de los procesos intuitivos y de percepción interna, comprobable en el electroencefalograma, que favorece los procesos de regeneración celular, sanación, lucidez mental y creatividad.

Es por lo tanto una gran aliada en el cuidado de la salud psicofísica y relacional.

La integración de estas tres disciplinas, lingüística, movimiento y meditación, posibilita el despliegue de poderosos procesos de crecimiento y transformación personal, grupal y organizacional.

Cada ser humano es constructor de un mundo propio, único e irrepetible, y este depende de su estado emocional. La forma en la que nuestra dinámica emocional construye nuestra realidad es por lo general inconsciente. Aprender a crear conscientemente nuestros estados emocionales y nuestro mundo constituye la clave de la realización personal. Este mundo emocional que trasciende a la palabra solo es accesible cuando el lenguaje se integra con el trabajo corporal profundo.

EL MODELO DE LAS INTERACCIONES PRIMORDIALES Y LA MIRADA INTEGRAL

Para que un conjunto de métodos y técnicas sea realmente efectivo no basta con que tome en cuenta todas las dimensiones de lo humano. Es preciso también que lo haga desde un núcleo conceptual en lo posible único, y si no, por lo menos, de diversos marcos que sean realmente factibles de ser integrados en una síntesis coherente.

Veamos un ejemplo para ilustrar esta problemática. ¿Podríamos, por citar solo alguna combinación, hablar de un «yoga psicoanalítico»? En principio, podría parecer interesante que antes de una sesión de Psicoanálisis los pacientes realizaran algunos ejercicios de yoga. Sin embargo, no podemos desconocer que el objetivo último de esta disciplina oriental es que sus practicantes alcancen la unión con el cosmos, algo que Freud siempre consideró como una regresión característica de los procesos psicóticos. El fundador del Psicoanálisis nunca distinguió entre la unión que puede alcanzarse en los más altos niveles de la consciencia de la fusión característica de los procesos regresivos patológicos. ¿Podemos entonces mezclar indiscriminadamente dos disciplinas cuyas concepciones de la naturaleza humana y de la existencia son tan contradictorias solo para intentar ser más «integrales»? En este simple ejemplo podemos apreciar claramente la forma en que el mero revoltijo de técnicas sin considerar los modelos y los supuestos de los cuales provienen puede llevarnos a propiciar prácticas confusas y en algunos casos hasta perjudiciales.

Esto no significa que no podamos tomar lo mejor de distintos modelos procurando desarrollar métodos que los integren y trasciendan, pero deberemos ser muy cuidadosos y no confundir integración con mezcla indiscriminada.

En cualquier caso, la práctica de la integralidad es indispensable en nuestros tiempos. Convivimos en una cultura patriarcal, que valora unilateral y exageradamente los valores masculinos del racionalismo y el pensamiento analítico y lineal mientras desprecia los valores femeninos de la intuición, la sensibilidad y el pensamiento holístico complejo.

Privilegiamos la economía sobre la ecología, el pensamiento sobre el sentimiento, el individuo sobre la comunidad, y en especial la mente sobre el cuerpo. Una de las consecuencias más graves de esta distorsión cultural es que propicia la disociación entre lo mental y lo corporal. A partir de esta disociación, hemos desarrollado modelos educativos, organizacionales, de convivencia, e incluso de Coaching y psicoterapia que, en lugar de resolver, propician niveles aún más graves de desconexión y alienación de los seres humanos consigo mismos, con sus emociones, con sus sentimientos y entre ellos.

Es fundamental que asumamos que si nuestro método de trabajo no es integral, seguiremos propiciando el lenguaje y el pensamiento sobre el cuerpo y el sentimiento, o viceversa, y por lo tanto seguiremos siendo parte del problema y no de la solución.

CONSIDERACIONES FINALES

El *coach* y el psicoterapeuta primordial ponen en el centro de su dedicación los temas fundamentales, existenciales, medulares, y a partir de allí generan procesos de transformación que decantan sobre todos los desafíos prácticos y concretos de la vida cotidiana.

En el centro de la aplicación práctica del Modelo de Interacciones Primordiales está la búsqueda de sanación de las relaciones interpersonales, mediante el reconocimiento y la expresión del carácter sagrado que subyace a todo tipo de encuentro humano.

Nuestra vida, tanto privada como profesional, es una vida en interacción, un entramado de relaciones y vínculos de todo tipo. Cuando nuestra vida de relación está en armonía, cuando nuestros vínculos son satisfactorios y el amor es honrado en cada simple acto, nuestra vida personal crece en todas sus dimensiones.

Miguel Ángel Velázquez

INTRODUCCIÓN

El Coaching Social trata de aplicar la metodología del Coaching a la transformación del sistema en cualquier ámbito de intervención: educación, familia, sanidad, inmigración, adolescencia, personas mayores, emprendimiento, transformación cultural de empresas... y en general a cualquier colectivo en el que se busquen respuestas de crecimiento y desarrollo. Está orientado a la búsqueda de una mayor honestidad y vivencia en sintonía con uno mismo y con el colectivo al que se pertenece. Este último, convertido en espacio que permite la plenitud personal, contribuye a la expansión de los individuos y va dando lugar a un sistema más acorde con una convivencia basada en el respeto y la confianza. El objetivo es crear un mundo más orientado a la felicidad de las personas, el bienestar, las relaciones sanas y equilibradas, y la sostenibilidad económica y ambiental. Se asienta en la potencia y posibilidades que tiene el Coaching en la transformación personal, y desde el individuo, el paso a lo colectivo, basado en la influencia a través de modelos y la apertura de nuevos espacios de convivencia e intervención.

El cambio del sistema ha de nacer de la contribución de cada uno de los que lo componemos, de las diferentes visiones y perspectivas, del respeto mutuo que genera movimiento y transforma. Está basada en una especie de equilibrio en el que conviven todas las opiniones, que son valoradas, contempladas y tenidas en cuenta.

El respeto es una de las variables fundamentales a considerar en el Coaching Social, la aceptación de lo diferente, y más aún, el querer contemplar la vida desde el conocimiento de personas que la viven de manera distinta y tienen opiniones y visiones complementarias a la nuestra. Eso genera aprendizaje y riqueza, y permite todo el espectro de posibilidades en torno a las cuales el mundo puede transformarse y generar felicidad para todos los que formamos parte de él.

El primer paso para que todo esto se haga posible es tomar posesión de nosotros mismos. Ese será el primer objetivo del Coaching Social: el cambio de observador desde el que nos situamos en la vida, percibimos el mundo que nos rodea y actuamos en él.

EL OBSERVADOR

Cada uno interpreta lo que ocurre a su alrededor y a sí mismo de una forma distinta. Es a esto a lo que nos referimos cuando hablamos del observador que somos cada uno de nosotros, a los elementos perceptivos que seleccionamos del entorno y a la forma en la que les damos sentido para construir nuestra propia visión. En función de lo que interpretamos nos comportamos y elaboramos las respuestas que vamos dando en cada situación. Entender la razón de por qué alguien actúa de una determinada manera tiene que ver con darse cuenta de la forma en que mira y la perspectiva que utiliza.

Podemos hablar de interpretaciones que abren o cierran posibilidades, y en ese sentido la mirada del individuo es restrictiva o expansiva. Todos tenemos unos dones, talentos y recursos que nos dan la posibilidad de construirnos como personas con un gran poder. Esa fuerza posibilitadora se manifiesta en la acción que orienta al individuo a la consecución de resultados de vida acordes con sus capacidades. Teniendo esto en cuenta cada persona puede brillar hasta los límites que le permita su propio talento.

Pero la realidad no es esa; las interpretaciones que cada uno hace sobre sí mismo, sobre los demás o sobre el mundo que le rodea matizan sus posibilidades y en muchos casos anulan su poder. En algunas ocasiones, por las restricciones aprendidas en el propio sistema, por las experiencias vividas, por las creencias que forman parte de sus esquemas inconscientes el individuo no se permite utilizar todos sus recursos y muchos de ellos se reprimen, se esconden y no salen a la luz. Por otro lado están las experiencias emocionales que interaccionan con lo mental y condicionan la acción. Y todo ello va dando lugar a un cuerpo que abre o cierra posibilidades a través de las sensaciones, los bloqueos, la propia corporalidad o los impedimentos biológicos. La forma de posicionarse ante la vida es independiente de los recursos reales de los que se dispone, ya que ese talento individual hay que ponerlo en acción para convertirlo en resultados, y la acción se posibilita o no desde la perspectiva del observador.

Por eso cambiarle de forma de ver a alguien con sus posibilidades limitadas por el freno del tipo de observador que es le permite abrir nuevas vías para poner en acción su talento. Así logrará alcanzar metas y objetivos que antes no era capaz, no por falta de recursos sino por falta de fuerza vital para convertirlos en acción.

El Coaching Social entiende que si deseamos llevar a cabo acciones diferentes, no será posible hacerlo si no es desde la visión de una nueva perspectiva interpretativa, y eso implica cambiar el tipo de observador desde el que vivimos.

No hay perspectivas buenas o malas; es el sistema al que pertenecemos el que atribuye una valoración positiva o negativa en función de un consenso social en el que se van estandarizando pautas de actuación. Las personas que pertenecen a ese sistema interiorizan las pautas establecidas entendidas como correctas y las incluyen en sus criterios de valoración. Es así como nos identificamos con el entorno social al que pertenecemos y nos hacemos eco de él. Los conceptos del sistema pasarán a ser parte del observador desde el que cada uno se desenvuelve en su propia vida.

Transformar el observador es cambiar la forma de mirar, de abordar la vida, tomando consciencia de todos los influjos que dan lugar a su posicionamiento. Implica, a nivel cognitivo, darse cuenta del lenguaje utilizado, cuestionarse las propias creencias, examinar las historias que nos contamos y otras muchas trampas mentales asumidas a través de la educación y los aprendizajes. En lo emocional consiste en preguntarse por la función que desempeñan las emociones tanto en la forma de percibir como de comportarse y en qué medida aportan coherencia con la vida que se lleva o que se desea. Y, respecto al cuerpo, se trata de explorar cómo se podría aportar mayor flexibilidad, disfrute y expansión.

En este proceso generativo de consciencia, y en la medida en que cambian los subsistemas, se abre la posibilidad del cambio social, de la creación de un mundo más consciente y con mayor sentido para las personas que lo habitan. Por lo tanto, desde el cambio personal se abre el camino para la transformación global del mundo en el que vivimos, a través del influjo en los entornos más cercanos.

EL PROCESO DE CREACIÓN PERSONAL

El proceso de Coaching pasa por tres etapas clave para dar lugar a la transformación del individuo. El detonante es la insatisfacción producida por alguno de los resultados obtenidos en el proceso vital. La persona no siente que su experiencia sea suficientemente satisfactoria o acorde con las expectativas que proyectaba sobre ella. Entiende que podría o desearía conseguir otros resultados, otras formas de hacer que reportaran sensaciones diferentes, que le hicieran ser más feliz y vivir con mayor bienestar.

El primer escalón en el recorrido de la transformación es la identificación de las estructuras que actúan como estacas en la vida de la persona, regulando de forma fija sus patrones de comportamiento. A través de la historia y de los aprendizajes es posible identificar cómo se fueron creando esos mecanismos rígidos de percepción y actuación que han ido consolidando unos hábitos y unas forma fijas de desenvolverse en la vida. Con esta consciencia es posible identificar desde dónde se construyó la propia vida, desde dónde se está viviendo y cómo se están generando las acciones y los resultados derivados de nuestro comportamiento.

Y desde ahí empieza la proyección, el diseño que parte de la apertura a otras posibilidades, a una nueva forma de constituirse y de ser yo, identificado el talento y una mirada diferente. Se trata de decidir de forma responsable y comprometida cómo quiero vivir y cómo quiero construirme, planteando un proyecto de vida que me sirva como guía final y que oriente los pasos del presente que han de convertirse en operativos para llegar al destino.

La clave es la acción, y este es el tercer paso del proceso de Coaching: ponerse en acción, dar los pasos para generar la persona en la que alguien desea convertirse. Es un proceso de creación personal, de construcción en el que el individuo decide y consolida la forma de ser que elige para vivir. Sigue una línea evolutiva que va pasando por diferentes etapas, por diferentes formas de sentir y plantarse, por lo que el ser se convierte en siendo, propio de cada momento, de una vida en evolución, en construcción permanente.

Así se va haciendo el recorrido que a cada uno le va a conducir al cumplimiento de sus propios objetivos, o simplemente del avance hacia su propia forma de existir.

La cuestión es que ese recorrido dé sentido al individuo y le permita vivir con el orgullo y satisfacción de ser quien es, de estar dando los pasos que le identifican consigo mismo y que le permiten adquirir un compromiso con la vida para contribuir a ella poniendo en acción su talento y todo lo que se va generando a lo largo del caminar con las experiencias generadas y con las posibilidades abiertas.

EL PROCESO DE TRANSFORMACIÓN

La nueva experiencia y las diferentes sensaciones producidas por ella son posibles llevando a cabo acciones diferentes a las anteriores. «Si cambias la acción se modifican los resultados» es una consigna del Coaching que realmente funciona y en la que está basada esta metodología. Ahora bien, si el único cambio en la persona es la acción, posiblemente los cambios serán muy efímeros y superficiales porque no se habrá modificado aquello que la origina y sostiene. Actuamos sujetos a un posicionamiento en la vida, al que dan lugar las estacas constituidas a través de la historia y el aprendizaje convertidas en patrones de comportamiento. Para que la acción se modifique de forma sólida y consistente serán esas estructuras consolidadas las que habrán de diluirse para que liberen y permitan otro tipo de actuación diferente.

Encontramos tres ámbitos que constituyen el epicentro del tipo de observador que somos cada uno de nosotros: cognitivo, emocional y corporal. En los tres escenarios ha de producirse liberación y disolución para que la transformación sea real y efectiva. Posteriormente, los diferentes movimientos en cada una de estas estructuras alterarán las otras dos, y desde ahí se irá consolidando una nueva forma de ver, sentir y posicionarse ante la vida que permitirá nuevas acciones que dan lugar a un nuevo individuo.

1. Transformación cognitiva

Se trata de los aspectos mentales, conscientes o inconscientes a través de los cuales la persona percibe e interpreta y desde los cuales manda información al resto del organismo para que entre en funcionamiento y acción. Pone a su servicio la emoción que regula el impulso energético requerido por el propio cuerpo para emitir conductas o comportamientos.

La parte más oculta del ámbito cognitivo es la de las creencias, que en la mayor parte de los casos se desenvuelven a nivel inconsciente y ajenas al control del individuo. Se formaron a través de las vivencias e interpretaciones de la historia, que dio como resultado una forma fija de percibir, posicionarse y comportarse en función del mandato asumido. Los juicios o creencias son una especie de fantasía que condiciona la forma en que nos percibimos a nosotros mismo, a los demás o al mundo que nos rodea, pero que se hacen consistentes a través de la selección perceptiva, el procesamiento de los estímulos y la acción a la que dan lugar.

Desde una determinada creencia la persona siempre actuará siguiendo el mismo patrón conductual, el cual la puede confirmar y reafirmar; el comportamiento irá dirigido en esa dirección y con ese objetivo. Si una persona cree en su sentir profundo, que es donde se mueve el mundo de los juicios, que no puede algo, lo más probable es que no lo consiga. Pero todo ello es un proceso mental en el que se selecciona la información que dificulta, los argumentos que no lo permitirán, las dificultades que podrían aparecer, etc. para contrarrestar y dificultar cualquier comportamiento que quiera ponerse a disposición de conseguirlo, con lo cual dicho comportamiento será boicoteado, o ni siquiera se intentará por el influjo del procesamiento realizado.

Otro elemento cognitivo que ronda nuestra mente responde a la necesidad de argumentar el por qué de cada cosa que hacemos, por qué nuestra vida ha sido de la forma que fue, por qué tomamos las decisiones o nos ocurre lo que nos pasa. Estas explicaciones que nos damos a nosotros mismos y que nos ocupan continuamente para dar cuenta y para justificarnos en nuestras formas de actuar es a lo que llamamos narrativas. Se trata de explicarnos ante nosotros y ante los demás, y responden más a elementos justificativos y de deseabilidad interna y social que a la realidad que provoca nuestras acciones. Cada persona se cuenta sus propias narrativas para explicarse quién es y cómo se comporta, pero lo cierto es que se trata más de una necesidad de coherencia interna y mental que de elementos consistentes que expliquen razones poderosas acerca de nuestros comportamientos.

El lenguaje con el cual nos comunicamos es otra de las formas de manifestación cognitiva. A través suyo se transmite lo que está ocurriendo en nuestro interior y da cuenta del procesamiento del individuo. El lenguaje es la manifestación externa de lo que hay en el interior; en muchos casos transmite los argumentos de los juicios, en otros los de las narrativas, y en otros elementos más procesados y en sintonía con las emociones y sensaciones corporales que asientan comportamientos conscientes y elaborados.

Lo más significativo es que el lenguaje arraiga formas de procesar y liga las palabras a atributos interpretativos aprendidos y con un significado capaz de generar formas de sentir que darán lugar a comportamientos en el sujeto. Por eso es muy importante su análisis, qué hábitos de lenguaje ha adquirido la persona, qué expresa, qué genera su forma de hablar y transmitir, y cómo todo ello da lugar a un comportamiento social que abre formas de convivencia y condiciona las relaciones. El lenguaje interno genera diferentes formas de sentir la vida. Hacia el exterior, algunas manifestaciones del lenguaje provocan entornos agradables, habitables y a los que es deseable pertenecer, mientras otras logran el objetivo contrario: los receptores de ese comportamiento lingüístico se sienten mal por encontrarse en esa situación y desearían evitarla.

En cualquier caso, a través del lenguaje expresamos lo que ocurre en nuestro interior y condicionamos el exterior. La manera en que percibimos, procesamos y sentimos da cuenta de lo que está ocurriendo a nivel interno y se convierte en acción a través de nuestra proyección en el mundo que vivimos. Ese será el comportamiento del individuo.

2. Transformación emocional

En el entorno social actual, donde las emociones adquieren más relevancia de la que nunca habían tenido anteriormente, parece que se ha instalado la creencia de que hay emociones buenas o malas, entendiendo la emoción como algo sobrevenido que en muchos casos nos gustaría hacer desaparecer de nuestras vidas. «No quiero sentir esta tristeza», «me gustaría quitarme el miedo»... y otras muchas expresiones dan a entender que las emociones son un estorbo en la vida de los individuos y ajenas a ella.

Lo cierto es que la emoción da cuenta de lo que está ocurriendo en la interpretación propia de esa persona; es la expresión manifiesta del procesamiento interno que cada individuo, de forma particular, lleva a cabo porque así ha aprendido a sobrevivir. A través de ella el organismo busca regularse y adaptarse a las necesidades con las que se va encontrando.

La emoción aparece con la intención de convertirse en acción. Es una alerta que mueve al organismo para que, desde su propia sabiduría y echando mano de sus propios recursos, tome acciones que le permitan abordar el reto o situación planteada.

Entendidas así, las emociones son sensaciones corporales resultado de los procesamientos que están ocurriendo cognitivamente en el individuo en relación con las vivencias internas o las situaciones que le afectan. Le ponen en disposición de hacer algo para abordar y tomar medidas respecto a lo que está ocurriendo en su vida, tanto a nivel interno como externo. Se viven en el cuerpo y desaparecen cuando la situación que las generó se resuelve.

Una persona sana estará conectada a sus emociones y las escuchará para entenderse a sí misma y su percepción de lo que le rodea. Esto significa estar conectado con uno mismo. También es posible desconectar de ellas a base de negarlas o bloquearlas cognitivamente; en ese caso será el cuerpo el que se haga cargo y sufrirá los resultados.

El sentimiento es una interpretación cognitiva de la emoción, donde se le pone un nombre, donde se valora si es buena o mala, donde se decide si la permito no en mi vida porque cuadra con mis esquemas y la identidad en la que me entiendo a mí mismo. En función de la decisión de aceptación o no de la emoción registrada podremos hablar de alineamiento y sintonía. Cuando no es así nos encontramos con personas disociadas, en las que su organismo ha de hacerse cargo de resolver la brecha, y lo hace tomando medidas físicas que permiten la coherencia interna.

Por tanto, las emociones no se controlan; podemos engañarnos negando su existencia, pero si no cambia nada, aunque logre no sentirlas lo que habrá ocurrido es que se bloquearon y se mantienen en el cuerpo como una digestión que no se hizo, de forma que seguirán ahí hasta que se tomen medidas que permitan procesarlas, asumirlas y dejarles desempeñar el papel que vinieron a cumplir. Será el cuerpo el que se hará eco de su presencia sin que se tenga conciencia de su existencia.

La transformación emocional consiste en establecer conexión entre lo emocional y lo cognitivo, haciendo conscientes los juicios que provocan las emociones y entendiendo las reacciones a las que dan lugar ante las situaciones con las que nos enfrentamos. Es una forma de hacernos cargo y responsables de nuestra propia vida. Es un trabajo que apunta a las emociones que provienen del propio clan, emociones basales; de las habituadas a través del aprendizaje, emociones reactivas; y de las emociones situacionales, provenientes de los hechos y situaciones de la vida.

La transformación dará lugar a la aceptación de las emociones arraigadas a las que denomino basales, para poder vivirlas como talento personal. Cada emoción tiene sus propias aportaciones y recursos: la rabia permite la determinación y el arrojo, la tristeza aporta profundidad y sentido, el miedo la superación personal, y así cada una tiene un componente talentoso que forma parte del individuo y que se convierte en un valor para su vida y su proyecto contributivo. La aceptación de uno mismo en el amor por la emoción es la forma en que se traspasan y se convierten en talento.

Las emociones aprendidas y consolidadas en la historia del individuo —en muchos casos para salir de las emociones basales, en otros para hacer frente a situaciones que se van presentando– es a lo que denomino emociones reactivas, y son una fuente de generación de habilidades personales. Fue la manera en que la persona ha ido haciendo su proceso de adaptación al medio en el que se desenvuelve y ha tomado acción ante él. En este caso se trata de ser conscientes de esa habilidad y hacer uso de ella para la propia construcción. Y darse cuenta de que quizá sea necesario, cuando las emociones no apuntan en la dirección de lo que da sentido a la persona, cambiar las acciones para crear una forma de vida diferente que aporte una sensación de orgullo y satisfacción por ser quien se es, en cuyo caso cambiaría la sensación emocional. Como ejemplo diremos que si la emoción generada en la vida fue la tristeza por efecto de la pérdida de uno mismo, la forma de salir de ahí será tomar acciones encaminadas a construirse como la persona que se desea ser y dar pasos para recuperar las sensaciones de amor y compromiso con uno mismo.

La consciencia provoca hacerse cargo de las emociones situacionales, las que se experimentan a través de las circunstancias del día a día, y permitirse la vivencia sin negar o bloquear nada. Se trata de aceptar y querer su efecto y sensaciones como algo natural y como sabiduría del propio organismo que necesita recuperación y adaptación para estar sano y equilibrado. Y al tiempo conviene leer cuál es el mensaje que trae esa emoción y qué dice sobre la forma de interpretar y posicionarse ante la vida a través de los juicios y percepciones. Ante una situación de injusticia que surge de una interpretación personal, la reacción será la reivindicación de la dignidad y el derecho. Se tratará de expresarla, dejarla salir y dar respuesta como reacción natural para hacer frente a esa emoción. Deberíamos aprender a emitir respuestas adaptadas en el momento en el que las emociones se producen, para que sean expresadas y no acumuladas. En este último caso aparecerán de forma exagerada, poco adecuada y generando un impacto que quizá no resuelva la situación que se desea abordar.

3. Transformación corporal

Tanto los juicios como las emociones están representados en la forma de nuestro cuerpo, que es el lugar en el que se han arraigado y desde el que se mantienen como estructura fija y consolidada. Hacerse conscientes de una creencia es un proceso relativamente sencillo; la dificultad aparece cuando hay que identificar y modificar ese juicio en la corporalidad, en la forma en que nuestro organismo aprendió a hacerse cargo de él y adaptarse a la vida con él.

El cuerpo encierra todo el aprendizaje acumulado durante toda la vida y lo hace en forma de estructuras externas, que pueden ser observadas en él, y en forma de hábitos orgánicos reguladores del comportamiento interno que condicionan sus reacciones y funcionamiento.

Abordar un proceso de transformación implica modificar los hábitos y las estructuras afianzadas a lo largo del proceso vital; es ahí donde se sujetan los comportamientos y se asienta el funcionamiento a modo de patrones repetidos. Por eso es necesario abordar el cuerpo como elemento de registro físico en el que se han esculpido los juicios a través de las emociones. Ahora se trata de reescribir, de flexibilizar lo que está rígido, de modificar lo que no permite abrir posibilidades porque se cerró al mandato u orden recibida desde el inconsciente para no sentir o evitar el dolor.

Cuando el cuerpo no se modifica en un proceso de transformación hemos de pensar que el cambio no ha sido significativo y se ha producido más a nivel narrativo que real. Por eso hemos de prestar atención a esta parte y dedicar espacio a trenzar todos los avances que ocurren a nivel consciente con repercusión en lo orgánico y abordar el entrenamiento que permita modificarlo.

Este trabajo requiere generar flexibilidad corporal para lograr dinamismo, apertura para contemplar opciones distintas a las habituadas, encontrar una posición de afrontamiento ante la vida, proactiva y comprometida, fluidez para procesar, digerir e integrar lo emocional, y otros muchos retos corporales que favorecerán y contribuirán al cambio personal completo.

ME VEO-ME QUIERO

La condición previa a un proceso de transformación sano y equilibrado es que el individuo descubra la posibilidad de hacerse cargo y quererse a sí mismo. Ya no sirve cualquier forma de vida, tan solo aquella que le proporciona la experiencia profunda del amor. Solo desde esta posición son posibles la expansión, el crecimiento y el desarrollo personal. De lo contrario, y a pesar de que lo defensivo también es una forma de cuidarse a uno mismo, el comportamiento será restrictivo y tenderá al aislamiento y al ocultismo, a cerrar posibilidades para evitar el dolor, para no ser dañado.

«Me veo y me quiero» es la posibilidad del encuentro con uno mismo. No es un querer en abstracto; es querer al que soy y a la que soy. El sistema nos aparta de los recursos propios y nos plantea las exigencias de ser, todos los «debes» asumidos que dan lugar a que deseemos ser alguien diferente a nuestra propia constitución. El proceso educativo, como funciona en la mayoría de los casos en la actualidad, no permite ni orienta al individuo a sacar todas sus posibilidades. Le conduce a comportarse de una forma estandarizada, aprobada y reforzada por los parámetros de lo bien visto, utilizando los mil argumentos que la educación encuentra para poner foco en lo deseable, en el éxito externo, perdiéndose la conexión con la propia naturaleza.

«Me veo» implica mirar hacia el interior y conectar, aprendiendo a identificar los recursos que cada uno tiene, eliminando el juicio de si es «bueno o malo», simplemente entendiendo que forma parte de los mimbres con los que cada cual ha de construir la cesta de tu vida. Se trata de convertir en valor todo lo que se identifica, todo aquello que, vivido con apertura y honestidad, contribuirá a la propia identificación y aportación. Son los juicios del sistema los que nos apartan de nosotros mismos, los que nos impiden vernos y hacen relegar a la sombra multitud de aspectos personales que, en vez de aportar valor, actuarán restándolo desde lo oculto, desde lo inconsciente.

El siguiente paso será «Me quiero con lo que me constituye», dando lugar a emociones positivas sobre uno mismo, permitiéndose tomar posesión de todas las facultades recibidas y utilizarlas para, de forma libre y comprometida, ponerlas a disposición de la propia construcción que cada uno hace de sí mismo.

Este es el camino de la autoestima, que da lugar a la confianza, a la seguridad para desenvolverse en la vida, para sentirse poseedor de uno mismo y convertir la existencia en una amplificación de los recursos propios, en encontrar el camino con el que cada uno se identifica y desde el que puede aportar valor a su entorno. Este habría de ser el objetivo de la educación: identificar los talentos que son especiales y diferenciales de cada niño y cada niña para potenciarlos y hacerle grande en sí mismo, sin comparaciones, en un crecimiento que le hará sentirse orgulloso de ser quien es.

El requisito previo para verse y quererse parte de la aceptación incondicional en la infancia por parte de los padres, de las familias, de los colegios, en el entorno que rodea a cada uno. Así aprenden los niños a valorarse y sentir afecto y satisfacción por ser ellos mismos. Esa es la experiencia que permite a una persona sentirse orgullosa de ser quien es con sus particularidades y diferencias.

Se abre la vía del respeto, la que asume que, al igual que uno es distinto, los demás también lo son y tienen derecho a ello. Permite utilizar lo específico como rasgo de talento, aportación y reconocimiento. Es la apertura a la escucha del otro distinto, al aprendizaje, a la complementación y al trabajo conjunto para expandir posibilidades, generar sinergias y sacar el máximo partido de todos los recursos.

Este es el objetivo del Coaching Social: acompañar al individuo a su propio descubrimiento a tomar consciencia de sus talentos, muchos de ellos con los que nació y otros que fue acumulando a lo largo de su vida a través de su experiencia. Y con todo ello decidir conscientemente quién quiere ser, qué quiere construir, qué le haría sentirse artífice de sí mismo y orgulloso de su propia creación.

LA ACCIÓN

La toma de consciencia de cómo se ha llevado a cabo el proceso y la identificación de los patrones que son la base de las conductas es el primer paso para poder hablar de cambio de observador y el eslabón necesario para la transformación personal.

Conseguidos los objetivos de consciencia y paz, el siguiente paso es identificar la dirección, que sería lo que al individuo le daría sentido, lo que le permitiría convertir su existencia en un proceso orientado al cumplimiento de expectativas personales que le reporten identificación consigo mismo y proyectarse socialmente hacia objetivos de contribución y generación de recursos que le hagan sentir orgulloso de sí mismo.

La acción transformadora implica dar pasos orientados a un objetivo. Un recorrido que se hace consistente en la integridad, lo que significa coherencia entre el camino y la dirección. Cada avance es motivo de experimentación, de vivencia consciente, fluida y portadora de sentido, en la que aparecen oportunidades y se generan recursos. La meta apunta a alcanzar la construcción que se vislumbra.

Afrontar el camino implica fuerza vital, autoestima y confianza en uno mismo, motivación procedente de las emociones que abren la posibilidad de indagar y experimentar los espacios decididos, cuidarse y disfrutar del proceso. La vivencia es la sensación de lo que se identifica con uno mismo, de la generación de algo con lo que cada uno se hace pleno y se siente cómodo como una forma de estar en el mundo y en la que encuentra su valor y contribución.

En ese proceso expansivo en el que cada uno se proyecta de acuerdo con lo que le da sentido se genera una influencia en el entorno al que se pertenece a través del modelo, de los nuevos impactos y formas de comportamiento que transforman el sistema, de lo más cercano a lo más lejano.

El cambio de la sociedad no es posible sin que haya una transformación de las personas que la forman. Alguien ha de poner en marcha el proceso; serán los iniciadores, los que abran el camino a otros. Con respeto a las diferentes perspectivas, ellos serán los encargados de generar nuevas formas de ser a nivel personal y a nivel de convivencia y construcción social.

6. COACHING ENERGÉTICO: SINERGIAS Y ENERGÍA EN EL COACHING Y EN LA PSICOLOGÍA

Elena Pérez-Moreiras, Teri-E Belf, Leatra Harper, Vikki Brock, John Collings y los miembros del Grupo de Trabajo de Nuevos Constructos y Metodologías del COPM

INTRODUCCIÓN

Según nuestras investigaciones, la presencia de la energía en el Coaching nace en 1987 de la mano de Teri-E Belf, conocida en los foros internacionales como la «abuela del Coaching». Su forma de vivir, enseñar y ofrecer el Coaching parte de la concepción intrínseca y esencialmente energética del proceso. En sus libros, su trabajo y sus presentaciones la energía es un concepto omnipresente.

«SUN», Success Unlimited Network® es una de las escuelas más especiales de Coaching en el panorama mundial. Llegué (Elena) a ella casi «por casualidad» un otoño de 2010 cuando me encontré por primera vez con Alfonso Medina (su primer representante en España) en el I Foro de Psicología y Coaching organizado por el Colegio Oficial de la Psicología de Madrid . Desde el primer momento observé en él algo especial que conectaba profundamente conmigo. Después de diez años he podido comprobar que eso «tan especial» que en él percibí está también presente en cada una de las personas que conforman la comunidad SUN© en el mundo y que tiene que ver con la consciencia de la presencia de la energía en cada uno de sus miembros y en aquello que nos une.

En «SUN» (Success Unlimited Network®), energía es sinónimo de alegría, propósito de vida, espíritu, fuente, servicio, esencia, autenticidad, coherencia, generosidad, y seguramente muchos más términos que sus miembros podrían añadir si les invitáramos a ello, conceptos que son fáciles de nombrar y no siempre tan fáciles de sostener en el día a día.

Como fundadora del concepto de Coaching Energético, invité a Teri a escribir unas líneas para este libro, que aquí plasmo.

Teri -E Belf

Cuando Elena me invitó amablemente a escribir sobre el principio de reconocer la energía en el Coaching pensé que es la única forma de Coaching que conozco. Sin embargo, tras una reflexión adicional me di cuenta de que en mi trayectoria como *coach* no sabía lo que estaba haciendo hasta que encontré las palabras para reconocerlo. Estas palabras llegaron en 1987 cuando uno de mis clientes, que era ingeniero eléctrico, me explicó cómo funciona una batería.

En ingeniería básica se aprende que todas las baterías tienen entradas (lo que las energiza) y salidas (lo que las agota). Las baterías tienen una potencia óptima y mínima y esos niveles de energía fluctúan según la proporción de *inputs* (entradas) y *outputs* (salidas).

Si uno no tiene suficiente energía, la batería es ineficiente. Si uno tiene demasiada energía, la batería podría explotar o dejar de funcionar por completo.

De inmediato reconocí el paralelismo con el Coaching: soy una batería humana. Cada uno de mis clientes es también una batería. Creamos energía para sostenernos y prosperar. Drenamos nuestras baterías o perdemos energía con el esfuerzo, el trabajo, el estrés y la expresión emocional extrema. Nos potenciamos a través de nuestros pensamientos, nuestra determinación y nuestros hábitos de salud (relacionados con el corazón, la cabeza y las entrañas). Cada uno de estos lugares en el cuerpo humano es un «cerebro» y todos colaboran o interfieren entre sí creando un flujo de energía positiva o negativa.

Los *coaches* trabajamos con la energía humana que proviene del cuerpo, y también con la que está más allá de lo obvio, como es la del ser o esencia del cliente. Lo sepamos o no, nuestro objetivo es apoyar la máxima eficiencia e impacto.

Le di las gracias al ingeniero por sus enseñanzas y comencé a abrazar la denominación de Coaching Energético.

Cuando formo *coaches* que no están familiarizados con el concepto de energía y me preguntan sobre ello les invito a que se froten las manos rápidamente, se detengan y pongan las palmas hacia arriba. Les pido que describan lo que sienten; suelen decir algo así como calor o sensación de hormigueo. Sin embargo, lo que describen es su propia energía. Este simple ejercicio abre las puertas a una exploración de los ámbitos del Coaching Energético.

Comparto el siguiente ejemplo de mi propia experiencia cuando participé en un concurso de danza. Había alcanzado el nivel IV en las clases de *swing* de la costa este de USA. Dominaba los pasos básicos, las variaciones y la elevación de piernas por encima de los hombros de mi compañero de baile. Era sábado por la noche. Nuestra profesora organizaba fiestas donde todos nos divertíamos y podíamos practicar lo que habíamos aprendido. Mi pareja y yo estábamos practicando hasta que después de una impetuosa vuelta fui a golpear con mi mano la cara de mi profesora que estaba transportando cuidadosamente de un lado a otro del salón un recipiente de gran tamaño lleno de ponche. Del sobresalto, perdió el equilibrio y el recipiente cayó derramando por la pista de baile trozos de hielo, rodajas de naranja y ponche. Después de que todos limpiáramos el desorden, se acercó a mí y me dijo suavemente: «*En el baile hay más que pasos. Presta atención a lo que te rodea*».

Esta experiencia amplió enormemente mi conciencia de lo que es la energía y lo que está más allá de lo obvio. Llevé esos aprendizajes sobre la conciencia al Coaching cuando creamos la profesión, alentando a otros a buscar valor en lo que está más allá de lo evidente: la energía.

El Coaching Energético es el único Coaching que conozco. Si uno no es consciente de su propia energía y de la energía de los clientes no puede ser un *coach energético* y, en mi opinión, eso se traduce en una asociación y un intercambio más superficial durante el proceso de Coaching. El poder del Coaching Energético es directamente proporcional a la congruencia interna y externa del *coach*. Cuando el *coach* está mental, física, emocional y espiritualmente alineado, y también lo está con la fuente, los resultados y las posibilidades de la relación de Coaching pueden ser extraordinarios.

John Collings

John es doctor en Comportamiento Organizacional (en la foto aparece con Leatra Harper en 2007). Creó HROP para ofrecer sus servicios profesionales como formador de coaches, *coach* de vida y de carrera, *coach* ejecutivo, consultor y facilitador de procesos de grupos en planificación y desarrollo de pequeñas empresas. La experiencia profesional de John incluye cuarenta años en empresas como director, formador y especialista en desarrollo.

A los 88 años, después de dedicar toda su vida profesional al desarrollo de personas dentro de las organizaciones y al Coaching, así como a competir como nadador en USA, seguía nadando todos los días y dedicando su vida a inspirar, desde su enorme humildad y sabiduría, a todos los profesionales que nos acercábamos a él. Hoy John, con 94 años es uno de los pilares fundamentales en la creación y expansión del Coaching Energético.[35]

Estar cerca de John es comprender, sentir, vivir, lo que es un gran maestro de Coaching Energético y de vida.

Lea Harper

....

Coach certificada por Success Unlimited Network y *coach* y formadora por la ICF. Lea ha trabajado en el mundo de la empresa y anteriormente fue propietaria de una pequeña compañía. Es master en Desarrollo Organizacional por Bowling Green State University.

En Ohio (USA), donde vive, participa en un fuerte movimiento en pro de la limpieza del agua y la conservación de la salud y el entorno natural.

---

35   John ha ocupado posiciones de responsabilidad en empresas, es MCC por ICF y *coach* trainer emérito de SUN©, Success Unlimited Network.

FUNDAMENTOS DEL COACHING ENERGÉTICO

En noviembre de 2017, cuando compartí con Lea Harper el modelo de inteligencia energética (que más tarde abordaremos), ella se expresó así:

«En Coaching Energético ponemos énfasis en eliminar los bloqueos. Uno de los bloqueos más arraigados es el juicio. Nos enseñan a juzgar, y los ejecutivos en particular son recompensados por juzgar. Juzgamos a otros para darles aumentos, despedirlos, contratarlos, y sobre todo nos juzgamos a nosotros mismos, no alcanzando la 'perfección', que en realidad solo se encuentra en la quietud del aquí y del ahora.

John y yo hemos practicado el convertirnos en el 'observador' u 'observador testigo' durante tanto tiempo que no parece haber ningún juicio de 'me gusta' o de 'aversión', solo observaciones de lo que es y el flujo de las consecuencias naturales que provienen de ello.

Estamos experimentando más el Coaching Energético en nuestras relaciones, que son un reflejo de nuestro verdadero ser.

Lo que vemos que no nos gusta y aquello que nos gusta en los demás es en realidad un espejo de lo que nos gusta o no nos gusta en nosotros mismos; porque todo es uno, y eso tiene perfecto sentido. Por lo tanto, las barreras a nuestra relación con nosotros mismos pueden bloquear nuestro Conocedor Interno (o Maestro Interior) al máximo. Si esto ocurre, no podemos ser simplemente observadores. Tenemos conflictos internos que nos impiden aprovechar nuestra intuición, guía interna y sabiduría. La mayor parte de este bloqueo puede provenir incluso de la infancia: la necesidad de complacer, la necesidad de influir, la necesidad de dominar, la necesidad de adquirir, etc.

Cuando encontramos la perfección en el momento presente, las necesidades de control se desvanecen. Así que también hay un aspecto del budismo en todo esto: el desapego. ¡Una vez más la sabiduría antigua fluye de nuevo aquí!

En 1999, John Collings y Leatra Harper decidieron comenzar un libro en el que expresar lo que ambos sentían haciendo Coaching abiertos al espíritu. Lea era alumna de John en su aprendizaje como *coach* de «SUN» (Success Unlimited Network®), colaboración que culminó con la publicación de *Energetic Coaching, Being and Doing with Spirit*[36].

John habla así del libro:

«A través de nuestra relación de coach y coach en formación, Lea y yo rápidamente reconocimos la existencia de un lazo espiritual. Al mismo tiempo, Teri-E Belf, la fundadora de Success Unlimited Network® 'SUN', publicaba su libro 'Coaching con espíritu', lo que nos aportó claridad sobre cómo incorporar la energía espiritual en el Coaching y catalizó nuestro deseo de escribir.

Este libro es para quienes buscan una conexión más profunda con la espiritualidad y quieren expresar esta conexión en su vida personal y profesional.

Empezamos este libro como un diálogo académico, casi técnico, sobre los factores relacionados con la creación de la energía espiritual. Pero una descripción son solo palabras y símbolos que sintetizan ideas, y no necesariamente crean significado. Lo que queríamos plasmar eran las maneras de invitar a la energía del espíritu a manifestarse a través de una relación positiva como la de Coaching. Como experiencia individual con el espíritu podría ser algo único y lleno de sentido a nivel personal.

---

36 Traducido al español y publicado por Editorial Kolima con el título de *Coaching Energético, ser y hacer con el espíritu*.

Para nosotros el Coaching Energético se convirtió en algo real e importante a medida que fuimos creando deliberadamente las cualidades de nuestra relación basada en los valores espirituales.

El crecimiento de la energía espiritual es interminable, siempre desafiante y esclarecedor.

Experimentamos el espíritu al escribir este libro como una extensión del amor que sale de uno mismo, conectándose con lo que sale del otro, de él mismo, y luego volviendo a conectar con uno mismo con la frecuencia de una energía cada vez más elevada.

El espíritu probó su validez y funcionalidad de maravillosas formas, que ofrecemos como ejemplos a lo largo de este trabajo. La energía espiritual creció con nuestra intención consciente de vivir la experiencia del espíritu en las relaciones. Nuestra espiritualidad personal se convirtió en espiritualidad conectada a las relaciones, que creó un lazo de amistad y amor que cada uno de nosotros sintió internamente y expresó externamente a los demás. A través de nuestra relación y de este trabajo, experimentamos el ser y el hacer del coach con espíritu».

Lea Harper añade sobre el libro: «John y yo vimos el proceso de crear 'Energetic Coaching, Being and Doing with Spirit', como un proceso circular que se elevó en espiral hacia arriba. No exactamente como se refleja en la jerarquía de Maslow, pero similar, porque cada nueva experiencia de nacimiento trae un nivel más alto de conciencia a través de los cuatro 'cuerpos' o formas de experimentar la vida. El Coaching Energético añade una nueva dimensión al Coaching como en su momento lo hizo la Logoterapia con la psicoterapia. De acuerdo con el psiquiatra vienés fundador de Logoterapia, Victor Frankl, «una psicoterapia que no solo reconoce el espíritu, sino que empieza por él, debe ser denominada logoterapia. En esta conexión, logos está llamado a significar 'lo espiritual' e incluso más allá, 'el significado'». ('El doctor y el alma').

Frankl afirma que debido a que la persona se conforma del aspecto físico, mental y espiritual, ignorar el espíritu no hace más que desembocar en 'frustración existencial' que es, según él, por lo que muchas personas van a la búsqueda de la psicoterapia. Logoterapia y Coaching Energético reconocen e invitan al espíritu dentro de las relaciones a ayudar a conseguir resultados de Coaching que muy a menudo sobrepasan las expectativas del cliente.

La Logoterapia fue desarrollada para facilitar el descubrimiento de lo que Frankl llamó 'el deseo de encontrar sentido en la vida'. El Coaching se acerca a este deseo de encontrar sentido a través de su proceso de descubrimiento del propósito de vida, definiendo la misión personal, clarificando y eligiendo valores y prioridades. A través del Coaching el cliente se da cuenta de las cualidades intrínsecas de su carácter y personalidad, que son esenciales para el logro del éxito y el bienestar.

El Coaching Energético se centra en el estado interior, así como en las metas exteriores para ayudar al cliente a lograr tanto satisfacción, crecimiento y significados intrínsecos como resultados extrínsecos.

El Coaching Energético busca equilibrar e integrar ambos mundos, interno y externo. Muchos de los que buscan Coaching se enfocan en resultados inmediatos para obtener resultados externos tangibles. Además, el Coaching Energético le da peso a la energía interna intangible como contrapeso a los resultados tangibles externos.

Enfatizamos en el ámbito interior con especial atención a los valores individuales elegidos y cultivados y ayudamos a nuestros clientes a salvar la brecha entre el SER interno y el Hacer externo.

Somos seres humanos y no hacedores humanos. A través del Coaching Energético los clientes hacen elecciones congruentes con sus normas e ideales. Hacemos emerger los aspectos del ser para que las personas puedan reflejar su yo interior.

El Coaching Energético intencionadamente trabaja con las motivaciones internas, los valores, las actitudes, las percepciones, los sentimientos, los juicios, con el sistema de creencias y pensamientos para ayudar a expandir la conexión espiritual hacia resultados positivos externos.

Toda relación ofrece una oportunidad para hacer crecer el espíritu, cuidando el vínculo.

Cada relación es única y cada experiencia personal con el espíritu es válida e importante. No hay un proceso lineal, ni una guía paso a paso, ni siquiera un manual de instrucciones para caminar por la vereda del espíritu, pero hay metáforas, ejemplos, puntos de referencia y señales en el camino para ser usadas como guías.

Existen enseñanzas milenarias y nuevos descubrimientos científicos que el Coaching Energético emplea en el proceso de trazar la conexión espiritual. Las metáforas constituyen un marco de trabajo para comprender cómo las personas obtienen ideas para tomar decisiones y dar sentido a sus vidas.

En Coaching Energético, Ser y Hacer con Espíritu, no pretendemos probar la existencia del espíritu. Una vez experimentado, está demostrado. Describimos la energía del espíritu como la hemos experimentado y aportamos ejemplos de cómo los 'coaches' y otras personas consideran su conexión como una relación personal tangible.

Aunque el espíritu está siempre disponible, elude ser comprendido completamente. Está más allá del lenguaje, los constructos mentales y la habilidad conceptual. Eso nos dice la experiencia que aún tenemos sobre ello, sin embargo, el Coaching puede provocarlo deliberadamente. Ese libro describe algunas de las formas de suscitar y experimentar la intangible e insondable energía del espíritu.

Lo escribimos para describir los caminos en los que las personas pueden conectar con el espíritu a través de la intención y la práctica. Puede que ocurra por un momento de apertura interior o de forma inducida.

Como el Coaching evoca lo positivo y lo genuino en la relación con los clientes, proporciona una invitación abierta y un espacio para experimentar el espíritu.

El 'coach' actúa como testigo compasivo, que refleja el mejor testigo compasivo del espíritu.

Sin conocerlo completamente, definirlo o entender que es el espíritu, 'cualquiera puede invitar a la energía del espíritu a trabajar por el bien supremo.

El Coaching Energético planta y nutre deliberadamente la semilla de la intención para crear consciencia, conexión e integración a través del maestro interior de cada persona. Con humildad, apertura y aprecio, nos embarcamos en un viaje interminable hacia el yo interior en conexión con el espíritu para lograr la totalidad individual y la unidad colectiva».

Si quieres saber más sobre la publicación de *Energetic Coaching, Being and Doing with Spirit*, 2006 (*Coaching Energético, ser y hacer con espíritu*), puedes hacerlo descargándote el contenido de este bidi:

ENTREVISTA A JOHN COLLINGS EN CAPITAL HUMANO: ¿QUÉ ES COACHING ENERGÉTICO Y CUÁLES SON LAS CUALIDADES DE UN COACH ENERGÉTICO?

Ana Lagos, de la revista Capital Humano, entrevistó a John Collings sobre el Coaching Energético. Transcribimos aquí un resumen de dicha entrevista con permiso de la publicación:

El Coaching Energético se entiende como un intercambio de energía entre el *coach* y el cliente en el que se da un proceso de exploración constante que muestra una distinta perspectiva sobre la persona. La principal diferencia de este tipo de Coaching radica en el énfasis que se realiza en el ser, partiendo de una preparación personal de cómo se puede ser más fuerte. El *coach* debe tener la capacidad de entregarse a algo que se encuentra por encima, y desde ahí establecer una relación de confianza, armonía y paz con su cliente. John Collings acuñó el término *Coaching del espíritu* en 2006, que luego cambió por Coaching Energético porque no quería que tuviera connotaciones religiosas que enmascarasen su auténtica razón de ser, la de una motivación interna que le llamaba a tomar contacto con el Maestro Interior cada uno tenemos.

El Coaching Energético *«hace que el cliente gradualmente vaya cambiado o transitando desde el juicio sobre sí mismo hacia esa actitud de exploración sin juicio».*

Al mismo tiempo, el Coaching Energético aporta importantes beneficios a las empresas, no solo en lo concierne a la cuenta de resultados, sino que refuerza el papel del líder y le convierte en ese modelo en el que los empleados les gusta verse reflejados. Asimismo, fomenta el espíritu de equipo, la motivación y el compromiso.

El Coaching Energético es como un guardián de la finca, que permite conectar mi persona como *coach* con mi espiritualidad, y así trabajar más desde el corazón, porque trabajando y hablando *desde el corazón es como me siento más cómodo. Al principio no se llamaba Coaching Energético, lo identificaba más con 'Coaching del espíritu'. «Mi experiencia me ha mostrado que el Coaching Energético funciona mejor en las pequeñas empresas, porque en las grandes parece que todavía existe cierto escepticismo cuando hablan de energía; sin embargo, poco a poco, está cambiando esa mentalidad; de hecho mis colegas y yo sugerimos trabajar la espiritualidad en el lugar de trabajo», dice.*

El principal y fundamental desafío es educar, llevar el mensaje al publico, que haya mas historias de éxito, y eso depende de que existan embajadores del Coaching Energético y extiendan el concepto. Asegura que: «la gente no se da cuenta de cuánta grandeza, creatividad, sabiduría tienen dentro de ellos mismos; con el Coaching Energético se aprende a darse cuenta de esas sabidurías interiores que tenemos todos en nuestro interior.

Las cualidades que debe tener el 'coach energético', en mi opinión, son: confianza en los demás, en sí mismo, y una presencia completa, en el sentido, de su percepción sobre si mismo y además una suspensión de juicios. Debe estar abierto al concepto de energía, por eso es importante que el 'coach' esté muy presente, que se encuentre en el momento. Es importante que lo haga desde una actitud de limpieza interior, para que este intercambio de energía no quede interferido por el ego. No se trata solo de confiar en la otra persona, sino de asegurarse de que la energía esté actuando entre el 'coach' y cliente, y si estás presente, surge la pregunta potente, sale de la congruencia de ese intercambio de energía. Además, es importante crear un entorno que indu-

ce al entendimiento, al acercamiento, eso se hace a través de meditaciones, visualizaciones, e incluso del uso de música».

Ya han transcurrido trece años desde sus orígenes, y aunque todavía sigue existiendo cierto escepticismo en torno a esta practica, comenta Collings que poco a poco las puertas se van abriendo, y son cada vez más las empresas que abrazan este tipo de Coaching. El mayor desafío que tiene por delante el Coaching Energético es difundirse y que se extienda su mensaje; de esta manera ayudará a comprender a las personas y a las empresas que son capaces de conseguir una mejor versión de sí mismas. *«El Coaching Energético te ayuda a ser consciente del potencial que hay dentro de uno mismo»*, concluye.

Si quieres saber más sobre qué es Coaching Energético puedes hacerlo descargándote el contenido de este bidi, que recoge la entrevista completa:

LA ENERGÍA EN EL COACHING Y LA PSICOLOGÍA

Elena Pérez-Moreiras con texto de Vikki Brock

La doctora Vikki Brock, con su participación en el Programa Avanzado de Coaching Energético en España, primera y segunda ediciones (2013 y 2015), nos hizo llegar más información sobre cómo la energía está presente en el Coaching y la Psicología.

La autora expone, entre otros datos, los siguientes ocho puntos relacionados con la energía en el Coaching y la Psicología:

1. En toda cultura y en toda tradición médica anterior a la nuestra, la curación se lograba moviendo la energía (Albert Szent-Gyorgyi, Premio Novel de Medicina en 1937).

2. La Psicología Energética está orientada hacia la curación a través del reconocimiento de la interconexión de múltiples niveles entre los diferentes sistemas que conforman el cuerpo (cerebro y resto órganos) y la mente. Esta novedosa rama de la Psicología encuentra su representación en la Asociación de Psicología Energética[37] y se caracteriza por:

---

37   AECP, Association for Comprehesive Energy Psychology http://www.energypsych.org

- Afrontar la relación de los sistemas de energía de la emoción, la cognición, la conducta y la salud.
- Ser el compendio de una familia de modalidades basadas en la evidencia, que equilibran, restauran y mejoran el funcionamiento humano.
- Utilizar técnicas de acupuntura, chakras y otros antiguos sistemas de curación.
- Aprovechar el efecto sinérgico de la combinación de intervenciones físicas con intervenciones cognitivas modernas.
- Encontrarse en las primeras fases del estudio científico de estos procesos.

3. Los seres humanos necesitan energía para sobrevivir. Conseguimos esa energía de «cualquier fuente», incluso de aquella que nos esté matando (Thomas Leonard, 1995).

4. El modelo de la *Coach University* en 1995 señalaba un modelo de Coaching Energético basado en la siguiente fórmula:

Coaching Energético =
auto-responsabilidad + cautela/reserva + fe

Cuando el cliente asume la responsabilidad sobre sus actos y decisiones y trabaja con su *coach* para alcanzar lo que desea, logra una fuente de energía a partir de la fe en sí mismo, en el *coach* y en la relación de Coaching.

John A. Zenkewich, estudiante de la *Coach University*, identificó diez pasos para poner en práctica el Coaching Energético, basados en este modelo. El objetivo de estos diez pasos es permitir que la energía del *coach* fluya para que ocurra lo que deba ocurrir con el cliente:

- Relajarse
- Estar presente en el aquí y ahora
- Escuchar al cliente
- Respetar la energía del cliente
- Empatizar: ponerse en la perspectiva-mundo del cliente
- En caso de duda, comprobar la propia energía:

Fuente de la energía de alta calidad + acceso = mejora de la energía

- Respirar
- Hablar con compasión-ejercer la compasión
- Hablar claro
- Permitirse la oportunidad de estar tranquilo

5. Coachville en 2004 ya habla de dos grandes patrones de energía en el uso del lenguaje:
   - La energía negativa (crítica, duda, miedo, suposiciones), que da como resultado sentimientos de baja energía, temor y sensación de agotamiento.
   - La energía positiva (gratitud, posibilidad, valor, verdad), que da como resultado sentimientos de aliento, inspiración y estimulación.

6. En 2010, la Dra. Laura Belsten y el ISEI identifican los siguientes elementos relacionados con la conciencia de uno mismo:
   - Autoconciencia emocional (saber reconocer las emociones y sus efectos)
   - Auto-evaluación precisa (conocer las propias fortalezas y limitaciones)
   - Poder personal (profundo sentido de la auto-estima y las propias capacidades)
   - Autoconciencia energética

Algunos de los elementos de auto-gestión propuestos son:

- Auto-control comportamental y energético: mantener las emociones disruptivas bajo control (control de los impulsos)
- Integridad: altos estándares de honestidad y ética en todo momento
- Innovación y creatividad: perseguir activamente nuevos enfoques e ideas
- Iniciativa y orientación a la acción: capacidad para reaccionar ante las oportunidades
- Motivación de logro
- Optimismo realista
- Resiliencia
- Manejo del estrés
- Agilidad personal
- Intencionalidad

Y como factores importantes en las relaciones de *management*:

- Comunicación y alineamiento energético
- Efectividad interpersonal
- Potentes habilidades de influencia
- Gestión de conflictos
- Liderazgo inspirador
- Catalizar el cambio
- Nexos de construcción
- Trabajo en equipo y colaboración
- Coaching/*mentoring* a otros
- Construir confianza entre todos

Además nos recuerda las palabras de Aaron Feuerstein,[38] que resaltan cuatro cualidades para el desarrollo de la conciencia:
- Empatía
- Consciencia situacional-organizacional
- Ética de servicio
- Conciencia energética

7. En el Programa Avanzado de Coaching Energético I edición (España) la doctora Brock (diciembre de 2013) expone por primera vez en un foro público, educativo y reconocido por la ICF, la definición de inteligencia energética, formulada por mí misma unos meses antes:
- Capacidad para identificar las energías que habitan dentro de nosotros mismos así como las energías que habitan fuera (externas)
- Capacidad para distinguir unas de otras (ya sean internas o externas)
- Utilizar la información para alcanzar objetivos individuales y colectivos

8. Las claves para llegar a ser un gran *coach*, según Vikki Brock son:
- Inteligencia emocional
- Inteligencia social
- Inteligencia energética
- Centrarse en el éxito, según sea definido por el cliente

Y termina recordando que «*el Coaching Energético se basa en la presencia y abarca la inteligencia emocional, la social y la inteligencia energética en el momento presente*».

38　*Business Ethics, 100 Best Corporate Citizens.*

EL MODELO DE CINCO INTELIGENCIAS Y LA GESTIÓN DE LA ENERGÍA PERSONAL

Elena Pérez-Moreiras con texto de Techu Arranz

En el mundo hispano, los primeros autores de los que tengamos noticia que abordan la orientación energética dentro de programas de desarrollo y que relacionan inteligencia y Coaching son Gustavo Bertoloto y Techu Arranz. Así lo expresa Arranz en *Coaching hoy* (Ed. Universitaria Ramón Areces, 2010). Gustavo Bertoloto, uno de los grandes impulsores de la PNL en España, generó en 1995 un modelo de cinco inteligencias para trabajar la visión de un paradigma energético en Coaching.

Bertoloto concibe al ser humano como una unidad psico-somática-espiritual, en la que cada área tiene su inteligencia:

- Inteligencia Energética
- Inteligencia Cognitiva
- Inteligencia Corporal
- Inteligencia Emocional
- Inteligencia Espiritual

Techu Arranz comenta: «*Darse cuenta de que todo está vinculado con todo supone un cambio de percepción. Considerar el aspecto energético antes, durante y después de una sesión de Coaching, presupone que el 'coach' conciba la existencia de una energía vital que fluye y recrea las cosas, una energía de la que es posible nutrirse si conecta con el ritmo fluido por el cual transita la vida dentro de su cuerpo y fuera de él, en el movimiento armonioso de las esferas de todo el universo*».

Y continúa: «*Todo ser emana un campo energético propio, fruto del nivel de frecuencia y actividad del cuerpo físico, emocional, mental y esencial. La vitalidad energética depende de la calidad del estado físico, pensamientos, emociones, acciones y el entorno en el que se encuentra la persona.*

Al mismo tiempo, todo genera campos energéticos en interacción con otros seres, donde se producen sinergias potenciadoras o limitadoras para él. El mundo está compuesto por campos de energía que se relacionan de determinada forma.

Con cierto nivel de silencio interior, atención serena y conciencia corporal, se puede calibrar la energía de un cuerpo o espacio y valorar su nivel de densidad o sutileza».

Arranz menciona unos principios básicos para la gestión de la energía personal:

1. Donde está la atención está la energía: la energía fluye hacia el foco de atención. El enfoque de la atención conforma la vida.

2. Cultivar un centro, una zona de vacío fructífero con infinidad de recursos disponibles. El *coach* es responsable de mantener el centro enfocado y la energía vital en estado óptimo de recursos disponibles durante la sesión. La energía se expande y se contrae con los sucesos de la vida [....]. Cuando un *coach* estanca el fluir de su energía a causa de un pensamiento o emoción limitante, carga y bloquea el campo de interacción con su *coachee*. Si el *coach* irradia y contagia un estado continuado de orden en el movimiento, de paz y confianza en el constante fluir de la sesión, cualquier intervención o pregunta poderosa tendrá un profundo impacto.

3. Invitar al *coachee* a un estado de centramiento.

4. El alineamiento como forma de mantener el canal de energía abierto.

EL MODELO DE INTELIGENCIA ENERGÉTICA

Elena Pérez-Moreiras

Definimos la inteligencia energética, inspirados en la definición de inteligencia emocional de Mayer y Salovey (Salovey, 1990), como *«la capacidad de cualquier ser humano, para identificar las energías que habitan dentro y fuera de si mismo, distinguirlas unas de otras y utilizar esa información para la consecución de objetivos propios y colectivos coherentes con su propósito de vida».*

La inteligencia energética es el resultado de la actuación continua, holística, perpetua e indivisible, de cinco factores interdependientes: cuatro inteligencias y un quinto factor denominado Consciencia Energética:

1. *La Inteligencia Corporal y de Movimiento*: alude a la capacidad de la persona para reconocer, atender, dar respuesta y utilizar de forma consciente y constructiva la información que recibe de su propio cuerpo y del movimiento que este experimenta en cada momento. Algunos autores referentes de esta concepción son, entre otros, Wallon, Ajuriaguerra, Alcaide, Berruezo, Camps, Cuddy, Ekman, Bloch, Trigo, Duch y Mèlich, Maturana y Damasio.

2. *La Inteligencia Emocional*: Alude a la capacidad del individuo para reconocer sus propias emociones y las ajenas, distinguirlas una de otras y poder utilizar esta información para la consecución de objetivos. Ya formulada en los años 80, 90 del siglo pasado y desarrollada ampliamente desde entonces hasta la actualidad por Bar-On, Salovey y Mayer, Goleman y Boyatzis, etc.

3. *La Inteligencia Lingüística*: Alude a la capacidad de la persona para crear realidad presente y futura a través de su lenguaje y pensamiento. Es una competencia relacionada con el uso eficaz del lenguaje para crear contextos enriquecedores, positivos (internos y externos) en los que la comunicación se canalice hacia la consecución de logros, resolución de problemas, creación de bienestar y progreso individual y colectivo. Algunos autores referentes de esta concepción son, entre otros L. Wittgenstein, J.L Austin y más recientemente Searle, Echeverría y Olalla.

4. *La Inteligencia Transitivo-Espiritual*: Alude a la capacidad de toda persona para encontrar el sentido de su existencia, su «para qué» en la vida y en cada uno de los sistemas en los que habita. Tiene que ver con la capacidad para trascender la propia individualidad y ponerse al servicio del bien común o de aquello que es más grande que uno. Algunos autores referentes de esta concepción son, entre otros: Wallon, Rogers, Csikszentmihalyi, Collings, Belf, Hellinger y Paoli.

5. *La Consciencia Energética*: Alude a la capacidad de toda persona para ser consciente de su dimensión energética y de su capacidad para regular esta energía y utilizarla para vivir con mayor sentido y bienestar (individual y colectivamente); lo que supone ser capaz de crear entornos (internos y externos) energéticamente limpios en los que la energía fluye para dar mejores resultados con menor nivel de esfuerzo. Algunos autores referentes de esta concepción son, Yela, Csikszentmihalyi, Rubira, McCraty, Pérez López, Locke y Latham, Arranz Basagoiti, Diener, Viswas, Rong Su, Jackson y Ekson, Ryff, De la Torre y Moraes, Paoli, Stelling, Moraes, R. Cohen, Renzulli, Torre, Ruiz, Barbarro, Carroll, Seligman y Chapman.

La parte de la Psicología dedicada a estudiar, investigar y difundir el conocimiento de esta dimensión energética del ser humano y de su conducta, así como de la puesta en práctica de métodos para fomentar el bienestar y la salud derivados de esta concepción holística y energética del ser humano, se denomina Psicología Energética.

La Psicología energética existe ya como manera de afrontar el fomento y la restitución de la salud, incrementar los niveles de desempeño y desarrollar el talento desde los años 80 del siglo pasado. Existe una asociación profesional internacional desde 1999 a tal fin[39].

El proceso por el cual una persona desarrolla su inteligencia energética con el acompañamiento en este proceso de un *coach energético*, se denomina Coaching Energético.

Algunos de los principios del Modelo de Inteligencia y Coaching Energético Tendencia Hispana:

1. Todo lo existente es energía informada en movimiento.
2. El ser humano, como ser que existe, es energía informada en movimiento.
3. La energía no se crea ni se destruye, solo se transforma.
4. El ser humano tiene capacidad para identificar, reconocer, diferenciar, gestionar sus energías y utilizarlas y canalizarlas hacia la consecución de sus objetivos.
5. El ser humano tiene capacidad para identificar, reconocer, diferenciar las energías de otros y utilizarlas y canalizarlas para la consecución de objetivos comunes.
6. Como seres humanos atendemos, percibimos, ponemos el foco en determinados estímulos. El lugar donde el su-

---

39 Para más información consultar ACEP *Association for Comprehensive Energy Psychology*.

jeto pone el foco es donde pone también su energía. Este lugar influye en su visión del mundo, su interpretación de los hechos, su pensamiento, su emoción y su comportamiento.

7. Según la sabiduría oriental, existen dos energías opuestas que dan lugar a todo lo existente: la energía universal masculina (Yang) y la energía universal femenina (Yin), como perfectos opuestos complementarios. La interacción entre estos opuestos y su dinámica conjunta posee un fin esencial de mantenimiento homeostático del equilibrio del sistema.

8. Podemos identificar y re-conocer estas energías universales de opuestos complementarios en todo lo existente, incluido, nosotros mismos.

9. Teoría del Observador:
    - Cada uno de nosotros es un observador único de la realidad. Lo que cada sujeto percibe es fruto de su única e irrepetible manera de percibir, consecuencia de su educación, ambiente en el que crece y se desarrolla, biología, cultura, etc. Solo podemos percibir a través de nuestros sentidos.
    - El objeto observado se ve influido por el observador.
    - El sujeto, como observador, crea realidad.
    - El sujeto puede y debe– responsabilizarse de su manera de percibir la realidad. Ser más conscientes del observador que somos nos permite vivir una vida más coherente con nuestros principios y valores, con aquello que nos mueve y que nos aporta significado.
    - Existen, física y matemáticamente infinitos puntos de vista reales desde los que percibir cualquier objeto o realidad percibida.

10. Las energías que percibimos (a modo de estímulos), las que nos constituyen (a modo de energía vital que nos permite nutrirnos a todos los niveles y procesar información) así como, las que expresamos (a modo de respuestas), nacen de la actuación continúa, holística e indivisible de nuestros «cuatro cerebros» integrados (terciario, secundario, primario y cuaternario), sincronizados con nuestro sistema nerviosos periférico.

11. Estas energías que nos constituyen se manifiestan en nuestros cuatro dominios como seres humanos: lingüístico, emocional, corporal y transitivo-espiritual.

12. Estas energías que nos conectan con el interior y el exterior son el vehículo de interacción con nosotros mismos y con aquello que nos rodea; por lo tanto, son de naturaleza sistémica. Vivimos, crecemos, interactuamos y nos desarrollamos inexorablemente de forma sistémica y energética.

13. La energía que define el medio ambiente en que vive un sujeto (condiciones de luz, temperatura, presión atmosférica, etc) influye en su comportamiento. Las condiciones ambientales de hora, estación del año, altitud, etc., en las que un sujeto se encuentra influyen en su comportamiento.

14. Estas energías se manifiestan con mayor o menor intensidad y conocimiento por parte de uno mismo; en función de ello, se instalan en nuestro consciente, nuestro pre-consciente, en nuestro inconsciente, y nos pueden permitir vivir estados ampliados de consciencia. Vivimos en cuatro tipos de estados mentales «normales»: inconsciente, pre-consciente, consciente y en estados ampliados de consciencia. Existe también un quinto estado de consciencia que podemos calificar de «anor-

mal» los estados alterados de consciencia, calificado así porque la persona pierde el sentido de la realidad en la que vive, llegando a emitir conductas que van contra su propia integridad y la de aquellos que le rodean.

15. Ampliar nuestro nivel de conocimiento (consciencia) sobre las energías que nos constituyen, nos mueven o nos paralizan, y aquellas que nos rodean, así como el efecto que estas tienen en nosotros y nuestro comportamiento (desarrollar nuestra inteligencia energética) nos hace más capaces, nos empodera.

16. El ser humano se genera a sí mismo a través de su comportamiento. El comportamiento es generativo. El comportamiento crea realidad.

17. El comportamiento humano está compuesto por componentes de dominio lingüístico (palabras y pensamientos), emocional (emociones y estados de ánimo), corporal (percepciones, sensaciones, movimientos) y transitivo-espiritual (esencia, propósito, sentido de vida, papel y actitud en cada sistema).

18. La ciencia que estudia el comportamiento humano es la Psicología donde *psiqué* significa «alma» o «espíritu» y *logos* «estudio». Conforme a esta etimología, afirmamos que la Psicología, además de ser la ciencia de la conducta, y el estudio de la mente, es también el estudio del alma y del espíritu.

19. Los psicólogos somos «estudiosos del alma», además de expertos en comportamiento humano.

20. El Coaching es la colaboración con los clientes en un proceso creativo y estimulante que les sirve de inspiración para maximizar su potencial personal y profesional (ICF). Ese proceso creativo y estimulante es en esencia energético.

21. Para incrementar su desarrollo y nivel de competencia, el cliente puede, con la ayuda de su *coach* o *psicólogo-coach,* aprender a re-conocer la energía (o energías) en la que se encuentra en cada momento (desarrollar su inteligencia energética) y desde ahí, alcanzar más fácilmente sus metas.

22. Las posibilidades de crecimiento de una persona se incrementan si asume, en su proceso de evolución, la responsabilidad sobre la gestión de su propia energía (proceso de auto-regulación).

23. Esta energía puede tener distintos niveles de calidad, lo cual se manifiesta en un nivel de vibración distinto por parte del sujeto.

24. Este nivel de vibración da como resultado la creación de campos energéticos a su alrededor que favorecen o entorpecen su capacidad de relación con otras personas y seres vivos, dando lugar a campos de interacción armónicos o disonantes respectivamente.

25. Mientras que el *coach* o *psicólogo-coach* no sea capaz de reconocer estas energías en sí mismo, diferenciarlas unas de otras y utilizarlas para la consecución de metas propias o colectivas (ser energéticamente inteligente), difícilmente podrá acompañar en este proceso a sus clientes.

26. Cuando se produce una conexión profunda y estimulante en un proceso de Coaching es porque *coach* y cliente se encuentran vibrando en la misma frecuencia. La energía sistémica resultante trasciende a cada uno como ser individual, y facilita al cliente re-conocerse como ser pleno.

27. Esta energía profunda y estimulante también favorece al cliente el buscar nuevos caminos de re-invención que le impulsan a maximizar su potencial personal y profesional[40].

28. En el modelo de inteligencia energética las meta-competencias esenciales a desarrollar tanto en el cliente como en el *coach* energético en formación son cuatro:

- Auto-conocimiento: alude a la capacidad de la persona para conocerse y recibir *feedback*.

- Auto-estima-cuidado: alude a la capacidad de la persona para quererse tal y como es en cada momento de su vida, aceptarse incondicionalmente y dedicar recursos y tiempo a sí mismo y a su cuidado.

- Auto-regulación-gestión: alude a la capacidad de la persona para manejar sus recursos (corporales, emocionales, cognitivos y espirituales) y ponerlos al servicio de la consecución de sus objetivos y de los de su sistema de referencia («estar al servicio»).

- Auto-desarrollo-proyección y crecimiento continuo: alude a la capacidad de la persona para identificar qué cualidades críticas necesita para el futuro, encontrar cómo desarrollarlas y hacerlas «cuerpo» (encarnarlas); ser ejemplo de valores en su profesión y en su vida, así como, trascender a sí mismo aportando su saber y expertise a fines que van más allá (ámbito social, comunitario, ecológico y progreso humano sostenible).

40　Pérez-Moreiras, Elena, 1ª Conferencia del II Ciclo de Psicología y Coaching del Colegio Oficial de la Psicología de Madrid: «Las competencias del *coach*: desarrolla sus metacompetencias», febrero 2012.

29. Cuando el *coach* o *psicólogo coach* sabe hacer esto, consigue, entre otras cosas, un nivel mayor de competencia; es capaz de hacer Coaching con C mayúscula, tal y como Robert Dilts lo definiera[41].

30. Podemos utilizar el modelo de inteligencia energética para entender, trabajar y desarrollar estas capacidades (tanto en el *coach* o *psicólogo coach* como en el cliente).

31. Este modelo está abierto, en continuo movimiento, en continua evolución, como todo lo existente.

32. El desarrollo de la inteligencia energética es en sí mismo un proceso evolutivo, abierto, constructivista y en constante movimiento, donde la estabilidad y la parametrización, no siempre están garantizadas, ni son siempre necesarias.

33. El movimiento, en ocasiones aparentemente caótico y la capacidad para vivirlo, sentirlo y dejarse fluir en él, es vivencia esencial para su aprendizaje y para llegar a ser un *coach energético* competente.

34. Esta capacidad está relacionada con la habilidad del *coach* para soltar el control, rendirse al proceso, a lo que es más grande, vaciarse de sí, crear espacios de infinitas posibilidades, en los que permitir que el potencial esencial de su cliente emerja.

Si quieres saber más sobre el hilo conductor del Coaching Energético Tendencia Hispana, puedes hacerlo descargándote el contenido de este bidi:

---

41   Ver Arranz Basagoiti, T, *Coaching hoy*, p 266 a 279.

GRUPO DE NUEVOS CONSTRUCTOS Y METODOLOGÍAS PARA EL DESARROLLO DEL TALENTO EN LA ERA DIGITAL DEL COLEGIO OFICIAL DE LA PSICOLOGÍA DE MADRID

En octubre de 2015 se aprueba en el Colegio Oficial de la Psicología de Madrid la formación del Grupo de Trabajo de Nuevos Constructos y Metodologías para el Desarrollo del Talento de la Era Digital.

Este grupo se enmarcó en la sección de Psicología del Trabajo y las Organizaciones desde su nacimiento hasta junio de 2018. En esa fecha, dada su orientación y vocación de servicio hacia todas las divisiones y especialidades en Psicología, pasó a constituirse como un grupo de trabajo transversal con el fin de ser nexo entre todas las secciones de la organización colegial que se muestren interesadas en su objeto de estudio.

En el documento de su reubicación aparece así expresado:

«Consideramos que el objeto de nuestra existencia, el estudio y la investigación sobre la dimensión energética del ser humano y su conducta es de tal amplitud, que la ubicación del grupo es más natural, coherente y seguramente fructífera si se configura como un grupo transversal que teje conexiones y sinergias entre todas las secciones.

Tal y como se expresó en el escrito de su fundación, el grupo se constituyó y continúa teniendo como seña de identidad, un claro espíritu integrativo para dar cabida a todo profesional de la Psicología que esté interesado en esta materia, cumpliendo una función de foro de intercambio, integración y enriquecimiento mutuo entre todas las áreas de la Psicología, así como, con otras disciplinas y metodologías relacionadas con la conducta y el desarrollo del talento».

Si quieres saber más sobre el Grupo de Trabajo de Nuevos Constructos y Metodologías para el Desarrollo del Talento en la Era Digital del Colegio Oficial de la Psicología de Madrid (COPM), puedes hacerlo descargándote el contenido de este bidi:

EJEMPLOS DE ALGUNOS AUTORES, FENÓMENOS RELACIONADOS CON ENERGÍA EN PSICOLOGÍA

Ana Vázquez de Parga, Eduardo Maza Atienza, Amira Bueno Herdoíza, Mariló Moreno Toral, Marlís González, Santiago García Estebaranz y Elena Pérez-Moreiras

HULL, CLARK	A diferencia de los instintos, que se supone que no solo impulsan sino que también dirigen la conducta, los impulsos proveen solo de la energía que predispone a la acción	*Psicología* (1987). Diane E. Papalia y Sally Wendkos Olds. McGrawHill (p. 322)

JUNG, CARL GUSTAV	Cada proceso es un fenómeno de energía, y toda energía puede proceder solo de la tensión de los opuestos	*The collected work of C.G. Jung: Two Essays on Analytical Psychology* (1957). Bollingen Series XX (vol.7, p. 34)
QUINN , RYAN W. OUTTON , JANE E.	La energía es un tipo de excitación afectiva positiva, que las personas pueden experimentar como emociones, o estado de ánimo	*Coordination as energy in conversation.* Academy of Management Review 2005, Vol. 30, No. 1, 36-57.
MASLACH , CHRISTINA LEITER , MICHAEL P.	El 'engagement' se caracteriza por la energía, la participación y la eficacia. Los empleados tienen un sentido de conexión energética y efectiva con sus actividades de trabajo y se ven a sí mismos como capaces de negociar plenamente con las exigencias de su trabajo	*The measurement of engagement and burnout: a two sample confirmatory factor* (2002) Wilmar B. Schaufeli, Marisa Salanova, Vicente Gonz
SALA NOVA, MARISA SCHAUFELI, WILMAR B	El vigor se caracteriza por altos niveles de energía y resistencia mental mientras se trabaja, el deseo de invertir esfuerzo en el Irabajo que se está realizando, incluso cuando aparecen dificultades en el camino	*La ilusión por el trabajo (engagement): ¿El lado positivo del burnout?* (2002) Marisa Salanova Soria, Wilmar B. Schaufeli (p. 75)
KEYES , COREY L. M., FREDRICKSON, BARBARA L. PARK , NANSOCK	Celo: afrontar la vida con entusiasmo y energía	*Positive Psychology and the Quality Positive Psychology and the Quality of Ufe* (2012).

SPREITZER, GRETCHEN, SUTCLIFFE, KATHLEEN	Vitalidad se refiere al sentimiento positivo de tener energía disponible	Nelson and Cooper (2006):*Thriving in Organizations*, p. 76
BAKKER, ARNOLD HEUVEN, ELLEN	Estos hallazgos sugieren que las enfermeras y los oficiales de Policía que sienten una disonancia entre las emociones que necesitan mostrar y sus verdaderas emociones agotan su recursos energéticos y se vuelven cínicos hacia sus usuarios y su trabajo	Bakker, A. B., & Heuven, E. (2006). Emotional dissonance, burnout, and in-role performance among nurses and police officers. *International Journal of Stress Management*, 13(4), 423-440.
CSIKSZENTMIHALYI, MIHALY	El flujo es el proceso de alcanzar la felicidad a través del control de la vida interior. Esto sucede cuando enfocamos nuestra atención (energía psíquica) en objetivos realistas y cuando nuestras habilidades coinciden con los desafíos que enfrentamos	*Fluir, Psicología de la felicidad* (2018)
CSIKSZENTMIHALYI, MIHALY	Cuando comprendamos mejor por qué somos como somos, cuando veamos más claramente los orígenes de los impulsos instintivos, de los controles sociales, de las experiencias culturales, será más fácil dirigir nuestras energías hacia donde deberían ir	*Fluir, Psicología de la felicidad* (2018)

CSIKSZENTMIHALYI, MIHALY	La atención es como la energía sin la cual no podemos trabajar en nada y que mientras trabajamos se disipa. Somos capaces de crearnos a nosotros mismos según como invirtamos esa energía	*Fluir, Psicología de la felicidad* (2018)
SCHIPPERS, MICHAÉLA C. HOGENES, RENÉ	Aunque la energía es un concepto que está implícito en muchas teorías motivacionales, casi nunca se ha mencionado, o investigado, explícitamente	*Energy Management of People in Organizations: A Review and Research Agenda* (J Bus Psychology 2011, 26:193-203).
PERLS, LAURA	La energía que podríamos aprovechar para actuar de manera directa y creativa se desvía hacia las actividades falsas o se retroflecta hacia la auto-interferencia los auto-reproches el sentImiento de lástima hacia uno mismo y la autodestrucción	*Viviendo en los límites*, p. 139 (2017)
MADDI, SALVATORE R	El auto-cuidado resistente tiene que ver con el mantenimiento de un nivel óptimo de energía o activación (pautas de relajación, nutrición y ejercicio físico) que facilita las acciones de afontamiento y apoyo social	*La personalidad resistente: promoviendo crecimiento ante situaciones de estrés.* Capitulo 8 de *Psicología Positiva Aplicada* Vázquez y Hervás . p. 219. Ed. Desclée de Brouwer

Entre estos autores destacamos a Mihalyi Csikszentmihalyi por su extensa producción científica relacionada con los estados de *Flow*, donde uno de los constructos fundamentales es la «energía psíquica».

Schippers y Hogenes remarcan la importancia que la energía ha tenido como concepto a lo largo de la historia de la Psicología y en especial en la Psicología del trabajo[42]:

- Cuando hay un alto nivel de energía en la organización, todo parece pasar más fácilmente. Los empleados se estimulan mutuamente ofreciendo, de forma continuada, ese esfuerzo extra.
- Los empleados energéticos son fundamentales para el éxito de una organización.
- Las personas con mucha energía son más productivas, creativas y tienen una influencia positiva en otros.
- La energía se puede ver como un recurso valioso que las personas se esfuerzan por proteger y/o obtener.
- Los líderes transformacionales son, tradicionalmente, considerados como energizantes.
- El líder transformacional puede ser más capaz de dinamizar la energía de los seguidores con acciones orientadas hacia un objetivo común.

Algunas variables en Psicología del Trabajo y de las Organizaciones que los autores definen como relacionadas con energía son:

---

42 Artículo traducido por Ana Vázquez de Parga.

<u>**FLOW**</u>

- **CSIKSZENTMIHALYI 1990**   Estado de conciencia que se genera en las personas cuando viven experiencias óptimas, normalmente asociadas a la realización de determinadas actividades en las que es necesario involucrar todas las capacidades de atención y habilidad.

<u>**ENGAGEMENT**</u>

- **SCHAUFELI** *et al.* **2002**   Constructo motivacional positivo relacionado con el trabajo, que se caracteriza por el vigor, la dedicación y la absorción.

<u>**FLOURISHING**</u>

- **FREDRICKSON Y LOSADA 2005**   Valoración que hacen las personas acerca de sus relaciones sociales, propósito y sentido de la vida, auto-eficacia y auto respeto. Tiene que ver con el sentimiento de felicidad y bienestar que la persona posee.

<u>**THRIVING**</u>

- **SPREITZER** *et al.* **2005**   Estado psicológico en el que los individuos experimentan tanto un sentido de vitalidad, como un sentido de aprendizaje en el trabajo.

<u>**BURNOUT**</u>

- **BAKKER Y HEUVEN 2006**   Falta de energía; agotamiento a nivel físico, emocional y cognitivo debido a exposiciones prolongadas de estrés por un tiempo prolongado.

Algunos autores de la Psicología del Trabajo y de las Organizaciones que Schippers y Hogenes identifican como relacionadas con energía o conceptos asociados son (entre otros):

ASH, I.E	Empleados energéticos	1913
BAKKER *et al*/ BAKKER Y HEUVEN	Personas energéticas puede ser contagioso para la productividad de los que están a su alrededor	2005/2006
BASS	Los líderes transformacionales son tradicionalmente considerados como energizantes: son capaces de inspirar a otros y cambiar la forma en que las personas trabajan hacia un objetivo común	1985
BROCKNER Y HIGGINS	Los líderes transformacionales están más dispuestos a asumir riesgos y pueden ser más capaces de contagiar energía a personas de su alrededor para conseguir objetivos convincentes	2001
BRUNCH Y GHOSHAL	Energía y sus efectos	2003
BRUNCH Y GHOSHAL	A menudo, comienza con la energía de algunas figuras clave	2003
BURKE Y WITT	Personalidad de energizadores y desenergizadores	2004
CALDERWOOD	Neuroticismo y fatiga (como falta de energía)	2009
CROSS Y PARKER	Empleados energizadores (potenciadores de energía): personas confiables en la organización (no necesariamente gerentes), que tienen una visión clara y son capaces de convencer a otros para que trabajen en la misión	2004
CROSS *et al.*	Comportamientos «políticos» pueden ser agotadores (como consumo de energía)	2003

CROSS *et al.*	Análisis de las redes de trabajo (conexiones): Los energizantes y desenergizantes pueden tener una influencia en el rendimiento de las personas que están a su alrededor	2003
CSIKSZENTMIHALYI	*Flow* (energía psíquica)	1990
CSIKSZENTMIHALYI	Objetivo claro es pre-requisito de enfocar adecuadamente la energía	1997
DIENER	Bienestar (en castellano también Bienser) subjetivo: las personas con un alto nivel de bienestar subjetivo también pueden tener un alto nivel de energía	1984
FREDRICKSON Y LOSADA	*Human flourishing* (crecimiento personal)	2005
FREUD	Energía en relación con la salud y física	
GONZÁLEZ ROMA *et al.*	*Engagement*: estado positivo relacionado con el trabajo, caracterizado por el vigor, la dedicación y la absorción	2006
HEWLIN	Dimensiones de la energía. Distingue tres características	2003
HIGGINS	Teoría del enfoque regulatorio: dos orientaciones motivacionales: enfoque de promoción, refiriéndose a un estilo de procesamiento de información «más arriesgado», mientras que el enfoque de prevención está relacionado con aversión al riesgo y un estilo de procesamiento vigilante	1998

MASLACH Y SCHAUFELI	*Burnout*: falta de energía; agotamiento a nivel físico, emocional y cognitivo debido a exposiciones prolongadas de estrés por un tiempo prolongado	1993
MASLACH *et al.*	Las personas que experimentan *burnout* pueden influir, mediante contagio, en la energía de los que trabajan en su entorno. Los individuos neuróticos pueden inclinarse a desperdiciar su energía en rumiaciones disfuncionales, lo que lleva a un nivel de energía más bajo, fatiga, y en casos extremos, depresión.	2001
MASLACH *et al.*	Revisión de *burnout*	2001
NOLAN *et al.*	Los neuróticos pueden desperdiciar mucha energía, tienden a rumiar excesivamente (especialmente cuando están bajo estrés)	1998
QUINN Y DUTTON	La energía puede definirse como «un tipo de excitación afectiva positiva», que las personas pueden percibir como emoción (breves respuestas eventos específicos), o estados de ánimo (estados afectivos más duraderos, que no necesitan ser respuesta a un determinado evento)	2005, p. 36
RYAN Y FREDERICK	Relación positiva entre vitalidad y bienestar	1997
SELIGMAN Y CSI-KSZENTMIHALYI	Psicología Positiva:	2000
SONNENTAG	Recuperación del trabajo (*work recovery*) mediante equilibrio trabajo-casa	2001 y 2003

SONNENTAG	Está relacionado con la recuperación del desgaste laboral	2003
SPREITZER *et al.*	*Thriving* (prosperidad) o «estado psicológico en el que los individuos experimentan tanto un sentido de vitalidad como un sentido de aprendizaje en el trabajo	2005, p. 538
STAM *et al.*	El éxito de un sistema de promoción o prevención, depende del ajuste del enfoque regulatorio entre líderes y seguidores	2010
VAN GELDEREN *et al.*	Trabajos que generan un gasto grande de energía. Espiral descendiente de pérdida de energía	2007

Por otra parte, todas las teorías motivacionales tienen por objeto estudiar la fuerza o energía que impulsa al ser humano a actuar.

La carga mundial de depresión y de otros trastornos mentales está en aumento. En una resolución de la Asamblea Mundial de la Salud adoptada en mayo de 2013 se abogó por una respuesta integral y coordinada de los países al problema de los trastornos mentales.

En esta línea, la OMS, describiendo la depresión como uno de los trastornos más frecuentes en la actualidad, en su página web señala la reducción de la energía como uno de los síntomas principales del trastorno depresivo recurrente. Si quieres leer más al respecto, puedes hacerlo con ayuda de este bidi:

Es evidente que el estudio profundo de la energía relacionada con la naturaleza del ser humano y su comportamiento, las distintas formas en las que se manifiesta, su funcionamiento y su gestión como fuente de salud, bienestar y desarrollo de talento de personas, equipos y organizaciones, es necesario y conveniente.

EL COACHING ENERGÉTICO TENDENCIA HISPANA Y LA METODOLOGÍA IMPROVING

Elena Pérez-Moreiras

Improving PID® es una metodología que sustenta el Coaching Energético Tendencia Hispana. Combina componentes de diversas teorías y modelos, algunos provenientes de la Psicología, otros del Coaching y también de otras disciplinas. Coincidimos con Victoria Muñoz Tinoco, quien, en su *Manual de Psicología del desarrollo aplicada a la educación* (2011), afirma que cualquier aspecto del desarrollo humano se comprende mejor cuando se utilizan aportaciones de diferentes teorías.

Como metodología de desarrollo de profesionales con más de veinte años de historia, resalta la concepción del ser humano como:

- Sujeto con capacidad para crecer de manera continua sea cual sea su edad, condición, raza o género.
- Vinculado a una dimensión holística que le lleva a tender (consciente o inconscientemente) al equilibrio homeostático constante con el entorno y consigo mismo.

- Parte de un sistema inmenso que se mueve y transforma sin cesar.

- Capaz de contribuir, desde su «pequeñez», a la co-creación de ese vasto universo-realidad de la que forman parte.

- Ser pleno, director de su propio desarrollo, poseedor de una sabiduría que le guiará certeramente hacia donde desea, si abre sus esquemas mentales y equilibra su intuición con el resto de dominios de su ser.

- Energía informada en movimiento: resalta la dimensión energética del ser humano y su ilimitado potencial para sentir y hacer sentir la satisfacción de crecer.

Esta forma de abordar el proceso de desarrollo, ampliamente contrastada en intervenciones en el mundo empresarial desde 1996, fue la base metodológica para diseñar y ejecutar el Programa Avanzado de Coaching Energético en España y para la creación de «Coaching Energético Tendencia Hispana».

Características esenciales del Coaching Energético Tendencia Hispana:

1. Poner la mirada en la dimensión energética del ser humano y las relaciones que establece consigo mismo y con el entorno (el todo que le rodea). El Coaching Energético entiende la relación de Coaching como una relación que puede ser concebida, observada y practicada desde su dimensión energética, y se elige concebirla, observarla y practicarla desde ahí.

2. Acompañar a los clientes a descubrir, desarrollar y poner
    en práctica su inteligencia energética, entendida como la
    capacidad de todo ser humano para identificar las ener-
    gías que habitan dentro y fuera de sí mismo, diferen-
    ciarlas unas de otras y utilizar esa información para la
    consecución de objetivos propios y colectivos coherentes
    con su propósito de vida[43].

3. Poner especial énfasis en lo sensitivo y motriz. Proponer
    un Coaching que, además de materializarse a través de
    las preguntas (dominio lingüístico), ponga especial hin-
    capié en trabajar «de cuello para abajo» o de «neocórtex
    para abajo». Se sobrepasa la forma tradicional de hacer
    Coaching (dos personas que dialogan entre sí, con poco
    o nulo movimiento, centradas en el mundo de los con-
    ceptos verbales) dándose permiso para introducir otras
    formas de hacer, herramientas o estímulos (movimiento,
    gesto, imagen, dibujos, ejercicios, sonido, música, dan-
    za, ritmo, olores, tacto, interacción con otras personas
    y animales, entorno, etc.) que permitan al cliente vivir
    en propia carne sensaciones que le llevan a conectar de
    forma más directa con elementos más profundos de su
    realidad y de su ser, lugares a los que es difícil acceder
    por medio únicamente de las palabras y que le permiten
    conectar con su dimensión energética de forma potente.

4. Concebir a todo ser humano como parte indivisible de
    una realidad mayor en la que desempeña una función,
    su para qué, sentido o propósito de vida (transitividad
    o espiritualidad). Todo lo existente (material o inma-

---

43 Constructo validado científicamente (2020) mediante tesis doctoral
en la Universidad Rovira i Virgili de Tarragona y aprobada como proyecto de
investigación en la Texas A&M International University de TX, USA.

terial) está en continuo movimiento, el ser humano está en continua interrelación con lo que le rodea. Somos parte indivisible de una realidad mayor en la que indiscutiblemente jugamos un papel (seamos o no conscientes de él).

Cuando la persona encuentra ese «para qué» de su existencia, su propósito de vida, y muestra el coraje necesario para llevarlo a la práctica y ser fiel a él, tiene muchas posibilidades de encontrar la armonía. Se suele producir un «click» que muchos definen como «entrar en su órbita» o «en estado de fluidez», que permite a la persona vivir una vida más plena y con mayor sentido.

Esta armonía puede verse interrumpida por múltiples factores en el día a día. El Coaching Energético favorece que nuestro cliente incremente su nivel de competencia para autorregularse y volver por sí mismo a ese estado de equilibrio en el que se encuentra cuando cumple su misión, conectado consigo mismo y con aquello que es más grade que el/ella.

5. Favorece la construcción de seres autotélicos, aquellos que presentan «*una constelación de características de personalidad que incluye alta curiosidad, persistencia y motivación intrínseca, mayor autonomía e independencia con respecto a metas y contingencias externas, elevado sentido de control interno, implicación en actividades complejas que demandan elevadas habilidades con alto grado de concentración y autoestima y búsqueda de actividades que permitan la estimulación y el enriquecimiento personal, entre otras características*». (Csikszentmihalyi, 1975, 1997).

Si quieres saber más sobre la metodología improving (PID: Programas de Intervención para el Desarrollo)®, una metodología consolidada para crear el Coaching Energético Tendencia Hispana, y sobre el Programa Avanzado de Coaching Energético en España, puedes hacerlo descargándote el contenido de este bidi:

7. LA SUPERVISIÓN DE COACHING Y LA PSICOLOGÍA

Damian Goldvarg y Norma Perel

INTRODUCCIÓN

Este capítulo tiene como objetivo presentar modelos, teorías y herramientas psicológicas que asistan a los supervisores de Coaching para hacer su trabajo de forma efectiva, y a los supervisados para que puedan estar mejor informados sobre qué esperar del proceso de supervisión. La Supervisión de Coaching involucra a colegas que tienen un código profesional en común y entablan un intercambio que busca el crecimiento del *coach* al reflexionar sobre la tarea que desarrolla y aumentar su efectividad a partir de explorar no solo lo que hizo y lo que hará en futuras sesiones, sino también el quién del *coach*, sus emociones, sus creencias, sus bloqueos y sus puntos ciegos. Aquí interviene el aporte de la Psicología.

Familiarizarse con los modelos y las distinciones elaboradas por la Psicología permite contar con un mayor repertorio de acción para indagar en la identidad del *coach* y explorar los desafíos surgidos en las relaciones con sus clientes. Son importantes la auto-observación y el auto-conocimiento del supervisor para poder aplicar esta información en su trabajo. El supervisor modela cómo utiliza su capacidad de reflexión para que el *coach* logre alcanzar mayores profundidades de exploración del trabajo con sus clientes y no quedarse en un nivel superficial. Durante el trabajo de supervisión, la exploración de la relación que se da tanto entre el *coach* y el cliente como entre el *coach* y el supervisor es clave para el aprendizaje y el crecimiento de ambos.

El desarrollo de la práctica profesional del Coaching pasó por diferentes etapas en los últimos treinta años. Como parte de ese proceso, que ya está llegando a su madurez, la supervisión cobra cada vez mayor importancia, tanto en los Estados Unidos como en Latinoamérica. En Europa y en Australia esta práctica se encuentra mucho más arraigada, y ambos, el Consejo Europeo de Mentoring y Coaching (EMCC) y la Asociación de Coaching (AC), la proponen en su código de ética global como requisito obligatorio para recibir y conservar acreditaciones. Por su parte, la Federación Internacional de Coaching (ICF) establece que la supervisión es una práctica que puede ser escogida para recibir las horas de educación continua que son necesarias para renovar las credenciales que otorga.

El EMCC define la Supervisión de Coaching como la interacción que ocurre cuando el *coach* trae al supervisor sus experiencias con sus clientes con el objetivo de recibir apoyo y establecer un diálogo reflexivo y un aprendizaje colaborativo para el desarrollo y beneficio del *coach*, sus clientes y sus organizaciones[44].

A diferencia de lo que sucede con el Coaching, la Supervisión involucra a colegas que tienen un código profesional en común y entablan un intercambio que busca el crecimiento del *coach* pero que también enriquece al supervisor. Mediante la presentación de casos se indaga acerca de qué dificultades o desafíos encuentra el *coach* al trabajar con sus clientes, cómo enfrenta sus propias emociones y sus dilemas éticos.

---

44   Para mayor información, visitar la página web de la EMCC, www.emccouncil.org

De acuerdo con Proctor (1986), la Supervisión de Coaching tiene tres funciones claves: es normativa, formativa y restaurativa.

La función normativa se enfoca en proveer estándares de comportamiento para el *coach* e incluye alineamientos éticos, legales y profesionales. Esto equivale a decir que el supervisor ofrece oportunidades de reflexión sobre dilemas éticos y también brinda información al *coach* sobre códigos de conducta cuando es necesario.

La función formativa se enfoca en ofrecer un espacio de aprendizaje y reflexión que estimula el desarrollo profesional del *coach*. Para cumplir con ella, el supervisor puede por ejemplo compartir modelos, teorías, herramientas o prácticas que aumenten las capacidades del supervisado.

La tercera función, restaurativa o de apoyo, se enfoca en ofrecer oportunidades para explorar inseguridades y reacciones emocionales, y para lo que en términos metafóricos podríamos definir como «recargar baterías». Tanto la función formativa como restaurativa están remarcando la importancia de otros modelos, como pueden ser los modelos psicológicos más tradicionales.

FUNDAMENTOS PSICOLÓGICOS DE LA SUPERVISIÓN EN COACHING

Según Bluckert, los clientes de Coaching *ejecutivo* valoran primordialmente tres características de quienes prestan el servicio: excelencia profesional, conocimiento sobre el área de negocios y sensibilidad psicológica. De acuerdo a Bluckert (2006), la sensibilidad psicológica (*psychological mindedness*) es la capacidad para reconocer comportamientos, pensamientos y sentimientos (de uno mismo y de los otros), indagar sobre ellos y detectar las relaciones que los unen, para encontrar el sentido más profundo de las experiencias propias y de los demás. Esta capacidad requiere autoconocimiento y empatía con los otros, apertura, conexión con la situación presente (el aquí y ahora), curiosidad para descubrir y entender lo que sucede más allá de lo que parece que sucede, y proactividad para relacionarse con los otros. La sensibilidad psicológica, en definitiva, supone el deseo de hacer múltiples y constantes esfuerzos para encontrar el sentido más profundo de las experiencias propias y de los demás.

La sensibilidad psicológica es clave para el trabajo del supervisor, aún más que en el trabajo de Coaching.

Un *coach* profesional que busque ser efectivo tiene que comprender las dinámicas que subyacen a la relación que tiene con su cliente, y esta exigencia de comprensión es todavía mayor en la Supervisión de Coaching, donde se busca ofrecer valiosas oportunidades de desarrollo y aprendizaje. Aunque no sea necesario ser psicólogo para supervisar efectivamente, es importante familiarizarse con los modelos y las distinciones elaborados por la Psicología. Por eso en este capítulo presentamos brevemente tres teorías psicológicas que ofrecen distinciones prácticas fundamentales para el trabajo en *supervisión de* Coaching: el Psicoanálisis, la Gestalt y el Análisis Transaccional.

1.   Distinciones procedentes del Psicoanálisis

En el «modelo de los siete ojos» de Hawkins (2006), al explorar las relaciones que existen entre los diferentes niveles de interacción entre supervisor, supervisado y cliente, nos encontramos conceptos tomados del Psicoanálisis: la transferencia y la contratransferencia. El rol del supervisor consiste en examinar estas dinámicas para crear consciencia acerca de cómo impactan en el trabajo de los supervisados.

A continuación brindamos definiciones breves y prácticas de los términos que más se emplean en Supervisión de Coaching tomados del *Diccionario de Psicoanálisis* de Laplanche y Pontalis (1973):

- **Transferencia**

La transferencia consiste en trasladar a relaciones del presente aspectos vividos durante vínculos del pasado. Laplanche y Pontalis la definen como: «*la situación en la que un sujeto transfiere inconscientemente y revive, en sus vínculos nuevos, sus antiguos sentimientos, afectos, expectativas o deseos infantiles reprimidos*». El establecimiento de este lazo afectivo intenso es automático, inevitable e independiente de todo contexto de realidad. La transferencia es además la herramienta fundamental con la que cuenta el analista para conducir el tratamiento.

En el ámbito del Coaching esto suele darse, por ejemplo, cuando el cliente de manera inconsciente se vincula con su *coach* como lo hizo con su padre o con su madre, y repite en el aquí y ahora de la sesión una dinámica vivida en el pasado. También pueden aparecer este tipo de vínculos en las empresas (el cliente que se siente perseguido y se pone en el papel de víctima, que busca permanentemente llamar la atención de su jefe o de sus compañeros, o provocador). En supervisión, los casos de transferencia más frecuentes del *coach* están vinculados a la atribución al supervisor de características paternales o maternales de protección.

La transferencia puede ser positiva, cuando aparecen sentimientos amistosos o afectuosos hacia el analista, el *coach*, o el supervisor; o negativa, cuando se expresa por medio de sentimientos hostiles, y puede aparecer en tres modalidades: como proyección, idealización o competencia:

-   *Proyección.* Laplanche y Pontalis definen la proyección como una *«operación por medio de la cual el sujeto expulsa de sí y localiza en el otro (persona o cosa), cualidades, sentimientos, deseos, incluso objetos que no reconoce o rechaza en sí mismo».* En la proyección, las características propias que el sujeto le atribuye a otro (o inclusive a una cosa) son por lo general negativas. Por ejemplo puede referirse a otra persona como: «Miguel es agresivo, o indiferente, o reacciona mal por cualquier motivo», cuando en realidad el que tiene esas características es el sujeto que las denuncia. Existe también la proyección positiva, que se da cuando el sujeto atribuye cualidades dignas de ser admiradas a otro, como sucede por ejemplo en el enamoramiento, en el que se produce la idealización de la persona amada.

    En el ámbito de la supervisión se verifica la presencia de una proyección negativa por ejemplo cuando un supervisor es percibido por su supervisado como una persona autoritaria y crítica, cuando en realidad estas características negativas están presentes en el mismo supervisado, aunque no sea consciente de ellas. Quizás resulte útil para entender este proceso utilizar la metáfora de una proyección cinematográfica, donde lo que sale del proyector no existe realmente en la pantalla.

- *Idealización.* Se presenta cuando el *coach* atribuye cualidades heroicas o extraordinarias a su supervisor y por este camino llega a desvalorizar sus propias capacidades. Una relación en la que el *coach* idealiza a su supervisor exagera el valor de sus conocimientos y sus habilidades puede crear dependencia. El *coach* puede poner a quien lo supervisa en el lugar de un oráculo que conoce las respuestas a todas las preguntas. Cuando el *coach* o el supervisor son idealizados y esto no se explora, puede suceder que se pase de la idealización a la desidealización si el idealizado no responde a las expectativas, que no suelen ser realistas. Cuando estas dinámicas ocurren, el supervisado puede ser desafiado por el supervisor por sus comentarios que le ponen en el «pedestal».

- *Competición.* En el ámbito de la supervisión, se puede dar cuando el *coach* compite inconscientemente con su supervisor, al estar impulsado por la inseguridad que experimenta. El resultado suele ser que el *coach* perciba al supervisor como alguien superior y ofrezca resistencia a sus intervenciones por percibirlas como críticas, o que desvalorice los aportes del supervisor por considerar que no están a la altura de su nivel profesional.

• **Contratransferencia**

El *Diccionario de Psicoanálisis* define la contratransferencia como la situación dada cuando el psicoanalista, de manera inconsciente, tiene determinadas reacciones, actitudes, pensamientos e ideas sobre su paciente. Otra manera de definirlo sería la transferencia del analista a su paciente. La única forma de detectar y trabajar en el fenómeno de la contratransferencia es el análisis del propio analista.

En el ámbito del Coaching, la contratransferencia aparece cuando el *coach* reacciona emocionalmente a comportamientos del cliente que le recuerdan consciente o inconscientemente a los de otra persona con la que tiene o tuvo un vínculo personal, o está atravesando situaciones similares a las de su cliente. La contratransferencia es similar a la transferencia, pero se da en sentido inverso: del *coach* al cliente o del supervisor al supervisado. La capacidad del supervisor (o del *coach*, si es el caso) de hacerse cargo de sus propias respuestas emocionales evitará atribuirle a su supervisado (o al cliente, en el caso de la relación de Coaching) características que no tiene o cargarle emocionalmente con sus propias dificultades. Por ejemplo, una cosa es compartir una inquietud que trae el supervisado o el cliente y otra es que se transforme en lo que se llama una «confesión contratransferencial», donde abundan los detalles y la historia que quizás al cliente o al supervisado no le interese escuchar. Estos constituyen puntos ciegos que brindan oportunidades importantes de exploración en el ámbito de la supervisión de Coaching.

Vamos a dar varios ejemplos de contratransferencia ya que es un aspecto crucial en el trabajo del supervisor.

Un supervisado comparte que se siente inseguro porque su cliente no avanza como él considera que debería a la hora de lograr sus objetivos. El supervisado se siente culpable y a la vez impaciente a pesar de que el cliente se va de todas las sesiones muy satisfecho con los logros obtenidos. Su cliente tiene un ritmo diferente al que a él le «quiere imponer». En este caso se estaba juzgando su nivel de exigencia histórico y al explorarlo se da cuenta de que su ego está involucrado (herida narcisista) como consecuencia de que el cliente no responde al proceso de Coaching «como él supone que tiene que responder» (de acuerdo a sus altos parámetros como *coach*).

Otro ejemplo: la *coach* Marta relató en supervisión el caso de un cliente muy lento, muy pausado al hablar. Eso le hacía sentirse aburrida y desanimada. Cuando explora el caso en supervisión para descubrir si este sentimiento que su cliente provoca en ella también aparece en su entorno, fuera del espacio de Coaching, Marta comenta que su hermana tiene una dificultad en el habla. Así, gracias a la exploración en supervisión queda desvelado que esta conducta del cliente refleja lo que la hermana le provoca. Poder trabajar esta situación en supervisión le permitió a Marta resolver su situación contratransferencial y relacionarse con su cliente desde otro lugar.

Estos dos ejemplos demuestran como «lo personal se entromete en lo profesional». El análisis de estos fenómenos es muy valioso en el espacio de supervisión. Los supervisados y los clientes producen respuestas emocionales en los supervisores y en los *coaches*, que, en la medida en que son analizadas y entendidas, permiten una mayor efectividad en los procesos tanto de supervisión como de Coaching.

- **Identificación**

Laplanche y Pontalis la definen como el proceso psicológico en el que un sujeto incorpora aspectos, propiedades o atributos de otro y se transforma, total o parcialmente, para asemejarse a su modelo. La personalidad se construye a partir de una serie de identificaciones. También nos encontramos con identificaciones cuando nos reconocemos en el otro, cuando sentimos que la experiencias de los otros son similares a las nuestras.

En el marco que brinda la relación de Coaching, esto puede darse por ejemplo si el cliente trae un tema vinculado con dificultades para relacionarse con su jefe y en ese mismo momento el *coach* o supervisor también tiene dificultades para relacionarse con el suyo. Cuando el cliente trae a la sesión de Coaching un problema similar a otro con el que está lidiando el *coach*, puede darse que el *coach* no sienta la seguridad que necesita para trabajar con ese cliente en ese momento, dado que la inquietud que tiene el cliente también es la suya. En la medida en que el *coach* o el supervisor pueda «darse cuenta», tomar conciencia de estas identificaciones, podrá controlarlas y disociarse para no involucrarse con su cliente o supervisado. La supervisión es sin lugar a dudas un espacio apropiado para detectar y explorar identificaciones y buscar estrategias que permitan reconocerlas, explorarlas para tomar distancia con lo que le pasa al cliente y no interferir en el trabajo con el mismo.

El supervisor también puede identificarse con el *coach* que presenta una inquietud similar a una propia. Por ejemplo, tanto al supervisor como al *coach* les cuesta cobrar a los clientes cuando cancelan su sesión o sentirse inseguros trabajando con un cliente que tiene un cargo ejecutivo muy alto o una responsabilidad muy grande. En esos casos el supervisor puede compartirlo con su supervisado si piensa que le puede ser útil como aprendizaje de estrategias o a la hora de aplicar herramientas adecuadas a la situación. Cada vez que comparta algo tiene que tener muy claro para qué lo hace y saber si está al servicio del cliente o es una necesidad de catarsis personal. Es importante que el supervisor explore la reacción del supervisado cuando comparte sus propias experiencias personales.

Otro ejemplo de identificación: la *coach* Elisa planteó en su grupo de supervisión que quería revisar qué le pasó a nivel emocional con una clienta muy reiterativa y que le pone muy nerviosa porque no puede hacerle salir de esa actitud. Elsa relató que después de finalizar una sesión comenzó a sentir mucha angustia y hasta tuvo ganas de llorar. Explicó que le costó reponerse y dijo que quería trabajar en supervisión lo que le había pasado, porque durante la sesión pudo ser efectiva, como si se hubiese puesto una armadura, pero después se quebró. Durante la supervisión Elsa exploró sus reacciones emocionales y expresó que la clienta le recordaba a su madre con Alzheimer. Al reconocer esta identificación, la *coach* pudo separarse de la situación de su cliente para lidiar con sus emociones de una manera más efectiva.

Ejemplos como los que presentamos son muy frecuentes. En muchos otros casos, los *coaches* pueden llegar a no ser conscientes de las identificaciones con sus clientes, lo que les puede hacer perder efectividad en su labor profesional. Por ejemplo, no exploran con profundidad temas que les hacen sentir incómodos, privando al cliente de la oportunidad de entender mejor lo que le está pasando. Hay situaciones en las que es conveniente derivar al cliente a otro profesional, y en otras es necesario sugerirle al *coach* que consulte con un psicoterapeuta, si las reacciones emocionales que tiene, resultado de experiencias pasadas no resueltas, son un obstáculo para su trabajo.

Sandler (2011) indica que el supervisor se puede beneficiar de distinciones psicoanalíticas en su trabajo cuando:

- Explora la transferencia del cliente o del *coach* como fuente valiosa de información para entender la dinámica de la relación.
- Desarrolla mayor consciencia de sus propias respuestas emocionales (contratransferencia) y utiliza esta información para beneficio del trabajo que hace con el *coach*.

- **Proceso paralelo**

Es una situación que aparece cuando se repiten dinámicas en la sesión de supervisión (entre supervisor y *coach*) que se dieron en la relación de Coaching (entre el *coach* y su cliente). Si bien el proceso paralelo no es una distinción psicoanalítica, implica la aplicación de los conceptos de transferencia y contratransferencia en el análisis de la sesión de Coaching o de supervisión.

Un ejemplo de proceso paralelo puede verse cuando un cliente se siente frustrado porque considera que su *coach* no le da suficientes consejos acerca de qué hacer en una situación determinada y el *coach* a su vez se siente frustrado porque su supervisor le hace preguntas para que encuentre sus propias respuestas y no le dice qué tiene que hacer con su cliente. El desarrollo de la capacidad para detectar la existencia de un proceso paralelo ayuda en gran medida a conocer en profundidad el mundo interno del cliente y las dinámicas relacionales. La exploración de los procesos paralelos en supervisión son parte del modelo de los siete ojos de Hawkins. Veamos un ejemplo de proceso paralelo en Coaching.

El *coach* presenta en supervisión el caso de su cliente Juana que esta trabajando en Coaching sus problemas de comunicación en su trabajo y la relación frustrante que tiene con su jefe. Juana se queja de que su colega no la escucha y no la valora. El *coach* cuenta que durante la sesión de Coaching Juana habla sin parar, no responde a la mayoría de las preguntas que le hace, y cuando responde nunca está atenta a si el *coach* entiende las respuestas y la está siguiendo. Se pregunta en supervisión cómo trabajar con Juana, porque probó diferentes herramientas (visualizaciones, dar *feedback*, desafiarla) y de nada sirvieron, porque la cliente siempre volvía a contar «el mismo cuento» y a quejarse de que su jefe no la escuchaba. El *coach* se siente molesto, cansado, sin ganas de seguir trabajando con Juana, y en supervisión logra averiguar que lo que siente frente a Juana es lo mismo que siente Juana frente a su jefe y que él mismo había producido en el supervisor el mismo efecto porque no escuchaba las preguntas que le hacía. Esto le provocó un sentimiento de desasosiego y el pensamiento de que nada le servía. Esta repetición de patrones es un claro proceso paralelo. El *coach* no se siente escuchado por su cliente, de la misma forma que Juana no se siente escuchada por su jefe y el supervisor no se siente escuchado por el *coach*. Esta es una oportunidad para explorar en supervisión cómo el *coach* puede trabajar con Juana sus habilidades de comunicación y cómo está haciendo en el Coaching lo mismo que su jefe hace con ella.

2. Distinciones procedentes de la Gestalt

La teoría de la Gestalt ofrece al supervisor distinciones que le permiten identificar dinámicas relacionales durante su trabajo con el supervisado.

Esta teoría, que ya se ha explicado y que se apoya en conceptos elaborados por el existencialismo, la fenomenología, el budismo Zen y el taoísmo, utiliza lo que se conoce como método fenomenológico, que aplicado a la *supervisión de* Coaching puede ser definido como la capacidad de reconocer lo que está sucediendo en la sesión y articularlo para crear conciencia en el supervisado y favorecer su proceso de aprendizaje.

Clarkson (2004) sostiene que el propósito de la terapia gestáltica es *«descubrir nuestro perfil, nuestros patrones y nuestra completud, integrando partes separadas de nosotros mismos para develar quiénes somos y quiénes podemos ser»*.

El método fenomenológico en Gestalt es una aproximación que se enfoca en el aquí y ahora, y que implica la utilización de estrategias, entre las que se encuentran:

- El *bracketing* (colocar entre paréntesis), que es poner los juicios de lado o dejarlos en suspenso. Esto se da por ejemplo si el *coach* tiene una reacción emocional negativa o un juicio negativo sobre una decisión del cliente, y en vez de compartirla pone sus creencias «a un lado» para que no influyan en la sesión de Coaching. A veces es apropiado que el *coach* comparta sus propias creencias, pero otras veces es necesario que no lo haga para dar espacio al cliente a que tome sus propias decisiones y experimente las consecuencias.

- *Describir lo que se observa en vez de buscarle una explicación.* Por ejemplo, cuando un supervisor le dice al *coach* que está supervisando: *«Estoy observando que te sentiste incómodo con mi comentario»* u *«observo un cambio de energía cuando hablas de esta nueva oportunidad de trabajo»*.

- *Ecualizar*, que es dar igual valor a todas las observaciones, aunque algunas parezcan insignificantes. Por ejemplo, puede ser que el *coach* considere que una alternativa puede ser mejor que otra, pero cuando las explora con su cliente se queda en un espacio de neutralidad en vez de hacer pesar más sus propios criterios.

La aplicación de los postulados de la teoría de la Gestalt a la supervisión de Coaching implica colocar el foco sobre:
- Cómo relata el *coach* lo que sucedió en la sesión
- Cómo percibe su mundo
- Cómo hizo lo que hizo durante su trabajo con el cliente
- Cómo es la relación entre el *coach* y el supervisor en el aquí y ahora
- Cómo reacciona el *coach* a las intervenciones del supervisor
- Cómo reacciona el supervisor a lo presentado por el *coach*
- Qué quedó incompleto en la sesión de Coaching o Supervisión

De acuerdo a lo escrito por Congram (2011), uno de los pilares de la Gestalt es crear conciencia para que el cambio sea posible. El objetivo central de la aplicación de esta teoría es que los clientes sean más conscientes de sí mismos, se hagan responsables y tomen las mejores decisiones posibles. Un elemento clave que propone la Gestalt para crear esa conciencia es la utilización de lo que se conoce como la metodología holística, que se enfoca en el todo. Trabajar con una aproximación gestáltica implica la capacidad del supervisor para contactar no solo con su mente, sus creencias, sus pensamientos y su lenguaje, sino también con sus emociones, sus respuestas corporales y su energía como un todo. También la de incluir en la conversación las influencias externas de los sistemas de los que forma parte que están impactando en las dinámicas relacionales.

Cuando se aplica la metodología gestáltica en supervisión, se crea un espacio donde el *coach* y el supervisor reflexionan sobre la práctica profesional o sobre casos presentados con lentes holísticas. Este enfoque, basado en la completud, en el todo, pone especial atención a la relación entre lo que pasó en la sesión de Coaching y lo que está pasando aquí y ahora en la sesión de supervisión. Una aproximación gestáltica trabaja para completar lo que está incompleto y de esta manera intenta cerrar los asuntos incompletos (*unfinished business*, en inglés).

Al aplicar la Psicología de la Gestalt a la *supervisión de* Coaching se explora qué puede estar incompleto en:
- Lo que está haciendo el cliente
- La relación entre el *coach* y su cliente
- La relación entre el supervisor y el *coach*

El objetivo de este proceso es traer a la conciencia patrones de comportamiento que no son efectivos y que forman parte de hábitos que tienen su origen en el subconsciente del cliente o del *coach*.

Algunas preguntas típicas que el supervisor puede utilizar para aplicar la teoría de la Gestalt son:
- ¿De qué te das cuenta en este momento mientras me dices esto?
- ¿Qué estás sintiendo?
- ¿De qué eres consciente en este momento? ¿Qué te está pasando?
- ¿Qué estás pensando?

La Gestalt se interesa en el trabajo con el *self* (el yo mismo). El uso del *self* en supervisión alude a la importancia de que el supervisor reconozca sus propias reacciones emocionales, porque esto brinda información beneficiosa para el supervisado. Así como un instrumento musical necesita ser afinado para sonar bien, el *coach* y el supervisor necesitan afinarse para ser efectivos, ya que sus herramientas de trabajo son ellos mismos. Esto incluye sus ideas, los modelos y distinciones con las que se manejan, la capacidad para desarrollar una relación de intimidad y confianza, habilidades analíticas, su capacidad para expresarse y articular sus ideas, y su capacidad para preguntar y crear espacios de confianza y de reflexión. Un *coach* o un supervisor pueden tener mucho entrenamiento y conocer muchas teorías y muchos modelos, pero su oportunidad para utilizarlos basándose en su capacidad analítica y su intuición, harán la diferencia en su trabajo de Coaching o de Supervisión.

Sostiene Bluckert que es importante traernos a nosotros mismos a la sesión y preguntarnos cuánto de nosotros mismos trasladamos al trabajo de Coaching y cuánto no. Estas preguntas son válidas también para la supervisión y se ponen de manifiesto cuando el supervisor toma conciencia de cuáles son las reacciones emocionales que tiene ante el asunto que trae el *coach* a la sesión.

Enfocada sobre el desarrollo de la relación profesional de Coaching y de supervisión, la Gestalt se interesa por los procesos de transferencia (explicado con anterioridad), resistencia y confluencia.

• **Resistencia**

En el ámbito de la supervisión, la resistencia es un tipo de comportamiento que se detecta cuando el *coach* supervisado toma distancia y se niega a explorar en profundidad lo que sucedió durante la sesión de Coaching. También decimos que hay resistencia cuando el cliente no contesta las preguntas o rechaza las interpretaciones del *coach*, o el supervisado las del supervisor. En estos casos es propio reconocer que el cliente se está resistiendo al proceso. Según la teoría de la Gestalt, la resistencia no tiene que ser catalogada como un comportamiento negativo, sino como una oportunidad de aprendizaje, como una forma creativa de expresión que provee información muy valiosa. Lo vimos en el último ejemplo con los procesos paralelos.

La resistencia puede darse en el trabajo de Coaching por ejemplo cuando un cliente no está dispuesto a profundizar en algo personal durante las sesiones por temor a angustiarse, sentirse mal o sentir vergüenza. En estos casos el cliente logra eludir los temas que le resultan incómodos hablando mucho sin decir nada (ofreciendo descripciones superficiales de la situación en vez de compartir sus reacciones frente a ellas), o no llevando a cabo las acciones con las que se había comprometido en la sesión anterior. El *coach* por su parte puede demostrar durante sus sesiones de supervisión o de *mentor* Coaching resistencias a recibir *feedback*. Esto sucede porque al tener que trabajar con quien está siendo para ser efectivo al hacer Coaching, se involucra emocionalmente y las resistencias se ponen de manifiesto cuando se niega a profundizar, a explorar la situación y sus reacciones, cuando no responde a preguntas del supervisor o las evade sacando otros temas. A veces puede ser resultado de la vergüenza que le producen sus propias reacciones o por sentir que su ego pueda verse herido. Esto puede ser intencional o inconsciente (cuando no se da cuenta de que está demostrando resistencias).

El supervisor puede invitar al supervisado a explorar sus resistencias, entenderlas y decidir qué quiere hacer con ellas. En este proceso el *coach* puede elegir ser más vulnerable y tomar riesgos, compartiendo información personal que al principio del proceso no estaba dispuesto a exponer.

- **Confluencia**

Es una distinción gestáltica que designa una situación en la que el *coach* se alía con su cliente, o el supervisor con su supervisado, para acordar el significado de ciertos hechos sin explorarlos debidamente. En estos casos, lo que suele suceder es que el supervisor o el *coach* llegan a un acuerdo en vez de confrontar comportamientos que pueden ser poco apropiados o inefectivos. Son situaciones en las que el supervisor o el *coach* mantienen el diálogo dentro de la zona de comodidad y así se aseguran, de manera consciente o inconsciente, de que no haya conflicto. Esto se ve muy a menudo cuando los *coaches* utilizan la expresión «comprar la historia» para expresar que aceptaron la explicación de su cliente frente a algo que trajo a la sesión en vez de desafiarlo a que indique hasta qué punto lo que narró es un hecho o una interpretación.

3. Distinciones procedentes del Análisis Transaccional

Según Hay (2011), el Análisis Transaccional (AT) se enfoca en entender por qué los seres humanos se comportan de determinada manera para alcanzar mayor grado de autonomía.

El AT está interesado en las dinámicas interpersonales y en la posibilidad de interactuar siguiendo tres patrones o estados de desarrollo del yo: el de adulto, el de niño y el de padre. Cada uno de estos patrones implica conductas específicas que generan una dinámica complementaria o conflictiva y que buscan satisfacer necesidades personales.

- El patrón de adulto, que esta metodología señala como ideal, implica la capacidad para demostrar comportamientos maduros y tomar decisiones centradas y enfocadas. El AT se aplica a la exploración de las relaciones de Coaching y de Supervisión para valorar si las partes se vinculan como adultos.
- El patrón de padre/madre implica comportamientos observados desde un lugar de autoridad, que ponen a los otros en el lugar de subordinados. Cuando un *coach* o un supervisor se comportan como padres dan indicaciones, se exceden en su rol mostrándose sobreprotectores y quitan responsabilidades al cliente o al supervisado.
- El patrón de niño implica acomodarse a las expectativas de los otros, aunque también puede implicar comportamientos rebeldes.

Entender estos tres patrones permite identificar dinámicas que pueden no ser saludables. Por ejemplo, puede suceder que el supervisor se ubique en la posición de padre y el supervisado en la de niño en vez de comportarse como adultos. Uno de los objetivos de la supervisión es explorar estas dinámicas que pueden observarse tanto en la relación ente el *coach* y el cliente como en la que se da entre el *coach* y el supervisor.

- **Simbiosis**

El AT estudia relaciones a las que reconoce como simbióticas. En ellas, las partes están relacionadas para beneficio mutuo y una depende de la otra para su supervivencia. La simbiosis puede ser positiva, como sucede en el caso de un recién nacido y sus padres, o negativa, cuando crea dependencia entre adultos. En la relación que mantiene un supervisor con su supervisado es necesario prestar atención a si se desarrolla una dinámica padre-niño, en la que el supervisor crea dependencia y el supervisado busca depender de la figura de autoridad.

Las siguientes preguntas son las que propone Hay para detectar y evitar la simbiosis:
- ¿Cuán frecuentemente opero desde el estado del yo de padre intentando controlar a los otros?
- ¿Estoy funcionando como padre/madre en vez de alentarlos a que funcionen autónomamente?
- ¿Cuán consciente es el *coach* de su necesidad de que le digan lo que tiene que hacer y recibir reconocimiento o castigo?

- **Descontar**

El término se utiliza para designar la situación en la que se minimiza o se ignora lo que le sucede a uno mismo, a los otros o un evento determinado. Esto se aplica a la relación entre el *coach* y el cliente, o entre el *coach* y el supervisor; por ejemplo, cuando alguno de ellos descuenta información, mantiene sus creencias históricas, interactúa con familiaridad y justifica el fracaso al lidiar con sus desafíos.

Una de las funciones del supervisor es explorar lo que se descuenta. Si el *coach* no recibe supervisión, lo que descuenta queda como un punto ciego, lo que equivale a decir que nunca sabrá qué información crítica no exploró con su cliente.

Se pueden descontar la situación, la importancia de lo que pasa, las soluciones que se ofrecen, las habilidades necesarias para implementar las estrategias, las estrategias elegidas para lidiar con los desafíos y el éxito alcanzado.

El supervisor tiene un rol muy importante a la hora de explorar estos procesos: puede colaborar con el supervisado para identificar por qué una situación necesita ser trabajada, ayudar a indagar acerca de la importancia que tiene, presentar las habilidades que se necesitan para intervenir en la situación o desafiar al *coach* que no acuerda ninguna estrategia o no reconoce sus propios éxitos.

- **Strokes (caricias)**

Son patrones de comportamiento en los que durante la interacción uno le hace saber al otro que aprecia su existencia con un comentario positivo. No es necesariamente una demostración física; en Coaching se observan *strokes* cuando el *coach* le hace un comentario positivo a su cliente para reconocer sus logros. A los *strokes* se les reconocen una función de apoyo al cliente.

CONCLUSIONES

Dada la complejidad de las relaciones humanas, la Psicología ofrece a la *supervisión de* Coaching conceptualizaciones que permiten profundizar en su entendimiento. Distinciones tales como transferencia, contratransferencia, procesos paralelos, resistencias, confluencia, descontar, etc., favorecen el trabajo entre supervisor y supervisado al permitirles reflexionar sobre todas las relaciones implicadas: cliente-*coach*, *coach*-supervisor y todos los sistemas de los que forma parte, como son las organizaciones a las que pertenecen, así como la práctica profesional del Coaching.

Uno de los resultados más importantes de la integración de los aportes de la Psicología a la supervisión es la importancia de la auto-observación, la auto-reflexión y la auto-conocimiento del supervisor, para estar en condiciones de distinguir en profundidad los miedos, los puntos ciegos, las ansiedades y los temores de los *coaches* supervisados y de sí mismo.

Es cada vez más necesario tener una mirada holística, totalizadora del ser humano, y la supervisión de Coaching, gracias a los aportes de la Psicología en todas sus vertientes, viene a cumplir esa función, al bregar por el bienestar de los vínculos dentro de los sistemas que conforman la actividad de *coach* y supervisor.

8. COACHING Y PSICOTERAPIA

Ovidio Peñalver

INTRODUCCIÓN

En este capítulo abordaremos las similitudes y diferencias que hay entre el Coaching y la Psicoterapia, así como la complementariedad que existe entre ambas disciplinas. Para ello compararemos qué persigue cada una de ellas y cómo se pueden «complementar» mutuamente.

Hay psicoterapeutas que piensan que por el hecho de serlo ya pueden, sin formación complementaria, hacer Coaching, tomándolo por una disciplina menor. Craso error desde mi punto de vista, ya que las competencias y el lugar desde el que se hace Coaching es diferente al de la psicoterapia.

También hay *coaches* que juegan a ser psicoterapeutas, entrando a trabajar sin la capacitación necesaria temas personales dolorosos y patológicos muchas veces (como trastornos de la alimentación, duelos que derivan en depresión, entre otros), siendo esto una temeridad y potencialmente peligroso para sus clientes.

Para poner más pimienta al debate, hay psicólogos que entienden que el Coaching es una especialidad clara de la Psicología, al igual que lo es la psicoterapia, recomendando por tanto ser psicólogo para ejercerla. Estando de acuerdo en que ser psicólogo puede ayudar por el hecho de aportar un buen conocimiento del ser humano y su conducta, en honor a la verdad diré que conozco muy buenos *coaches* que no son psicólogos.

De la misma manera, hay *coaches* que creen que no es necesario –incluso que puede ser más perjudicial que beneficioso– ser psicólogo para hacer Coaching. Lo dicen por aquellos que siguen un modelo médico muy enfocado en diagnosticar o etiquetar, y directivo en cuanto a la propuesta de una solución o tratamiento a seguir. Si así fuera, en efecto podría perjudicar, aunque existen otros enfoques desde la Psicología no tan directivos y que huyen del etiquetado.

El debate está servido. Mi reto es que las siguientes líneas y reflexiones ayuden a complementar y acercar más ambas disciplinas desde mi doble condición de *coach* y psicoterapeuta. He de reconocer que al principio de formarme como psicoterapeuta, cuando tenía sesiones necesitaba recordarme en realidad en qué papel estaba, si como *coach* o como terapeuta. Ahora puedo decir, ya con franqueza, que sabiendo que no es lo mismo y distinguiendo claramente el foco y la manera de intervenir de cada una de estas disciplinas, me siento mucho más seguro y preparado, tanto cuando trabajo como *coach* como cuando lo hago como psicoterapeuta. De hecho muchas veces la mirada y la manera de intervenir de una me ayuda en el ejercicio de la otra, siendo fiel al objetivo y rol para el que haya sido contratado.

SIMILITUDES ENTRE EL COACHING Y LA PSICOTERAPIA

- Ambas son profesiones de ayuda, como muchas otras (la medicina natural y otras medicinas alternativas, terapias que trabajan con música, expresión corporal y movimiento, el *mentoring*, etc.) y se pueden confundir con el *mentoring*, el *counseling*, el *tutoring*, y otras fórmulas de desarrollo, tanto personal como profesional.

- Ambas cuentan con diferentes escuelas y tendencias, como casi la mayoría de las ciencias y disciplinas no «duras» («duras» serían la Física, la Química o las Matemáticas, al igual que la Sociología, la Antropología o la propia Medicina y la Psiquiatría). En Psicoterapia se habla de cognitivo-conductuales, sistémicos, humanistas y dinámicos, entre otros enfoques, mientras que en Coaching existen diferentes corrientes como la anglosajona, la europea y la ontológica (como se recoge de forma muy completa en este libro).

- La pregunta es la herramienta fundamental en ambas, aunque también lo es para un interrogatorio policial o una entrevista periodística. En Coaching y psicoterapia se busca tomar conciencia y provocar *«insights»* o descubrimientos en nuestros clientes y pacientes.

- Aunque hay más materias que nutren ambas disciplinas, en los dos casos la Psicología (en los ámbitos de la Psicopatología para la Psicoterapia y la Psicología Positiva para el Coaching) es el cuerpo de conocimiento mayoritario. La psicoterapia se nutre también de la medicina-psiquiatría, la farmacología y las neurociencias, al igual que el Coaching toma mucho del *management*, la filosofía y la espiritualidad, entre otros.

- Tienen muchas competencias, fases y herramientas comunes, como pueden ser el diseño de la alianza, la confidencialidad, el valor de la intuición, la generación de sintonía, un código deontológico similar, la necesidad de supervisión, entre otras muchas.

DIFERENCIAS ENTRE EL COACHING Y LA PSICOTERAPIA

La realidad es que dentro de cada una de estas disciplinas nos encontramos ya con diferencias importantes en cuanto a los métodos, enfoques y hasta en el alcance y objetivo de las diferentes escuelas. No obstante, sí creo que podamos hacer una relación de las principales diferencias entre ambas.

Comencemos por las definiciones de las principales asociaciones profesionales y escuelas acerca de los objetivos de cada disciplina.

La Psicoterapia y sus objetivos:
- Todo tratamiento de naturaleza psicológica que, a partir de manifestaciones psíquicas o físicas de sufrimiento humano, promueve el logro de cambios o modificaciones en el comportamiento, la adaptación al entorno, la salud física y psíquica, la integración de la identidad psicológica y el bienestar bio-psico-social de las personas y de grupos tales como la pareja o la familia.
- La psicoterapia es un proceso de descubrimiento cuyo objetivo es eliminar o controlar síntomas perturbadores o dolorosos de modo que el paciente pueda volver a un funcionamiento normal.
- Un proceso que busca aliviar el sufrimiento psicológico y reforzar los recursos personales del paciente mediante una experiencia emocional correctora y sanadora.

El Coaching y sus objetivos:
- Incrementar el desempeño profesional y la satisfacción personal del cliente (persona o equipo), potenciando sus puntos fuertes y liberando su talento.

- Que el cliente aprenda (sea un observador más «poderoso») y llegue a obtener resultados extraordinarios, mediante un proceso creativo y estimulante.
- Un proceso para el desarrollo personal o profesional que busca la consecución de objetivos o el incremento del bienestar.

Podemos observar como mientras la psicoterapia pone más el acento en aliviar el sufrimiento y eliminar síntomas (ciertamente para una mejor integración y satisfacción), el Coaching se centra en obtener resultados extraordinarios, conseguir objetivos y incrementar el bienestar.

Es como si en un continuo entre patología y bienestar, cruzado con otro que fuera pasado y futuro, la psicoterapia estuviera más cerca de la patología y el pasado/presente, mientras que el Coaching trabajara más con el bienestar y el presente/futuro.

No obstante, hay escuelas que contradicen o pueden ser la excepción a la regla planteada. Así, por ejemplo, hay terapias breves (como la Centrada en Soluciones), o de tercera generación (como la de Aceptación y Compromiso: TAC), cuyos enfoques coinciden ampliamente con los presupuestos del Coaching. De hecho, hablan de clientes y ponen el foco en el futuro y los recursos, y no tanto en las limitaciones. De la misma manera existen algunas escuelas de Coaching Ontológico y otras muy basadas en técnicas de PNL (Programación Neurolingüística) que trabajan a menudo con sucesos del pasado del cliente y con temas que se viven desde una gran angustia personal. Aquí está esa barrera «líquida», o gaseosa si se prefiere, que Coaching y psicoterapia comparten…

Si la principal diferencia está, en teoría, en que el Coaching está dirigido a la población «sana» mientras que la psicoterapia es para la población con «patología», surgen muchas preguntas: ¿realmente la psicoterapia es solo para personas con patología?, ¿no hay mucha gente que sigue terapia, meses e incluso años, como un proceso de autoconocimiento y desarrollo personal?, ¿los clientes del Coaching no tienen ninguna patología?, ¿no es la patología una etiqueta en sí misma?, ¿no se podrían beneficiar del Coaching personas con alguna patología?, ¿puede una misma persona a la vez mantener un proceso de psicoterapia y otro de Coaching?

Parece claro que la distinción entre población patológica y población sana, además de que no está clara no ayuda de una manera concluyente. De hecho, la misma persona sí podría mantener un proceso de Coaching y otro de psicoterapia en paralelo o de forma consecutiva, como veremos al final de este capítulo.

Analizado este continuo, a veces difuso y en cualquier caso complementario, entre la psicoterapia y el Coaching, me gustaría plantear muchas más características, tanto de objetivo como más formales o logísticas, que nos permitan definir las diferencias entre ambas disciplinas.

El siguiente cuadro pretende recoger tendencias y características que tienden a ser comunes en cada disciplina, lo cual no significa que todas las corrientes o profesionales las cumplan al 100%, ya sean psicoterapeutas o *coaches*. Como hemos visto antes, hay terapeutas que no trabajan con el pasado casi nada y que hablan de clientes (en contra de la gran mayoría de corrientes psicoterapéuticas), al igual que hay *coaches* que hacen procesos de más de quince sesiones o que utilizan tipologías como el eneagrama u otras en sus procesos (en contra también de una gran mayoría de escuelas de Coaching).

Diferencias entre Psicoterapia y Coaching:

PSICOTERAPIA	COACHING
- Población «patológica»	- Población «sana» (profesional)
- Reducir sufrimiento	- Incrementar resultados y plenitud
- Trabaja con el pasado traumático	- Orientada al futuro (acción)
- Basada en diagnósticos y tipologías	- Sin etiquetas ni protocolos
- Se habla de «paciente»	- Se habla de «cliente»
- Grado variable de dirección	- Mínimo grado de dirección
- Responde principalmente al «por qué»	- Responde principalmente al «para qué»
- Analiza la raíz de los problemas	- Se centra en los resultados
- El terapeuta puede proponer e interpretar	- El *coach* pregunta y acompaña
- Puede dar vergüenza y ser ocultado	- Puede «venderse» y dar estatus social
- Ante situaciones de angustia/ sufrimiento	- Ante situaciones de cambio o duda
- Sesiones de unos 50/60'	- Sesiones de unos 60/90'
- Puede durar meses o años	- Suele durar 3/4 meses (6/9 sesiones)
- Sesiones semanales	- Sesiones cada 2/4 semanas
- En la consulta del terapeuta	- En la oficina del cliente/*coach*
- Sólida formación del terapeuta	- Formación variable del *coach*
- Profesión consolidada	- Profesión incipiente (futuro incierto)

Aunque ambas son profesiones de ayuda y acompañamiento, los objetivos, el alcance y las fórmulas de intervención son diferentes. Ciertamente existen algunas barreras «líquidas», como venimos comentando, que se acrecientan sobre todo entre el Coaching de vida (no el ejecutivo para empresas) y la psicoterapia. Si ampliásemos este análisis comparativo al *counseling* (como fórmula de acompañamiento y desarrollo personal), la confusión iría en aumento... Parece necesario, por tanto, que colegios profesionales y asociaciones consensúen y aclaren los límites de estas disciplinas, para aclarar el tema entre la población y evitar confusiones.

DERIVACIÓN A LA PSICOTERAPIA EN UN PROCESO DE COACHING

Para tratar de dar luz a los momentos en los que el *coach* puede dudar cuándo derivar su cliente a un proceso de psicoterapia, apuntaré algunas pistas que pueden ser de utilidad:

- Cuando se manifiesten problemas emocionales que impiden al cliente definir o abordar un plan de acción; me refiero a esos *coachees* o clientes que no pueden hablar de sus temas a trabajar en Coaching, ya que se emocionan permanentemente o ello les genera una ansiedad realmente limitante (están llorando casi permanentemente o su respiración, casi jadeo, les impide pensar y sentir con claridad). El *coach* observa cómo su cliente no puede tratar desde una mínima distancia afectiva los temas que le ocupan o preocupan y que son objeto de trabajo en el proceso de Coaching. Parece evidente que hay algún tema más profundo no resuelto que el cliente necesita resolver o trabajar, y el espacio para ello sería en psicoterapia, no en Coaching.

- Cuando haya síntomas clínicos o psicopatológicos que impidan el adecuado aprovechamiento y avance en las sesiones de Coaching: me refiero a patología claras o efectos de psicofármacos que dificultan o limitan los temas a trabajar en el proceso de Coaching (como dispersión clara de la atención, somnolencia profunda que impide un discurso fluido, discursos incoherentes que impiden un nivel mínimo de toma de conciencia, etc.)

- Cuando el cliente refiera una sintomatología que conlleve claro riesgo para él mismo y para el *coach*, como pueden ser: ideación suicida, voluntad de autolesionarse o de maltrato a otras personas, dificultad para controlar sus impulsos, alucinaciones de cualquier tipo, o cualquier otra sintomatología de naturaleza psiquiátrica.

- Cuando el cliente quiera trabajar en Coaching problemas claramente clínicos y objeto de psicoterapia, como puedan ser trastornos de la alimentación (anorexia, bulimia), fobias o miedos irracionales, obsesiones o compulsiones, trastornos del sueño, abuso de sustancias o drogadicciones, síntomas depresivos, ataques de pánico, o cualquier otra patología psicológica. En estos casos no se debe proseguir con el proceso de Coaching. Se debe proponer al cliente acudir a un especialista en psicoterapia y consultar con nuestro supervisor y asociación de Coaching profesional de referencia. Hay que tener mucho cuidado con tratar de eliminar con técnicas rápidas, efectistas y superficiales síntomas (que pueden ser «defensas» psicológicas que garantizan un equilibrio funcional en el cliente), sin trabajar primero recursos alternativos e incluso otras estrategias de afrontamiento, ya que se les pueden provocar grandes desequilibrios y hasta brotes psicóticos.

En definitiva, el *coach* (aunque no sea psicólogo, ni tenga formación psicoterapéutica) sabrá cuándo el proceso se le está yendo de las manos y cuándo las demandas o temas que quiere trabajar su cliente escapan del alcance del Coaching. La clave está en no jugar a ser terapeutas sin la formación necesaria y en un encuadre que no es el apropiado para ese tipo de problemática. Por deontología profesional, y sobre todo por respeto y por la salud de nuestro cliente, será el momento de comentarle qué es mejor y necesario, para ser derivado a otro profesional especialista en psicoterapia.

Ni siquiera un *coach* con formación en Psicología o psicoterapia debería seguir con ese proceso de Coaching, ya que este requiere un re-encuadre, un ámbito y unos objetivos de intervención distintos, que habría que haber aclarado con el cliente primero.

Esto no quita para que un psicoterapeuta con formación en Coaching utilice algunas de sus técnicas, sobre todo en las últimas fases de la psicoterapia, cuando el paciente ya se encuentra recuperado y sin sintomatología, o con su demanda de origen resuelta. Antes de «darle el alta» (aun habiendo remitido el sufrimiento o cesado la sintomatología), el terapeuta puede proponerle trabajar algunas sesiones más de cara a marcarse determinados objetivos y para disfrutar más aún. En estos casos es el psicoterapeuta el que puede derivar a su paciente a un *coach* para esta fase final del tratamiento. Yo he actuado en varias ocasiones como *coach* para clientes que me ha derivado un psicoterapeuta y doy fe de que así se cierran mucho mejor los procesos.

Es posible que la misma persona acuda simultáneamente a un psicoterapeuta y a un *coach*. Recordemos que un proceso terapéutico se puede alargar con facilidad más de un año y en ese mismo período la empresa, por ejemplo, puede ofrecer Coaching a esa persona, o esta puede acudir para un tema muy concreto y puntual a un *coach*. De ser así, mi recomendación es que ambos profesionales sepan de la existencia del otro, y si es posible que se coordinen (manteniendo la confidencialidad entre ellos y siempre con permiso del cliente/paciente), para que sus intervenciones se complementen y enriquezcan.

NORMALIZACIÓN Y COMPLEMENTARIEDAD DE LA PSICOTERAPIA Y EL COACHING

Datos recientes indican que casi el 50% de los motivos de las consultas a los centros de salud tienen que ver con síntomas asociados a la ansiedad, el estrés o la depresión. Las dolencias referidas tienen que ver muchas veces con alteraciones de tipo psicosomático, como cefaleas recurrentes, ataques de ansiedad, cansancio y apatía generalizada, falta de apetito, taquicardias, mareos, etc.

La vida nos trae antes o después duelos que resolver, rupturas con parejas y amigos que gestionar, hijos a los que educar, padres a los que cuidar, situaciones de desempleo inesperadas, relaciones complicadas con jefes y compañeros de trabajo, por no hablar de momentos vitales de crisis donde dudamos del sentido y valor de lo que hacemos o las grandes decisiones que hayamos podido tomar... Así es la travesía de la vida de cualquier persona, agridulce, inesperada muchas veces, mágica y maravillosa otras, y dolorosa e inexplicable en ocasiones.

Si a esto le unimos la actual situación económica en la que llevamos sumidos ya varios años, las posibilidades de desajustarnos emocionalmente crecen. Las oportunidades para encontrar un trabajo claramente han disminuido; las de perder el que tengamos, o que empeoren las condiciones laborales, han aumentado. Además, creo que podemos hablar de una emocionalidad colectiva, que se ha instalado en los últimos años, de resignación, hastío y desesperanza, que genera y contagia un estado de ánimo colectivo limitante. Las conversaciones de pasillo (en empresa, con amigos, hasta en la familia) sobre la crisis, así como las noticias diarias sobre destrucción de empleo y corrupción no ayudan.

Tras este análisis breve, que espero sea entendido desde el realismo más que desde el pesimismo, las «papeletas» que tenemos de sufrir alteraciones emocionales y psicológicas profundas a lo largo de nuestra vida son altas. Aunque es difícil de medir con exactitud, algunos estudios apuntan a que a lo largo de la vida más del 70% de la población occidental sufre de manera seria y sostenida en el tiempo (al menos varios meses) un revés emocional importante. Sin embargo, el porcentaje de población que acude a un especialista en psicoterapia (normalmente un psicólogo o un psiquiatra) no llega al 10%. Es cierto que muchas personas consumen en algún momento a lo largo de su vida ansiolíticos o antidepresivos, recetados normalmente por el médico de familia. Ahora bien, no es a este tipo de tratamiento farmacológico y solo químico al que me refiero cuando hablo de seguir un proceso de psicoterapia.

¿A qué se debe esto?, ¿por qué acuden a psicoterapia muchas menos personas de las que aparentemente lo necesitarían? Se me ocurren varias respuestas: desconocimiento de este tipo de servicios; confusión con respecto a los mismos, al haber diversas escuelas y técnicas; desconfianza en cuanto a su utilidad y eficacia; alto coste de los mismos, ya que suelen ser privados, entre otros. Aunque realmente pienso que la principal razón es la vergüenza que sigue provocando en una gran parte de la población. Mucha gente cree que su imagen se va a ver perjudicada. De hecho, muchas personas van al psicoterapeuta y lo ocultan, incluso a su familia y amigos más cercanos...

La realidad es que, al igual que vamos a hacernos chequeos médicos regulares y acudimos a un médico cuando nos sentimos mal físicamente o enfermos, lo mismo podríamos hacer cuando nos encontremos mal anímicamente; los psicoterapeutas tratan momentos vitales difíciles, duelos dolorosos, crisis vitales por falta de sentido o separaciones, además de patologías más severas como pueden ser depresiones con ideaciones suicidas, bulimias y anorexias, trastornos compulsivos o fobias limitantes, entre otras.

Desde esta tribuna me gustaría lanzar un mensaje de normalización de la psicoterapia: asistir a un psicólogo clínico o general sanitario o a otro profesional bien preparado en psicoterapia puede ayudar enormemente, no solo a reducir el sufrimiento, sino a ser más felices y disfrutar más de nuestras vidas. Es cierto que existen fórmulas que ayudan a estar mejor con nosotros mismos, a conseguir metas y a desarrollarnos personal y profesionalmente (como tener hábitos saludables, talleres y libros serios de auto-ayuda, etc.), así como el propio Coaching; ahora bien, todas ellas podrán ser fórmulas complementarias pero no sustitutivas a la psicoterapia.

¿Cuándo acudir entonces al psicoterapeuta? Realmente esta decisión es muy personal y subjetiva, ya que la primera respuesta que se me ocurre es «cuando creas que te puede ayudar o venir bien...», aunque me gustaría decir más bien «cuando lo necesites». Para ser más concreto, diré que cuando necesitemos el acompañamiento de un profesional en situaciones vitales que generan ansiedad y no somos capaces de resolver por nosotros mismos. Estas situaciones pueden ser puntuales (como el duelo por un ser querido, acabar de ser despedido y vivirlo con gran angustia o abordar un proceso de divorcio complicado, por poner algunos ejemplos), o pueden venir desde hace tiempo y ser ahora cuando sentimos que podemos y queremos abordarlas (por ejemplo, una situación de consumo de drogas, una larga historia de obsesiones o compulsiones, ante una angustia vital que nos acompaña desde hace tiempo y un miedo aterrador a algo que viene de lejos...).

Ciertamente algunos pacientes o clientes acuden al psicoterapeuta para analizarse y conocerse mejor aunque no presenten ninguna sintomatología limitante en ese momento, con el objetivo de crecer y desarrollarse personalmente; para este objetivo el Coaching es también muy apropiado.

Queda así un desafío por atender en las empresas españolas (en concreto en los departamentos de Recursos Humanos y los servicios médicos), que es cuándo y cómo dar servicio a los aspectos psicológicos que requieran tratamiento. Si, además, se trabaja en la prevención de los mismos con programas de «Salud y Bienestar», así como mediante procesos de Coaching (sean individuales, grupales o de equipos), se estará invirtiendo en la calidad de vida de los profesionales, lo que afectará positivamente en la eficiencia y productividad de la empresa.

Bonito reto. ¿Cuándo empezamos?

9. SINERGIAS Y DIFERENCIAS ENTRE LA PSICOLOGÍA Y EL COACHING VISTAS POR ALGUNOS PROFESIONALES DE REFERENCIA

INTRODUCCIÓN

En este capítulo encontrarás las ideas y posiciones de profesionales e instituciones de referencia en el mundo del Coaching y Psicología sobre las sinergias y las diferencias entre ambas disciplinas, la evolución de cada una y el futuro de las mismas para ofrecer al lector una mirada plural enriquecida con las infinitas miradas que tiene todo lo existente, y sobre todo con el deseo de tender puentes para una mayor cooperación y sinergias entre el Coaching y la Psicología.

LA MIRADA DE JULIO OLALLA

Quiero hacer partir mi reflexión sobre Coaching y Psicología señalando que para mí las dos disciplinas parten de dos derivas muy diferentes. La Psicología tiende a ser terapéutica mientras el Coaching opera en el ámbito de una nueva comprensión del aprendizaje, es decir, de una nueva epistemología.

Hablar de Psicología en general es muy complejo pues hay muchas escuelas y muchas tradiciones, algunas radicalmente distintas entre sí. La palabra Psicología etimológicamente es el estudio del alma. (*Psyché* era para los griegos el alma humana), una inquietud compartida por el Coaching.

Desde mi punto de vista, la Psicología nace en un mundo que entiende la conciencia básicamente como un epifenómeno del cerebro. Algunos psicólogos como Carl Jung tratan de escapar de este modelo para dar una mirada distinta. En un mundo en que todo se explica materialmente, ¿cómo se entiende la psiquis humana? Es el gran desafío que tiene la Psicología desde su nacimiento.

En los años en que la Psicología existe como disciplina, sin duda ha hecho trabajos importantes sobre la condición humana, que han servido y hemos podido aprovechar en el Coaching. Sin embargo la ontología prevalente en la que habita la Psicología privilegia la separación y el reduccionismo, y desde ahí ha mirado la subjetividad y no la intersubjetividad, y en eso tenemos una importante diferencia. Nos referimos, en particular, a la visión del individuo como un producto de sus circunstancias particulares y no enmarcado en el discurso histórico, cultural y emocional de su tiempo.

En nuestra escuela entendemos que la conducta humana está regida por la forma en que nosotros observamos el mundo, y por lo tanto, mientras sigamos mirando el mundo de la misma manera, seguiremos actuando de la misma manera. El Coaching, por lo tanto, apunta a revelar el observador que somos y, ampliando la mirada, descubrir posibilidades que hasta ese momento eran imposibles de ver.

Para muchos de nosotros, el observador que somos es invisible a nosotros mismos. No decimos «así veo el mundo», sino que decimos «así es el mundo». El Coaching tiene mucho que ver con revelar a la persona el observador que es y con ello generar la posibilidad de nuevas acciones para producir resultados distintos.

Hay que tener cuidado porque hoy en día decir Coaching puede significar cualquier cosa. Hay gente que interpreta el Coaching solo como una práctica que apunta a la eficiencia y a la efectividad, lo que para el Coaching Ontológico significa lo mismo que pregona el pensamiento moderno. No es que la concepción de nuestra escuela esté en contra de la eficiencia o la efectividad, pero si ese es el único objetivo del saber humano sentimos que el aprendizaje se restringe profundamente y ello con inmensas consecuencias.

El Coaching es una práctica que nace para que nos hagamos cargo de tres grandes territorios en los que la humanidad se encuentra embarcada: una ontología materialista profundamente divisiva que todo lo separa y donde el pensamiento holístico no cabe; una epistemología orientada al análisis, a la información, a la respuesta, a la lógica que no tiene en cuenta otros saberes como la intuición, al dominio emocional o somático, y una cosmovisión donde el mundo es visto como una gran máquina sin propósito.

El gran reto y la oportunidad que encaramos en el Coaching Ontológico es tomarnos en serio la elaboración de una nueva comprensión sobre el aprendizaje que sea multidimensional, que incluya los aspectos materiales y no materiales, y que pueda enfrentar las preguntas fundamentales de lo que significa ser humano, cómo queremos vivir y cómo abrirnos paso para alcanzar niveles de conciencia que nos posibiliten conectarnos con nuestro mundo de formas más satisfactorias. Para nosotros, en la actividad de Coaching está siempre el desafío de cambiar la mirada para encontrar formas de vivir que nos inspiren, si así lo elegimos, a dar nuevos sentidos a nuestras vidas.

LA MIRADA DE VIKKI BROCK

 La Psicología trata sobre el comportamiento humano y los procesos psicológicos que lo sustentan. Al centrarse en un inicio principalmente en el modelo de enfermedad en lugar de en un modelo de bienestar, se produjo una brecha en relación con lo que el mundo demandaba, lo que tuvo como efecto el ascenso del Coaching para trabajar con las personas que buscaban el éxito y el bienestar. Además de tratar con la parte del cerebro más racional (psicológica), el Coaching también trata con el cuerpo (corazón e intestino) y el cerebro.

Para saber más sobre el corazón y el cerebro (*the heart and gut brains*), los *coaches* necesitan comprender los aspectos psicológicos del funcionamiento del cerebro (*head brain psychological*).

Tenemos la necesidad de ser aún más colaborativos en el mundo integral de hoy, y la colaboración entre disciplinas es solo un aspecto de ello.

Lo que recomiendo para el futuro es que Psicología y Coaching colaboren y sean conscientes de que ambas disciplinas son críticas para los humanos en el mundo de hoy. Un ejemplo es la Psicología-Coaching, que nace para ampliar el alcance de la Psicología más clínica a entornos de desarrollo más abordados por el Coaching y que, al tiempo, aporta al Coaching una orientación basada en la evidencia tan importante para este último. Así los *coaches* no psicólogos se enriquecerán con conocimientos sobre Psicología y los psicólogos, lo harán con las técnicas de Coaching logrando un resultado superior a su acción por separado.

1. ¿Cómo acercarías la Psicología del desarrollo-aprendizaje humano al mundo del Coaching?

Introduciendo en los programas de formación en Coaching algunas nociones y principios básicos de atención, percepción, aprendizaje, motivación, emoción/expresión de emociones, procesamiento de información/neurociencia, representación del conocimiento, toma de decisiones comportamentales complejas, etc.

2. Enumera los fundamentos del Coaching que tienen relación con la Psicología, entendida esta como la ciencia que estudia el comportamiento humano.

Desconozco los «fundamentos» del Coaching; solo conozco un principio: «el cliente tiene todas las respuestas y el *coach* le ayuda a desvelarlas». Esto nunca lo vi reflejado en los «fundamentos» de la Psicología.

3. ¿Crees que un conocimiento profundo del comportamiento humano puede hacer más competente a un *coach*?

Puede que algunos conocimientos (ya mencionados) sí, del mismo modo que enriquecieron a la Psicología en su momento.

Creo que el cuerpo de conocimiento y la experiencia en metodologías de investigación de la psicología pueden ayudar a completar el *corpus* y la fundamentación teórica del Coaching.

4. **¿Qué iniciativas recomiendas a ambas disciplinas poner en marcha en el futuro para enriquecerse mutuamente?**

Vivir en el «*win/win*» en vez de en el «versus».

5. **¿Qué beneficios podrían obtener las personas, los equipos, las organizaciones y la sociedad en su conjunto de la colaboración entre la Psicología y el Coaching?**

Una perspectiva más enfocada en los sistemas implicados, el proceso y la red de interdependencias.

LA MIRADA DE MARÍA MANZANO

1. **¿Cómo acercarías la Psicología del desarrollo-aprendizaje humano al mundo del Coaching?**

Aportando los conocimientos desarrollados por la Psicología a los *coaches* por medio de talleres y conversaciones; los *coaches* utilizamos las herramientas generadas por la Psicología como ciencia.

2. **Enumera los fundamentos del Coaching que tienen relación con la Psicología, entendida esta como la ciencia que estudia el comportamiento humano.**

   Estructura de la motivación, desarrollo de proceso de aprendizaje, estructura de planificación para la acción eficiente, gestión de las emociones, estructura de la comunicación, ontología del lenguaje.

3. **¿Crees que un conocimiento profundo del comportamiento humano puede hacer más competente a un *coach*?**

   No siempre; el *coach* es un dinamizador del protagonismo del cliente, y a veces este conocimiento profundo puede llevar al diagnóstico y la dirección. Dicho esto, el aprendizaje continuo es imprescindible en el *coach*.

4. **¿Qué iniciativas recomiendas a ambas disciplinas poner en marcha en el futuro para enriquecerse mutuamente?**

   Claridad de los límites y objetivos de cada una.

5. **¿Qué beneficios podrían obtener las personas, los equipos, las organizaciones y la sociedad en su conjunto de la colaboración entre la Psicología y el Coaching?**

   Un mayor desarrollo de la responsabilidad, la felicidad y el sentido de la propia vida profesional y personal.

LA MIRADA DE ROSA Mª BARRIUSO

El Coaching surge en un momento en el que nuestra sociedad está pasando por un cambio importante de paradigmas. Un momento en el que las necesidades futuras no están garantizadas con las formas de operar en el pasado. Propone una forma de aprendizaje y desarrollo que invita a romper con lo anterior y buscar nuevas formas de operar en el presente para el futuro. Es una disciplina orientada al crecimiento del individuo, y también se enfoca a lo grupal y lo social. Es una técnica que invita al cliente a desarrollar valores y comportamientos que le ayuden a crecer y abarcar nuevas formas de accionar y resolver sus retos. Y en este crecimiento se genera también una influencia sistémica que alcanza los entornos en los que el individuo interactúa. Por eso hay quien dice que es una «revolución silenciosa», porque plantea paradigmas que rompen con la visión habitual del liderazgo, las empresas, y en definitiva de la sociedad.

Pero este enfoque no surge de la nada, en realidad no inventa nada. El Coaching se basa en la filosofía, la biología, la lingüística, la física cuántica, el *management*, y muy especialmente en la Psicología. Es como un nuevo cóctel que se nutre de viejas disciplinas; no inventa pero sí plantea una nueva forma de abordar el aprendizaje que resuelve problemáticas actuales y más orientadas a las necesidades futuras.

Resulta muy difícil hablar de Coaching sin citar a autores provenientes de la Psicología y la filosofía. La Psicología plantea las teorías científicas y en base a estas teorías se desarrolla una técnica especifica para una serie concreta de retos que se llama Coaching.

Por tanto, resulta imposible hablar de Coaching sin citar a la Psicología. Sin las teorías propuestas por la Psicología, no existiría el Coaching. La principal dificultad que observo en estos días es confundir ambas disciplinas.

Separemos entonces la disciplina de la preparación del profesional que la ejerce. En mi opinión, una persona que ha dedicado años de carrera al estudio de la persona y sus diferentes formas de análisis e intervención, como es el caso de un psicólogo, aporta a la profesión del Coaching un grado de eficacia y competencia mayor que un profesional que se ha formado en otras disciplinas y más tarde desea ejercer como *coach*.

Pero solo por haber estudiado Psicología no se es *coach*. Solo por saber escuchar o saber diagnosticar, no se es *coach*. Considero que el Coaching es una nueva profesión que requiere de un aprendizaje específico y una forma de intervención determinada, que en la actualidad está regulada por organizaciones como la ICF (Internacional Coach Federation).

Desde mi punto de vista no hay rivalidad en absoluto entre coaches y psicólogos si tenemos claro a qué se dedica cada profesional. Es como si hubiese rivalidad entre un traumatólogo y un practicante. Ambos pueden ejercer de forma conjunta su labor de procurar la mejora y el bienestar del cliente. Un buen traumatólogo (psicólogo) no tiene por qué saber poner bien una inyección, pero si se esmera en aprender la técnica seguro que tendrá más criterio a la hora de ponerla, porque entenderá más allá de la mera técnica. Lo cierto es que, siguiendo esta metáfora, nunca un practicante podrá ejercer como traumatólogo, y es ahí donde el buen *coach* ha de saber diferenciar su disciplina de la de un psicólogo.

Por citar algunos referentes que tienen que ver con el Coaching Ontológico y la perspectiva sistémica, que es desde donde ejerzo mi profesión, he seleccionado los siguientes:

- John Austin. Su obra *Cómo hacer cosas con palabras* plantea la filosofía del lenguaje y propone la teoría de los actos del habla. El lenguaje, en el acto de comunicación, es un tipo de acción. Sea cual sea el idioma, podemos reducir lo que hacemos con el lenguaje a cuatro tipos de actos: afirmaciones, juicios, peticiones, ofertas.

- Paul Watzlawick, *Teoría de la comunicación humana*, de la cual extraigo solo dos de sus axiomas: es imposible no comunicar y dos modalidades de comunicación humana: la digital (verbal) y la analógica (no verbal).

- Carl Rogers, Psicología Humanista . El individuo es libre a la hora de tomar el rumbo de su vida. Los únicos conocimientos que pueden influir en el comportamiento de un individuo son aquellos que él descubre por sí mismo y de los que se apropia. Plantea una técnica basada en la escucha y la pregunta, no solo de palabras sino de la persona en sí.

- Fritz Perls. Cada vez que rechazas el contestar a una pregunta, ayudas a la otra persona a usar sus propios recursos. Aprender no es más que descubrir que algo es posible.

- Virginia Satir, la terapia sistémica y sus cuatro objetivos: aumentar la autoestima, potenciar la toma de decisiones, adoptar una personalidad responsable, lograr la autocongruencia.

Un conocimiento profundo del comportamiento humano puede hacer más competente a un coach. Conozco personas que empiezan formándose como *coaches* y finalmente deciden estudiar Psicología porque ahí ven su camino para capacitarse en el acompañamiento del crecimiento de las personas.

Aún así, no me quedaría solo en el conocimiento; daría un paso más y además, de ese conocimiento, creo que el interés genuino por la persona hace al *coach* un profesional más competente. Conocimientos profundos del ser humano y, en igual medida, sensibilidad en el acercamiento a la persona, creo que son imprescindibles en esta profesión.

A los *coaches* que no son psicólogos les recomendaría que se ocupasen de entender mejor los límites del Coaching, comprender los aspectos que solo pueden ser tratados por psicólogos y que busquen alianzas con profesionales de la salud (psicólogos y psiquiatras) para valorar los casos que les planteen alguna duda en su intervención puede ser la más conveniente para su cliente.

A los psicólogos, que si quieren dedicarse al Coaching les recomiendo que se formen en esta profesión por entidades avaladas por alguna asociación profesional de prestigio, y que si lo hacen no mezclen esta intervención con la terapia, para no confundir a los clientes y desprestigiar ambos tipos de intervención.

No creo que el Coaching sea mejor o peor que la terapia: son intervenciones diferentes para necesidades diferentes. Soy psicóloga y cuando me formé como *coach* decidí que esta herramienta sería desde la cual ejercería mi profesión, y cuando veo que la necesidad de mi cliente es otra lo derivo a psicólogos de mi confianza, que a su vez también me derivan a mí los casos que se abordan mejor desde el Coaching. El Coaching no es «café para todos».

Un aspecto preocupante en relación con el Coaching es que en los últimos años se ha vuelto una profesión popular, se ha puesto de moda y algunas personas que se ofrecen como *coaches* no se han formado como tales. A veces conozco a personas, sean psicólogos o no, que se presentan como *coaches* porque han leído un libro de Coaching o han ido a una conferencia o curso de fin de semana.

Creo que esto puede suponer un riesgo importante, porque a veces se valora más la voluntariedad o la pasión que la profesionalidad.

Por esto mi insistencia en que ante esta oferta emergente se profesionalice la carrera del *coach* a través de asociaciones que promuevan el rigor y la homogeneidad en el ejercicio de la actividad. Esto debe llevar a una formación reglada en Coaching y el logro de una acreditación por una asociación reconocida. Supone hacer horas, recibir supervisión periódica y formación para el logro y la renovación de la acreditación lograda.

Ser *coach* es un camino, un proceso en el que se es coherente con lo que promovemos en nuestros clientes: la mejora continua.

Coaching y Psicología son dos formas de intervención que ayudan al crecimiento de las personas. ¿Para qué restar en lugar de sumar? La formación de equipos multidisciplinares donde haya profesionales expertos en diferentes especialidades y elegir la más adecuada para la necesidad concreta del cliente para mí sería el camino de la excelencia en la intervención en las personas, los equipos y las organizaciones.

LA MIRADA DE ICF (INTERNATIONAL COACH FEDERATION) ESPAÑA

La *International Coach Federation* (ICF) es la mayor organización de *coaches* profesionales a nivel mundial con más de 36.000 *coaches* repartidos entre 143 países y más de dos décadas de trayectoria en la promoción de los más altos y exigentes estándares éticos y de calidad en la profesión de Coaching. Jesús Rodríguez, Mª Teresa Alonso, Germán Antelo, Carlos Fernández, Cris Moltó, Julio Marco y Luis Miró han participado en la elaboración de este capítulo.

El Coaching es una disciplina que integra conocimientos y prácticas de muy diversas fuentes, como, por ejemplo:

- La Filosofía, desde Sócrates y el arte de la mayéutica, hasta la filosofía existencialista y fenomenológica (Nietzsche, Heidegger, Wittgenstein, Husserl), pasando por autores como Rafael Echeverría y su *Ontología del lenguaje*.
- La Lingüística de John L. Austin, John Searle y Fernando Flores.
- Las escuelas y gurús de liderazgo y *management* como Stephen Richards Covey, Peter Senge, Peter Drucker, Chris Argyris, Daniel Goleman o Tom Peters, entre otros.
- La Biología del Conocimiento de Humberto Maturana y Francisco Varela.
- La Neurociencia, desde Eric Kandel hasta Antonio Damasio.
- La Física Cuántica, especialmente con David Bohm y Fritjof Capra.
- El Pensamiento Sistémico de Heinz von Foerster y que Peter Senge aplicó al mundo de las organizaciones.
- Las Constelaciones de Bert Hellinger.
- El Entrenamiento Deportivo de Timothy Gallwey y Sir John Whitmore.
- La Programación Neurolingüística (PNL) de Bandler y Grinder aplicada por Robert Dilts.
- La Sinergología (lenguaje corporal), desde Paul Ekman a Philippe Turchet.

Podríamos incluir también a autores de la Sociología, la Antropología y el Desarrollo del Potencial Humano, e incluso de algunas tradiciones espirituales como el budismo o el sufismo. Llegados a este punto, claro está que también la Psicología y sus diferentes corrientes mantienen importantes relaciones con el Coaching, como tan bien se explica en esta obra.

Cada una de estas corrientes ha aportado conocimientos, interpretaciones y prácticas que han contribuido a lo largo de más de treinta y cinco años a consolidar el Coaching como disciplina orientada a promover el aprendizaje, el desarrollo y crecimiento, tanto personal como profesional, y la consecución de resultados.

Una amplia variedad de prácticas profesionales tienen que ver con el comportamiento humano, desde artistas hasta publicistas, pasando por abogados, arquitectos o economistas, trabajan con la percepción, las emociones, el pensamiento, el lenguaje o la imaginación.

El Coaching, como disciplina humanista, fomenta y estimula el auto-descubrimiento, lleva a las personas hacia la reflexión, la introspección, la toma de conciencia, la acción, genera nuevas perspectivas y posibilidades, define objetivos, clarifica lo que las personas quieren alcanzar, suscita soluciones, estrategias y busca mantener a las personas en una actitud responsable y consecuente.

Dicho de otro modo, acompañamos a la persona a conseguir los resultados que quiere y para ello es la propia persona la que toma consciencia de su interpretación del mundo, del observador que está siendo, y evoluciona. El *coach* se pone al servicio de la agenda con A mayúscula del *coachee*, de sus objetivos, sus sueños y de todo aquello que para él es importante.

Para que eso se produzca, el *coach* acompaña las emociones y disposiciones corporales de su cliente, explora pensamientos, creencias y se comunica con claridad desde la aceptación y la escucha activa; en definitiva, considera distintas formas de trabajar decidiendo en cada momento la más adecuada.

El Coaching es sin duda una disciplina que empodera a las personas para que tomen las riendas de su vida y explota al máximo su talento, potenciando el desarrollo de nuevas habilidades, aptitudes y competencias y contribuyendo a que las personas superen situaciones de insatisfacción o bloqueo producidas por creencias, comportamientos o emociones limitantes.

Es importante destacar que para el *coach* el cliente es completo, creativo y posee todos los recursos necesarios para conseguir lo que quiere y es importante para él. Por otra parte, conviene especificar el marco temporal de referencia de un proceso de Coaching: el *coach* trabaja para explorar la situación actual del cliente, qué le sucede, sus sentimientos, percepciones, sus fortalezas, preocupaciones, creencias... y le invita a diseñar su situación ideal, con sus objetivos y metas. El *coach* no hace preguntas que lleven al cliente a mirar al pasado. Por el contrario, formula preguntas abiertas y de carácter introspectivo que promueven la reflexión y la acción donde, gracias al(los) cambio(s) de perspectiva(s) y exploración de opciones distintas no contempladas hasta el momento, es el *coachee* mismo quien, además de sentirse capaz y ganar en confianza, logra movilizar todos sus recursos, fortalezas y talentos en la dirección deseada para la consecución de cualesquiera que sean sus metas, objetivos, propósitos o retos. El Coaching apunta al futuro construyendo desde el momento presente. Su máxima más extendida es procurar el bienestar, la mejora en la calidad de vida del cliente, y en definitiva su plenitud, fruto de la toma de conciencia y responsabilidad adquiridas por el *coachee*/cliente.

Los procesos que tiene relación con la Psicología son la percepción, la atención, el pensamiento, las emociones, las fortalezas, la motivación (intrínseca y extrínseca en función de las prioridades y deseos de la persona), el compromiso, la imaginación, el lenguaje, la memoria, el aprendizaje, el auto-conocimiento y auto-descubrimiento, así como la introspección y reflexión, la responsabilidad, la libre elección en la toma de decisiones (facultades volitivas), transformación y cambio de hábitos, conductas, comportamientos y creencias, auto-eficacia, locus de control interno y externo, orientación a la consecución deltas y logro, etc.

Todo aquello que permita al *coach* comprender mejor el mundo de su cliente le puede hacer más competente; si sirve para acompañar mejor al cliente no hay duda de que le hace estar no solo más capacitado, sino también más cualificado. En este sentido, el conocimiento profundo del comportamiento humano puede ayudar a un *coach* en la medida en que no haga otra cosa más que Coaching. Es decir, si es para entender mejor al cliente y no para efectuar diagnósticos ni establecer tratamientos o hacer recomendaciones.

A diferencia de un *feedback* que el *coach* puede dar a un cliente, el diagnóstico buscaría encontrar evidencias para constatar que el *coach* «tiene razón» en sus apreciaciones, y esto estaría fuera del Coaching. El *coach* puede invitar al cliente a realizar alguna actividad que contribuya a aumentar su consciencia o a descubrir nuevas opciones, siempre y cuando este acepte de forma libre y voluntaria. Y, del mismo modo, hay que dejar constancia de que también estaría fuera del Coaching cualquier intervención de índole más directiva que el *coach* realizara a modo de recomendación, pauta, modelo o propuesta en el análisis de la situación, en el diseño del futuro o en el plan de acción. En Coaching consideramos que el mayor experto en la vida del cliente es el propio cliente, y por lo tanto no hay opinión más autorizada que la suya.

Las iniciativas que recomendaríamos a ambas disciplinas poner en marcha al Coaching y la Psicología en el futuro para enriquecerse mutuamente son: buscar puntos de encuentro entre ambas, creando espacio para todas. Entendemos que en el ámbito de la Psicología, todas aquellas investigaciones que contribuyan a profundizar en el conocimiento de las emociones, los mecanismos de descubrimiento y el aprendizaje pueden contribuir a potenciar la práctica del Coaching. Por otra parte, el Coaching ofrece una excelente plataforma, siempre desde una perspectiva no patológica, para experimentar la eficacia de la integración de los avances en Psicología con otras disciplinas y ampliarlos al ámbito sistémico y de equipos. Y, precisamente por esto, lo que está claro es que cualquier sinergia y alianza promovida, potenciada e inspirada por el trabajo, desarrollo e investigación conjuntos puede llegar a suponer un salto cualitativo sustancial en el curso natural de ambas disciplinas, y por supuesto en lo más importante: en el impacto alcanzado en lo que a la vida de las personas y el ser humano en general se refiere.

Sin duda el conocimiento mutuo y la colaboración entre ambas aportan claridad y generan confianza en beneficio de los clientes, los pacientes, los profesionales y las organizaciones. Es una responsabilidad compartida. Solo desde ese lugar es posible construir prácticas eficaces y deontológicamente válidas.

LA MIRADA DE JUAN CARLOS DE LA OSA, PAST-PRESIDENTE DE AECOP

Desde AECOP se propugna un Coaching basado en evidencias científicas, especializado en el ámbito de las organizaciones y ejecutivo. Las cinco bases fundamentales del Coaching en AECOP son: (1) Código ético y (2) Deontología profesional; (3) Fundamentos y (4) Aplicaciones del *management* (liderazgo, aprendizaje dentro de la organización, cambio, sistemas de gestión y problemas que hay en las organización, fundamentos del conocimiento de las personas y sus relaciones, derivados de la Psicología Humanista y Psicología Positiva, del enfoque cognitivo-conductual, del enfoque psicodinámico, de la inteligencia emocional, del enfoque sistémico personal-organizacional); (5) El Coaching como proceso de desarrollo.

Estos son los fundamentos en los que se basa su actividad para certificar un programa, así como que para certificar a un *coach* en los distintos niveles (NI, Profesional, Senior y Master). Además, este ha de acreditar que pone en práctica las competencias fundadas en las cinco áreas citadas.

Entiendo la Psicología como ciencia, por lo que su basamento está en la investigación, y por lo tanto en la medición (tanto cuantitativa como cualitativa). En este sentido, en la actualidad hay innumerables investigaciones directamente relacionadas con el Coaching; a modo de ejemplo cito la importantísima labor de los doctores Richard Boyatzis Michael Cavanagh, el trabajo de la asociación profesional *International Society for Coaching Psychology* (ISCP), y a nivel nacional en amplio trabajo del COP de Madrid. Todos ellos son ejemplos de un Coaching basado en evidencias, de lo cual deriva la importancia que tiene centrar al Coaching en la eficiencia, más allá de la percepción subjetivo de satisfacción del cliente.

Los fundamentos del Coaching que tienen relación con la Psicología, entendida esta como la ciencia que estudia el comportamiento humano (todo lo referido a los procesos de pensamiento, emoción, motivación, relación, etc., de las personas, exceptuamos los procesos que requieran una intervención clínica), serían:

- Bases de la relación *coach/coachee*, etc.
- Énfasis en las creencias, cómo trabajar con ellas, cómo diferencias hechos de creencias, etc. Conversaciones de Coaching, el poder del pensamiento-lenguaje
- Énfasis en proyecciones, transferencia y contratransferencia, defensas psicológicas, el inconsciente, etc.
- Énfasis en la identificación y gestión de las emociones propias y ajenas, cómo gestionarlas, etc.
- Énfasis en el conocimiento de las personas y organizaciones como sistemas y qué principios ayudan a la mejora de la interrelación entre ellos.

Profundizar tanto en la conducta humana como en sus procesos cognitivos, emocionales y relacionales es imprescindible para ejercer un Coaching profesional.

Por otro lado, entender y saber gestionar las claves del comportamiento, pensamiento y de la emocionalidad grupal es imprescindible para el ejercicio del *coach*. Otra de las grandes aportaciones de la Psicología al Coaching es el dotarlo de investigaciones sobre los procesos grupales a diferencia de los individuales, así como las dinámicas y técnicas para trabajar con los grupos/equipos.

La iniciativa que recomendaría a ambas disciplinas poner en marcha en el futuro para enriquecerse mutuamente sería la generosidad en el trabajo conjunto. Mucho es lo que hay por desarrollar. Afortunadamente el tratamiento de la salud se está volviendo en nuestra sociedad un área de demanda social. Mucho se ha trabajado en estos últimos años en el Coaching de empresas, pero hay muchísimo por desarrollar de forma conjunta en el entorno social, educativo, deportivo. Creo que el psicólogo y el *coach* son profesiones complementarias y que pueden trabajar en colaboración, como ocurre con los mediadores y los *coaches*.

Se puede hacer mucho desde la colaboración. En AECOP estamos con universidades y escuelas de negocios realizando investigaciones que se concretan en los foros científicos que anualmente lanzamos. Con los Colegios Oficiales de la Psicología de Madrid, Vizcaya, Murcia, Islas Baleares etc. son muchas las actividades que llevamos a cabo.

El beneficio que podrían obtener las personas, los equipos, las organizaciones y la propia sociedad en su conjunto de la colaboración entre la Psicología y el Coaching sería profesionalizar y mayor trabajo que realizamos tanto *coaches* como psicólogos.

El trabajo conjunto de las asociaciones profesionales de Coaching, las escuelas de Coaching y los colegios profesionales podrá abrir una línea de trabajo que pondrá a la profesión del *coach* en los niveles de rigor y valoración social que son necesarios que, ante el descrédito tanto en empresas como en personas, puede generar un ejercicio no profesional.

LA MULTIVERSIDAD IMPROVING NETWORK Y LAS PERSONAS QUE HAN PARTICIPADO EN LA ELABORACIÓN DE ESTE LIBRO

En 2012, como consecuencia de la reunión de un grupo de profesionales en España para el diseño y ejecución del Programa Avanzado de Coaching, «Coaching Energético: Ciencia, Arte, Misterio y Vida al Servicio del Desarrollo Humano», se comenzó a crear una red alrededor de la pasión por el desarrollo del talento humano y su dimensión energética. Esta red recibe el nombre de Improving Network.

En su web aparece:

«Con la convicción profunda de que es más lo que nos une que aquello que nos separa, desde el espíritu de colaboración colectiva y metacompetenciación nace Improving Network, una red de impulsores de personas, equipos, organizaciones y sociedades que se ponen al servicio del desarrollo humano con el fin de contribuir a la creación de un mundo mejor».

Coaches, psicólogos, médicos, abogados, economistas, periodistas, físicos, matemáticos... Improving Network es un espacio abierto al diálogo y al enriquecimiento en el que todos, desde el respeto, la escucha, el fomento de la diversidad y la apertura a lo desconocido como medio de enriquecimiento personal y social, tenemos cabida.

Somos grandes amigos unidos por y para el desarrollo humano.

Improving Network es una multiversidad y una red de naturaleza espiritual que se conforma alrededor de un objetivo común: «co-crear el mundo que nos merecemos y YA ES» y dos manifiestos.

Si quieres saber más sobre la Multiversidad Improving Network puedes hacerlo descargándote el contenido de este bidi:

Con este bidi puedes descargarte las reseñas profesionales de los cincuenta y nueve autores que han participado en la elaboración de este libro.

EPÍLOGO

Hasta aquí hemos llegado, querida-querido lectora/or en esa bella aventura de acompañar a las personas a crecer mostrando las aportaciones que nos ofrecen la Psicología y el Coaching de forma sinérgica y complementaria. Esperamos que la experiencia te haya acompañado a ti también a crecer un poco más como persona y como profesional.

Largo es el camino que nos queda por recorrer. Hoy más que nunca, en un momento de convulsión para la humanidad sin precedentes consecuencia de la Covid-19, la necesidad de colaboración, apoyo, sostén de cada ser humano y de cada disciplina hacia las demás es vital y de indiscutible importancia.

Ha llegado el momento de consolidar todas esas líneas de colaboración y hermandad que ya desde hace años se han venido gestando entre el Coaching y la Psicología, entre la Psicología y el Coaching. Ambas son hijas de la misma madre: la Filosofía. Ambas encuentran en su origen las mismas raíces. Ambas sirven al mismo fin: acompañar a las personas, a los equipos, a las organizaciones y a la sociedad en su conjunto a crecer y vivir una vida con mayor sentido y bienestar-bienser (de *wellbeing* en inglés).

Ha llegado el momento de mostrar nuestro más profundo y verdadero SER de HUMANOS.

¡Así ES y así SERÁ!

Sinergia es la acción de dos o más causas cuyo efecto es superior a la suma de los efectos individuales.

Sinergias entre la Psicología y el Coaching es un canto a la colaboración, al hermanamiento de dos formas del saber, que puestas en acción conjunta han tenido, tienen, y tendrán, sin duda, un efecto muy superior a la suma de sus efectos individuales.

En Majadahonda, 31 de octubre de 2020

ELENA PÉREZ-MOREIRAS LÓPEZ
¡Gracias por estar ahí dando SENTIDO a nuestra labor!

BIBLIOGRAFÍA

- *Adler, A. (1993). El carácter neurótico. Segunda edición. Barcelona. Ed. Paidós Ibérica.*
- *Adler, A. (2000). El sentido de la vida. Madrid. Ed. Ahimsa.*
- *Adler, A. & Brett, C. (2003). Comprender la vida. Barcelona. Ed. Paidós Ibérica.*
- *Ajuriaguerra, J. (1973). Manual de psiquiatría infantil. Barcelona.Toray Masson.*
- *Andreas S. El Corazón de la Mente. Editorial Cuatro Vientos.*
- *Andreas S. y C. (2009) Cambia tu Mente para Cambiar tu Vida. Ediciones Gaia. ISBN 9788484452676*
- *Aranda, I. (2012) Psicólogo experto en Coaching. Infocop, 56 (7- 11). http://www.cop.es/infocop/pdf/1151.pdf.*
- *Aranda, Isabel (2017) Psicología para coaches, Ed. EOS.*
- *Aranda, Isabel. Manual del Coach. Editorial EOS. 2017.*
- *Argyris, C. Organizational learning: A theory of action perspective.*
- *Argyris, C. (1957) Personality and Organization, New York: Harper Collins.*
- *Argyris, C. (1962) Interpersonal Competence and Organizational Effectiveness, Homewood, Ill.: Dorsey Press.*
- *Argyris, C. (1964) Integrating the Individual and the Organization, New York: Wiley.*
- *Argyris, C. (1965) Organization and Innovation, Homewood, Ill. : R. D. Irwin.*
- *Argyris, C. (1970) Intervention Theory and Method: A behavioral science view, Reading, Mass.: Addison Wesley.*
- *Argyris, C. (1974) Behind the front page, San Francisco: Jossey Bass.*
- *Argyris, C. (1976) Increasing leadership effectiveness, New York: Wiley-Interscience.*
- *Argyris, C. (1980) Inner contradictions of rigorous research, New York: Academic Press.*
- *Argyris, C. (1982) Reasoning, learning, and action: Individual and organizational, San Francisco: Jossey-Bass.*

- *Argyris, C. (1985) Action Science, Concepts, methods, and skills for research and intervention, San Francisco: Jossey-Bass.*
- *Argyris, C. (1985) Strategy, change&defensive routines, Boston: Pitman.*
- *Argyris, C. (1990) Overcoming Organizational Defenses. Facilitating organizational learning, Boston: Allyn and Bacon.*
- *Argyris, C. (1991) Teaching smart people how to learn. Harvard Business Review, May-June.*
- *Argyris, C. (1993) Knowledge for Action. A guide to overcoming barriers to organizational change, San Francisco: Jossey Bass.*
- *Argyris, C. and Schön, D. (1996) Organizational learning II: Theory, method and practice, Reading, Mass: Addison Wesley.*
- *Arnold, J.; Murdoch, E.: Full Spectrum Supervision, Panoma Press, St. Albans, 2013.*
- *Bachkirova, T.; Jackson, P.; Clutterbuck, D.: Coaching and Mentoring Supervision, McGraw-Hill, Maidenhead, 2011.*
- *Bachkirova, T.: Developmental Coaching: Working wih the Self, McGraw-Hill, Maidenhead, 2011.*
- *Bandler R. (1997) Use su Cabeza para variar: Sub-Modalidades en Programación Neurolingüística. Editorial Cuatro Vientos. ISBN 9789562420433.*
- *Bandler R. y Grinder J. (1998) Estructura de la Magia, Vol. I y II. Editorial Cuatro Vientos.*
- *Bandura, Albert (María Zaplana, trad.) (1987). Pensamiento y acción: Fundamentos sociales. Barcelona, Spain: Martínez Roca. ISBN 9788427011625.*
- *Bar-On, R. (1988). The development of a concept of psychological well-being. (R. University, Recopilador) South Africa.*
- *Basoredo, C. (Mayo de 2011). Una perspectiva y un modo de explicar la competencia desde el ámbito del desempeño de tareas. Anales de Psicología, 27(2), 457-472.*
- *Bateson G. (1998) Pasos hacia una Ecología de la Mente. Editorial Gedisa. ISBN 9789507247002.*
- *Bateson G. (2011) Espíritu y naturaleza. Editorial Amorrortu. ISBN 9789505181520.*
- *Bayón, Fernando (coordinador). Coaching Hoy. Teoría general del Coaching. Editorial universitaria Ramón Areces. 2010.*
- *Belf, T. (Edición en castellano 2017). «Coaching con Espíritu: Dejando que el Éxito Emerja».*

- *Bertolotto G. Programación Neurolinguistica-Desarrollo Personal y Profesional. Editorial Libsa. ISBN 9788476303733.*
- *Betz, Ann. (Noviembre 2013) «Artículo «Mi mejor argumento neurocientífico para el Coaching». http://www.cuadernos-deCoaching.com/CC11.pdf.*
- *Biswas-Diener, R. (2010). Practicing Positive Psychology Coaching: Assessment, Diagnosis, and Intervention. New Jersey: John Wiley & Sons, Inc.*
- *Bluckert, P.: Psychological Dimensions of Executive Coaching, McGraw-Hill, Maidenhead, 2006.*
- *Boeree, G (1998). Teorías de la Personalidad: George Kelly.*
- *Bolívar, C. «1 con 1 = TODO, o el regreso a la esencia desde el Coaching Esencial». Septiembre 2015.*
- *Bolívar, C. Ensayo sobre Hermenéutica: Reflexión sobre la Hermenéutica y el sujeto como propia obra de arte.*
- *Boniwell, I. (2006). Positive Psychology in a Nutshell. London: Personal Well-Being Centre.*
- *Bowles, S. V., y Picano, J. J. (2006). Dimensions of Coaching Related to Productivity and Quality of Life. Consulting Psychology Journal: Practice and Research, 58, 232–239.*
- *Breer, P. E. & Locke, E. A. (1965). Task experience as a source of attitudes, Homewood, Illinois: Dorsey.*
- *Bricklin, S. M. (2002). The rapport program: A model for improving the emotional intelligence of executive Coaching clients. Tesis doctoral. Widener University.*
- *Britton, K. (2008). Increasing job satisfaction: Coaching with evidence-based interventions. Coaching: An International Journal of Theory, Research and Practice, 1, 176-185.*
- *Brizendine, Louann, El cerebro masculino, Ed. RBA, 2010, Barcelona.*
- *Brock, V.G (2012): Sources Book of Coaching History, ISBN: 1469986655 y ISBN-13: 978-1-46998-665-4.*
- *Brock, V.G (2017): Guía de la Historia del Coaching, Uno Editorial.*
- *Cabañas, J. R. (2001). Psicología. Almadraba.*
- *Carroll, M.; Shaw, E.: Ethical Maturity in the Helping Professions, Jessica Kingsley Publishers, Londres, 2012.*
- *Casement, P.: On Learning from the client, Routledge, Nueva York, 1985.*
- *Castanedo, Celedonio. Grupos de encuentro en terapia Gestalt,1990, Barcelona. Ed Herder.*

- *Cataluña, D. y Cols. (2017): Manual de Ejercicios de Psicología Positiva Aplicada. Ejercicios sencillos para incrementar el bienestar. Madrid: Colegio Oficial de psicólogos de Madrid.*
- *Cataluña, D. y Cols. (2017): Psicoterapia Positiva. Guía de ejercicios basados en la Psicología Positiva. Madrid: Colegio Oficial de psicólogos de Madrid.*
- *Cavanagh, M. (2008). Creating flourishing leadership through developmental Coaching. Presentación perteneciente a The First Australian Positive Psychology and Well-being Conference.(Sídney, 22-25 de marzo de 2012) Recuperado el 12 de Abril de 2008 de: http://www.psych.usyd.edu.au/coach/appa/presentations2008/.*
- *Chade-Meng Tan: Search Inside Yourself, Harper Collins Publishers, Nueva York, 2012.*
- *Churches R. (2009) PNL para Profesores: Cómo ser un Profesor altamente eficaz. Editorial Desclée de Brouwer. ISBN 9788433023094.*
- *Clarkson, P.: Gestalt Counseling in Action, tercera edición, Sage Publications Ltd., Londres, 2004.*
- *Clarkson, P.: The Therapeutic Relationship, Whurr Publishers Ltd., Londres, 2000.*
- *Collings, J. y Harper, L. (2006). «Energetic Coaching: Being and Doing with Spirit».*
- *Congram, S.: The use of Gestalt Approach in Supervision, en Bachkirova T.; Jackson, P.; Clutterbuck, D.: Coaching and Mentoring Supervision, McGraw-Hill, Maidenhead, 2011.*
- *Contreras, Francoise y Esquerra, Gustavo. «Psicología Positiva: una nueva perspectiva de la Psicología». Universidad Santo Tomás. Diversitas v.2 n.2 Bogotá dez. 2006.*
- *Cooper, C., & Locke, E. A. (Eds.) (2000). Industrial & organizational psychology: Linking theory with practice. Oxford, UK: Blackwell Publishers.*
- *Covey, Stephen (1990): Los 7 hábitos de la gente altamente efectiva. Simon and Schuster.*
- *Csikszentmihalyi, M. (1990). Flow: The Psychology of Optimal Experience (Flujo: La Psicología de la experiencia óptima). New York: Harper & Row. ISBN 0-06-092043-2.*
- *Csikszentmihalyi, M. (1991). Flow. New York: Harper.*
- *Csikszentmihalyi, M. (1998). «Finding Flow: The Psychology of Engagement with Everyday Life».*

- Csikszentmihalyi, M. (1998). *Finding Flow: The Psychology of Engagement With Everyday Life (Cómo descubrir el flujo: La Psicología del compromiso con la vida diaria)*. Basic Books. ISBN 0-465-02411-4 (una descripción de las técnicas; en inglés

- Csikszentmihalyi, Mihalyi. 1997. *Fluir (Flow). Una Psicología de la felicidad*. Ed. Kairós.

- David, S. A. (2005). *Integrating an emotional intelligence framework into evidence-based Coaching*. En M. Cavanagh, A. Grant y T. Kemp, (Eds.), *Evidence-based Coaching: Theory, Research and Practice from the Behavioral Sciences* (57-68). Bowen Hills: Australian Academic Press.

- Davidson, Richard y Begley, Sharon. *El perfil emocional de tu cerebro*. Ed. Destino 2012.

- Diamond, L. M. & Hicks, A.M. (2005). «*Attachment style, current relationship security, and negative emotions: The mediating role of physiological regulation*». Journal of Social and Personal Relationships, 22, 499-518.

- Diamond, M., L. (2008) *Fluidez sexual: Entender el amor y el deseo de las mujeres*. Cambridge, MA: Harvard University Press.

- Diamond, M., L. (2008). *Bisexualidad femenina de la adolescencia a la edad adulta: Los resultados de un estudio longitudinal de 10 años*. Psicología del Desarrollo, 44, 5-14.

- Dilts R. (1997) *Aprendizaje Dinámico con PNL*. Editorial Urano. ISBN 9788479531874.

- Dilts R. (1999) *Creación de modelos con PNL*. Editorial Urano. ISBN 9788479533304.

- Dilts R. (1999) *Liderazgo creativo: para forjar un mundo al que las personas deseen pertenecer*. Editorial Urano. ISBN 9788479532857.

- Dilts R. (2003) *El poder de la palabra*. Editorial Urano. ISBN 9788479535193.

- Dilts R. (2004) *Coaching: Herramientas para el Cambio*. Editorial Urano. ISBN 9788479535810.

- Dilts R. (2008) *El Arte de Comunicar: PNL para hacer Presentaciones Eficaces*. Ediciones Rigden Edit. ISBN 9788493617509.

- Dilts R. (2013) *Cómo cambiar creencias con la PNL*. Ediciones Sirio. ISBN 9788478089123.

- Echeverría, Rafael, *La Empresa Emergente*. Editorial Granica. 2000.

• Echeverría, Rafael. *Actos del lenguaje, la escucha*. Editorial Granica. 2006.

• Echeverría, Rafael. *El Búho de Minerva*. Editorial Granica. 1988.

• Echeverría, Rafael. *El Observador y su mundo*. Editorial Granica. 2009.

• Echeverría, Rafael. *Ontología del Lenguaje*. Editorial Granica. 1994.

• Ekman P., y Rosenberg, E.L. (1998) *What the Face Reveals*. Oxford University Press.

• Ellis, A. (1961). *A Guide to Rational Living*. Englewood Cliffs, N.J., Prentice-Hall.

• Ellis, A. (1985). *Overcoming Resistance: Rational-Emotive Therapy With Difficult Clients*. NY: Springer.

• Ellis, A. (2003). *Sex Without Guilt in the 21st Century*. Barricade Books.

• Ellis, A. & Chip, R. (1998). *How to Control Your Anger Before It Controls You, with Raymond Chip Tafrate*. Citadel Press.

• Ellis, A. & Greiger, R. (1977). *Handbook of Rational-Emotive Therapy*. NY: Springer Publishing.

• Ellis, A., Abrams, M., & Abrams, L. (2008). *Theories of Personality: Critical Perspectives, with Mike Abrams, PhD, and Lidia Abrams, PhD*. New York: Sage Press.

• Ellis, R., y Ryan, J. A. (2005). *Emotional Intelligence and Positive Psychology: Therapist Tools for Training/Coaching Clients to Move Beyond Emotional Relief*. Annals of the American Psychotherapy Association, 8, 42-43.

• Ellis. A. (1957). *How To Live with a Neurotic*. Oxford, England: Crown Publishers.

• Epstein T. y Dilts R. (1997) *Aprendizaje dinámico con PNL*. Editorial Urano. ISBN 9788479531874.

• Ferdinand de Saussure, *Curso de Lingüística General*, Editorial Losada, 1945 (recopilación póstuma).

• Fernández, F. A. (1996). *«El talento creador. Rasgos y perfiles del genio»*. Ed Temas de hoy.

• Flores, Fernando. *Creando Organizaciones para el futuro*. Editorial Dolmen 1994.

• Flores, Fernando. *Inventando la Empresa del Siglo XXI*. Editorial Dolmen. 1980.

- *Fornier L. y Pardo R. (2004) Coaching Personal con PNL Editorial Dilema. ISBN 9788496079472.*
- *Frankl, Viktor E. (2001) «El hombre en busca de sentido», Herder, España.*
- *Fronczak, D. B. (2005). Coaching men at midlife. Tesis doctoral. Alliant International University.*
- *Gable, S.L. (2006). Will You Be There for Me When Things Go Right? Supportive Responses to Positive Event Disclosures. Journal of Personality and Social Psychology, 91 904-917.*
- *Gallwey, Timothy. 2009. El Juego interior del Tenis. Ed. Sirio.*
- *García García, Emilio (2.001) Mente y Cerebro, Ed. Síntesis,2001, Madrid.*
- *Gendlin, de Eugene (2008) Focusing, Proceso y Técnica del Enfoque Corporal, , Ed.Mensajero, Bilbao, España.*
- *Gendlin, E. y Alemany, C. (2016) Psicoterapia experiencial y focusing, La aportación Ed. Desclée De Brouwer, Bilbao, España.*
- *Gilligan S. (2008) La valentía de amar. Editorial Rigden. ISBN 9788493617516.*
- *Ginger, S., Ginger, A. (1993). La Gestalt. Una terapia de contacto. Manual Moderno.*
- *Giordani, Bruno (2003) «La relación de ayuda: De Rogers a Carkhuff», Desclée de Brouwer, España.*
- *Goldvarg, D.; Goldvarg N.: Competencias de Coaching Aplicadas con Estándares Internacionales, Ediciones Granica, Buenos Aires, 2012.*
- *Goldvarg, D.; Goldvarg N.: Mentor Coaching en acción, Ediciones Granica, Buenos Aires, 2016.*
- *Goldvarg, D.; Supervisión de Coaching, Ediciones Granica, Buenos Aires, 2017.*
- *Goleman, Daniel. 1999. La práctica de la Inteligencia Emocional. Ed. Kairós.*
- *Goleman, Daniel. 2000. Inteligencia Emocional. Ed. Kairós.*
- *Gran Enciclopedia de filosofía. Tecnos (2000).*
- *Grant, A. M. (2001). Towards a psychology of Coaching: The impact of Coaching on metacognition, mental health and goal attainment. Dissertation Abstracts International Section A: Humanities and Social Sciences, 63, 6094.*

- *Grant, A. M. (2003). The impact of life Coaching on goal attainment, metacognition and mental health. Social Behaviors and Personality, 31, 253-264.*
- *Grant, A. M. (2007). Enhancing Coaching skills and emotional intelligence through training. Industrial and Commercial Training, 39, 257–266.*
- *Grof, Stanislav, Psicología Transpersonal, Nacimiento, muerte y Trascendencia en Psicoterapia. Editorial Kairós. 1994.*
- *Gross, Richard D. (2007) Psicología: La ciencia de la mente y la conducta. Manual Moderno.*
- *Guarnieri, Silvia y Ortiz de Zárate, Miriam. No es lo mismo. LID Editorial. 2010.*
- *Harada, C. M. (2005). Review of How Full is Your Bucket? Positive Strategies for Work and Life. International Journal of Sport and Exercise Psychology, 3, 109-111.*
- *Hawkins, P.; Smith, N.: Coaching, Mentoring and Organizational Consulting: Supervision and Development, McGraw-Hill, Maidenhead, 2006.*
- *Hawkins, P.; Sohet R.: Supervision in the Helping Professions, Open University Press, Maidenhead, 2007.*
- *Hay, J.: Reflective Practice and Supervision for Coaches, McGraw-Hill, Maidenhead, 2007.*
- *International. Coaching Psychology Review, 5 (2) pp.140-151*
- *Kauffman, C. (2010). The last word: How to move from good to great Coaching by drawing on the full range of what you know. Coaching: An International Journal of Theory, Research and Practice, 3, 87-98.*
- *Kauffman, C., y Linley, P. A. (2007). A pragmatic perspective: Putting positive Coaching psychology into action. International Coaching Psychology Review, 2, 97-102.*
- *Kauffman, C., y Scoular, A. (2004). Toward a Positive Psychology of Executive Coaching. En P. A. Linley y S. Joseph (Eds.), Positive Psychology in practice (pp. 287-302). New Yersey: John Wiley and Sons.*
- *Kleine, Chris (2005) «Principios comunes de psicoterapia», Ed. Desclée.*
- *Koffman, Fredy. La empresa consciente. Editorial Alfaguara. 2010.*
- *Koffman, Fredy. Metamanagement, la nueva filosofía de los negocios (Tomos I, II y III). Granica. 2001.*

- *Kolb, Bryan. Whishaw, Ian Q. University of Lethbridge, Neuropsicología Humana, Ed. Medica Panamericana, 5ª edición. Buenos Aires, Madrid, Bogotá, Caracas, Porto Alegre.*
- *La Enciclopedia, Salvat Editores. (2001)*
- *Labrador, Francisco Javier (2011) «Situaciones difíciles en psicoterapia», Ed. Psicología Pirámide.*
- *Lages A. y O'Connor J. (2005) Coaching con PNL: Guía Práctica para obtener lo mejor de ti mismo y de los demás. Editorial Urano. ISBN 9788479535865.*
- *Lago, A. (2016). «Entrevista con John Collings: Para que sucedan cosas buenas hay que aparcar nuestro ego». Capital Humano, 310.*
- *Lahey, B. B. (1998, 2001, 2004, 2007). «Introducción a la Psicología», Mc Graw Hill.*
- *Lahey, Benjamin B. Introducción a la Psicología. Mc Graw Hill*
- *Lapierre, A. (1980). El cuerpo y el inconsciente en educación y terapia. Científico Médica.*
- *Lapierre, Aucouturier (1977). Simbología del movimiento. Científico Médica.*
- *Laplanche, J.; Pontalis J.B.: Diccionario de Psicoanálisis, Paidós, Buenos Aires, 1973.*
- *Le Boterf, Guy. «Ingeniería de las competencias». Barcelona. Gestión 2000.*
- *Ledoux, Joseph. El cerebro emocional. Ed. Planeta 1999.*
- *Lerner, Marcelo (1974) «Introducción a la Psicoterapia de Rogers», Nueva Visión, Argentina.*
- *Levy, Norberto (2006): «Aprendices de Emociones» DeBolsillo.*
- *Levy, Norberto, El Asistente Interior, Ed. Del Nuevo Extremo, 2003.*
- *Levy, Norberto, El Camino de la Autoasistencia Psicológica, Ed. Planeta, 1985.*
- *Lindemann, Hans. Aprendizaje por la Acción.*
- *Linley, P. A., y Harrington, S. (2005a). Coaching Psychology and positive psychology: A reply to John Rowan. The Coaching Psychologist, 1, 22-24.*
- *Linley, P. A., y Harrington, S. (2005b). Positive psychology and Coaching Psychology: Perspectives on integration. The Coaching Psychologist, 1, 13-14.*
- *Lipton, Bruce H. (2016). La biología de la Creencia. Editorial La Esfera. Estados Unidos.*

- *Llorca Linares, Miguel y col., (2002) «La Práctica Psicomotriz: una propuesta educativa mediante el cuerpo y el movimiento», Ed. Aljibe.*
- *Llorca Llinares, M, Sánchez Rodríguez, J, Ramos Díaz, V, Vega Navarro, A. (2002). «La Práctica psicomotriz: una propuesta educativa mediante el cuerpo y el movimiento». Ediciones Aljibe.*
- *Locke, E. A. (1975). Guide to effective study. New York: Springer. (Reprinted in 1998 under the title: Study methods and study motivation, by Second Renaissance Books, New Milford, CT).*
- *Locke, E. A. (2000). The Prime movers: Traits of the great wealth creators. New York: AMACOM.(Second edition, 2008, Ayn Rand Bookstore).*
- *Locke, E. A. (Ed.) (1986). Generalizing from laboratory to field settings. Lexington, MA: Lexington Books.*
- *Locke, E. A. (Ed.) (2003). Postmodernism in management: Pros, cons and the alternative. New York: Elsevier.*
- *Locke, E. A. (Ed.) (2009) Handbook of principles of organizational behavior. 2nd edition, New York: Wiley.*
- *Locke, E. A. & Kenner, E. (2011). The selfish guide to romance: How to love with passion and reason. Doylestown, PA: Platform Press.*
- *Locke, E. A., & 7 others (1991). The essence of leadership, New York: Lexington, Macmillan.*
- *Locke, E. A., & Latham, G. P. (1984). Goal setting: A motivational technique that works. Englewood Cliffs, NJ: Prentice Hall.*
- *Locke, E. A., & Latham, G. P. (1990). A theory of goal setting and task performance. Englewood Cliffs, NJ: Prentice Hall.*
- *Lugo Real, O. Eficàcia dels processos de Psicologia Coaching. Mesura dels canvis de la desitjabilitat de control, l'autoeficàcia general i l'actitud proactiva en procesos de Psicologia Coaching (Barcelona. Tesis doctoral_Unviersidad Ramón LLull).*
- *Mahoney, Michael J. (2005) Psicoterapia Constructiva: Una guía práctica. Ediciones Paidos Ibérica. España.*
- *Martín, Ángeles. Manual práctico de Psicología Gestalt Desclé de brouner.*
- *Martorell, Jose Luis y Prieto, José Luis. «Introducción a la Psicología». Resumen del manual Fundamentos de Psicología. Centro de Estudios Ramón Areces.*

- *Maslow, Abraham (1982) «La amplitud potencial de la naturaleza humana», Editorial Trillas, México.*
- *Maslow, Abraham (1991) Motivación y personalidad. Ediciones Díaz de Santos, Madrid.*
- *Maslow, Abraham (1994) «La personalidad creadora» Editorial Kairós, Barcelona.*
- *Maslow, Abraham (1998). El hombre autorrealizado: Hacia una Psicología del ser. Barcelona: Editorial Kairós.*
- *Maslow, Capra, Grof, Wilber, Dass, Tart, Goleman et all.«Mas allá del ego». Ed. Kairós.*
- *Maturana, Humberto y Bloch, Susana (2014). Alba Emoting, Biología del Emocionar. Editorial Uqbar, Santiago, Chile.*
- *Maymin, S. (2007). Using Your Strengths in the Job Search. Recuperado el 22 de noviembre de 2010 de: http://positivepsychologynews.com/news/senia-maymin/20070712337.*
- *Muñoz Tinico, Victoria y otros. Manual de Psicología del Desarrollo Aplicada a la Educación. Ed Pirámide.*
- *O`Connor J. y Seymour J. (1992) Introducción a la PNL: Cómo descubrir y emplear la excelencia para obtener óptimos resultados personales y profesionales. Editorial Urano. ISBN 9788479530969.*
- *Olalla, J. (2010). El Ritual del Coaching. Newfield Network.*
- *Olivé V. (2014) PNL y Coaching. Editorial Rigden. ISBN 9788494234835.*
- *Ortiz, M. (2010) Psicología y Coaching: marco general, las diferentes escuelas. Capital Humano, nº 243.*
- *Palmer, S.; Whybrow, A. (2008) The Handbook of Coaching Psychology: A Guide for Practitioners. Routlege.*
- *Passmore, J. (2010). A grounded theory study of the coachee experience: The implications for training and practice in Coaching psychology. International Coaching Psychology Review, 5(1), 48-62.*
- *Passmore, J., y Marianetti, O. (2007). The role of mindfulness in Coaching. The Coaching Psychologist, 3, 130-136.*
- *Pearls, F. (2001). El enfoque Gestalt y testigos de terapia. Cuatro Vientos.*
- *Peñarrubia, F. Terapia Gestalt, La vía del vacío fértil, Ed. Alianza Editorial, Madrid, 1998.*
- *Pérez-Moreiras López, Elena, (2013) El Coaching como proceso Psicológico, monografía internet.*

- *Pérez-Moreiras, Elena (2012) «Algunas conexiones entre la Psicología y el Coaching: El Coaching como proceso psicológico y las Metacompetencias del Coach»: http://gruporhmadrid.com//wp-content/uploads/2013/10/Algunas_Conexiones_entre_la_Psicologia_y_el_Coaching.pdf*
- *Perls, F. (1976). El enfoque gestáltico. Santiago de Chile: Cuatro Vientos.*
- *Perls, F., Godman, P. y Heferline, R. F. (2002). Terapia Gestalt. Excitación y crecimiento de la personalidad humana. Ferrol: Ed. Soc. de Cultura Valle-Inclán. Los Libros del CTP.*
- *Peterson, C., y Seligman, M. (2004). Character strengths and virtues: A handbook and classification. New York: Oxford University Press.*
- *Picazo, L. (2012) Más de 3.000 psicólogos se han formado ya como coaches en nuestro país. Entrevistado por de Vicente, A., Berdullas, C., & Castilla, C.. Infocop. 56, (17- 22). http://www.cop.es/infocop/pdf/1151.pdf*
- *Picazo, L.; del Pueblo P.; Sánchez-Mora, M. (2013) Psicología y Coaching en España. FOCAD. Vigésimo primera Edición julio-septiembre.*
- *Pierret, George. (2004). La terapia Gestalt. Su práctica en la vida cotidiana. Dilema Editorial, y Mandala Ediciones.*
- *Pinillos, J. L. (1975). Principios de Psicología. Alianza Universidad.*
- *Pinillos, J.L «Introducción a la Psicología» Ed Aguilar*
- *Pinotty, Jorge. Coaching Ontológico. (Tomos I, II y III) Coaching Ediciones.*
- *Proctor, B.: Group Supervision: A guide to creative practice, Sage, Londres, 2008.*
- *Proctor, B.: Supervision: a Co-operative Exercise in Accountability, en A. Marken & M. Payen (Eds.), Enabling and Ensuring: Supervision in Practice, Leicester National Youth Bureau, 1986.*
- *R. Damasio, Antonio. El Error de Descartes: La emoción, la razón y el cerebro humano, Ed. Destino, 2011*
- *R. Damasio, Antonio. En busca de Spinoza: neurobiología de la emoción y los sentimientos. Editorial Crítica, Barcelona, 2005.*
- *R. Kandel, Eric. En busca de la memoria perdida: el nacimiento de una nueva ciencia de la mente, Ed. Katz, 2007.*
- *R. Kandel, Eric. Psiquiatría, Psicoanálisis, y la nueva biología*

de la mente. Ed. Ars médica, 2006.

- *Raskin, Jonathan D.(2002) Constructivism in Psychology: Personal Construct Psychology, Radical Constructivism, and Social Constructionism, American Communication Journal. Volume 5, Issue 3.*
- *Rath, T. (2007). Strengthsfinder 2.0. Nueva York: Gallup Press.*
- *Ravier, Leonardo. 2005. Arte y Ciencia del Coaching. Ed. Dunken.*
- *Richard, J. (2004). Patología psicomotriz. Dossat 2000.*
- *Ridings, A.: Pause for Breath, Live It Publishing, Londres, 2011.*
- *Rizzolatti, Giacomo. Las neuronas espejo: los mecanismos de la empatía emocional. Ed. Paidos Ibérica, 2006.*
- *Robbins A. (2010) Poder sin límites. Editorial Debolsillo. ISBN 9788499085500.*
- *Rodríguez, R. (2005). Terapia psicomotriz. Casos de los 3 a los 11 años. CIE Dossat 2000.*
- *Rogers, Carl (1972) «Psicoterapia centrada en el cliente», Paidós, Argentina.*
- *Rogers, Carl (1980) «El poder de la persona», Manual Moderno, México.*
- *Rogers, Carl (1984) «El proceso de convertirse en persona», Paidós, España.*
- *Rosenthal, Robert y Jacobson, Lenore. 1968. Pygmalion in the Classroom. Ed. Holt, Rinehart y Winston.*
- *S. Gazzaniga, Michael. ¿Quién manda aquí? Ed. Paidos Ibérica, 2012.*
- *S. Gazzaniga, Michael. El cerebro ético. Ed. Paidos Ibérica, 2.006.*
- *S. Gazzaniga, Michael. El cerebro social, Alianza editorial, 1993.*
- *Salovey, P. y. (1990). Emotional intelligence. Imagination, Cognition, and Personality. USA.*
- *Sánchez Rodríguez, J. y Llorca Llinares, M. (2008). Recursos y estrategias en psicomotricidad. Ediciones Aljibe.*
- *Sánchez-Mora García, M. (2012) Hablar de Coaching es hablar de cambio. Entrevistada por de Vicente, A., Berdullas, S., & Castilla, C.. Infocop. 56, (12 -16). http://www.cop.es/infocop/pdf/1151.pdf*

- *Sánchez-Mora, M. (2010) 2nd EUROPEAN Coaching PSYC-HOLOGY CONFE-RENCE- Por la práctica del Coaching basada en la evidencia. Infocop. http://www.infocop.es/view_article.asp?id=2745*
- *Sánchez-Mora, M., Jané M.C., Cayuela R. & Vilajoana J. (2012) The development of Coaching Psychology in Spain. Coaching Psychology International Vol 5,Is 1 (32-37).*
- *Sánchez-Mora, M., Jané M.C., Vilajoana, J., Cayuela, R. & Palmer, S. (2012) The practice Coaching model adapted to the Spanish language. From PRACTICE to IDEACIÓN. Coaching Psychology International Vol 5,Is 1 (2-6).*
- *Sánchez-Mora, M., Jiménez, J.C., Poza, Ma.J., Santos, C. (2012) Crónica del 1st International Congress of Coaching Psychology Spain 2010-2011. Revista Cóllegi Ofi-cial de Psicòlegs de Catalunya. 233, (13-18).*
- *Sánchez-Mora, M., Jiménez, J.C., Poza,M..J., Santos, C. (2011) Coaching Psychology: movimiento internacional con nombre propio. Revista del Col.legi Oficial de Psicòlegs de Catalunya. 228, (40-45).*
- *Sandler, C.: The Use of Psychodaynamic Theory in Coaching Supervision, en Bachkirova T.; Jackson, P.; Clutterbuck, D.: Coaching and Mentoring Supervision, McGraw-Hill, Maidenhead, 2011.*
- *Santos A. Llado E. El libro grande de la PNL. Editorial Rigden.*
- *Satir, Virginia 82005) «Nuevas relaciones humanas en el núcleo familiar» Pax México. 3ª ed.*
- *Scherer, K.R. y Ekman, P. (1982) Handbook of methods in nonverbal behavior research (Studies in Emotion and Social Interaction). Cambridge University Press.*
- *Seligman, M. (2002). Authentic happiness. New York: Basic Books.*
- *Seligman, M. (2011). La vida que florece. Barcelona: Ediciones B.*
- *Seligman, M. y Csikszentmihalyi, M. (2000). Positive psychology: An introduction. American Psychologist, 55, 5-14.*
- *Seligman, M., Rashid, T., y Parks, A. (2006). Positive Psychotherapy. American Psychologist, 61, 774-788.*
- *Sheldrake, Rupert, Una nueva ciencia de la vida, Kairós, 1998.*
- *Siems, M. (2002) Tu cuerpo sabe la respuesta, Focusing como método de autoconocimiento. Ed. Mensajero, Bilbao, España.*
- *Sternberg, R. J. (1985). Beyond IQ: A triarchic theory of intel-*

ligence. New York: Cambridge University Press.

- Sternberg, R. J. (1988). The triarchic mind: A new theory of human intelligence. New York: Viking.
- Sternberg, R. J. (1997). The concept of intelligence and its role in lifelong learning and success. American Psychologist, 52, 1030-1037.
- Sternberg, R. J., Castejón, J. L., Prieto, M. D., Hautamäki, J., & Grigorenko, E. L. (2001). Confirmatory factor analysis of the Sternberg Triarchic Abilities Test in three international samples: An empirical test of the triarchic theory of intelligence. European Journal of Psychological Assessment, 17, 1-16.
- Sternberg, R.J. «La sabiduría. Su naturaleza, orígenes y desarrollo». Cambrigde University Press.
- Taroppio, Daniel, Comunicación Primordial, Ediciones Eleusis, 2007.
- Taroppio, Daniel, Danza Primal, Editorial Continente, 2011.
- Taroppio, Daniel, El Vínculo Primordial, Editorial Continente, 2010.
- Taroppio, Daniel, Interacciones Primordiales, Ediciones FUDEI, 2006.
- Taroppio, Daniel, Meditación Primordial, Editorial FUDEI, 2017.
- Teams for High Performance at Work, Amazon, 2002.
- Truscott, D. M., y Truscott, S. D. (2004). A Professional Development Model for the Positive Practice of School-Based Reading Consultation. Psychology in the Schools, 41, 51-65.
- Valderrama, B. (2011) Las bases psicológicas del Coaching y el mentoring. Capital Humano, n° 251.
- Valderrama, Beatriz (2016) «Fundamentos psicológicos del Coaching», Ed. EOS.
- Vallejo Pareja, M.A. (2006) Mindfulness. Papeles del Psicólogo, número 2 Vol-27, 2006.
- Vazquez, C., Hervás, G., y Ho, M. Y. (2006). Intervenciones clínicas basadas en la Psicología Positiva: Fundamentos y aplicaciones. Psicología Conductual, 14, pp. 401-43.
- Velázquez, Miguel Angel (2018). Del Coaching Ontológico al Coaching Social. Editorial Ramón Areces, Madrid, España.
- Vygotski, L.S. (1933/1979): El desarrollo de los procesos psicológicos superiores. Barcelona: Crítica.
- Whitmore, John. 2011. Coaching, El método para mejorar el

rendimiento de las personas. Ed. Paidós Empresa.
- *Whitworth, L. Kimsey-House, K. Kimsey-House, H. Sandahl, P. (Primera edición, 2014) «Coaching Co-Activo. Cambiar empresas, transformar vidas». Editorial Paidós Empresa.*
- *Wilber, Ken, Espiritualidad Integral, Kairós, 2008.*
- *Wilber, Ken, Una Visión Integral de la Psicología, Alamah, 2000.*
- *Wolcott Sperry, Roger «Cerebral organization and behavior». Science 133: 1749-1757, 1961.*
- *Wolcott Sperry, Roger «Lateral specialization in the surgically separated hemispheres». In: F. Schmitt and F. Worden (Eds.), Third Neurosciences Study Program (Cambridge: MIT Press) 3: 5-19, 1974.*
- *Woldt, A y Toman,S. Terapia Gestalt. Historia, teoría y práctica.,2007. México D.F. Ed. El Manual Moderno.*
- *Wolk, Leonardo. Coaching para coaches. Gran Aldea Editores. 2007.*
- *Wolk, Leonardo. El arte de soplar brasas. Gran Aldea Editores. 2013.*

A continuación tienes una bibliografía más completa organizada por capítulos, así como otros recursos complementarios para cada uno de los capítulos, que puedes descargarte con ayuda de este bidi:

GLOSARIO

Lowen, Alexander 302, 303
Lucart 298
Luria, Alexander 159, 210, 219
Luria, Salvador 305

M

Maldonado Pascual 296
Manzano, María 469
Martorell, José Luis 21
Maslow, Abraham 40, 53, 57, 62, 63, 67, 75, 77, 79, 81, 127, 130, 199, 200, 333
Maturana, Humberto 129, 146, 147, 402, 476
May 63, 199, 201
Mayer, Jack 78, 402
May, Rollo 197
McCraty 403
Medin, Alfonso 468
Meichenbaum, Donald 127
Mèlich 402
Merleau-Ponty 33, 42
Miller 76
Millman 73
Moraes 403
Moritz, Meryl 73
Moss 62
Muktananda 79
Murphy, Michael 73, 81
Myer 147

N

Nasser, Ulric 58
Neugarten 74
Nietzsche, Friedrich 33, 36, 79, 132, 147, 476

O

Oades 326
Olalla, Julio 129, 130, 131, 403, 464
Ortiz de Zárate, Miriam 129, 143

P

Pacheco, Rodrigo 305
Palmer, Stephen 76, 320, 324, 325
Paoli 403
Parks 246
Pascual-Leone, Alvaro 306
Pávlov, Iván 52, 58, 149
Peltier 62, 71, 72
Peñalver, Ovidio 296, 305, 450
Perel, Norma 427
Pérez López 403
Pérez-Moreiras, Elena 272, 381
Perls, Fritz 53, 64, 81, 130, 148, 256, 261, 266, 268, 269, 271, 273, 285, 310, 473
Perls, Laura 268
Peterson, Christopher 238, 244
Peters, Tom 476
Piaget 74, 75
Pierrakos, John 302
Pontalis 431, 432, 435
Price, Richard 81
Prieto, José Luis 21
Prochaska 76
Proctor 429

R

Ramachandran, Vilayanur 227
Rank, Otto 201
Rashid 246
Rath, Tom 239
Reich, Wilhelm 302
Renzulli 403
Rhys Davids, Thomas William 306

www.ingramcontent.com/pod-product-compliance
Lightning Source LLC
LaVergne TN
LVHW010459200726
843506LV00013B/2458
9788418263576